APA 스타일을 사용한

심리학 글쓰기

APA 스타일을 사용한

심리학 글쓰기

Randolph A. Smith 지음 신현정 옮김

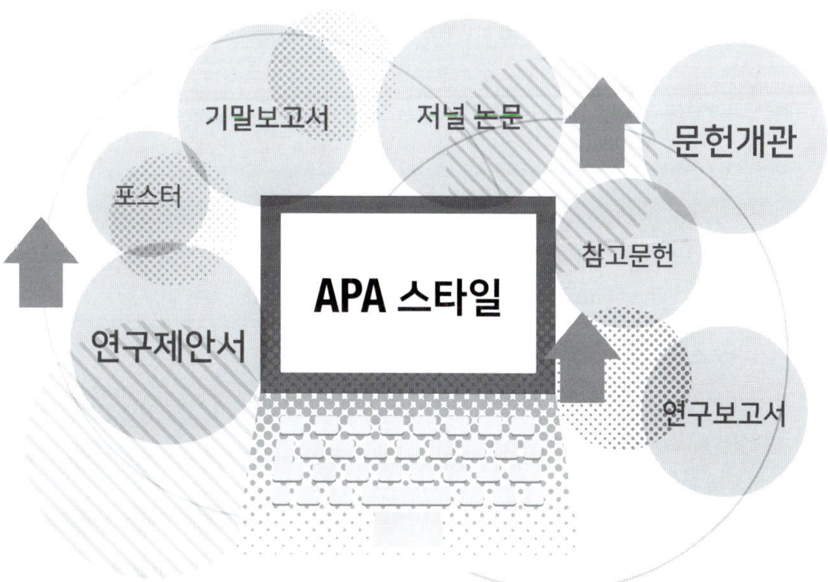

Σ 시그마프레스

APA 스타일을 사용한 **심리학 글쓰기**

발행일 | 2021년 9월 10일 1쇄 발행

저　자 | Randolph A. Smith
역　자 | 신현정
발행인 | 강학경
발행처 | ㈜시그마프레스
디자인 | 고유진
편　집 | 김은실

등록번호 | 제10-2642호
주소 | 서울특별시 영등포구 양평로 22길 21 선유도코오롱디지털타워 A401~402호
전자우편 | sigma@spress.co.kr
홈페이지 | http://www.sigmapress.co.kr
전화 | (02)323-4845, (02)2062-5184~8
팩스 | (02)323-4197

ISBN | 979-11-6226-343-3

The Worth Expert Guide to **Writing in Psychology** : Using APA Style

First published in the United States by Worth Publishers

* 책값은 뒤표지에 있습니다.

역자 서문

동래 온천장 조그만 골방에서 현역 교수시절에는 꿈도 꾸지 못하였던 잡다한 독서와 고전음악 듣기에 몰두한 지도 벌써 3년을 앞두고 있다. 읽고 싶은 책과 듣고 싶은 음악은 끝도 없이 무한하니, 은근히 그만 두고 싶은 충동이 스멀스멀 기어오른다. 마침 출판사의 권유로 마지못해 이 책의 번역을 병행하게 되었다. 글쓰기는 한 사람의 학업과 사회에서의 성공을 가름하는 중차대한 재능 중의 하나이기에, 이 책이 상당한 도움을 줄 수 있을 것이리고 생각하면서 말이다.

이 책은 궁극적으로 과학으로서의 심리학 논문을 작성하여 저널에 게재하는 과정을 심리학을 비롯한 관련분야 전공생에게 꼼꼼하게 소개하고 있다. 즉, 심리학 글쓰기에 관한 책이다. 역자로서는 예전에 논문을 쓰느라 골머리를 앓던 추억을 되살리며 즐거움을 만끽하였으나, 번역 과정에서 이런저런 어려움에 직면하기도 하였다. 무엇보다도 이 책이 단순한 심리학 글쓰기가 아니라 영어로 연구보고서를 작성하는 논제를 다루고 있다는 점이다. 한국어가 아니라 영어로 말이다! 그렇다보니 책에서 소개하는 많은 사례들이 영어에 관한 것이어서 번역 자체가 군더더기이거나 불필요한 경우가 많았다. 역자의 주관적 판단에 따라서 원서의 일부는 생략하기도 하였고, 일부는 그대로 제시하기도 하였다. 잘못된 부분이 있다면, 그것은 전적으로 역자의 불찰이다. 독자들의 해량(海諒)이 있기를 바랄 뿐이다.

영어를 한국어 못지않게 논리정연하게 구사할 수 있는 학생이라면 이 역서를 읽기보다는 원서를 읽는 것이 더 좋을 것이다. 또한 영어 울렁증이 심하고, 향후 영어로 보고서나 논문을 작성할 의사가 전혀 없는 학생이라면 원서나 역서를 읽느라 시간을 낭비할 이유가 없겠다. 그렇지만 아직 영어 구사능력이 충분하지는 않지만, 세계화 시대에 장차 영문 보고서를 작성하거나 논문을 발표할 뜻이 있는 많은 학생에게는 시간을 할애하여 이 책을 읽어볼 것을 강력하게 권한다. 논리적 글쓰기는 누구에게나 절대적이라고 할 만큼 중요한 재능이기 때문이다.

심리학의 과거는 길지만 그 역사는 짧다(Ebbinghaus, 1908). 머나먼 과거에 인류가 지구에 출현하여 자의식(self-consciousness)을 갖기 시작하면서, 자신을 포함한 인간에 대한 호기심이 발동하였을 것이며, 그 호기심을 만족시키고자 나름 노력해왔다는 점에서 심리학의 과거는 어마어마하게 길다. 반면에 이견이 없는 것은 아니지만 심리학사에서는 빌헬름 분트(Wilhelm Wundt)가 심리학 실험실을 설립한 1879년을 과학으로서의 심리학이 출발한 해로 규정하고 있으니 그 역사는 150년도 채 되지 않을 만큼 짧다. 현대과학의 역사가 600년 정도 되었다고 볼 때, 심리학은 젊기는커녕 아직도 유아기를 벗어나지 못했다고 해도 과언이 아니다.

그렇다면 장구한 과거가 있음에도 역사가 그토록 짧은 이유는 무엇인가? 원인이야 수없이 많겠지만, 서구사회를 지배해온 유일신 종교가 조물주의 천지창조에 위배되는 주장을 금한 것이 가장 큰 원인이었을 것이다. 갈릴레오 갈릴레이는 지동설을 주장하여 1633년에 종교재판을 받았으며, 찰스 다윈이 『종의 기원』(1859)을 출간한 이래, 지금까지도 지구 곳곳에서는 진화론과 창조론의 대립이 진행 중이다. 사정이 이러하니 인간의 속내를 과학의 틀에서 파헤치겠다는 심리학은 출발이 늦을 수밖에 없었다.

살아 있는 생명체로서 인간의 특성은 수도 없이 많지만, 심리학자의 눈에 비치는 인간의 대표적인 특성은 가변성이다. 어느 한시도 일정한 상태를 유지하면서 존재하지 않는다. 잠자리에서 일어날 때의 상태는 화장실을 다녀온 후와 같지 않으며, 아침식사를 먹기 전과 후에도 동일하지 않다. 오죽하면 "화장실 갈 때와 나올 때 다르다"는 말이 세간에 회자되고 있겠는가! 따라서 인간 연구는 고정된 대상을 연구하는 것과는 다르며 접근 자체가 상당히 어려울 수밖에 없다.

게다가 앞서 언급한 바와 같이 심리과학의 출발 자체가 늦었으니, 앞선 주자를 쫓아가려면 무엇인가 남다른 비상수단을 동원할 수밖에 없다. 그러한 비상수단 중의 하나가 엄격함이다. 심리학은 어느 학문분야보다도 엄격한 방법론을 사용하여 연구하며, 엄격한 분석기법을 동원하고, 그 결과를 엄격한 형식에 맞추어 발표한다. 역자는 존 왓슨(John B. Watson)과 스키너(B. F. Skinner)가 주창하였던 행동주의가, 비록 과학계의 이단아처럼 잘못 치부되기도 하지만, 그러한 엄격함에 가장 충실하였던 조망이었으며 오늘날 심리학의 근간이기도 하다고 생각한다. 심리학을 처음 접하는 학부생들의 입장에서는 무척이나 낯설게 보일 수도 있지만, 이러한 엄격함이야말로 심리학의 알파요 오메가라고 해도 과언이 아니다.

이 책은 미국심리학회 출판지침(2020)에 근거하여 심리학 연구와 글쓰기가 얼마나 엄격해야 하며, 그 엄격함이 어떤 가치와 함의를 가지고 있는지를 조목조목 가르쳐준다. 처음에는 적응하기가 쉽지 않지만, 일단 적응하고 나면 간결하면서도 논리 정연한 글쓰기가 이처럼 용이한 일이었는지 어안이 벙벙해질지도 모른다. 모름지기 모든 심리학도가 그러한 재능을 발휘하게 되기를 바란다. 여러분이 이 책을 APA 출판지침 제6판(2010)에 근거하되 우리 실정에 맞는 부분을 발췌하여 한국심리학회에서 발간한 『학술논문 작성 및 출판지침, 제2판』(2012, 박영사)과 함께 읽어본다면 더욱 도움이 될 것이다.

마지막으로 이 책의 번역작업을 수행할 공간을 마련해주고 필요한 모든 것을 아낌없이 지원해준 (주)시그마프레스 강학경 사장과 부산지사의 문정현 부장과 송치헌 과장에게 감사드린다.

부산 온천장 골방에서 신현정

요약 차례

차례

2 'APA 스타일'이 실제로 의미하는 것은 무엇인가?

3 APA 스타일에서는 문법도 중요하다

4 심리학 저널 논문을 읽는 방법

5 주석 서지목록 작성하기

6 기말보고서/문헌개관 작성하기

7 심리학 연구제안서 작성하기

8 심리학 연구보고서 작성하기

머리말

"우리는 이 세상에 넘쳐흐르는 복잡한 과학정보를 접하고 있으며, 그러한 지식은 미래로 갈수록 증가할 뿐이다"(Keith & Beins, 2017, p. xvii). 명료한 글쓰기는 복잡한 과학정보에 대처하고 다른 사람에게 그러한 정보를 명확하게 전달하는 데 필수적인 재능이다. 인류는 기후변화, 유전공학, 정신건강 등과 같이 도전적인 논제에 직면하고 있으며, 이러한 논제를 다루는 과학자들은 정치가, 법조인, 언론인, 그리고 일반대중이 그 정보를 이해하며 이토록 복잡다단한 논제를 언급하는 데 적용할 수 있도록 자신의 지식을 소통하는 것이 필수적이다.

불행하게도 국립교육통계센터의 국가 성적표 프로젝트(National Center for Education Statistics, 2012)의 데이터는 과학자, 정치가, 판사, 변호사, 배심원단, 언론인, 그리고 미래의 시민이 될 사람들이 정보를 명쾌하게 전달하는 데 필요한 방식으로 글을 쓸 준비가 되지 않은 것 같다는 사실을 보여주고 있다. 만일 과학적 진보를 달성하고 있는 과학자 그리고 그 대열에 합류하게 될 과학도들이 그 진보를 명쾌하게 전달할 수 없거나 청중들이 이해할 수 없다면, 어떻게 사회구성원들이 과학적 진보를 받아들일 것이라고 기대할 수 있겠는가?

테크놀로지의 진보는 부모와 조부모가 사용하던 펜과 종이가 아니라 컴퓨터를 사용하여 논문을 쓰고 수정하는 작업을 훨씬 용이하게 만들어준 것처럼 보인다. 자료로 사용할 정보 찾기도 훨씬 쉬워졌다. 지나간 시절처럼 헉헉거리며 도서관을 찾는 대신에 편안하게 침실이나 작업공간에서 관련 논문들을 검색할 수 있다. 이러한 맥락에서 2,400명 이상의 전문적인 작문교사를 대상으로 수행한 조사(Purcell et al., 2013)를 보면, 교사들은 테크놀로지가 "10대의 개인적 표현력과 창의성을 촉진하고, 자신이 쓴 글의 독자층을 넓히며, 지나간 세대에게 가용하였던 것보다 훨씬 더 다양한 형식으로 글을 쓰도록 부추김으로써"(p. 2) 학생들의 글쓰기를 도와준다고 믿고 있다.

마찬가지 이유로, 어떤 테크놀로지의 진보는 글쓰기 능력에 부정적인 영향을 미쳐왔다는 사실을 시사하는 증거가 있다. 예컨대, 초등학교 6학년과 중학교 1, 2학년을 대상으로 수행한 연구(Cingel & Sundar, 2012)를 보면, 학생들이 문자 주고받기를 많이 할수록, 기본문법 평가에서 낮은 점수를 받았다. 앞서 언급한 작문교사의 조사(Purcell et al., 2013)를 보면, 교사의 2/3 이상은 스마트폰과 소셜네트워킹 사이트의 사용이 학생들로 하여금 글쓰기에서 요령만 피우고 노력을 기울이지 않게 만든다고 믿고 있다(단지 10%만이 이에 동의하지 않았다). 또한 교수의 46%는 테크놀로지의 사용이 학생들로 하여금 너무 성급하거나 경솔하게 글을 쓰도록 이끌어간다고 믿고 있다(단지 19%만이 이에 동의하지 않았다). 마지막으로 테크놀로지의 사용이 학생들을 문자나 이메일 주고받기에서 자주 듣는 이야기인 형편없는 철자법과 문법을 사용하도록 이끌어 가는지에 관해서는, 교사들이 거의 팽팽하게 나뉘어져 있다(40% 대 38%).

따라서 오늘날 글을 쓰는 여러분은 부모나 조부모가 글쓰기를 배울 때와 비교하여 더 좋은 면과 더 나쁜 면을 모두 가지고 있다. 글쓰기에 대한 테크놀로지의 긍정적 이점은 받아들이고 불리한 측면은 피하도록 경각심을 유지하는 것은 여러분의 몫이자 책임이다. 이 책에는 여러분이 보다 성공적이고 완성된 글쓰기에 도달할 수 있도록 도와주려는 테크놀로지와 관련된 정보가 가득하다는 사실을 보게 될 것이다.

이 책의 내용

이 책의 목표는 여러분이 심리학을 비롯한 연구기반 분야에서의 과학적 글쓰기에 관하여 많은 것을 배울 수 있도록 도와주려는 것이다. 구체적으로 심리학을 비롯한 관련분야에서 학생과 전문가가 직면하기 십상인 다음과 같은 핵심 글쓰기 과제를 다룬다.

- 주석 서지목록 (제5장)
- 기말보고서와 문헌개관 (제6장)
- 연구제안서 (제7장)
- 연구결과의 보고서 작성 (제8장)
- 구두발표, 포스터, 그리고 저널 투고 (제9장)

이 책의 틀걸이에 친숙해지게 되면, 여러분이 직면하고 있는 특정 유형의 글쓰기 과제를 위해서 어느 장에 초점을 맞추어야 할지를 결정하는 데 도움을 받게 될 것이다. 여러 장이 일반적인 글쓰기 원리와 최근 미국심리학회(APA) 스타일(7th ed., 2020)의 글쓰기 모두를 다루고 있다. APA 스타일은 심리학뿐만 아니라 APA 스타일을 사용하는 많은 학문분야에서 부여하는 다양한 유형의 과제를 작성하는 데 중요하다.

각 장의 체제

처음 네 장은 모든 유형의 심리학 과제(그리고 APA 스타일을 사용하는 다른 많은 분야의 과제)를 작성하도록 준비시키는 반면, 마지막 다섯 장은 특정한 과제의 요구사항을 다룬다. 제1장은 글쓰기 과정 그리고 올바른 글쓰기가 중요한 까닭을 살펴본다. 이 장에서는 글쓰기에 대한 여러분의 접근방식을 분석하고 그에 따라 글쓰기를 계획하도록 도와주는 물음들뿐만 아니라 보다 효율적이고 용이하게 글을 쓰도록 도와주는 행동목록도 보게 될 것이다.

제2장에서는 APA 스타일을 소개하며, 과거에 여러분이 글쓰기 과제에서 사용하였을 수도 있는 다른 스타일들과 대비시킨다. 여러분은 APA 스타일의 역사와 진화에 관하여 배우게 된다. 무엇보다도 중요한 사실은 APA 스타일이 내재하고 있는 가치 그리고 과거에 사용하였던 다른 글쓰기 스타일과 다른 점을 보게 된다는 점이다. 여러분에게는 대부분이 새로운 것이기 때문에, APA 스타일의 글쓰기를 배우려면 이렇게 독특한 가치를 이해하고 숙달하는 것이 중요하다. 이 장 말미에서는 APA 스타일에서 사용하는 기계적인 작업, 예컨대 서체, 줄 간격, 좌우 여백 등을 배우게 된다.

제3장은 문법에 초점을 맞추는데, 문법은 작문 수업에서 했었던 글쓰기와 마찬가지로 APA 스타일의 글쓰기에서도 똑같이 중요하다. 이 장은 상당한 양의 문법 개관을 포함하고 있다. 이에 덧붙여서 APA 스타일에서 사용하는 구체적인 문법적 강조점에 관한 중요사항도 제공한다.

제4장은 심리학 저널 논문 또는 APA 스타일로 작성한 다른 저널 논문을 읽는 방법을 다룬다. 저널 논문은 광범위한 학문분야에서 과학정보의 일차 출처이기 때문에, 그러한 논문 어디에서 어떤 유형의 정보를 얻게 되는지를 아는 것이 중요하다. 이 책에서 다루는 글쓰기 과제는 저널 논문을 읽고 정보를 추출해내는 여러분의 능력에 달려 있다. APA 스타일로 작성한 논문을 읽는 것도 APA 스타일에 맞춘 글쓰기에 익숙하게 만들어주고 여러분에게 주어진 과제에서 APA 스타일로 글을 쓰도록 준비시켜준다.

제5장은 여러분이 직면할 수도 있는 네 가지 가능한 글쓰기 과제 중의 첫 번째, 즉 주석 서지목록을 다룬다. 주석 서지목록에서 여러분의

과제는 특정 주제와 관련된 저널 논문 목록을 찾고, 그 논문들에 대한 주석을 작성하며, APA 스타일의 참고문헌 형식으로 구성하고, 참고문헌과 그 주석을 온전한 서지목록으로 정리하는 것이다. PsycINFO를 검색하여 관련된 저널 논문을 찾는 방법을 배우게 될 터인데, 이것은 여러분이 직면하게 될 모든 글쓰기 과제를 마무리하는 결정적인 재능이다. APA 스타일에서 사용하는 참고문헌 형식은 여러분이 과거에 사용하였을 수도 있는 다른 참고문헌 형식과 상당히 다르기 때문에, 숙달해야만 하는 중요한 재능이다.

제6장은 기말보고서나 문헌개관의 글쓰기를 다룬다. 이러한 글쓰기 결과는 적어도 APA 스타일의 조망에서 보면 매우 유사하여 거의 동의어라고 할 수 있다. 이러한 글을 쓸 때 느낄 수도 있는 스트레스를 감소시키는 데 도움이 되는 몇 가지 중요한 행동을 배우게 된다. 또한 이 장은 글을 쓰기 전과 쓰고 있는 동안에 취해야 할 중요 행위에 관한 조언도 포함하고 있다. 여러분의 글에 포함시킨 출처를 인용하는 APA 스타일을 배우게 된다. 이에 덧붙여서 제목 페이지, 머리제목, 헤더(각 페이지 맨 윗부분에 자동으로 붙는 부분) 등과 같은 문제를 다루는 포맷팅 정보와 함께 APA 스타일로 글을 작성하는 방법을 알게 된다.

제7장은 연구제안서를 작성하는 과제를 탐구한다. 만일 여러분의 전공분야에서 실험연구 프로젝트 수행을 요구한다면, 미리 연구제안서를 작성하여 제출할 필요가 있으며, 여기에는 연구 가능한 주제를 선정하고 폭을 좁히는 작업이 수반된다. 여러분은 제안서에 들어갈 APA 스타일의 중요한 요소들뿐만 아니라 서론, 방법 절 그리고 참고문헌 목록의 작성에 관하여 배우게 된다.

제8장은 실험을 실시한 후에 제7장에서 배운 서론과 방법 절 그리고 참고문헌 목록에 덧붙여서 초록, 결과 절과 논의 절의 새로운 성분을 포함한 연구보고서를 작성하는 방법을 보여준다. 이 장은 결과의 통계정보 작성을 광범위하게 다룬다. 중요한 사실은 여러분이 실험연구의 글

쓰기를 완료하기 위해서 필요한 모든 APA 스타일의 요구사항을 접하게 된다는 점이다.

마지막으로 제9장은 연구보고서나 다른 유형의 논문을 완성한 후에 여러분의 연구를 널리 퍼뜨리기 위해서 고려해야 하는 대안들을 제시한다. 전형적으로 과학자는 자신의 연구결과를 동료들과 주고받는다. 연구 프로젝트를 전시하도록 설계한 회합에서 구두로나 아니면 포스터 형식으로 여러분의 연구를 발표할 가능성뿐만 아니라, 애초에 여러분의 프로젝트를 계획하기 위하여 읽었던 것과 같은 저널 논문을 실제로 작성하는 것을 포함하여 연구를 출판하는 다양한 가능성도 배우게 된다.

교육적 자질

각 장은 **"알고 있습니까?"**로 시작하는데, 이것은 그 장이 다루게 될 중요한 물음들을 조명해주는 자질이다. 그 물음들은 적절한 답을 찾고자 할 때 여러분을 그 장의 내용으로 안내해주는 조직화 자질이나 학습목표로 사용할 수 있다. 그렇기는 하지만 필자는 각 장을 마무리한 후에 이 물음으로 되돌아와서 각각의 물음에 충분히 상세하게 답할 수 있다는 사실을 확인해볼 것을 권한다.

각 장은 일련의 **"글쓰기 과제를 비판적으로 생각하기"**로 끝을 맺는다. 담당교수가 이 글쓰기 과제와 씨름하도록 요구하는지 여부와는 관계없이 여러분 스스로 그 과제를 다루어볼 것을 권장한다. 단순히 과제를 살펴보고 생각해보아서는 안 되며, 실제로 지시사항이 나타내는 바대로 답을 적어보아야 한다. 왜냐고? 부과되지도 않고 평가도 받지 않는 글쓰기조차도 장기적으로는 여러분의 글쓰기 재능을 증진시킬 수 있기 때문이다. 연습이야말로 글쓰기의 알파요 오메가인 것이다!

각 장마다 여러분이 내용을 이해하는 데 도움을 주도록 설계한 두 가지 자질을 발견하게 된다. **"면밀한 관찰"**은 각 장의 몇몇 핵심 요점을 더욱 깊이 있게 다룬다. **"실행하기"**는 더 효율적이고 더 용이하게 APA 스타일로 글을 쓰거나 아니면 그 스타일을 배울 때 사용할 수 있는 상세한 지침을 제공해준다. 그리고 책 말미의 **용어해설**은 본문에서 볼드체로 적은 핵심용어를 그 정의와 함께 포함하고 있다.

여러분이 APA 스타일의 글쓰기와 형식을 학습하는 것을 돕기 위하여 **부록** A는 한 학생이 출판한 실제 저널 논문을 담고 있다. 저자는 이 논문을 사용하여 저널 논문을 읽는 방법 그리고 연구보고서(나중에 출판할 수 있는 보고서)를 작성하는 방법을 설명한다. **부록** B는 원래의 논문과 현재 APA 스타일(7th ed., 2020) 간의 차이를 주석으로 붙인 저널 논문을 보여주고 있다. **부록** C는 출판한 논문을 원고 형식으로 보여주고 있는데, 여러분이 연구보고서를 작성할 때 사용할 필요가 있는 것과 동일한 APA 스타일과 형식이다. **부록** D는 (저자의 경험에서 볼 때) 학생들이 저지르는 보편적인 글쓰기 문제점과 그 해결책에 대해서 저자가 개발한 표를 제시하고 있다. 책 전반에 걸쳐 흩어져 있는 표와 그림은 본문에 제시한 APA 스타일에 관한 세부 핵심을 집중 조명함으로써, 언어적 진술과 시각적 그림 모두가 정보를 더욱 잘 기억할 수 있도록 도와준다. 이에 덧붙여서 표와 그림은 여러분이 실제로 APA 스타일의 논문을 작성할 때 조견표와 같은 지침서로 기능하게 된다. 이 책은 형식에서 APA 스타일을 가능한 한 많이 반영하고 있다.

저자는 책 전반에 걸쳐 대화체를 반영하는 글쓰기 스타일과 어투를 사용함으로써 독자들의 흥미를 붙잡아두려고 노력하였다. 여러분은 이 책의 여러 지점에서 다양한 교과목에서 보고서를 작성하였던 학생들의 글쓰기 표본을 접하게 될 것인데, 이들이 바로 여러분과 같은 학생들이었다. 그들이 이러한 유형의 글쓰기를 할 수 있다면, 여러분도 마땅히 할 수 있다. 여러 장에는 저자의 과거 학생들이 졸업한 후에 글쓰기가 자기들에게 얼마나 중요하였는지를 증언한 글들이 포함되어 있다. 저자는 훌륭한 글쓰기는 대학생일 때뿐만 아니라 졸업 후 여러분의 삶과 직무에서도 도움을 주는 재능임을 확신하고 있다. 희망컨대 여러분을 더욱 우수한 논문 저술가가 되도록 이끌어가고 지원하는 데 이 책이 사용되기를 바란다. 여러분 미래의 글쓰기 프로젝트에 행운이 있기를!

참고문헌

American Psychological Association. (2020). *Publication Manual of the American Psychological Association*(7th ed.). https://doi.org/10.1037/0000165-000

Cingel, D. P., & Sundar, S. S. (2012). Texting, techspeak, and tweens: The relationship between text messaging and English grammar skills. *New Media & Society*, *14*(8), 1304-1320. https://doi.org/10.1177/1461444812442927

Keith, K. D., & Beins, B. C. (2017). *The Worth expert guide to scientific literacy: Thinking like a psychological scientist*. Worth Publishers.

National Center for Education Statistics. (2012). *The nation's report card: Writing 2011* (NCES 2012-470). Institute of Education Sciences, U.S. Department of Education.
https://nces.ed.gov/nationsreportcard/pdf/main2011/2012470.pdf

Purcell, K., Buchanan, J., & Friedrich, L. (2013). *The impact of digital tools on students writing and how writing is taught in schools* (National Writing Project/Pew Research Center).
https://www.nwp.org/afnews/PIP_NWP_Writing_and_Tech.pdf

1

나는 심리학 수업을 위해서 보고서를 써야 한다

알고 있습니까?

어떻게 우수한 글쓰기가 대학 수업 이외의 상황에서 여러분에게 도움이 될 수 있는가?

글쓰기 습관을 분석하는 것이 어떻게 여러분을 보다 유능한 저자로 만들어줄 수 있는가?

온라인으로나 도서관에서 가용하지 않은 논문 복사본을 어떻게 구할 수 있는가?

표절이란 무엇이며, 어떻게 방지할 수 있는가?

단순한 교정을 넘어서서 보고서를 수정하고 개정할 때 무엇을 해야 하는가?

"글쓰기를 멈추는 한에 있어서 당신은 실패한다."

레이 브래드버리(Ray Bradbury)

만일 여러분이 다른 학생들과 다르지 않다면, 수업 첫날 보고서 작성이 필수 과제라는 사실을 알게 된 것은 뒷목이 뻐근해지거나 손바닥에 땀이 나게 만드는 경험일 것이다(아니면 두 가지 모두이겠다!). 글쓰기는 학생들이 좋아하는 경험이 아니기 십상이다. 글쓰기를 싫어한다고 해서 죄책감을 느낄 이유는 없다. 전문적인 작가조차도 글쓰기 과정에서 애증을 경험한다. 예컨대, 어니스트 헤밍웨이는 이렇게 말하였다. "우리는 모두 어느 누구도 장인(匠人)이 되지 못한 공예의 도제일 뿐이다." 필자는 여러분에게 글쓰기 과정을 더 단순하고 더 즐겁게 만들어주기 위하여 이 책을 집필하였다.

글쓰기는 단순하거나 용이한 과정이 아니다

데어도어 루스벨트(미국 26대 대통령)에 따르면, "노력, 고통, 난관을 의미하지 않는 한, 이 세상 어느 것도 소유하거나 행할 가치가 없다." 학업을 통해서 그리고 삶 전체를 통해서 여러분이 이룩한 진전을 돌이켜보면, 아마도 루스벨트의 말에 동의하고 있는 자신을 발견하게 될 것이다. 여러분이 가장 많은 것을 달성하였으며 그러한 업적을 가장 자랑스러워했던 시절은 아마도 각고의 노력을 요구하였을 것이다. 글쓰기도 전혀 다르지 않다. 숙련되고 우수한 저자가 되려면 각고의 노력을 기울여야만 한다.

그렇다면 글쓰기에 대해서 현실적인 조망을 취해보자. 어려운 과정일 수 있겠지만, 가치 있고 보상을 제공하는 경험이기도 하다. 대학과 직업에서의 성공 모두와 관련된 가시적인 이점을 가지고 있기에, 더 우수한 저자가 되고자 노력하기로 결정하는 것은 합리적이다. 이 책은 그렇게 탐구하는 여러분을 도와주도록 기획한 것이며, 이 장은 몇 가지 보편적인 글쓰기 아이디어 그리고 글쓰기를 개선하려고 시도하는 여러분을 도와줄 지침을 제공한다. 나머지 장들은 본질적으로 보다 구체적이며, 심리학 스타일의 글쓰기 그리고 특정 유형의 과제를 위한 글쓰기를 다루고 있다.

계속 진행하기에 앞서, 심리학 보고서 작성 작업을 시작하기 전에 여러분에게 도움이 될 수 있는 두 가지 총체적인 조언을 제공하고자 한다. 첫째, 만일 글쓰기에 대해서 부정적 견해를 가지고 있다면, 그러한 마음 갖춤새를 바꾸도록 최선을 다해보라. 과거 경험을 통해서 알고 있는 바와 같이, 부정적 기대는 부정적 결과를 낳는 경향이 있다. 만일 글쓰기가 비참하게 만드는 경험일 것이라고 기대하고 있다면, 아마도 비참하게 끝날 것이다. 과제에 접근하고 글을 쓰는 동안 글쓰기의 긍정적 측면을 바라다보라.

둘째, 글쓰기를 더 잘하려면, 글쓰기 연습의 계획을 세워라. 글쓰기 향상에 관한 글을 읽으면서 필자가 접했던 가장 보편적인 조언 중의 하나는 연습, 연습, 연습이다(예컨대, Calkins, 1994; Farris & Smith, 1992). 연구결과를 보면, 비록 글쓰기가 평가에 포함되지 않더라도 학생들이 강의내용에 관하여 글을 써봄으로써 수업내용을 학습할 수 있음을 알 수 있다(Drabick et al., 2007; Nevid et al., 2012). 따라서 공부할 내용에 관하여 글을 써보는 것은 글쓰기 연습과 아울러 강의내용을 학습하는 데도 도움을 준다. 글쓰기 연습하기(비록 평가하지는 않는다고 하더라도 말이다)가 학생들의 실제 글쓰기를 증진시킨다는 생각은 '교과과정에 걸친 글쓰기' 운동이 내세우는 가정이다. 매클로드(McLeod, 1992)가 지적한 바와 같이, 그러한 연습은 학생들이 '글을 쓰면서 생각'하는 데 도움을 주기 때문이다.

따라서 필자의 가장 중요한 조언은 글쓰기에 대해 긍정적인 태도를 견지하고 연습을 하라는 것이다. 많은 글쓰기는 글쓰기에 대한 여러분의 태도가 긍정적이 되도록 도와줄 수도 있다.

글을 잘 쓰는 것이 중요한 까닭은 무엇인가?

훌륭한 저자가 되는 것이 가치 있는 까닭은 무엇인가? 한 가지 중요한 이유는 대학에서의 성공과 연계되어 있다. 연구자들은 미국에서 실시하는 수학능력시험인 학업적성검사(Scholastic Aptitude Test, SAT)에서 작문(즉, 글쓰기) 점수가 비판적 독해나 수학 점수에 비해서 고등학교 성적 그리고 대학 1학년 학점과 높은 상관을 보인다는 사실을 발견하였다(Kobrin et al., 2008). 개릿과 동료들(Garrett et al., 2017)은 특정 대학에서 개설한 모든 1학년 교과목을 조사하여 작문 과목이 나중의 졸업 여부와 가장 결정적인 관계가 있음을 발견하였다. 작문 보충과목을 통과하지 못한 학생이 졸업할 가능성은 17%에 불과하였다. 1학년을 위한 두 개의 작문과목 중 하나를 통과하지 못한다는 사실은 졸업 가능성을 38%나 떨어뜨렸는데, 이것은 다른 어떤 1학년 과목보다 더 큰 영향을 발휘하는 것이었다.

만일 여러분이 대학원에 진학할 계획이라면, 대학원생의 글쓰기는 학부생의 경우보다도 훨씬 더 중요하다는 사실을 알게 될 것이다. 온드루섹(Ondrusek, 2012, p. 179)에 따르면, "대부분의 대학원 프로그램이 지식을 자신의 것으로 동화시키고 그 지식을 새로운 아이디어와 통합하는 학생의 능력을 평가하는 수단으로 글쓰기를 채택하고 있다." 와드워스와 동료들(Wadworth et al., 2001)은 훌륭한 글쓰기 재능의 개발은 재활상담훈련 프로그램에 등록한 대학원생이 전문적인 연구문헌을 분별력 있게 읽어내는 것을 도와준다고 주장하였다. 이들에 따르면, "재활상담가는 내담자와 정확하고도 효율적으로 소통할 수 있으며 재활서비스 제공자가 되어야 할 의무가 있다"(p. 296). 글쓰기 재능의 필요성이 단지 재활상담을 전공하는 대학원생에게만 중요한 것이 아님은 지극히 자명하다. 콜로라도대학교 의과대학 교수인 머린 스타비오(Maureen Stabio)는 대학원에 관한 인터뷰에서 '훌륭한 글쓰기'를 대학원에서 성공하는 세 가지 핵심 중의 하나로 꼽았다. 또한 자신은 대학원에서 연구 이외의 다른 어떤 활동보다도 글쓰기에 더 많은 시간을 할애하였다는 사실도 언급하였다.

훌륭한 저자가 되고자 노력해야 하는 또 다른 이유는 직업에서의 성공과 연계되어 있다. 거의 800만 명을 고용하고 있는 미국의 120개 대기업을 대상으로 실시한 조사(National Commission on Writing for America's Families, Schools, and Colleges, 2004)에서 보면, 절반의 기업이 전문가를 고용할 때 글쓰기 재능을 고려한다고 답하였다. 또한 금융, 부동산, 그리고 보험회사(고용 잠재력이 가장 큰 회사들이다)의 적어도 80%가 고용과정에서 글쓰기를 평가하였다. 더군다나 회사에서 봉급을 받는 직원의 2/3는 직무에서 글을 써야 하는 임무를 가지고 있었다. 절반의 회사는 직원의 승진을 고려할 때 글쓰기를 참작하였다. 마지막으로 40% 이상의 회사가 글쓰기 결함을 보이는 직원에게 보충 훈련을 요구하였다. 이러한 수치는 나머지 60%의 회사가 글을 제대로 쓰지 못하는 직원을 포기하였음을 함축하는 것일 수 있다.

여러분 경력에서 글쓰기가 중요하다는 또 다른 증거를 얻기 위해서 과거의 지도학생들을 접촉하여 이 사실을 입증하는 경험담을 가지고 있는지 물었다. 여기서는 학생의 졸업년도와 현재 직업과 함께 두 가지 사례를 소개한다. 여러분은 이 책의 여러 곳에서 이러한 이야기를 접하게 될 것이다.

> 글쓰기는 내 직무에서 필수적인 부분입니다. 대학교수로서 저는 이 재능을 매일같이 다양한 방식으로 활용하지요. 저는 공식적인 글쓰기와 비공식적인 글쓰기를 모두 하고 있습니다. 일상적으로 쓰고 있는 유형의 사례에는 이메일, 추천서, 강의자료, 메모, 과제물, 시험 등이 포함되지요… 나열하자면 끝도 없겠습니다. 무엇을 쓰든지 간에, 글쓰기의 목적은 정보, 아이디어, 지식을 다른 사람에게 명확하면서도 간결하게 전달하는 것이라는 사실을 항상 스스로에게 상기시킵니다. 글쓰기에 관한 한, 저는 항상

> 저의 재능 수준에 편안하지 못하였지요. 그런데 대학시절 교수님 중의 한 분(랜디 스미스 박사)은 저에게 글의 질을 향상시키려면 연습이 필수적이라고 말씀하셨습니다… 삶에서 다른 재능을 연마하는 것과 똑같다는 것이지요. 유용한 조언에 감사드립니다. 스미스 박사님! (로레타 닐 맥그리거, PhD; 1988년도 OBU 졸업; 현재 아칸소주립대학교 심리학과 교수)

> 저는 심리평가/보고서, 추천서, 처치 요약문, 치료 노트 등을 쓰고 있습니다. 제 분야에서는 문건의 당사자인 내담자를 불쾌하게 만들지 않도록 글을 작성하는 데 있어서 신중해야만 하지요. 심리학 수업에서 글쓰기 재능을 배운 것이 저의 경력에서 엄청난 도움을 주었다고 생각합니다. 지나치게 통명스럽게 들리지 않으면서도 정신건강과 의료계의 지속적인 보살핌을 받을 수 있도록 해당 내담자에 관하여 충분한 정보를 제공하면서도 간결하고도 직접적으로 표현할 수 있는 능력을 획득하였지요. 실제로 사무실 동료들은 자기 내담자에 관한 정보를 작성해달라고 저를 매수하고자 시도하기 십상입니다. 제가 몇 시간이 걸리는 정보를 두 쪽짜리 요약문으로 가다듬는 재능을 가졌다고 말하면서 말이죠. (어텀니 브룬슨 하트, 2001년 OBU 석사; 현재 텍사스 마운트 버논에서 전문상담사로 활동)

직무 상황에서 훌륭하고 깔끔한 글이 중요한 이유에 관한 한 가지 마지막 생각을 여러분에게 전하고자 한다. 목록에서 항목들을 분리하기 위하여 쉼표를 사용한다. 예컨대 다음과 같이 표현한다. "사과, 복숭아, 배, 그리고 바나나는 과일의 유형이다." "그리고" 앞의 쉼표를 **옥스퍼드 쉼표**[Oxford comma; 열거용 쉼표(serial comma)라고도 부른다]라고 부르는 까닭은 옥스퍼드대학교 출판부가 그 사용을 규정하였기 때문이다(Victor, 2018). 영어 수업시간에 여러분은 많은 문법학자가 옥스퍼드 쉼표를 선택사항으로 간주한다고 배웠는지도 모르겠다. 그렇지만 사용 지지자들은 쉼표를 사용하지 않는 것이 때로는 목록이 들어 있는 문장을 다소 모호하고 불명확하게 만든다고 주장한다. APA 스타일은 옥스퍼드 쉼표의 사용을 요구한다(APA, 2020, p. 155).

예컨대, 미국 메인주의 한 낙농회사는 구두점 사용으로 발생한 분쟁으로 인해서 운전기사들에게 체불임금 500만 달러를 지급하고 말았다. 메인주법은 먹거리 배송과 유통을 담당하는 특정 직무에는 초과근무수당을 면제시켜 주었다. 법 조항의 표현은 다음과 같다. "(1) 농산물; (2) 육류와 어류 제품; 그리고 (3) 신선식료품의 통조림 제조, 가공, 보존, 냉동, 건조, 마케팅, 저장, 배송이나 유통을 위한 포장"(Victor, 2018). 목록이 옥스퍼드 쉼표를 사용하지 않음으로 인해서, 어느 직무를 법이 배제하였는지가 명확하지 않았다. '배송 포장'은 '유통'과 분리되어 있는가, 아니면 두 단어는 단일 행위를 나타내는 것인가? 법규가 배제하는 직무가 명확하지 않았기 때문에 운전기사들은 초과근무수당을 지불하라고 낙농회사를 고소하였으며, 재판에서 이겨 체불임금 500만 달러를 받았던 것이다. 명확하지 않은 글쓰기가 여러분에게 결코 그만한 돈을 낭비하게 만들지 않을는지 모르겠으나, 메인주의 사례는 명확한 글쓰기의 중요성을 집중조명해주고 있다.

글쓰기를 시작하기에 앞서

대부분의 대학생이 비교적 글쓰기에 미숙하다고 전제할 때, 글을 쓰기 시작하기 전에 글쓰기에 대한 여러분의 접근방식을 스스로 알아보는 데 얼마만큼 시간을 할애하는 것이 타당하다. 공부법의 효과를 극대화시키기 위하여 그 방법을 분석하였던 것과 마찬가지로(그렇게 하였었기를 희망한다), 글쓰기 행동의 여러 측면에 의식적으로 주의를 기울여보는 것이 그 행동을 보다 효율적으로 만드는 데 도움을 줄 수 있다.

여러분의 독자 그리고 요구사항을 확인하라

훌륭한 저자는 자신이 특정 독자층을 위해서 글을 쓸 필요가 있다는 사실을 알고 있다. 여러분은 전형적으로 담당교수를 위해 보고서를 쓰며, 사용하는 스타일은 공식적이고 학문적인 것일 가능성이 높다. 교수는 그러한 보고서에 심리학의 표준 글쓰기 스타일, 즉 **APA 스타일**(APA Style)을 요구하기 십상이다. 그렇지만 어떤 글쓰기 과제는 덜 공식적이며, 그렇기 때문에 덜 공식적인 스타일을 요구한다. 예컨대, 학급문고를 만드는 것이라면, 담당교수는 여러분이 보다 개인적인 내용을 적을 것이라 기대할 수 있다. 수강하고 있는 교과목에서 글쓰기 과제를 부여받을 때는 그 글의 독자층을 결정하는 것이 필수적이다. 독자층을 아는 것과 밀접하게 관련된 것이 글쓰기 과제의 특정 형식을 결정하는 일이다. 여러분은 여러 가지 상이한 유형의 보고서를 쓰게 된다. 이 책은 다음과 같은 다섯 가지 유형의 글쓰기 과제를 다룬다. 주석 서지목록(제5장), 기말보고서와 문헌개관(제6장), 연구제안서(제7장), 그리고 연구보고서(제8장).

사전에 글쓰기 계획을 세워라

많은 저자는 컴퓨터 자판기에서 멀어졌을 때가 가장 생산적인 시간이라고 말한다. 직관에 반하는 것처럼 보이지만, 여러분이 글을 많이 쓰면 쓸수록 이 진술을 더 잘 이해할 가능성이 높다. 학교에서 글을 처음 쓰기 시작하였을 때, 아마도 선생님은 여러분이 실제로 글을 쓰기에 앞서 글의 개요를 구성할 것을 요구하였을 것이다. 개요는 글을 쓰기 전에 여러분의 생각과 방향을 체제화하는 공식적인 시스템이다.

글쓰기를 계획하는 또 다른 방법은 글을 쓰고 있지 않는 동안 그 글에 관해서 생각하는 것이다. 그렇게 생각하는 동안 글쓰기에 관한 아이디어가 갑자기 머리에 떠오르기 십상이다. 그런 아이디어를 반드시 활용하라. 필자는 구시대의 사람이라, 아이디어를 색인카드나 백지에 적어서는 주머니에 넣고 다닌다. 그렇지만 그러한 아이디어가 떠오를 때는, 필자 자신에게 이메일이나 문자를 보내거나 스마트폰 메모 앱에 적어놓기도 한다. 여기서 중요한 메시지는 그러한 아이디어를 **잃어버리지 말라**는 것이다. 여러분이 글을 씀에 따라 엄청나게 중요한 역할을 할 수도 있다. 유명한 작가들조차 이 기법을 사용한다. "책 집필을 계획하는 데 최선의 시간은 설거지를 하고 있을 때이다." 추리소설 작가인 애거사 크리스티의 말이다. 설거지를 좋아하지 않는다고 하더라도 걱정하지 말라. '설거지' 행위 자체가 특별히 중요한 것은 아니다. 기본 아이디어는 여러분이 무슨 일을 하고 있든지 간에 글쓰기에 관한 생각을 이용한다는 것이다.

이 절에서 또 다른 핵심 아이디어는 '사전에'라는 구절이다. 글을 쓰기 시작하는 마지막 순간까지 꾸물거리고 대기하는 것은 여러분이 최선의 작품을 내놓는 데 도움이 되지 않는다. 훌륭한 저술가는 서두르지 않는다. 수강과목 과제물로 보고서를 써야 한다는 사실을 알고 있다면, 학기가 시작할 때부터 글쓰기를 생각하고 계획을 세우기 시작하라. 중견작가들조차 토로하는 바와 같이, 다가오는 마감시간에 맞추느라 글을 쓰는 것은 불행한 경험이다. 미루는 버릇은 여러분의 성적에도 해를 끼칠 수 있다. 영국 워릭대학교 연구자들(2014)은 마감시간 24시간 전부터 마지막 순간까지 온라인으로 글쓰기 과제를 제출한 학생들의 과제물 성적이 시간경과에 따라 일정하게 떨어진다는 사실을 발견하였다. 마지막 순간에 과제물을 제출한 학생은 다른 모든 학생들보다 5퍼센트 포인트 낮은 점수를 받았는데, 이것은 A부터 F까지의 문자로 부여하는 학점이 한 등급 낮아지는 대가를 치르는 것일 수 있었다.

글쓰기에 대한 여러분의 접근방식을 분석하라

데이비스(Davis, 2010)는 작가 지망생에게 글을 쓰기 위하여 컴퓨터를 켜기 전에 자신의 글쓰기에 관하여 생각하고 개인적 글쓰기 습관 목록을 작성하도록 충고하였다. 데이비스는 시작하기에 앞서 다음과 같은 네 가지 물음을 따져볼 것을 제안하였다.

왜 글을 쓰고 있는가?

여러분은 수강과목의 요구사항을 만족시키기 위해서 글을 쓰고 있다고 말할 가능성이 가장 높다. 그렇지만 조금 더 긍정적으로 반응한다면, 여러분은 글을 쓰려는 욕구나 동기를 느끼고 있을지도 모른다. 예컨대, 기말보고서를 작성할 작정이라면, 희망컨대 여러분이 주제를 선택할 수 있었기를 바란다. 필자는 항상 학생들에게 관심이 있거나 더 많은 것을 알고 싶은 주제를 선택하라고 말한다. 따라서 여러분의 답(그리고 동기)은 다음과 같은 것이면 좋겠다. "편집형 조현병에 대해서 더 많이 알고 싶어서" 또는 "학습의 생화학적 토대에 대해서 더 많은 것을 알고 싶다"(물론 밑줄 그은 부분은 여러분의 주제로 대치하면 된다). 이러한 유형의 마음갖춤새와 동기를 가지고 있으면 글쓰기가 얼마나 많은 보상을 줄 것인지에 주목하라.

어디에서 글을 쓸 것인가?

여러분만의 글쓰기 최적 장소를 찾는 것이 중요하다. 글쓰기 장소는 공부하는 장소와 동일할 수도 있지만, 반드시 그래야만 하는 것은 아니다. 실제로 필자는 가능하다면 공부 장소와는 다른 글쓰기 장소를 찾아볼 것을 제안한다. 여러분의 글쓰기 장소가 글을 쓸 때가 되었으며 다른 짓은 하지 말라고 알려주는 신호나 단서로 작용하면 좋다. 낮잠을 자거나 텔레비전을 시청하는 장소에서 글쓰기를 시도하는 것은 여러분 자신에게 무엇을 할지에 관하여 혼란스러운 신호를 제공하게 된다. (침대에서 공부하려고 시도해본 적이 있다면 아마도 여러분은 이 사실을 이해할 것이다. 자고 싶은 충동이 순식간에 여러분을 압도하지 않았는가!)

글을 쓰는 전용 장소를 갖는 것의 한 가지 장점은 여러분이 시간을 더욱 효율적으로 사용할 수 있다는 점이겠다. (내 주장의 정당성을 위해서는 글을 쓰는 분량에 관한 물음을 참고하라.)

언제 글을 쓸 것인가?

글을 쓸 최적 시간을 찾는 것도 저술가로서의 성공에 필수적이다. 당연하게도 최적 시간은 충분히 휴식을 취하고 에너지가 충만할 때이다. 그렇지만 현실을 직시해야만 한다. 여러분은 대학생이다. 도대체 충분히 휴식을 취하고 에너지가 충만한 적이 있는가? 판타지 소설가인 스벤센(Swensen, 2011)은 자신의 블로그에서 이상적인 글쓰기 조건은 설령 있다고 하더라도 거의 발생하지 않는다고 언급하였다. 조건이 이상적인 상태일 때까지 기다렸다가는 결코 글을 쓰지 못할 수도 있다. 따라서 글을 쓰려는 의향이 없을 때조차도 글을 쓰도록 스스로 훈련을 해야만 한다.

스스로 글쓰기 스케줄을 세우고 그것을 고수하라. 달력을 펼쳐놓고 예정된 글쓰기 시간을 기록해두라. 사전에 어떤 행위를 하겠다고 약속하면 그 약속을 지킬 가능성이 증가한다. **실행하기 : 글쓰기 스케줄 계획을 세워라** 글상자는 여러분의 글쓰기를 계획할 수 있는 빈 계획표를 제공하고 있다. 스케줄을 개발하면서, 마지막 물음을 생각해보라.

한 번에 쓰는 글의 길이는 얼마가 되겠는가?

한 번에 글쓰기에 얼마나 긴 시간을 할애하고 싶은가? 글쓰기를 시작하고, 실제로 무엇인가를 쓴 다음에, 끝내는 데 얼마나 시간이 필요하겠는가? 많은 사람은 글쓰기가 방금 나열하였던 세 단계 중에서 중간 단계(실제 글쓰기)만을 수반하는 것으로 생각한다. 여러분의 습관이 어떤 것이냐에 따라서, 시작하는 데 15~20분 그리고 끝내는 데 5~10분을 사

실행하기

글쓰기 스케줄 계획을 세워라

아래의 행렬표를 사용하여 글쓰기 스케줄을 개발하라. 수업, 아르바이트, 수면시간, 식사시간 등, 규칙적인 사용시간을 채워 넣는 것으로 시작하라. 글쓰기 시간을 채워 넣을 때는 개인적 글쓰기 습관 목록과 전형적인 행동에 대한 답에 근거하여 이성적으로 판단하라. 만일 좋아하는 텔레비전 프로그램을 시청하거나 스포츠 동아리에 참가하고 있다면, 그 활동을 글쓰기로 대치하는 순교자처럼 행동하지 말라. 그저 여러분을 화나게 만들어서는 스케줄을 고수하지 못하도록 이끌어갈 뿐이다. 완성한 스케줄을 복사하여 책상 앞이나 눈에 잘 띄는 장소에 붙여놓아라. 반드시 여러분의 글쓰기를 모니터링하고 강화하라. 실제로 스케줄을 고수하고 그에 기초하여 무엇인가를 쓸 때는 좋아하는 것으로 스스로를 보상하라.

	월요일	화요일	수요일	목요일	금요일	토요일	일요일
오전							
1:00							
2:00							
3:00							
4:00							
5:00							
6:00							
7:00							
8:00							
9:00							
10:00							
11:00							
오후							
1:00							
2:00							
3:00							
4:00							
5:00							
6:00							
7:00							
8:00							
9:00							
10:00							
11:00							

용할 수 있다. 따라서 실제로 생산적이지 않은 짓거리를 하느라 30분 정도를 낭비할 수 있다.

글쓰기 전용장소를 갖게 되면 '시작하기' 단계를 생략함으로써 효율성을 증가시킬 수 있다. 글쓰기 자료, 노트북 컴퓨터와 저장한 파일들, 그리고 여러분이 좋아하는 글쓰기 의자 등이 글쓰기 장소에서 여러분을 기다리며 대기하고 있을 것이기에 그것들을 찾을 필요가 없다. 실제 데이터를 가지고 있는 것은 아니지만, 대부분의 전문 작가는 글쓰기 장소로만 사용하는 방이나 사무실을 가지고 있다고 자신 있게 추측해본다. 대학생이 이러한 공간을 확보하는 것은 어려운 일이겠지만, 여러분이 이 방면에서 취하는 조치는 어떤 것이든 글을 쓰는 동안 생산적인 시간을 증가시키는 데 도움이 된다.

극단적으로 긴 글쓰기 시간을 할애하겠다는 유혹에 맞서라("토요일까지 기다렸다가 다음 주 월요일이 마감인 보고서를 쓰는 데 하루를 온통 쏟아부어야지."). 글쓰기를 늦추는 것은 여러분이 마침내 컴퓨터 앞에 앉았을 때 압박감만을 증가시킬 뿐이다. 그리고 글쓰기도 신체운동과 마찬가지로 매일 연습을 할 때 습관적인 것이 될 가능성이 더 크다.

'시작하기' 단계를 촉진시키는 데 도움이 되는 또 다른 작업은 효율적으로 '끝내기' 단계를 마치는 것이다. 여러분은 필자가 글쓰기를 끝내는 데 5~10분이나 걸린다고 언급하였던 이유가 무엇인지 궁금하였을지도 모르겠다. 파일을 저장하고 컴퓨터를 끄는 데는 그것보다 훨씬 짧은 시간이 소요된다. 그렇지만 단순히 컴퓨터를 꺼버리기보다는, 약간의 시간을 내서 파일 끝부분에 메모를 남겨놓도록 하라. 실제로 필자는 이 메모를 노란색으로 적어놓음으로써 나중에 파일로 되돌아올 때 그 메모가 눈에 확 들어오게 만들어놓는다. 여러분은 뒤이어서 쓸 내용에 대해서 어떤 아이디어를 가지고 있는가? 이 메모를 살펴보는 것은 다음번에 글을 이어서 쓰고자 컴퓨터 앞에 앉았을 때 훨씬 신속하게 글쓰기 과정에 몰입할 수 있게 해준다.

글을 쓰면서

글을 쓸 때 취해야만 하는 여러 가지 행동이 있다. 글쓰기 과정을 용이하게 만들어주기 때문이다. 몇몇 행동은 실제 글쓰기를 용이하게 만들어준다. 다른 행동은 글을 쓴 후에 시간을 절약해준다. 모두가 가치 있는 행동이다.

여러분의 글쓰기를 모니터링하고 강화하라

이 행동은 여러분 스스로 공부하면서 개발하였던 것일지도 모르겠으나, 유명한 심리학자의 글쓰기 행동에 근거한 것이다. 일반적으로 학생들은 심리학개론 수업에서 스키너(B. F. Skinner)를 접하게 된다. 그는 흔히 스키너상자라고 알려진 실험장치에서 쥐에게 정적 강화물인 먹이알을 얻도록 지렛대를 누르는 것을 가르쳤다. 스키너는 인간 행동을 제어하는 데 있어서도 강화(reinforcement)의 위력을 강력하게 신봉하였다. 그는 글을 쓸 때 조작적 조건형성과 강화의 원리를 사용하였다. 스키너는 자정에 깨어나도록 알람을 설정하였으며 오전 1시로 설정한 알람이 글쓰기를 중지하도록 알려줄 때까지 글을 썼다. 오전 5시로 설정한 또 다른 알람에 깨어나서는 오전 7시까지 글을 썼다. 이 과정을 일주일에 7일, 1년 365일 반복하였다. 그는 이렇게 글 쓰는 세 시간을 '하루 중 가장 많은 정적 강화를 받는 시간'이라고 언급하였다(Bjork, 1007, p. 217).

필자의 조언은 여러분 자신의 글쓰기 행동에 스키너 원리가 작동하도록 만들라는 것이다. 강화를 얻기 위하여 충족시켜야만 하는 수반성(contingency)을 설정하라. 예컨대, 스낵을 먹거나, 무엇인가를 마시거나, 집 주변을 산보하거나, 이메일이나 문자를 확인하거나, 아니면 여러분에게 보상적인 무엇인가를 하기에 앞서, 30분 동안 또는 두 페이지를 채울 때까지 글을 써야만 한다는 수반성을 설정할 수 있다. 이러한 방식을 사용하면 여러분은 매일 특정한 양만큼 글쓰기 과정을 확실하게 수행하게 된다. 만일 글쓰기에서 벗어나게 만드는 방해물(특히 이메일이나 문자)을 허용하게 되면, 진척속도가 고통스러우리만치 느려질 가능성이 높다는 사실을 발견하게 될 것이다.

꼼꼼하고 철저하라

정신질환 진단 및 통계편람(Diagnostic and Statistical Manual of Mental Disorders, DSM; American Psychiatric Association, 2013)에서는 강박장애(OCD)를 이상행동으로 기술하고 있지만, 약간 강박적이고 충동적인 것이 작가에게는 좋은 것일 수 있다. 예컨대, 앞서 언급한 바와 같이 글쓰기 스케줄을 설정하고는 고집스럽게 매달리는 것이 글쓰기를 마무리 짓도록 만들어준다. 마찬가지로 보고서를 쓰기 위해서 문헌을 탐색할 때는 지나치다 싶을 정도로 철저한 것이 좋다. 여러분이 작성한 보고서가 다음과 같은 비판을 받는다고 상상해보라. "문헌에 대한 저자의 개관이 약하다. 중요한 여러 논문이 포함되지 않았다." 이러한 코멘트는 등골을 오싹하게 만들 것이다. 여러분이 기본 작업을 제대로 하지 않았다는 사실을 지적하고 있기 때문이다.

전자문헌 검색[electronic literature search; **온라인 검색**(online search)이라고도 부른다]의 용이성과 편의성을 감안할 때, 기존 문헌을 철저하게 조사하지 않은 것에는 변명의 여지가 없다. 이 문제를 방지하려면, 온라인에서 찾을 수 있는 PDF 파일이나 전문(全文)이 포함된 온전한 논문만을 읽어보려는 유혹을 뿌리쳐라. 어떤 논문이 웹사이트에 전문이 포함된 버전을 가지고 있지 않다고 해서 사용할 만큼 중요한 논문이 아니라는 사실을 의미하는 것은 아니다. 여러분 학교도서관이 온라인에서 찾을 수 없는 저널을 구독신청하지 않았을 수 있다.

이에 덧붙여서, 여러분은 **도서관 상호대출**(interlibrary loan)이라는 제도를 통해서 출판된 것이라면 거의 모든 논문의 복사본을 구할 수 있다. 즉, 대학도서관은 여러분을 위해서 다른 도서관으로부터 복사본을 구해줄 수 있는데, 대개는 아주 싸거나 무료이기도 하다. 여러분 대학에서 도서관 상호대출이 어떻게 작동하는지를 알게 되면 전자검색을 통해서 직접 접속할 수 없는 논문의 복사본을 주문할 수 있다(전자검색은 제5장에서 다룬다). 일반적으로 도서관 상호대출을 통해서 논문 복사본이 도착하는 데 어느 정도의 시간이 필요하다는 사실에 유념하라. 따라서 꼼꼼하고 철저하다는 것은 대부분의 학생이 시작하기 훨씬 전부터 논문을 위한 문헌 검색을 시작해야만 한다는 사실도 의미한다. 여러분의 주제에 적합한 좋은 논문을 찾고 그 복사본을 구하는 데 적절한 시간을 할애하는 것에는 보상이 뒤따른다. 면밀한 관찰 : 도서관 상호대출 글상자는 여러분이 이 제도에 친숙하지 않은 경우에 도서관 상호대출 과정에 대한 사전경험을 제공해준다.

기록하고, 기록하고, 기록하라

이 행동은 앞 절의 행동으로부터 자연스럽게 뒤따른다. 보고서와 연관이 있는 문헌을 찾는 도서관 작업을 하고 있다면, 반드시 여러분이 수행한 검색과 발견한 논문을 철저하게 기록해두어라. 필자는 대학생일 때 도서관에서 몇 가지 손쉬운 방법을 취하고자 시도하던 일을 기억하고 있다. 아마도 찾아낸 몇몇 문헌을 적어놓지 않았거나 논문 전체가 아니라 몇 페이지만을 복사하였을 것이다. 나중에 세부사항을 기억해낼 수 있으며, 필요하다면 그 논문을 다시 찾을 수 있다고 꽤나 확신했었다. 이러한 실수를 몇 차례 범한 뒤에야 비로소 나의 '절약'이 실제로는 엉터리 절약이라는 교훈을 얻게 되었다. 피곤한 발걸음으로 도서관으로 되돌아가서 한때 손에 쥐고 있던 참고문헌을 찾느라 한 시간 이상

면밀한 관찰

도서관 상호대출

대학도서관의 도서관 상호대출 제도를 확실하게 활용하려면, 학교 웹사이트에서 도서관 홈페이지를 찾아서 도서관 상호대출로의 링크를 확인하라(이것이 명확하지 않다면, 도서관 홈페이지를 검색해보라). 아마도 여러분은 저널 논문이나 책을 상호대출 신청하려면 서식을 작성해야 할 것이다. 서식을 온라인으로 제출할 수 있는지 아니면 출력한 서식을 작성해야 하는지를 확인하라.

필자는 재직 중인 대학의 도서관 상호대출 페이지에서 논문을 신청하는 링크를 클릭하면 다음 페이지에서 보는 것과 유사한 서식이 뜬다. 학생과 교수는 온라인으로 서식을 작성하고 제출할 수 있는데, 도서관이 문을 닫은 후에 논문을 찾고자 할 때 편리하다. 전문이 가용하지 않은 논문의 기록을 발견하였다면, 서식을 자동적으로 작성해주는 링크를 클릭할 수도 있을 것이다.

도서관 상호대출 제도의 사용은 대학도서관을 전 세계 최고의 연구도서관과 경쟁할 수 있게 만들어준다. 반드시 여러분 대학도서관 웹페이지를 확인하고 이렇게 멋들어진 제도를 활용하라!

Request an article

This interlibrary service is solely for students, faculty, and staff of the College.

Please provide the information in the boxes below.

This journal is not available in full text at the library according to my search.

◯ Yes ◯ No

Your Name

Phone Number

Your Email Address

Student ID Number

Name the article you are requesting. Please include full article information:

Title of Article

Author(s) of Article

Journal/Magazine/Newspaper Complete Title

Volume number

Issue number

Issue Date

Pages of the article

Requested by (date you would like to receive it)

Submit

WARNING CONCERNING COPYRIGHT RESTRICTIONS: The copyright law of the United States (Title 17, United States Code) governs the making of photocopies or other reproductions of copyrighted materials. Under certain conditions specified by the law, libraries and archives are authorized to furnish a photocopy or other reproduction. One of these specified conditions is that the photocopy or reproduction is not to be "used for other than private study, scholarship, or research." If the user makes a request for, or later uses, a photocopy or reproduction for purposes in excess of "Fair Use," that user may be liable for copyright infringement. This institution reserves the right to refuse to accept a copying order if in its judgment, fulfillment of the order would involve violation of the copyright law.

을 허비하면서 자책하던 때를 기억한다. 온라인 검색의 용이함으로 인해서 도서관으로 터덜거리며 되돌아가서는 재검색을 하지 않을 수도 있다. 그렇기는 하지만 만일 검색결과나 검색을 통해 얻은 목표물의 복사본을 남겨놓지 않는다면, 전에 찾았던 논문을 다시 찾고자 재검색하고 있는 자신을 발견할 가능성이 높다. '기록하고, 기록하고, 기록하라'는 필자의 충고에 귀를 기울임으로써 이러한 유형의 좌절을 방지하는 것은 여러분을 행복하게 만들어줄 것이다.

논문의 **참고문헌 목록**(reference list)을 작성할 시점이 되면 여러분은 검색과정과 찾아낸 논문을 성실하게 기록한 것의 한 가지 부가적인 이점을 발견하게 될 것이다. 검색하는 동안 찾은 대부분의 논문은 그림 1.1에서 색으로 표시한 것처럼 첫 번째 페이지 상단이나 하단에 온전한 서지정보를 가지고 있을 가능성이 크다. 이 정보는 여러분의 참고문헌 목록에 각 논문을 포함시키는 데 필요한 모든 세부사항을 제공해준다.

그림 1.1 출판된 논문에서 서지정보를 보여주는 첫 페이지

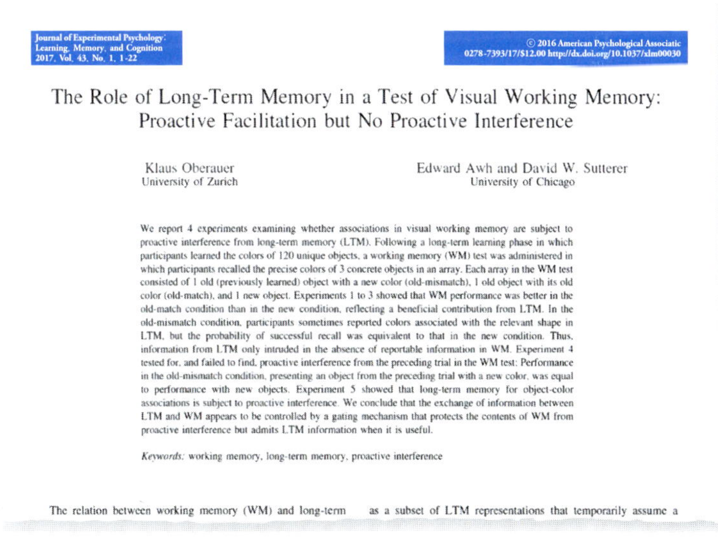
Journal of Experimental Psychology: Learning, Memory, and Cognition
2017, Vol. 43, No. 1, 1-22

0278-7393/17/$12.00 http://dx.doi.org/10.1037/xlm00030

The Role of Long-Term Memory in a Test of Visual Working Memory: Proactive Facilitation but No Proactive Interference

Klaus Oberauer
University of Zurich

Edward Awh and David W. Sutterer
University of Chicago

We report 4 experiments examining whether associations in visual working memory are subject to proactive interference from long-term memory (LTM). Following a long-term learning phase in which participants learned the colors of 120 unique objects, a working memory (WM) test was administered in which participants recalled the precise colors of 3 concrete objects in an array. Each array in the WM test consisted of 1 old (previously learned) object with a new color (old-mismatch), 1 old object with its old color (old-match), and 1 new object. Experiments 1 to 3 showed that WM performance was better in the old-match condition than in the new condition, reflecting a beneficial contribution from LTM. In the old-mismatch condition, participants sometimes reported colors associated with the relevant shape in LTM, but the probability of successful recall was equivalent to that in the new condition. Thus, information from LTM only intruded in the absence of reportable information in WM. Experiment 4 tested for, and failed to find, proactive interference from the preceding trial in the WM test: Performance in the old-mismatch condition, presenting an object from the preceding trial with a new color, was equal to performance with new objects. Experiment 5 showed that long-term memory for object-color associations is subject to proactive interference. We conclude that the exchange of information between LTM and WM appears to be controlled by a gating mechanism that protects the contents of WM from proactive interference but admits LTM information when it is useful.

Keywords: working memory, long-term memory, proactive interference

The relation between working memory (WM) and long-term

as a subset of LTM representations that temporarily assume a

그렇지만 때로는 첫 번째 페이지에 제목과 저자 목록만을 기술한 저널 논문을 발견하기도 한다. 그 논문을 찾았던 검색과정의 복사물을 가지고 있지 않아서 서지정보를 얻을 수 없다면, 그 논문을 찾는 검색을 또다시 수행해야만 그 논문을 참고문헌에 포함시키는 데 필요한 상세 정보를 얻게 된다.

논문에 대한 정보를 기록할 때는 그 정보의 정확성에 관하여 충동적일 만큼 강박적이어야만 한다. 논문 정보가 정확하다는 사실을 확신할 수 있도록 이중 삼중으로 확인하라. 정보 기록에서 오류를 범한다면, 오류가 포함된 참고문헌 목록을 작성하게 된다. 만일 그러한 참고문헌 목록을 가지고 있는 여러분의 논문이 출판되기라도 한다면, 참고문헌을 너절하게 기록하였다는 오명을 되새기게 만들어버린다. 이러한 문제가 발생한다는 사실을 확실히 해두고자 한다. 필자는 책과 저널 논문 모두에 들어 있는 참고문헌 목록에서 논문을 찾으려고 시도하고는 그 부정확성으로 인해서 좌절감에 빠진 적이 많이 있다. 이러한 경험이 필자에게는 무척이나 불만스러운 것이었다. 장차 여러분의 독자를 좌절시키지 않도록 최선을 다하라.

표절을 방지하라

여러분이 모른다고 전제하고, **표절**(plagiarism)이란 다른 사람의 표현이나 생각을 마치 자신의 것인 양 사용하는 것을 의미한다. **미국심리학회 윤리강령**(American Psychological Association's ethics code; 심리학자 품위강령)에 따르면, "심리학자는 다른 사람의 연구나 데이터의 일부를 자신의 것처럼 제시하지 않는다. 다른 사람의 연구나 데이터 출처를 어쩌다 가끔씩만 인용하더라도 마찬가지다"(Standard 8.11, www.apa.org/ethics/code 참조).

여러 해에 걸쳐 필자는 많은 학생이 표절에 관하여 알고는 있지만, 이 용어가 의미하는 바에 대해서 비교적 협의적인 견해를 가지고 있는 경향이 있음을 알게 되었다. 어떤 학생은 표절이 다른 저자의 글을 글자 그대로 베끼지 않는 것이라고 배웠다고 주장한다. 이런 학생은 여기저기 단어를 바꾸면 표절에서 결백하다고 믿고 있다. 그렇지만 이 생각은 결코 참이 아니다. APA는 표절을 '다른 사람의 어휘, 아이디어, 또는 이미지를 자신의 것'으로 사용하는 것으로 정의한다(APA, 2020, p. 21). 따라서 표절에 대한 APA 정의는 단순한 표현을 훨씬 넘어서며, 다른 사람의 아이디어를 그의 공헌으로 돌리지 않은 채 사용하는 것도 포함하고 있다. 표절을 방지하는 규칙은 꽤나 간단하다. 즉, 어떤 출처에서 어떤 정보를 얻을 때마다 그 정보를 그 출처에 귀속시키는 것이다.

불행하게도 테크놀로지는 표절을 더욱 용이하게 만들어왔으며, 이 사실이 표절 유혹을 증가시킬 수 있다. 웹 검색을 통해서 거의 무제한적인 자료가 가능하며, 대부분은 용이하게 복사하여 여러분 자신의 것이라고 부르는 문건에 붙여 넣을 수 있다. 심지어는 기말보고서를 구입할 수 있는 웹사이트조차 존재한다.

표절을 방지하는 가장 용이한 방법 중의 하나는 마감일에 훨씬 앞서서 여러분의 글쓰기를 시작하는 것이다. 다가오는 마감일은 표절하고픈 유혹과 충동을 기하급수적으로 증가시킨다. 만일 훌륭한 저자가 되고 싶다면 무슨 일이 있더라도 이러한 압력을 막아라. 다른 사람의 표현이나 아이디어를 복사하는 것은 여러분의 글쓰기를 한 치도 개선시키지 못한다. 실제로 더욱 형편없는 저술가가 될 수도 있다. 글쓰기 재능을 증진시킬 연습을 전혀 못하기 때문이다. 따라서 개인적 자긍심을 가지고, 글쓰기에 도움을 받고자 다른 사람의 표현에 의존하지 말고 단지 정보의 출처로만 사용하도록 하라.

만일 내재적 동기가 충분하지 않다면, 외재적 공포가 표절을 방지하는 데 도움을 주기에 충분할 수도 있다. 비록 테크놀로지가 표절을 더욱 간단하게 만든다 하더라도, 표절하는 저자를 찾아내는 것도 더욱 용이하게 만들어준다. 담당교수는 표절을 탐지하는 데 도움을 주는 컴퓨터 프로그램에 접속할지도 모른다. 필자는 교수직을 수행하는 동안 터니틴(Turnitin)과 세이프어사인(SafeAssign)이라는 두 가지 프로그램을 가지고 작업해왔다. (웹에서 '무료 표절 확인기'를 검색하면 훨씬 더 많은 프로그램이 떠오른다.) 이 프로그램 중 하나에 논문을 업로드하면, (색으로 표시한 구절과 해당 참고문헌과 함께) 그 논문이 표절한 것일 가능성에 관한 피드백을 얻을 수 있다. 담당교수는 심지어 여러분 보고서에서 의심스러운 냄새가 나는 구절을 웹에서 검색해볼 수도 있다. 따라서 표절이 과제를 마무리하는 신속하고도 용이한 방법일 수도 있다 하더라도, 다른 사람의 작품을 훔쳐 달아나는 완전범죄 가능성은 거의 없다. 대부분 대학의 표절 정책은 표절한 과제의 무효화에서부터 해당 과목에서의 낙제, 심지어는 퇴학 처분에 이르는 처벌을 포함하고 있다.

표절의 정의에는 학생들을 걱정케 만드는 한 가지 어려운 측면이 있다. 만일 표절 경고를 지나치게 심각하게 받아들이게 되면, 심리학자들의 표현과 아이디어의 사용을 기피하게 된다. 그렇지만 다른 연구자들의 정보를 사용하지 않고는 훌륭한 보고서를 쓰는 것이 불가능하다. 여러분이 보고서를 완성하는 데 필요한 연구를 수행하려면 절대적으로 선행 저널 논문과 책을 읽어야만 한다. 핵심은 그러한 아이디어가 여러분 자신의 것인 양 행세해서는 안 된다는 것이다. 어떤 저자나 저자 집단의 정보나 아이디어를 찾아서 사용할 때는, 그 정보에 대한 권위를 그들에게 부여하는 데 주저하지 말라. 그렇게 부여함으로써 여러분은 이제 막 연구에 접어든 것이다. 여러분 보고서에 충분히 적합한 중요 자료를 찾았으며, 그 자료를 읽었음을 기술하고 거기서 몇 가지 중요 정보를 추출하고, 원래의 작가/연구자에게 공적으로 돌린 것이다. 어떤 출처로부터 정보를 추출한다는 생각은 학생으로서나 저자로서나 여러분이 발전하는 데 극도로 중요하다. 어려운 아이디어와 글을 해독하여 여러분 자신의 글로 표현하는 방법을 배울 필요가 있다. 자신의 글로 표현하는 것은 여러분이 자료를 제대로 이해하였는지를 결정하는 최선의 방법이다. 만일 자료를 이해할 수 없다면, 긴 목록의 인용문을 연결시킴으로써 보고서를 쓰고자 시도할지도 모르겠다. 대부분의 교수는 그러한 시도를 타당한 보고서로 인정하지 않는다.

교정과 수정/개정

모든 작가의 목표는 가능한 한 훌륭한 작품을 집필하는 것이다. 이 절은 여러분이 할 수 있는 한에 있어서 최선의 글을 내놓는 한 가지 방법, 즉 교정보기 그리고 수정하기/개정하기를 다룬다. 필자의 과목을 수강한 학생들은 보고서를 제출하자마자 즉석에서 첫 번째 페이지의 명백한 오류를 지적할 때마다 놀라곤 하였다(그리고 실망하였다). 마러(Mahrer, 2004)는 **교정**(proofreading)을 철자법, 구두법, 주부-술부 일치, 오탈자 등과 같은 '오류를 찾아서 수정하는 것'(p. 1130)으로 정의하였다.

심리학개론 수업에서 지각과정을 공부하였다면, 여러분은 폐쇄(closure)라고 부르는 게슈탈트 체제화 원리를 학습하였을 것이다. 이 원리는 간극을 메우고는 여전히 전체를 지각하도록 도와주기 때문에 일상생활에서도 꽤나 도움이 된다. 예컨대, 아마도 여러분은 어떤 단어를 늗기가 어렵거나 불가능하였던 휴대전화 대화를 해보았을 것이다. 말하는 사람의 전체 의미를 지각할 수 있게 해주는 것이 바로 폐쇄이다. 그렇지만 교정에 이르러서는 폐쇄가 적군으로 변한다. 두뇌가 간극을 메워버리는데, 사람들은 글이 전달하고자 의도하는 것이 무엇인지를 알고 있기 때문에 오자나 탈자를 뛰어넘어가도록 만들 수가 있다.

마러(2004)는 교정 효율성을 증진시키는 몇 가지 핵심을 제시하였다. 교정을 볼 때는 자주 휴식을 취하라. 교정은 지겨운 작업이기에 주의가 쉽게 산만해지기 때문이다. 교정을 볼 때는 읽는 속도를 늦춰라. 빠르게 읽으면, 오류를 놓칠 가능성이 더 커진다. 이 두 가지 행동은 모두 여러분이 자신의 보고서에 더욱 집중하도록 도와준다. 마러의 또 다른 제안은 자신의 보고서를 큰 소리로 읽어보라는 것이다. 필자는 오랫동안 이 제안을 학생들에게 해왔다. 큰 소리로 논문을 읽는 것은 오류를 뛰어넘어가기 훨씬 어렵게 만들며 형편없이 작성한 문장과 구절을 탐지하는 데 도움을 준다. 또한 마러는 컴퓨터 스크린보다는 출력한 인쇄물을 가지고 교정볼 것을 권장하였다. 개별 단어들을 손으로 짚어가거나 종이를 사용하여 한 번에 한 줄씩만 나타나도록 하면, 읽는 속도가 느려지고 더 많은 오류를 잡아낼 수 있다. 또한 문단을 자연스러운 순서가 아니라 무작위로 읽게 되면, 글의 몇몇 맥락을 상실함으로써 오류를 찾아내는 것이 더 용이해질 수밖에 없다.

필자는 여러분이 자신의 성향에 친숙해질 것을 적극 권한다. 가장 빈번하게 범하는 오류의 유형을 확인하라. 만일 이러한 유형의 오류에 특별히 주의를 기울인다면, 그 오류를 발견할 가능성이 더 커진다.

만일 문법과 글쓰기 기초에 관한 지식이 약하거나 예전 같지 않게 녹슬었다면, 학내 어학원을 찾아가볼 것을 권한다. 어학원에는 글쓰기 재능이 있거나 때로는 전공분야 전문성으로 인해서 채용된 동료 학생들이 근무하고 있기 십상이다. 따라서 글을 잘 쓰며 여러분의 글쓰기를 도와줄 수 있는 심리학 전공 학생을 찾을 수도 있다. 그 전공생은 예전에 여러분이 지금 작업하고 있는 것과 동일한 글쓰기 과제를 수행하였을 수 있다.

또 다른 전략은 온라인 문법 프로그램을 찾아서 사용하는 것이다. 그런 프로그램은 다양하게 존재한다. '온라인 문법검사기'로 웹을 검색해보면 여러 가지 적합한 프로그램이 떠오르게 된다. 불행한 사실은 그러한 웹사이트는 품질관리가 되어 있지 않기 때문에, 오직 하나의 프로그램에만 의존하는 것은 권장하지 않는다. 그러한 프로그램에 명백한 오류가 있는 문단을 입력하여 여러분이 의도한 오류를 가장 잘 탐지해내는 프로그램을 찾을 수 있지만, 아마도 학내 어학원을 활용하는 것이 최선의 선택지이겠다.

불행하게도 학생들은 자신의 수정시간을 교정보는 데만 초점을 맞추고 실제 **수정하기**(editing)와 **개정하기**(revising), 즉 완성한 후에 더 좋은 논문이 되도록 재작업하는 데는 주의를 덜 기울이는 경향이 있다. 크리스티안센(Christiansen, 1990)은 전문적 작가가 자신의 글을 개정하는 데 시간의 1/4가량을 할애하는 반면에, 학생들은 1%의 시간도 할애하지 않는다는 사실을 지적하였다. 개정 작업을 하는 경우조차도, 교수들이 기대하는 것과는 상이한 행위에 시간을 소비하는 것으로 보인다. 교수들은 개정을 상당한 변화를 포괄하는 것으로 간주한다. "개정은 전체 이야기를 다시 바라다보고 재구성하며 심지어는 다르게 개념화하도록 이끌어갈 수 있다"(Flower et al., 1986, p. 16). 반면에 학생들은 교정이나 어구 수정 등과 같이 규칙이 주도하는 기계적인 요소에 초점을 맞추는 경향을 보인다(Flower et al., 1986). 따라서 여러분의 글쓰기 작업은 확실하게 단순한 교정이나 수정을 넘어서야 한다.

수정하기/개정하기에 관해서 구체적인 조언을 해주기가 다소 어려운 까닭은 여러분이 상이한 유형의 글쓰기 과제에 직면할 수 있기 때문이다. 서로 다른 유형의 과제를 다루는 장에서 보다 구체적인 수정하기/개정하기 조언을 제공한다. 보편적인 수정하기와 개정하기 조언을 위해서 최고의 온라인 글쓰기 정보의 출처 중 하나인 **퍼듀 온라인 글쓰기 실험실**(Purdue Online Writing Laboratory, OWL)을 살펴본다. owl.purdue.edu에서 찾아볼 수 있는 이 사이트는 어떤 것이든 글쓰기와 관련된 물음거리가 있을 때 방문하기 좋은 곳이다. OWL은 논문을 수정하는 것과 관련된 두 가지 자원, 즉 '응집성을 위한 개정하기'와 '개정하기 단계'를 가지고 있다.

'응집성을 위한 개정하기'(owl.purdue.edu)는 무엇보다도 문장과 문단에 초점을 맞춘다. 수정하기/개정하기의 한 가지 중요한 부분은 글이 말하고 싶은 것을 말하고 의미함을 확실하게 만드는 것이다. OWL

이 문장과 문단 모두에 관하여 제시하는 핵심 중 하나는 비교적 간명하면서 주제를 벗어나지 않는 것이다. 아무런 의미도 전달하지 않는 '미사여구'를 방지하는 것이 심리학 논문을 작성하는 좋은 방법이다. APA 출판지침(APA Publication Manual; APA, 2020, p. 113)은 OWL과 견해를 같이 한다. "여러분의 글에서 말할 필요가 있는 것만 말하라… 짧은 단어와 짧은 문장이 긴 것보다 이해하기 더 용이하다." OWL은 '응집성을 위한 개정하기'에서 진단하고 분석하며 개정하는 연습문제를 제공하고 있다. 이 연습문제는 여러분이 한 문단에 들어 있는 문장들을 진단한 다음에 그 문장들을 분석하여 주제가 문단 전체를 통해서 명쾌한지를 결정하게 해준다. 문단을 진단하고 분석한 후에는 보다 응집적이고 통일된 문단을 형성하도록 문장들을 개정하는 조언을 제공한다.

표 1.1은 논문 개정에 관한 OWL 지침을 기술하고 있다. '개정하기 단계'(owl.purdue.edu)는 수정하기/개정하기 과정의 한 가지 핵심, 즉 작성한 보고서를 새롭고 신선한 조망에서 바라다볼 수 있도록 하루나 이틀 그 보고서에서 멀어지라는 조언을 반복해서 강조하고 있다. 나는 많은 학생이 마지막 순간이 되어서야 마무리하고는 즉각 제출하기 때문에 더 우수할 수도 있었던 보고서를 그대로 제출한다고 확신한다. 이러한 '즉각 전략'은 보고서를 다시 숙고해보거나 새로운 아이디어가 떠오를 여지를 빼앗아버린다. '개정하기 단계'는 여러분의 수정하기와 개정하기 작업을 도와줄 일곱 가지 지침을 제공한다. 표 1.1을 살펴보면, 대부분의 지침이 수정하기와 개정하기에 초점을 맞추고 있지만 교정보기도 사이사이에 숨어 있다는 사실을 보게 될 것이다.

수정하기/개정하기에 관한 이 정보가 여러분에게는 새로운 것일지도 모르겠다. 대부분의 학생과 마찬가지로, 여러분도 과거에는 교정을 통해서 논문을 단장하는 데만 많은 시간을 할애하였을 것이다. 전문 작가는 수정하고 개정하는 데 글쓰기 시간의 1/4가량을 사용한다는 크리스티안센(1990)의 지적을 기억하기 바란다. 이 접근방식을 채택하고 제공

표 1.1 OWL의 일곱 가지 개정 지침

OWL 지침	지침 설명
1. 여러분의 핵심 포인트를 찾아라.	독자가 여러분의 논문에서 핵심 주제나 핵심 포인트를 확인해낼 수 없다면, 효과적이거나 잘 작성한 논문이 되지 못한다.
2. 독자층과 목적을 확인하라.	독자층 그리고 여러분이 논문에서 달성하려는 목표를 확인하는 것이 중요하다. 독자층(그리고 그들의 전문성 수준과 관심사)을 아는 것이 필수적이다. 학생들이 출판된 저널 논문을 읽기 어려워하기 십상인 까닭은 그러한 논문이 해당 분야 연구자들을 겨냥한 것이기 때문이다.
3. 증거를 평가하라.	이 단계는 심리학 논문에서 결정적이다. 심리학은 경험과학 분야이기 때문에, 독자들은 논문에서 제기하는 주장을 입증하는 연구증거에 친숙하다(그리고 그러한 증거를 기대한다).
4. 좋은 부분만을 남겨두어라.	어떤 문장이나 문단이 처음 작성할 때는 좋은 아이디어인 것처럼 보였다 할지라도, 논문의 핵심과 어울리지 않거나 그 핵심을 지지하지 않는다면, 재작업하거나 제거하라.
5. 언어표현을 간명하고 명확하게 하라.	여러분의 글이 말하고자 하는 것을 정말로 전달하고 있는가? 각 문장과 문단은 메시지와 언어표현이 명확한가? 이 시점에서 논문을 큰 소리로 읽어보는 것은 문제가 있는 부분을 집어내는 데 놀라우리만치 도움을 줄 수 있다.
6. 문법과 용법에서의 오류를 세거하라.	여러분이 교정을 보았다고 하더라도, 수정하기/개정하기 작업은 앞서 놓쳤던 문제점들을 드러내거나… 새로운 문제점을 제기할 수 있다. 이 시점이 당황스러운 오류를 방지하는 또 다른 기회다.
7. 저자 중심에서 독자 중심으로 전환하라.	아마도 이 단계가 달성하기 가장 어려울 것이지만, 가장 많은 보상을 제공할 것이다. 여러분의 보고서를 저자로서 읽기보다는 그 보고서를 처음 접하는 독자로서 읽어보도록 시도하라. 어느 부분이 효과적이고 어느 부분이 효과적이지 못한가? 구멍이 나있거나, 혼란스러운 부분이나 빠진 정보는 없는가? 수강생 중에 친구가 있다면, 논문을 교환하여 읽어볼 수도 있겠다. 어떤 것이든 혼란스러운 부분을 명확하게 수정하는 기회로 삼아서, 논문이 전달하려는 내용을 정확하게 전달하도록 만들어라.

출처 : Purdue Online Writing Lab. Steps for revising your paper. http://owl.purdue.edu

한 제안을 따른다면, 여러분의 보고서가 시간이 갈수록 개선됨을 발견하게 될 것이다. 그렇지만 대부분의 행동과 마찬가지로, 연습을 하면 할수록 수정하기와 개정하기도 우수해진다는 사실을 기억하라! 나다니엘 호손이 천명한 바와 같이, "읽기 쉬운 글이 빌어먹게 쓰기 어렵다."

결론적 생각

이 책을 시작하는 제1장은 여러분이 글쓰기를 증진시키고자 분투하는 것을 도와준다고 믿고 있는 몇 가지 조언을 제공하고 있다. 그렇지만 글쓰기는 개인마다 독특하다는 사실을 지적하지 않을 수 없다. 한 사람에게는 효과적인 조언이 다른 사람에게는 작동하지 않는다. 따라서 필자는 여러분이 다양한 조언을 시도해보고 가장 잘 작동하는 것을 찾아낼 것을 강력하게 권한다. 최소한 이러한 아이디어가 여러분을 글쓰기에 관해서 생각하도록 만들기를 희망한다. 글쓰기에 관해 생각하면 할수록, 여러분의 글쓰기는 더 좋아질 것임을 확신한다.

제1장은 한 가지 가닥으로 연결되어 있다. 나는 여러분이 그 가닥을 알아차렸기를 희망한다. 훌륭한 글쓰기는 시간을 요한다. 글쓰기를 준비하는 시간, 실제로 글을 쓰는 시간, 그리고 수정하고 개정하는 시간 등 말이다. 앞에서 언급한 바와 같이, 학생들의 중차대한 단점 중 하나는 보고서를 쓰려는 시도를 마지막 순간까지 미룬다는 점이다. 이 장에서 제시한 조언 중에서 오직 하나만을 가슴에 새긴다면, 다음의 것을 받아들여라. 즉, 보고서를 써야 한다는 사실을 아는 순간부터 가능한 한 빨리 보고서 작업을 시작하라. 주제에 관하여, 주제에 접근하는 방법에 관하여, 주제에 관한 정보를 찾을 수 있는 장소에 관하여 생각하라. 그러한 정보를 알아내는 데 시간을 할애하라. 작업할 좋은 정보를 가지고 있다면 훌륭한 보고서를 쓰기 훨씬 용이해진다. (후속 장들에서 그러한 정보를 캐내기 위한 전략들을 다룬다.) 마땅히 보고서 작성에 시간을 할

애하라. 글쓰기 시간을 분산시키고 글을 쓰면서 여러분의 주제에 관해 끊임없이 생각하라. 마지막으로 수정하기/개정하기 과정에 시간을 할애하라. 미국의 작가이자 교사이며 철학자(그리고 미국 소설가 루이자 메이 알콧의 아버지)인 브론슨 알콧(Bronson Alcott, 1872, p. 51)은 수정하기와 개정하기에 관하여 다음과 같이 훌륭한 조언을 해주었다.

> 당신의 글을 생각하며 잠들라. 그 글을 생각하며 산책하라. 아침에 면밀히 검토하라. 오후에 다시 보라. 저녁식사 후에 소화시키듯 이해하라. 그 글이 일 년 열두 달 당신의 서랍에서 잠들게 하라.

글쓰기 과제를 비판적으로 생각하기

제1장 전체를 살펴보고 여러분에게 새로웠던 세 가지 글쓰기 조언을 찾아라. 이 장에서 읽은 모든 것이 친숙한 것이었다면, 다른 학생에게 가장 유익할 것이라고 생각하는 세 가지 조언을 선택하라. 그렇게 하였다면 다음의 세 가지 글쓰기 과제를 마무리할 수 있다.

과제 1

선택한 글쓰기 조언 하나에 근거하여, 어떻게 그 조언이 글쓰기에 대한 여러분의 접근방식이나 글쓰기 행동을 의미충만한 방식으로 변화시킬 것인지를 상세하게 밝히는 문단을 작성하라. 이 변화가 여러분의 글쓰기에 이롭다고 믿는 이유는 무엇인가?

과제 2

여러분이 선택한 또 다른 글쓰기 조언에 대해서는, 그 조언을 설명하는 문단을 작성하라. 문단의 두 번째 부분에서는 이 조언을 받아들이는 것이 좋은 생각이며 글쓰기를 증진시키는 데 도움이 된다고 다른 학생을 설득하는 데 사용할 합리적 근거를 글로 표현하라. 여러분 자신의 글로 그 근거를 작성하라. 반드시 책의 내용을 표절하지 않도록 하라.

과제 3

여러분이 선택한 마지막 글쓰기 조언에 대해서는, 웹 검색을 실시하여 유사한 조언을 제공하고 있는 두 개의 논문(아니면 다른 출판물)을 찾아보라. 논문이 제공하는 조언과 이 책의 조언 간의 유사성과 차이점들을 설명하는 문단을 작성하라.

참고문헌

Alcott, A. B. (1872). Concord days. Roberts Brothers.

American Psychiatric Association. (2013). *Diagnostic and statistical manual of mental disorders: DSM-5* (5th ed.). https://doi.org/10.1176/appi.books.9780890425596

American Psychological Association. (2020). *Publication manual of the American Psychological Association* (7th ed.). https://doi.org/10.1037/0000165-000

Bjork, D. W. (1997). *B. F. Skinner: A life*. American Psychological Association. https://doi.org/10.1037/10130-000

Calkins, L. M. (1994). *The art of teaching writing* (2nd ed.). Heinemann.

Christiansen, M. (1990). The importance of revision in writing composition. *Education Digest, 56*(2), 70-72.

Davis, S. F. (2010, April). Conduct a personal writing habits inventory. In R. A. Smith (Chair), *How to publish your manuscript* [Symposium]. Southwestern Psychological Association 56th Annual Meeting, Dallas, TX, United States.

Drabick, D. A. G., Weisberg, R., Paul, L., & Bubier, J. L. (2007). Keeping it short and sweet: Brief, ungraded writing assignments facilitate learning. *Teaching of Psychology, 34*(3), 172-176. https://doi.org/10.1080/00986280701498558

Farris, C., & Smith, R. (1992). Writing-intensive courses: Tools for curricular change. In S. H. McLeod & M. Soven (Eds.), *Writing across the curriculum: A guide to developing programs* (pp. 52-62). Sage.

Flower, L., Hayes, J. R., Carey, L., Schriver, K., & Stratman, J. (1986). Detection, disgnosis, and the strategies of revision. *College Composition and Communication, 37*(1), 16-55. https://doi.org/10.2307/357381

Garrett, N., Bridgewater, M., & Feinstein, B. (2017). How student performance in first-year composition predicts retention and overall student success. In T. Ruecker, D. Sheperd, H. Estrem, & B. Brunk-Chavez (Eds.), *Retention, persistence, and writing programs* (pp. 93–113). Utah State University Press. https://doi.org/10.7330/9781607326021.c006

Kobrin, J. L., Patterson, B. F., Shaw, E. J., Mattern, K. D., & Barbuti, S. M. (2008). *Validity of the SAT for predicting first-year college grade point average* (College Board Research Report No. 2008–5). College Board. https://www.researchgate.net/publication/267954770

Mahrer, K. D. (2004). Proofreading your own writing? Forget it! *The Leading Edge, 23*(11), 1130–1131. https://doi.org/10.1190/1.1825945

McLeod, S. H. (1992). Writing across the curriculum. In S. H. McLeod & M. Soven (Eds.), *Writing across the curriculum: A guide to developing programs* (pp. 1–8). Sage.

National Commission on Writing for America's Families, Schools, and Colleges. (2004). *Writing: A ticket to work ... Or a ticket out. A survey of business leaders.* College Entrance Examination Board. https://www.nwp.org/cs/public/print/resource/2540

Nevid, J. S., Pastva, A., & McClelland, N. (2012). Writing-to-learn assignments in introductory psychology: Is there a learning benefit? *Teaching of Psychology, 39*(4), 272–275. https://doi.org/10.1177/0098628312456622

Ondrusek, A. L. (2012). What the research reveals about graduate students' writing skills: A literature review. *Journal of Education for Library and Information Science, 53*(3), 176–188.

Swensen, D. (2011, November 9). Writing when you're sick, tired, or just hate the world. *Surlymuse.* http://surlymuse.com/writing-when-youre-sick-tired-or-just-hate-the-world/

University of Warwick. (2014, September 9). Students take note: Evidence that leaving essays to the last minute ruins your grades. *ScienceDaily.* www.sciencedaily.com/releases/2014/09/140909144542.htm

Victor, D. (2018, February 9). Oxford comma dispute is settled as Maine drivers get $5 million. *The New York Times.* https://www.nytimes.com

Wadsworth, J., Halfman, A. H., & Upton, T. (2002). Strategies to improve the writing of graduate students. *Rehabilitation Education, 16*(3), 295–305.

2

'APA 스타일'이 실제로 의미하는 것은 무엇인가?

알고 있습니까?

APA, MLA, 그리고 시카고 형식 간의 주요 차이점과 유사점은 무엇인가?

참고문헌 목록과 서지정보 목록은 어떻게 다른가?

어떻게 수동태를 피해서 글을 쓸 수 있는가?

어떻게 성차별 표현을 방지하도록 글을 쓰겠는가?

"글쓰기 스타일이 최적으로 작동할 때는,
아이디어가 논리적으로 전개되고,
출처가 그 공적을 적절하게 인정받으며,
논문은 예측가능하며 일관성 있게 체제화된다."

미국심리학회(APA), 2020, p. xvii

만일 여러분이 대부분의 학생과 다르지 않다면, 심리학 보고서를 작성하기에 앞서 작문 수업에서 기말보고서나 연구보고서를 작성하게 될 것이다. 대부분의 학문분야는 보고서를 작성할 때 저자가 사용하는 표준 스타일이나 형식을 가지고 있다. 세 가지 스타일이 여러 학문분야에 걸쳐 통용되고 있으며, 아마도 한 가지 주제에만 해당하는 전문 스타일보다 더 많이 사용되고 있을 것이다. (APA 스타일이라고 알려진) 미국심리학회 스타일(APA, 2020)은 심리학, 경영학, 간호학, 범죄학, 경제학, 사회학, 언어학 분야(https://owl.purdue.edu), 그리고 소통장애 분야에서 사용하고 있다(https://pubs.asha.org). (**MLA 스타일**이라고 알려진) 현대언어학회 표기법(MLA, 2016)은 언어교육, 문화연구, 그리고 여러 인문학 분야에서 사용한다(https://owl.purdue.edu). 마지막으로 (**투라비언 스타일**로도 알려져 있는) **시카고 스타일**(Chicago style; Turabian, 2018; University of Chicago Press, 2017)은 문학, 역사, 예술 등의 분야에서 사용한다(https://owl.purdue.edu).

이 장에서 여러분은 **APA 출판지침**(Publication Manual of the American Psychological Association; APA, 2020)에 나와 있는 심리학 보고서의 공식적 글쓰기 스타일에 관하여 공부할 것이며, 여러분의 보고서에서 그 지침을 사용하는 방법을 알게 된다. 필자는 여러분이 지금까지 사용하였을지도 모르는 다른 스타일과 차이를 보이는 APA 스타일의 결정적인 측면들을 집중 조명할 것이다.

여러분은 보고서를 쓰기 위하여 새로운 일련의 지침을 배워야 한다는 사실에 낙담할는지 모르겠다. 그렇지만 APA 스타일로 글쓰기를 배워야 하는 여러 가지 좋은 이유가 있다(Kubista, 2010). 첫째, 심리학을 비롯한 여러 학문분야에서 출판을 하려면 APA 스타일로 작성한 원고를 제출하는 것이 필요하다. 여러분 경력의 현재 단계에서 논문을 출판하는 것에 대해서 생각조차 해보지 않았을 수도 있지만, 장차 고려해볼 가능성이 없지 않다(제9장 참조). 둘째, 교수들에게는 일관성 있는 형식을 갖춘 보고서를 읽는 것이 여러분의 보고서를 더 용이하고 신속하게 평가할 수 있게 해준다. 또한 그러한 글쓰기 스타일은 여러분이 논문을 어떻게 구성해야 할 것인지에 대해서 고민하지 않게 만들어준다. APA 출판지침(APA, 2020)은 여러분의 모든 궁금증에 대한 답을 가지고 있다. 쿠비스타(Kubista, 2010)는 APA 스타일을 사용하게 되면 담당교수의 지시를 따를 수 있으며, 이것은 아마도 미래의 상사가 내리는 지시를 따르는 것과 유사할 것이라는 사실을 지적하였다. 마지막으로 APA 스타일의 기본을 이해하고 있으면 여러분이 심리학 저널 논문을 읽기 시작할 때 도움을 받을 수 있다(제4장 참조).

APA 스타일과 과학적 사고

초기 심리학 논문은 제멋대로이었다. 1929년까지는 심리학의 표준 스타일이 없었다(Sigal & Pettit, 2012). 이때까지는 **저널**(journal)이 특정 대학과 연계되어 있기 십상이었으며, 논문 출판은 저자와 편집자 사이에서 협상을 통해 이루어지는 경우가 많았다. 아마도 학문분야로서의 심리학이 상대적으로 작고 비공식적이었기 때문이었을 것이다. 그렇지만 1900년대 초기에 이르러서는 심리학이 급속하게 팽창하기 시작하였다. 예컨대, 미국심리학회(APA)는 단 31명의 회원으로 1892년에 창설되었다. 1915년에는 회원 수가 거의 300명이 되었으며, 1930년에는 530명으로 늘어났다(Fernberger, 1932). 이러한 성장은 더 많은 저널의 필요성을 초래하였다. 1920년대 말에는 1895년에 만들어진 5개의 저널에 덧붙여, APA가 승인한 8개 저널이 출판을 시작하였다(Sigal & Pettit, 2012). 시걸과 페팃은 심리학이 그 시기 동안에 점차적으로 사람들에게 도움을 주는 응용학문 분야가 되어가고 있었다는 사실도 지적하였다. 이러한 발전은 저널에 투고하는 논문의 수를 증가시켰으며, 몇몇 투고 논문은 편집장에게 친숙하지 않은 주제를 다루고 있었다. 그 결과로 초래된 '정보 과부하'(Sigal & Pettit, 2012, p. 357)는 편집장으로 하여금 출판 기준을 개발할 필요가 있음을 깨닫게 만들었다. APA 회원들 모두가 이러한 기류에 동의한 것은 아니지만, 여러 해에 걸친 토론과 논쟁을 벌인 끝에 오늘날의 APA **출판지침**(APA, 2020)을 향한 첫 발을 내딛게 되었으며, 일곱 페이지짜리 논문["Instructions in Regard to Preparation of Manuscript"(원고 준비에 관한 설명서)]이 마련되었다(Bentley et al., 1929). 오늘날의 지침이 420페이지 이상이라는 점을 감안할 때, 1929년에 비해서 오늘날 APA 스타일에는 훨씬 많은 세부사항이 존재한다는 사실을 알 수 있다. 이 장은 여러분을 이러한 세부사항에 친숙하게 만들어줄 것이다.

어떤 저자는 APA **출판지침**을 그저 인용과 참고문헌 정보를 정리하고, 페이지 형식을 갖추며, 저널 편집장의 까칠한 요구사항을 충족시키기 위하여 준수해야만 하는 안내 정도로만 생각할지도 모르겠으나, 매디건과 동료들(Madigan et al., 1995, p. 428)은 APA 스타일이 '해당 분야의 핵심가치와 인식론을 함축하는 것'이라고 주장하였다. 인식론은 지식의 본질과 범위를 다루는 철학의 한 영역이다(Hofer, 2002). 매디건과 동료들에 따르면, APA 스타일은 심리학 연구자들이 견지하는 가치와 태도, 특히 경험주의로의 편향과 심리학 지식의 구축을 향한 헌신을 반영한다. 이들은 여러분과 같이 이 책을 읽는 학생에게 중요한 다음과 같은 주장을 피력하고 있다 — 아마도 여러분은 심리학 글쓰기가 낯설고, 작문시간의 배웠던 글쓰기와 MLA 스타일이나 투라비언 스타일의 사용에 더 친숙할 것이다. 만일 계속해서 '인문학적 태도'를 견지한 채 글을 쓴다면, 심리학자들에게는 여러분이 심리학 분야의 국외자로서 글을 쓰고 있음이 명백해질 것이다. 과거의 수업에서 연습을 거듭하여 완벽하게 숙달하였던 여러분의 몇몇 글쓰기 측면을 심리학교수가 비판하게 되는 이유가 바로 이것이다.

이러한 피드백에 맞서 싸우지 말라는 것이 필자의 조언이다. 심리학

교수는 여러분이 심리학의 글쓰기 스타일에 적응함으로써 내집단의 동료로 간주되도록 도와주고자 애를 쓰고 있는 것이다. 여러분은 "나는 그저 학생이지 심리학 Ph.D가 아닙니다. 어째서 APA 스타일을 배워야만 합니까?"라고 정당한 주장을 할는지도 모르겠으나, 언젠가는 여러분이 대학원 진학을 위해 글을 써야만 하거나 출판을 위해 글을 쓸 가능성은 얼마든지 있다. 따라서 교수가 의도한 바와 같이, 그 피드백을 유용하고도 친절한 조언으로 받아들여야만 한다. 캐시(Cash, 2009)가 지적한 바와 같이, 보고서 평가자(저널 편집장이든, 심사자든, 아니면 담당교수든 관계없이)는 명확하지 않게 적었거나 스타일 오류를 포함하고 있는 원고를 읽을 때는 부정적 평가를 할 가능성이 높다.

APA 스타일의 가치

APA 스타일의 미묘한 의미 차이와 복잡한 사항으로 돌진하기에 앞서, APA 스타일과 인문학 기반 글쓰기 간에 존재하는 중요 차이점들을 소개하고자 한다. 심리학 수업을 위한 논문을 작성할 때 여러분의 마음갖춤새에 이러한 가치를 심어놓게 되면 글쓰기가 용이해지고 담당교수에게도 인정을 받게 될 것이다.

인용하고, 인용하며, 인용하라

심리학교수 중에서 여러분의 사견이나 추측에만 근거한 보고서에 관심을 가질 사람은 거의 없다. 아무리 여러분의 글이 독창성(나중에 자세하게 언급한다) 요소를 포함해야 한다고 하더라도, 심리학 논문 작성에서 핵심 과제는 여러분이 내세우는 모든 주장의 증거를 수집하는 것이다. 심리학자는 무엇보다도 자신이 내세우는 주장을 지지하는 선행연구를 참조하는 방식으로 증거를 수집하여 정리한다. 심리학 저널 논문, 특히 그 논문의 도입부인 서론을 살펴보면, 도처에서 소위 인용을 보게 된다. **인용**(citation)은 논문이나 책 또는 다른 유형의 출판물을 찾는 데 필요한 기초 정보인 저자 이름과 날짜(연도) 등을 제공한다. 필자는 이 책에서 인용을 광범위하게 사용하였다. 35페이지로 되돌아가보면, 다음 문장을 찾을 수 있을 것이다.

> 초기 심리학 논문은 제멋대로이었다. 1929년까지는 심리학의 표준 스타일이 없었다*(Sigal & Pettit, 2012)*.

이탤릭체로 적은 부분(Sigal & Pettit, 2012)이 인용이다. 여러분은 이것을 사용하여 책의 참고문헌 목록에서 시걸과 페팃이 "Information Overload, Professionalization, and the Origins of the *Publication Manual of the American Psychological Association*(정보 과부하, 전문화, 그리고 APA 출판지침의 기원)"이라는 제목의 논문을 2012년에 *Review of General Psychology*에 게재하였다는 사실을 찾아볼 수 있다. **참고문헌**(reference)은 한 논문이 인용한 모든 서지 정보이다. 시걸과 페팃(2012)의 참고문헌을 살펴보면 알 수 있는 바와 같이, (저널 논문의 경우에) 저자 이름, 출판연도, 논문 제목, 논문을 게재한 저널, 권, 호, 게재된 페이지(그리고 논문에 접속할 수 있는 퍼머링크) 등을 포함하고 있다. 이 정보는 읽어보기를 원할 경우에 시걸과 페팃의 논문을 찾을 수 있게 해준다. 제5장과 6장에서 APA 스타일 참고문헌의 기본 내용을 다룰 것이다.

APA 출판지침에는 인용의 기본 규칙이 다음과 같이 나와 있다.

> 아이디어, 이론, 또는 연구가 여러분의 저작물에 직접적인 영향을 미친 사람의 저작물을 인용하라. 인용하는 저작물은 핵심 배경지식을 제공하거나, 여러분의 논지를 지지하거나 반박하거나, 아니면 핵심적 정의와 데이터를 제공한다. 여러분이 읽은 저작물과 여러분의 글에 포함시킨 아이디어만을 인용하라… 여러분의 논지를 개발하는 데 사용한 다른 사람의 아이디어에 공헌을 돌리는 것에 덧붙여서, 보편지식이 아닌 모든 사실과 수

치에 대한 기록을 제시하라. (APA, 2020, p. 253)

매디건과 동료들(Madigan et al., 1995)은 정보 출처의 인용을 강조하는 것의 한 가지 중요한 함의를 지적하였다. 이들은 네 개의 저널(두 개의 심리학 저널 그리고 한 개의 문학 저널과 한 개의 역사학 저널)에서 100편의 논문을 분석하여, 두 심리학 저널이 문학 저널보다 훨씬 많은 인용을 포함하고 있으며 역사학 저널과는 거의 같은 양의 인용을 포함하고 있다는 사실을 찾아냈다. 그렇지만 심리학 저널에서 직접 인용은 거의 존재하지 않으며, 역사학 저널과 문학 저널은 훨씬 많은 직접 인용을 나타내고 있다. 따라서 선행 출판물에서 정보를 도출하는 것뿐만 아니라 그 정보를 여러분 자신의 방식대로 표현하는 것도 중요하다. 이러한 특징이 '글쓰기 장르로서의 APA 스타일'을 집중조명해주고 있는 것이다(Madigan et al., 1995, p. 428).

상이한 의미에서 독창성을 발휘하라

방금 보았던 것처럼, 보고서를 작성할 때 다른 연구자의 저작물을 찾아서 참조하는 것이 중요할 뿐만 아니라 그렇게 하기를 기대한다. 학생들은 여러 가지 이유로 다른 출처를 참조하는 것이 '속임수를 쓰는 것'이며 전적으로 자기 생각으로만 보고서를 작성해야 한다고 믿고 있는 것처럼 보이는 경우가 많다. 이러한 생각은 심리학 논문과 문학 논문 간의 중요한 차이점을 나타내는 것일 수 있다. 문학 논문의 가치는 독창성에 있을 수 있다. 그러한 경우에는 다른 출처를 참조하는 것이 표절로 간주되기도 하는데, 다른 사람의 저작물을 마치 자신의 것인 양 제시할 때 발생한다. 만일 여러분의 과제가 독창적인 수필을 작성하는 것이라면, 다른 저자의 아이디어를 빌려오는 것이 눈살을 찌푸리게 만들게 된다. 그렇지만 대부분의 심리학 논문에서의 과제는 여러분 논지를 지지하는 증거를 확보하는 것이며, 이것은 선행연구에 근거해야만 한다. 다른 저자의 표현이나 아이디어를 자신의 것이라고 주장하지 말라. 반드시 원저자에게 공헌을 돌려라. 만일 어떤 논문의 정보를 출처를 밝히지 않은 채 사용한다면, 표절을 저지르는 것이다.

심리학 논문에서의 창의성은 문학 논문에서와 전혀 다르다. 심리학 논문의 독창성은, 문학 수업에서 하였던 것처럼 아이디어를 전적으로 여러분 자신의 힘으로만 만들기보다는, 선행연구를 찾아 여러분의 아이디어로 이끌어가고 지지하도록 설득력 있는 방식으로 함께 엮어내는 것에서 유래한다. 그 과정에서 인용하고 참조함으로써 선행연구자들에게 공헌을 돌리는 것이 중요하다.

엔터테인먼트 가치가 아니라 명료성과 소통을 염두에 두고 글을 쓰라

작문 과목을 수강한 적이 있다면, 아마도 시, 수필, 희곡, 픽션 등과 같이 많은 유형의 창의적 글쓰기 과제가 있음을 알고 있을 것이다. 이러한 유형의 글쓰기에서는 독자를 즐겁게 만들거나 계몽하는 것에 일차적인 강조점을 둔다. 그렇지만 APA 스타일 글쓰기의 일차적 목표는 독자들에게 과학 정보를 명확하게 소통하는 것이다. 이러한 두 가지 목표는 글쓰기에 대해서 전혀 다른 두 가지 접근방식으로 이끌어간다.

창의적 글쓰기와 APA 스타일 간의 한 가지 주요 차이점은 문학적 글쓰기 도구의 사용이다. 아마도 여러분은 작문 수업에서 은유법, 직유법, 두운법, 과장법, 복선 깔기 등과 같은 도구의 사용방법을 공부하였을 것이다. 이러한 글쓰기 도구는 흥미진진한 소설, 수필, 희곡 등을 집필할 때 대단한 역할을 담당한다. 그런데 이것들은 명확한 과학적 소통을 억압할 수 있다. 실제로 APA 출판지침(APA, 2020, p. 114)은 저자들에게 그러한 문학적 글쓰기 도구를 사용하지 말도록 분명하게 경고한다. 과학적 글쓰기에 적합하지 않기 때문이다. 매디건과 동료들(1995, p. 433)

이 지적하는 바와 같이, "APA 스타일 글쓰기는 단어가 저자로부터 독자에게 정보전달자로서만 기능한다고 암묵적으로 가정하는 언어의 공리적 견해를 다른 경험과학 분야와 공유하고 있다." 창의적 글쓰기에서 사용하는 문학적 도구는 과학적 사실을 독자들과 직접적으로 소통하는 것을 방해할 수 있기 때문에, APA 스타일로 글을 쓸 때는 이러한 측면의 창의성을 제어하는 고삐를 쥐도록 애를 써야만 한다.

APA 스타일의 또 다른 가치는 글쓰기의 간결성에 있으며, APA 출판지침(APA, 2020, p. 113)에서는 '간명성의 중요성'(importance of conciseness)이라고 다음과 같이 강조하고 있다. "여러분의 글에서 언급할 필요가 있는 것만 언급하라." 심리학 글쓰기는 전형적으로 저널에 논문을 출판하려는 것이기 때문에, 글은 간단명료해야만 한다. 저널 지면은 충분하지 않으며, 편집장은 훌륭한 연구 프로젝트의 내용을 전달하면서도 가능한 한 적은 지면을 할애할 수 있는 좋은 논문을 출판하고자 원한다. 메리 앤 에반스(조지 엘리엇이라는 필명으로 글을 썼다)와 스티븐 킹과 같이 이질적인 작가의 소설을 읽어보아서 알겠지만, 간결성이 문학 작가에게 반드시 중요한 가치를 갖는 것은 아니다.

마지막으로 명확한 소통이 APA 스타일에서 주요 강조점 중 하나이다. APA 출판지침(APA, 2020, p. 113)은 저자들에게, 소통하고자 시도하고 있는 것을 독자가 가정을 하거나 추론을 하도록 만들기보다는, "어휘 선택에 신중을 기하고, 모든 단어가 여러분이 의도하는 것을 정확하게 의미함을 확인할 것"을 분명하게 지시하고 있다. 일상 표현에서는 사람들이 단어를 실제 의미와는 다른 방식으로 사용하기 십상이다. APA 스타일로 글을 쓸 때는 방지해야만 하는 일종의 습관이다. 예컨대, APA 출판지침(APA, 2020, p. 113)은 구체적으로 'think'(생각한다) 또는 'believe'(믿는다) 대신에 'feel'(느낀다)의 사용을 방지해야 한다고 언급하고 있다. APA 스타일에는 여러분이 스스로 친숙해져야만 할 몇 가지 중요한 단어 간의 구분이 있다.

'성'(sex) 대 '성별'(gender)

일상대화에서는 이 단어들을 상호교환적으로 사용하기 십상이지만, 심리학자는 둘 간에 중요한 구분을 하고 있다. APA 스타일에서 '성'(sex)은 출생할 때 부여받은 남녀의 성을 지칭하는 반면, '성별'(gender)은 문화에 기반한 차이를 지칭한다(APA, 2020, p. 138). 따라서 성은 유전적 차이에 근거한 것이며, 성별은 환경적 차이에 근거한 것이다. 만일 남자와 여자 간의 고정관념적 차이에 관한 글을 쓰고 있다면, 그러한 차이는 생물학이 아니라 문화에 토대를 두고 있기 때문에 '성별 역할'(gender role)이라는 용어를 사용해야 한다. 반면에 사회나 문화와 무관하게 남자와 여자 간의 차이에 관해 글을 쓴다면, 성차(sex difference)를 언급하게 된다.

'while'과 'since'[1]

APA 스타일에서, 'while'은 시간 단어이며, 'since'도 일차적으로는 시간 단어이어서, 둘 모두 시간에 기초함을 의미한다(APA, 2020, p.123). 일상대화에서는 'although', 'despite', 'and', 또는 'but'를 'while'로 대치하고, 'because'를 'since'로 대치하여 사용하기 십상이다. APA 스타일에서는 동시적으로 발생하는 사건을 지칭할 때에만 'while'을 사용해야 한다. 예컨대, "While participants completed the memory test, they heard classical music playing."(참가자들이 기억검사를 받는 동안 흘러나오는 고전음악을 들었다.) 문장은 기억검사와 음악이 동시에 발생하였음이 명확하다. 이제 다음 문장을 보자. "While Watson was a behaviorist,

1 이 절과 다음 절의 내용은 영어와 한국어 간의 문법적 차이로 인해 역서의 내용으로는 적합하지 않다. 그렇지만 역자가 임의로 배제시킬 수 없기에 그대로 번역한다. 영어로 논문을 작성하는 것이 아니라면 건너뛰어도 무방하지만, 예전에 배웠던 영문법을 회고하는 기분으로 읽어보아도 나쁘지는 않겠다.(역주)

Neisser was a cognitive psychologist."(왓슨은 행동주의자였던 반면, 나이서는 인지심리학자였다.) 이 두 사건은 동시에 발생하지 않았다. 저자는 왓슨과 나이서를 대비시키는 데 'while'을 잘못 사용한 것이다. 첫 번째 단어를 'While' 대신에 'Although'나 'Whereas'로 대치하면 이 문장은 APA 스타일에서 올바른 것이 된다. 'although'나 'whereas'의 사용은 문장의 두 부분 간의 대비나 비교를 형성한다(즉, 왓슨 대 나이서). APA 지침의 간편표를 보려면, 보편적인 글쓰기 문제, 설명, 해결책에 관한 부록 D를 참조하라.

APA 스타일 글쓰기에서는 'since'를 전형적으로 특정 사건 후에 시간이 경과하였음을 나타내는 데 사용해야 한다. 예컨대, 단계 2 이후의 오류만을 채점하였음을 명확하게 보여주기 위해서 "The data represented errors that subjects had made since they began Phase 2 of the experiment."(데이터는 참가자들이 실험의 단계 2를 시작한 이후에 범한 오류를 나타낸다.) 'since'의 이러한 사용을 다음과 같은 부정확한 용법과 대비시켜보라. "Since Watson was a behaviorist, he was not interested in internal mental processes."(왓슨은 행동주의자였기 때문에, 내적 정신과정에 관심이 없었다.) 여기서 'since'는 시간 경과를 지칭하지 않기 때문에, APA 스타일로는 잘못된 것이다. 그렇지만 문장을 'because'로 시작한다면, 이 문장은 APA 스타일로 받아들이게 된다. 'since'를 'because'의 의미로 사용하는 것이 APA 스타일에서 용인될 수도 있지만, 오직 그 의미가 모호하지 않을 때만 가능한데, 경험이 부족한 저자에게는 어려운 과제일 수 있음을 명심하라.

만일 여러분이 필자가 가르쳤던 많은 학생과 다르지 않다면, 'because'로 시작하는 문장에 대한 필자의 조언에 무릎반사와 같은 반응을 보였을지도 모르겠다. 여러분은 이 단어로 문장을 시작하는 것에 관하여 결코 배워본 적이 없을 수도 있다. 그렇지만 'because'로 문장을 시작하기에 대해서는 많은 학생 저자가 완전한 문장을 만들기 위해서는 종속절 다음에 주절이 뒤따라야 한다는 사실로 인해 불완전한 문장을 쓰게 된다는 사실을 제외하고는 이에 반하는 문법규칙은 없는 것으로 보인다. (“beginning a sentence with because”로 웹 서치를 실시해보라.) 만일 “Because Watson was a behaviorist”라고만 썼다면, 여러분은 불완전한 문장을 쓴 것이며 문법적 오류를 범한 것이다. 그렇지만 “he was not interested in internal mental processes”(주절)의 첨가는 문장을 문법적으로 올바르게 만들어준다. 이 문장은 단지 “Watson was not interested in internal mental processes because he was a behaviorist.”를 다른 방식으로 표현한 것이다.

‘This’, ‘That’, ‘These’, ‘Those’

‘This’, ‘That’, ‘These’, 그리고 ‘Those’는 문법에서 지시사로 알려져 있다. 많은 일상 대화와 글에서는 지시사를 대명사로 사용하는 경향이 있는데, 이 사실은 지시사를 자체적으로 존재할 수 있도록 허용함을 의미한다. 예컨대, 만일 여러분이 과자를 먹고 있다면, “These are good.”(이거 맛있는데.)이라고 말할 수 있다. 이 말을 듣는 사람은 맥락에 근거하여 여러분이 과자를 지칭하고 있음을 안다. APA 스타일은 지시사를 대명사로 사용하는 것을 허용하지만 선행문장에서 참조물이 명백하여야만 한다고 경고하고 있다(APA, 2020, p. 112). 따라서 “This means that …”라고 쓰기보다는 “These results mean that ….”가 독자의 불확실성을 제거해준다.

필자가 지도하였던 학생 중의 한 명도 자신의 직무에서 비특정 단어를 반복 사용함으로써 유사한 상황에 직면하고 말았다.

> 아칸소 검찰총장실의 수사관인 저는 의뢰자에 대한 저의 의견서와 편지를 작성하는 데 있어서 도움을 받아야만 하였습니다. 저는 의뢰자를 지칭할 때 ‘they, he, she’ 등을 마구 사용하는 경향이 있었습니다. 법정에 가면,

> 판사는 'they, he, 또는 she'가 누구인지 모릅니다. 3인칭을 사용하면 안 됩니다. 각 진술은 지칭하는 사람의 이름을 사용해야만 합니다. 저는 수사관으로서 증거를 수집하는 것을 도와주는 검사의 도움을 받아서 더 잘 쓸 수 있게 된 것을 영광으로 생각하지요. (마지 브라이트 섹스턴, 1989년 OBU 졸업; 아칸소 리틀록 소재 검찰총장실 공공안전 수사관)

인종차별과 성차별을 비롯한 차별주의를 방지하라

APA는 글쓰기와 언어표현에서 어떤 유형의 것이든 편향을 방지하고자 노력한다. 개인과 집단을 공정하게 대하도록 조장하기 위하여 APA 출판지침은 '연령, 장애, 성별, 연구 참여, 인종이나 민족 정체성, 성적 지향성, 사회경제적 지위, 아니면 이러저러한 개인적 요인의 조합'에 근거하여 사람들을 차별하는 편견이나 편향이 내포된 글을 피하라고 경고한다(APA, 2020, p. 131). APA 출판지침의 세 가지 보편적인 지침은 다음과 같다.

적절한 수준의 특정성에서 기술하라

이 지침(APA, 2020, pp. 132-133)을 준수하는 방법은 "덜 특정적이기보다는 더 특정적이 되라"는 것이다(p. 132). 만일 지나치게 특정적인 정보를 가지고 있다면 항상 집단을 결합시킬 수 있지만, 여러분이 가지고 있는 정보가 지나치게 보편적이라면 '분리시킬 수' 없다. 예컨대, '노인 참가자'라고 기술하기보다는 '70세에서 80세 사이의 참가자'라고 특정할 수 있다. 마찬가지로 APA 스타일(2020, p. 135)은 '소녀'와 '소년'을 12세 미만의 사람을 지칭하는 데 사용한다. '젊은 여자/젊은 남자, 여성 청소년/남성 청소년'은 13~17세에 적용하는 용어로, 그리고 '남자'와 '여자'는 18세 이상의 사람에게 사용한다.

또한 APA 출판지침(2020, pp. 138-149)은 성별/성, 성적 지향성, 인종과 민족 정체성, 장애, 연령, 사회경제적 지위, 그리고 교차성(맥락이나 집단의 조합) 등에 근거한 편향을 방지하는 지침도 포함하고 있다. 이 부분을 살펴보게 되면, 'homosexual'(동성애)이라는 표현이 시대에 뒤떨어진 부정적 고정관념 용어라는 사실을 발견하게 된다. APA는 'lesbian(여성 동성애), gay(남성 동성애), heterosexual(이성애), straight(동성애에 대비한 이성애), asexual(무성애), bisexual(양성애), queer(성소수자를 지칭하는 포괄적인 단어), polysexual(다양한 성취향), 그리고 pansexual(성별에 관계없이 사람을 사랑하는 성적 지향)' 등과 같은 성적 지향성을 나타내는 용어를 선호한다(APA, 2020, p. 146). 출판지침의 이전 판이 출판된 이래로 'transgender'(트랜스젠더. 자신의 생물학적 성과 정신적 성이 반대라고 생각하는 사람), 'cisgender'(시스젠더. 자신의 생물학적 성과 성 정체성이 일치하는 사람), 'gender-nonconfirming'(트랜스젠더와 유사한 의미의 용어), 'nonbinary'(제3의 성. 여성도 남성도 아닌 성별로 이분법적인 성별에 속하지 않는 사람) 등의 성적 지향성 용어가 진화한 것이다. APA는 APA 스타일에서 사용해야 하는 용어들의 관한 최신 정보를 제공해오고 있다.[2] 성별 관련 범주와 용어가 빠른 속도로 진화하기 때문에, APA 출판지침의 이 절은 선행 판보다 훨씬 길다. 또한 APA는 앞으로도 앞서 제시한 웹페이지나 https://apastyle.apa.org에서 온라인으로 이 범주들을 계속해서 개정할 가능성이 높다.

인종과 민족 정체성을 나타내는 어휘는 대체로 특정 집단의 선호도에 의해서 결정된다. 반드시 시대에 뒤떨어진 용어(예컨대, Afro-American, Oriental 등)를 피하도록 하라. 인종과 민족 집단을 지칭하는 데 사용하는 단어는 고유명사로 간주되기 때문에, 영어로 표기할 때는 대문자로 시작해야 한다(예컨대, 'Black'과 'White'가 올바른 표기법

---

2 https://www.apa.org/pi/lgbt/resources/sexuality-definitions.pdf

이며 'black'과 'white'는 잘못된 것이다). 대응하지 않는 단어(예컨대, African-American, White)보다는 반드시 'African-American, Caucasian American'과 같이 서로 대응하는 단어를 사용하라(APA, 2020, p. 145). 출판지침 제6판(APA, 2010, p. 76)은 장애자를 기술할 때 "사람 우선적 표현"을 사용하도록 규정하였다('the disabled'가 아니라 'people with disabilities'). 그렇지만 이번 제7판(2020, pp. 136-137)은 장애인을 존중하는 '사람 우선 표현'(예컨대, 'people with disabilities')이나 '정체성 우선 표현'(예컨대, 'a disabled person')을 모두 허용하고 있다. 무엇보다도 개인이나 집단이 한 가지 접근법을 선호한다는 사실을 알게 되었다면, 다른 유형의 용어를 피해야만 한다.

꼬리표에 세심하게 마음을 쓰라

이 지침(APA, 2020, pp. 133-134)의 핵심 아이디어는 "사람들이 자신을 기술하는 데 사용하는 언어 표현을 존중하라는 것, 즉 자신을 부르는 표현으로 그 사람을 부르라는 것"이다(p. 133). 이 아이디어는 집단이 선호하는 용어가 시간이 경과함에 따라서 변한다는 깨달음에 기초한 것이다. 이것이 사실인지 확인해보려면 부모님이나 조부모님에게 물어보기만 하면 된다. 주류 집단에 속해 있는 사람이 다른 집단을 비교하는 기준으로 자신의 집단을 사용할 때 문제가 발생한다. 예컨대, 아마도 여러분은 'mankind', 'him 또는 his', 그리고 'mailman'을 비롯한 남성 직업적 용어들과 같이, 남성 지향적 용어 사용의 문제에 익숙할 것이다. 이러한 접근은 여성을 주변적 존재로 만들어 이등시민으로 치부해버린다. APA 출판지침(2020, p. 134)은 심지어 집단을 제시하는 순서[예컨대, 'men and women'(남자와 여자), 'Whites and Blacks'(백인과 흑인)]도 첫 번째 등장하는 집단이 주도적 집단이라는 인상을 만들 수 있음을 지적하고 있다.

연구 참가에 감사를 표하라

연구 참가에 감사를 표하려면(APA, 2020, pp. 141-142), "여러분의 연구에 참가한 사람들의 공로와 참여를 인정하는 방식으로 그 사람들에 관해 기술하라"(p. 142). APA **출판지침** 제4판(APA, 1994)에서 이 문제를 처음 제기하였다. 저자들에게는 "가능하다면 비인격적 용어인 subject(피험자, 동물의 경우 피험체)를 보다 기술적인 용어로 대치할 것"(p. 49)을 요구하였다. 오랜 관습에 따라서 subject(피험자)라는 용어를 인정함에 따라서 이러한 제약이 다소 느슨해졌었으나, 그 지침의 정신은 여전히 남아 있다. 예컨대, 수동태의 사용은 참가자를 행위주체가 아니라 사물인 것처럼 만든다["the participants completed the forms"(참가자들이 서식을 작성하였다)를 "the forms were administered to subjects"(서식이 피험자에게 실시되었다)와 대비시켜보라].

혹자는 편향을 제거하려는 APA의 노력을 단순히 정치적 정당성(political correctness, 차별적인 언어 사용·행동을 피하자는 운동)으로 묵살해버리고자 할지도 모르겠다. 그렇지만 니콜(Nichol, 2011)이 지적한 바와 같이, 그 사람들은 글에서 편향을 경험하고 있는 집단에 속하지 않는 경우일 것이다. 사회인지 연구는 사람들이 인지오류와 편향의 희생자가 될 가능성이 매우 높다는 사실을 상세하게 입증해왔다(예컨대, Carlston, 2010). 이러한 오류와 편향은 사람들이 듣고 사용하는(그리고 심지어는 글을 쓰는) 언어표현으로 인해서 무의식적으로도 발생할 수 있다. 따라서 암암리에 스며드는 편향과 고정관념을 피하기 위해서는 글에서 편향적이지 않은 언어표현을 사용하는 것이 마땅한 것이다.

APA 스타일의 핵심

모든 APA 스타일이 가치를 중심에 놓는 것은 아니다. 형식을 핵심으로 하는 규칙들도 존재한다. 이러한 규칙의 대부분은 출판과정, 즉 원고 형식의 글을 심리학 저널에 출판된 논문으로 전환하는 과정을 용이하게 만들기 위해 존재하는 것이지만, 많은 심리학교수는 'APA 스타일'이나 'APA 형식'을 따르는 보고서를 과제로 부여할 때도 이 규칙을 고집한다. 여기서 보편적인 APA 스타일 지침 몇 가지를 소개한다. 다른 지침들은 후속 장에서 접하게 된다. 여러분 보고서의 보편적인 글쓰기 문제점과 설명 그리고 해결책에 관한 APA 스타일 체크리스트를 보려면, 부록 D를 참조하라.

서체

전통적으로 인쇄할 때는 세리프 **서체**(font)를, 그리고 온라인에서는 산스 세리프 서체를 사용해왔다(세리프는 특정 서체를 '장식하는' 짧은 선분이나 점이다. 예컨대, "p"의 하단에 짧은 수평선이나 "f"의 상단의 점과 같은 것이다). APA 지침의 예전 판은 12 포인트의 타임스 뉴로만 서체를 사용하도록 규정하였다. 그렇지만 지금의 APA 스타일(2020, p. 44)은 향상된 화면 해상도 덕분에 다양한 서체를 허용하고 있다. 12 포인트 타임스 뉴로만, 11 포인트 조지아, 또는 10 포인트 컴퓨터 모던과 같은 세리프 서체 그리고 11 포인트 캘리브리, 11 포인트 애리얼, 또는 10 포인트 루시다 산스 유니코드 등과 같은 산스 세리프 서체가 모두 인정되고 있다. 여러분의 담당교수는 특별히 선호하는 서체를 가지고 있을 수 있다. 만일 정기적으로 심리학 논문을 작성하게 된다면, APA 선택지 중 하나를 여러분의 지정값 서체로 설정해놓는 것이 좋다. IBM PC나 매킨토시 컴퓨터에서 특정 서체를 지정값으로 설정하는 것을 포함하여 APA 형식에 맞도록 여러분이 사용하는 워드프로세서를 재설정하기 바란다.[3]

3 원서에서는 마이크로소프트 워드에서 서체, 여백, 머리제목, 줄 간격 등, 여러 가지 지정값

여백

APA 출판지침(APA, 2020, p. 45)은 한 페이지의 상하좌우 모두에 1인치 **여백**(margin)을 두도록 규정하고 있다. 필자 경험에 따르면, 마이크로소프트 워드는 페이지 좌우에 1.25인치 여백을 지정값으로 설정해놓았기 십상이다.[4] 이 값이 APA 지침에서 용인될지도 모르겠으나, 필자에게는 그 여백은 크게 보인다(다른 교수들에게도 그렇게 보이지 않을까 싶다). 그렇기 때문에, 워드의 큰 좌우 여백은 여러분이 논문을 실제보다 더 길게 보이게 하려고 시도하고 있다는 인상을 줄 수 있다. 따라서 여러분은 상하좌우 모두 1인치 여백을 사용할 것을 권한다.

머리제목

'상하좌우 1인치' 여백 규칙에 사소한 예외가 존재한다. APA 스타일 논문은 전형적으로 각 페이지 상단에 **머리제목**(running head, 왼쪽 정렬)과 페이지 번호(오른쪽 정렬)를 붙인다. APA 지침 제6판(APA, 2010)에서는 모든 원고에 머리제목을 요구하였다. 오늘날 학생 논문에는 이것을 요구하지 않는다(APA, 2020, p. 37). 그렇기는 하지만 이러한 변화가 새로운 것임을 전제할 때, 여러분의 담당교수는 머리제목의 사용을 요구할 수도 있다. 머리제목은 제목의 요약으로, "문자, 구두점, 그리고 띄어쓰기를 모두 계산하여 최대 50자"(2020, p. 37)이다. 단순히 제목의 처음 몇 단어이기보다는 의미를 갖춘 축약한 제목이어야 한다. 머리

(default)을 재설정하는 방법을 별도의 실행하기 글상자에서 꼬치꼬치 설명하고 있다. 그런데 역자가 판단하기에 심리학을 전공하는 대부분의 한국 대학생들은 '워드'뿐만 아니라 '훈글'에도 매우 익숙하기 때문에 이러한 설명은 군더더기 정보에 불과하다. 역서에서는 가능한 한 지루하지 않게 가독성을 높이기 위하여 이 부분을 생략하였다. 혹 익숙하지 않은 독자가 있다면 이번 기회에 워드프로세서를 공부할 것을 강력하게 권한다.(역주)

4 참고로 '훈글'에서는 위 20mm, 아래 15mm, 좌우 각 30mm가 상하좌우 여백의 지정값이다. 그리고 1인치는 대략 25.4mm이다.(역주)

면밀한 관찰
머리제목

APA 스타일은 학생 논문에 대해 더 이상 머리제목을 요구하지 않지만(APA, 2020, p. 37), 담당교수는 여러분에게 머리제목을 요구할 수도 있다. 여러분이 머리제목 절을 이해하였는지 확인하기 위해 아래에 페이지 1과 2의 사례를 만들어보았다. 모든 후속 페이지도 머리제목을 달고 있어야 한다.

LEARNING TO BARPRESS 1

Title of the paper goes here . . .

LEARNING TO BARPRESS 2

text of the paper continues here . . .

주) 이 페이지들은 8.5인치×11인치 용지에 맞춘 것으로 보이지 않는다. APA 스타일에서는 좌우 여백이 1인치이어야 하며, 각 페이지에서 본문의 첫 번째 줄은 페이지 상단에서 1인치 떨어져 있어야 한다는 점을 기억하라. 머리제목은 1인치 여백에서 벗어날 수 있다.

제목은 1인치 여백 내에 맞출 필요가 없다.

여러분의 원고에서 머리제목을 정확하게 설정하였는지 확인하려면, 면밀한 관찰 : 머리제목 글상자를 참조하라. 그 글상자가 보여주는 바와 같이, 실제 머리제목과 함께 '머리제목: '이라는 표현은 보이지 않는다. 이것도 출판지침의 예전 판(APA, 2010)과 달라진 것이며, 예전 판에서는 원고의 첫 페이지에서만 이 표현을 요구하였다.

타이핑 지시사항

APA 스타일 논문에서는 거의 모든 것을 더블스페이스(줄 간격을 보통의 두 배로 하는 것)로 작성해야 하며, 심지어 참고문헌 목록조차 그렇다(APA, 2020, p. 45). 본문은 항상 왼쪽 정렬을 해야 하며, 오른쪽 여백은 들쭉날쭉하게 된다. 만일 페이지가 양쪽 정렬로 되어 있다면, '왼쪽 정렬'로 바꾸어야 한다.

문단을 들여쓰기(0.5인치)로 시작하려면 스페이스바를 사용하기보다는 탭 키나 워드프로세서의 자동 문단 형식 기능을 사용하라(APA, 2020, p. 45). 한 줄의 끝에서 단어를 분할하지 말라. APA 스타일의 원고는 단어를 분할하기보다는 짧은 줄(하이픈)을 갖게 된다. 그렇다고 해서 실제 출판된 논문에서 분할된 단어를 보더라도 놀라지는 말라.

APA 스타일로 완벽한 형식을 갖춘 원고(서체, 여백, 머리제목, 하이픈 연결, 줄 간격 등)를 작성하고 나면, 여러분은 추후에 원고를 APA 스타일로 작성하는 것을 용이하게 만들어주는 두 가지 선택지를 갖게 된다. 첫 번째 선택지는 그 원고를 편집하여 여러분의 'APA 스타일 포맷'임을 알 수 있는 새로운 이름으로 저장하는 것이다. 포매팅 명령어와 제목 페이지를 볼 수 있는 부분, 본문의 처음 한두 페이지, 그리고 참고문헌 페이지 헤더(출력할 때 각 페이지 맨 윗부분에 자동으로 붙는 부분)만을 남겨놓고는 대부분의 본문을 지워버려도 무방하다. 다음 번 원고를 작성할 때는 남아 있는 글을 새로운 글로 대체하고, 새로운 글에 적합하도록 머리제목을 바꾼 후에(필요하다면 말이다) 시작할 수 있다. 이 접근방식은 새로운 논문을 작성할 때마다 APA 형식으로 재작업하는 시간과 노력을 줄여준다. 두 번째 선택지는 APA 스타일에 맞게 '워드'의 서식틀을 만들어놓는 것이다. 워드로 APA 스타일에 맞추어 작성한 문건의 좌상단에는 APA 스타일의 새로운 문건을 작성하는 서식틀을 만들게 해주는 서식복사(Template) 아이콘이 있다. 신나는 뉴스는 APA 스타일의 서식틀을 설정하고 만들 필요가 없다는 것이다. 마이크로소프트에서 한 가지가 가용한 것이 확실하다(templates.office.com을 탐색해보라. APA 스타일 제7판을 찾아보라).

이것으로 APA 스타일로의 첫 번째 여행을 마친다. 이 장에서는 여러분에게 APA 스타일 글쓰기 과제에 적용할 지침 목록을 제공하였다. 후속 장들에서는 상이한 유형의 글쓰기 과제에 들어맞는 APA 스타일을 살펴본다. 여러분에게는 APA 스타일이 다소 임의적인 것처럼 보일 수도 있겠지만, (다른 글쓰기 스타일과 마찬가지로) 논문 원고를 비롯한 다양한 출판물에 걸쳐 일관성을 담보하기 위하여 이 스타일이 존재하는 것이다(Kubista, 2010).

결론적 생각

이 장에서는 APA 스타일을 소개하였다. 여러분에게는 새로운 것일 수도 있지만 심리학을 계속해서 전공함에 따라서(아니면 APA 스타일을 사용하는 전공분야를 추구함에 따라서) 매우 중요해질 글쓰기 스타일이다. APA 스타일은 증거에 기반한 글을 쓰는 과학적 접근방법을 대표하며, 작문 수업에서 사용하였을 수도 있는 창의적 글쓰기 스타일과는 대비된다. APA 스타일 글쓰기에서 어떤 진술을 할 때는 그 진술을 증거로 보충해야만 한다. 후속 장들에서는 여러분이 다양한 수업에서 직면할지도 모르는 다양한 유형의 글쓰기 과제라는 맥락에서 APA 스타일에 대한 소개를 계속한다. 어느 정도 연습을 하면, APA 스타일에 친숙해질 것이고, 달성하기도 용이해질 것이다.

글쓰기 과제를 비판적으로 생각하기

다음 각 과제의 물음에 고심하는 신입생을 위한 한 문단의 글을 작성해 보라.

과제 1

상이한 학문 분야가 상이한 글쓰기 스타일을 채택하는 까닭은 무엇인가? APA 스타일과 인문학에서 사용하는 글쓰기 스타일 간의 두 가지 핵심적 차이는 무엇인가?

과제 2

APA 스타일 글쓰기에서 인용을 사용하는 것이 핵심적 가치를 갖는 까닭은 무엇인가? 과학 분야에서 이 가치가 중요한 까닭은 무엇인가?

과제 3

글을 쓸 때 편향되지 않은 언어표현을 사용하는 것이 중요한 까닭은 무엇인가? 여러분이 잘 알고 있는 누군가에게 적용될 수도 있는 편향된 언어표현의 한 가지 사례 그리고 어떻게 그것을 편향되지 않은 방식으로 글로 써야 하는지를 제시해보라.

참고문헌

American Psychological Association. (1994). *Publication Manual of the American Psychological Association* (4th ed.).

American Psychological Association. (2010). *Publication Manual of the American Psychological Association* (6th ed.).

American Psychological Association. (2020). *Publication Manual of the American Psychological Association* (7th ed.). https://doi.org/10.1037/0000165-000

Bentley, M., Peerenboom, C. A., Hodge, F. W., Passano, E. B., Warren, H. C., & Washburn, M. F. (1929). Instructions in regard to preparation of manuscript. *Psychological Bulletin*, 26(2), 57-63. https://doi.org/10.1037/h0071478

Carlston, D. (2010). Social cognition. In R. F. Baumeister & E. J. Finkel (Eds.), *Advanced social psychology: The state of the science* (pp. 63-99). Oxford University Press.

Cash, T. F. (2009). Caveats in the proficient production of an APA-Style research manuscript for publication. *Body Image*, 6(1), 1-6. https://doi.org/10.1016/j.bodyim.2008.10.003

Fernberger, S. W. (1932). The American Psychological Association: A historical summary, 1892-1930. *Psychological Bulletin*, *29*(1), 1-89. https://doi.org/10.1037/h0075733

Hofer, B. K. (2002). Personal epistemology as a psychological and educational construct: An introduction. In B. K. Hofer & P. R. Pintrich (Eds.), *Personal epistemology: The psychology of beliefs about knowledge and knowing* (pp. 3-14). Lawrence Erlbaum Associates.

Kubista, A. (2010, September 15). What is the point? Walden University Writing Center. https://waldenwritingcenter.blogspot.com/2010/09/what-is-point.html

Madigan, R., Johnson, S., & Linton, P. (1995). The language of psychology: APA Style as epistemology. *American Psychologist*, *50*(6), 428–436. https://doi.org/10.1037/0003-066x.50.6.428

Modern Language Association of America. (2016). *MLA handbook* (8th ed.).

Nichol, M. (2011). How to avoid bias in your writing. *Daily Writing Tips*. https://www.dailywritingtips.com/how-to-avoid-bias-in-your-writing/

Sigal, M., J., & Pettit, M. (2012). Information overload, professionalization, and the origins of the *Publication Manual of the American Psychological Association*. *Review of General Psychology*, *16*(4), 357–363. https://doi.org/10.1037/a0028531

Turabian, K. L. (2018). *A Manual for writers of research papers, theses, and dissertations* (9th ed.; revised by W. C. Booth, G. C. Colomb, J. M. Williams, J. Bizup, W. T. Fitzgerald, & University of Chicago Press Editorial Staff). University of Chicago Press.

University of Chicago Press. (2017). *The Chicago manual of style* (17th ed.). https://doi.org/10.7208/cmos17

3

APA 스타일에서는 문법도 중요하다

알고 있습니까?

능동태와 수동태를 구분할 수 있는가?

대명사가 포함된 글이 독자에게 혼란스러운 까닭은 무엇인가(그리고 이 문제를 어떻게 해결할 수 있는가)?

글쓰기에서 어떻게 편향된 표현을 방지할 수 있는가?

주부와 술부가 어떻게 수(단복수)에서 일치한다고 확신할 수 있는가?

"they"를 단수대명사로 사용하는 것이 글쓰기에서 용납될 수 있는가?

"일반적으로 능동태가 수동태보다 더 직접적이고 적극적이다."

스트런크와 화이트(Strunk & White), 2000, p. 18

제2장에서 여러분은 APA 스타일(APA, 2020)을 사용하는 심리학 글쓰기와 MLA 스타일이나 투라비언 스타일을 사용하는 인문학을 비롯한 다른 학문분야 글쓰기 간의 몇 가지 중요한 차이를 공부하였다. 이 장에서는 여러분이 선행 장을 읽으면서 잘못 생각하게 되었을지도 모르는 다음과 같은 가정을 명확하게 천명하고자 한다. 즉, 여러분이 APA 스타일로 글을 쓸 때는 문법 문제를 염려할 필요가 없다는 생각을 기쁜 마음으로 받아들이기 전에, 그 어떤 것도 이 생각만큼 잘못된 것은 없다는 사실을 경고하고자 한다.

문법은 중요하다

그렇다! 작문 수업에서의 글쓰기가 아닌 것은 확실하지만, 심리학 논문을 쓸 때도 문법은 여전히 중요하다. APA 출판지침(APA, 2020, pp. 117-125)이 '글쓰기 스타일과 문법'이라는 제목의 장에서 문법과 어법에 아홉 페이지나 할애하고 있다는 사실은 여러분도 심리학 논문을 작성할 때 글쓰기 과정에 혼신을 다할 필요가 있음을 분명하게 반영하고 있다. 필자의 경험에 따르면, 학생들은 APA가 제공하는 다음과 같은 세 가지 문법 지침에서 특히 어려움을 겪기 십상이다. 세 가지 원리의 숙달은 더 우수하고 더 명확하게 글을 쓰는 데 도움이 될 것이다.

능동태로 글을 쓰라

사람들은 흔히 수동태를 사용하여 말하기 때문에 그러한 습관이 글쓰기에도 스며드는 경향이 있다. **수동태**(passive voice)에서는 저자가 문장의 목적어를 주어로 사용하게 되는데, 이것은 장황하고 직접적이지 않은 글쓰기를 초래하게 된다. "A memory test was given to the subjects"(기억검사가 피험자들에게 실시되었다)가 수동태 표현의 사례이다. "Memory test"(기억검사)는 능동적인 행위 주체가 아닌 것이 확실한데도 불구하고 문장의 주어이다. "be" 동사를 조동사로 사용함으로써(이 사례에서는 "was") 동사의 구성을 능동이 아니라 수동으로 만들어버린다. "The subjects completed a memory test"(피험자들이 기억검사를 받았다)가 **능동태**(active voice) 문장이며, 직접적이고 명확하며 심지어는 더 짧기도 하다. APA 스타일에서는 두 가지를 모두 인정하고 있지만, 출판지침(2020)은 많은 저자가 수동태를 너무 많이 사용하는 경향이 있음을 지적하고 있다. "직접적이고 명료하며 간결한 문장을 만들려면 가능한 한 능동태를 많이 사용하라"(APA, 2020, p. 118).

많은 사람들(심지어는 심리학교수와 연구자들도)은 일인칭 대명사(나, 우리 등) 사용을 피하기 위하여 수동태로 글을 쓴다. 일인칭의 사용이 과학적 글쓰기에서는 잘못된 것이라고 믿고 있기 때문이다. APA 출판지침은 실험에서 수행한 내용을 기술할 때 그리고 자신의 견해를 피력할 때 일인칭 대명사를 사용하도록 권장한다(APA, 2020, p. 120). 일인칭 문장의 사용은 수동태 글쓰기를 방비하는 데 도움을 주기 십상이다.

"be" 동사를 조동사로 사용할 때는 많은 경우에 수동태로 글을 쓰고 있는 것이다. "be" 동사를 단독으로 사용하는 것이 더할 나위 없이 타당하다는 사실에 주목하라. "The subjects were first-year college students"(피험자는 대학 1학년생이었다) 그리고 "The sound volume was 80 decibels"(소리의 크기는 80데시벨이었다)는 모두 APA 스타일에서 타당하다. 수동태와 과거시제는 동일한 것이 아니다. 실행하기 : 능동태와 수동태 글상자는 이 정보를 어떻게 개관하고 적용하는지를 보여준다.

실행하기

능동태와 수동태[1]

다음 어느 문장이 수동태를 사용하고 있는가?

(a) The experimenter gave the memory test to the participants.

(b) The participants took the personality test after a rest period.

(c) The endurance test was given to the participants.

다음 세 문장은 모두 수동태를 포함하고 있다. 다시 쓰기를 하여 수동태를 제거하라.

(d) An experiment was conducted by Jones(1995).

(e) A significant effect was found.

(f) All instances of passive voice have been removed.

동사 시제를 정확하게 사용하라

학생 저자들이 동사 시제에서 어려움을 겪는 일차적 문제점은 연구결과를 요약할 때 발생한다. 여러분이 읽는 연구논문은 어느 것이든 과거에 수행한 연구를 다룬다. 따라서 **과거시제**(past tense)로 써야 한다(다시 언급하지만 과거 시제와 수동태는 다른 것이다!). "Smith and Jones(2007) wrote that …"[스미스와 존스(2007)는 …라고 적었다]가 옳은 표현인 까닭은 "wrote"가 과거시제이기 때문인 반면, "Smith and Jones(2007) believe that …"[스미스와 존스(2007)는 …라고 믿고 있다]는 "believe"가

1 독자들께서 영문법 공부삼아 이 문제들을 풀어보기 바란다. 각 문장을 저자의 의도에 맞추어 번역하면 다음과 같다. (a) 실험자가 참가자들에게 기억검사를 실시하였다. (b) 참가자들이 휴식을 취한 뒤 성격검사를 받았다. (c) 인내심검사가 참가자들에게 주어졌다. 답은 (c)이다.
아래 세 문장은 다음과 같다. (d) 존스(1995)에 의해서 실험이 실시되었다. (e) 유의한 효과가 얻어졌다. (f) 모든 수동태 사례가 제거되었다. 능동문으로 수정한 문장은 다음과 같다. (d) Jones(1995) conducted an experiment[존스(1995)는 실험을 실시하였다]. (e) The effect was significant(효과는 유의하였다). (f) I have removed all instances of passive voice(모든 수동태 사례를 제거하였다).(역주)

현재시제이기 때문에 잘못된 것이다. 마찬가지로 여러분이 수행한 연구에 관하여 글을 쓰고 있다면, 그 연구도 과거에 수행한 것이기 때문에 실험의 세부사항을 과거시제로 제시하여야 한다. APA 스타일 논문의 여러 절에서 어떤 동사 시제를 사용해야 하는지를 일목요연하게 정리한 내용을 보려면 출판지침(2020, p.118)의 표 4.1을 참조하라.

"That" 대 "Which"

말을 할 때는 "That"과 "Which"를 전형적으로 동의어인 것처럼 사용하지만, APA 스타일에서 둘은 상호 교환적이지 않다. APA(2020, pp. 122-123)에 따르면, "that"을 사용하는 절은 **제한적 관계사절**(restrictive clause)이며 문장의 의미에 필수적인 것이어야 한다. 반면에 "which"를 사용하는 절은 **비제한적 관계사절**(nonrestrictive clause)이며, 문장을 의미 있는 것으로 만드는 데 필요한 것이 아니고, 그 앞에 쉼표를 붙여 비제한적 용법임을 나타낸다.[2] 따라서 "The rats that were younger had less training time"(어린 쥐들은 훈련시간이 적었다)은 올바른 표현이다. "that were younger"는 문장을 의미 있는 것으로 만드는 데 필요하기 때문이다. 마찬가지로 "The stimulus items, which were shown on a computer screen, were half nouns and half verbs"(자극 항목들은, 컴퓨터 화면에 제시되었으며, 절반은 명사이고 절반은 동사이었다)가 올바른 문장인 까닭은 "which were shown on a computer screen"이 문장을 이해하는 데 필수적이지 않기 때문이다. 만일 자극을 제시하는 방식

2 쉬어가는 의미에서 먼 옛날 역자의 경험담을 덧붙여 본다. 1960년대 중반(정말 호랑이 담배 먹던 시절이다) 역자가 중학생 시절, 별명이 Monkey이었던 경상도 출신의 다혈질 영어 선생님(이제 성함도 생각나지 않네요. 죄송합니다)께서 관계대명사의 제한적(한정적) 용법과 계속적(비제한적) 용법을 열강하시면서, 역자와 같이 이해가 느린 학생들의 머리통에 커다란 군밤을 마구 먹이시던 모습이 아련하다. 그 당시에는 어린 마음에 제한적이든 계속적이든 그게 그것처럼 들리는데, 왜 영어에서는 쉼표 하나를 이렇게 중요하게 생각하는지 도통 이해할 수 없었다.(역주)

을 구분하는 것이 중요하였다면, 다음과 같이 써야 한다. "The subjects in Group 1 saw words that appeared on a computer screen, whereas the subjects in Group 2 saw words printed on a sheet of paper."(집단 1의 피험자는 컴퓨터 화면에 나타나는 단어들을 보았던 반면에, 집단 2의 피험자는 종이에 인쇄된 단어들을 보았다.) 이 경우에는 자극 제시방법과 관련된 상이한 집단의 피험자들을 대비시키고 있는데, 여기서는 제시방법이 문장에서 핵심이기 때문에, "which" 대신에 "that"를 사용해야만 한다. 실행하기 : "that"과 "which" 글상자는 "that"과 "which"에 관한 이 정보를 적용할 기회를 제공해준다. 이 문제를 비롯하여 다른 문법적 논제 그리고 APA 스타일의 논제를 되새겨보려면, 부록 D에서 기술한 보편적 글쓰기 문제점, 설명, 그리고 해결책을 참조할 수 있겠다.

실행하기

"That"과 "Which"[3]

APA 스타일에 따라 올바르게 표현하기 위하여 수정이 필요한 문장은 어느 것인가? 적절한 수정을 해보라.

(a) The experimenter tested the animals which were older first.
(b) The experimenter tested the animals that were older first.
(c) The experimenter passed out writing instruments that were pencils.
(d) The experimenter passed out writing instruments which were pencils.

3 (a)와 (b)의 의미는 "실험자가 먼저 태어난 동물을 먼저 검사하였다"이다. "older"는 나이가 더 들었다는 의미인데, 한국어에서는 실험동물에게 나이가 더 들었다든가 먹었다든가 하는 표현이 어색하기에 먼저 태어났다는 표현을 해보았다. (c)와 (d)는 "실험자가 연필을 필기도구로 나누어주었다."이다. 아무튼 (a)와 (d)에서 "which" 앞에[(a)에서는 first 앞에도] 쉼표를 붙여야 하며, 그렇게 하면 (a)는 "실험자가 동물들을 검사하였는데, 먼저 태어난 동물들을 먼저 검사하였다."가 되며, (d)는 "실험자가 필기도구를 나누어주었는데, 그것은 연필이었다."가 되겠다.(역주)

핵심문법의 재고(再考)

여러분은 대학생이기 때문에, 고등학교 때까지 문법에 관하여 상당히 많은 것을 배운 것으로 알고 있다. 그렇지만 다년간의 경험을 통해서 많은 대학생이 배웠던 중요한 문법들을 잊어버렸기 십상이라는 사실도 알게 되었다. 따라서 이 장의 나머지 부분에서는 여러분이 문법의 몇몇 중요사항, 특히 APA 스타일과 형식과 관련된 중요사항을 되새겨볼 수 있게 해주고자 한다.

여러분이 예전에 배웠던 문법의 몇몇 핵심을 망각한 것을 불편하게 느끼지 않도록 만들기 위해서, 나의 지도학생이었으며 현재는 중학교에서 과학을 가르치고 있는 교사의 이야기를 공유하고자 한다.

> 저는 텍사스의 영세민 자녀가 대다수인 어느 중학교에서 2학년 과학을 가르치고 있습니다. 학생들은 열악한 사회경제적 상태에 놓여 있으며, 읽기와 쓰기에 어려움을 겪고 있어요. 우리는 제 집에서 온전한 문장으로 글을 쓰는 공부를 하고 있지요. 저는 학생들에게 문장을 대문자로 시작하는 것, 독자들이 끊어 읽게끔 문장 종지부에는 마침표가 필요하다는 것, 그리고 문장은 구절만을 담고 있으면 안 되며 반드시 주어와 동사를 포함해야 한다는 것 등을 가르칩니다. 학생들에게 온전한 문장으로 답할 것을 요구할 때는 준비하는 시간과 마무리하는 시간을 줍니다. 저는 금년에 특별교육 학생들에게서도 성장하는 모습을 보았습니다. (미스티 새핀 갈랜드, 1991년 OBU 졸업. 텍사스 텍사르카나 소재 텍사스 중학교 재직)

품사

아마도 여러분은 영어를 처음 배우기 시작할 때 품사에 대해 배우기 시작하였을 것이다. 그 시점의 좋은 측면은 오랜 시간에 걸쳐 품사를 배웠다는 점이며, 나쁜 측면은 충분히 반복하거나 후속 교육이 없는 경우에 품사를 망각하기에 충분한 오랜 시간이 흘렀다는 것이겠다! 전통적으로 영어에는 다음과 같이 아홉 가지로 정의하는 품사가 존재한다. 명사, 대명사, 형용사, 동사, 부사, 전치사, 관사, 접속사, 그리고 감탄사가 그것이다(Hurford, 1994; Sinclair, 2010).[4] APA 출판지침(APA, 2020)이 각 품사를 직접적으로 언급하고 있지는 않지만, 여러분이 APA 스타일로 글을 쓰고 있든 아니든 간에 대부분은 훌륭한 글쓰기에서 중요하다.

명사

명사는 "사람, 장소, 사물, 또는 아이디어를 지칭하는 단어"이다(Strunk & White, 2000, p. 92). 물론 문장의 주어는 전형적으로 명사이며, APA 스타일이 명확하고 간결한 글쓰기를 강조하기 때문에 특히 중요한 품사이다(예컨대, APA 출판지침의 제4장을 참조하라; APA, 2020, pp. 113-117). 대부분의 APA 스타일 글쓰기에서는 구체명사(사람, 장소, 사물; 예컨대, 참가자, 실험실, 컴퓨터 등)가 추상명사(아이디어; 예컨대, 진리, 자유, 아름다움 등)를 압도하고 있다. 심리학자들은 어떤 유형의 측정이나 정의를 통해서 추상명사를 구체화하는 경향이 있다. 예컨대, "태도"는 추상명사이지만, 심리학자는 연구 참가자에게 특정 태도(예컨대, 인종차별, 낙관성, 행복, 편견, 또는 편향 등)를 측정하는 태도검사를 실시함으로써 보다 구체적인 것으로 만들 수 있다.

심리학자는 추상명사와 구체명사 모두에 대해 조작적 정의를 사용함으로써 그 명사를 가능한 한 구체적인 것으로 만들기 십상이다. **조작적 정의**(operational definition)는 처치를 가하거나 측정하는 데 사용하는 조작이나 행위를 가지고 명사를 기술한다. "배고픔"을 예로 들어보

4 품사는 단어를 문법적인 형태나 기능, 또는 의미 특성에 따라 몇 갈래로 나눈 것을 말한다. 본문에서 언급하는 품사는 의미 특성에 따른 분류인데, 문법의 측면에서 보면 보조수단이지 기본 분류라고 할 수 없다. 그렇지만 일반인에게는 이것이 가장 보편적이고 익숙한 품사이다. 한국어에도 명사, 대명사, 수사, 관형사, 부사, 조사, 동사, 형용사, 감탄사 등의 아홉 가지 품사가 존재한다. 영어와 공통적인 품사도 있고, 상호 차별적인 품사도 존재한다.(역주)

자. 배고픔은 추상명사이다. 사람들이 "배고프다"고 말하더라도, 그 배고픔을 직접 관찰하거나 측정할 수는 없다. 만일 참가자들을 대상으로 배고픔을 **독립변인**(independent variable, 연구자가 처치를 가하는 변인)으로 사용하려면, 배고픔을 발생시키는 방법으로 정의해야만 한다. 동물 연구에서 독립변인으로 사용하는 배고픔에 대한 가장 보편적인 조작적 정의의 하나는 "24시간 먹이 박탈"과 같은 것이다. 따라서 "배고픔"이라는 모호한 명사를 사용하는 대신에, 어떻게 처치를 가하였는지를 정확하게 정의한 것이다. 배고픔 변인을 측정하고자 할 때[**종속변인**(dependent variable), 측정하는 변인], 단순히 참가자에게 배가 고픈지를 물어보는 것은 지극히 부정확한 것이 된다. 대신에 배고픔을 측정하는 어떤 유형의 검사나 척도를 심리학 문헌에서 찾아보게 된다(예컨대, Bennett & Blissett, 2014). 모든 참가자에게 배고픔을 측정하는 동일한 척도를 적용함으로써, 이렇게 추상적인 개념을 모든 사람에게 동일한 방식으로 측정하고 있음을 확신할 수 있게 된다.

APA 출판지침(APA, 2020)은 명사를 충분히 깊이 있게 다루지는 않는다. 여러분은 대문자 표기(pp. 165-169), 성별과 명사 용법(pp. 139-140), 그리고 집합명사와 함께 사용하는 동사(p. 119)에 관한 정보를 보게 된다. 출판지침에서 한 가지 중요한 사항은 일련의 연속하는 명사에 관한 것인데, "commonly used investigative expanded issue control question technique"[5]와 같이 "최종 명사를 수식하기 위해 연속적으로 배열한 여러 명사"를 말하는데(APA, 2020, p. 112), 이것은 독자를 혼란스럽게 만들게 된다. 벨퀴스트(Bellquist, 1993, p. 127)는 "novel-solution-presented rats"를 예로 들면서, 이러한 유형의 구성을 "명사 전염병"이라고 지칭하였다. 명사의 기다란 연속은 독자들로 하여금 저자

---

5 마지막 단어 앞의 단어 배열이 모두 "technique"(기법)를 수식한다는 것인데, 역자에게도 모호하기는 마찬가지다.(역주)

의 의미를 해석하기 어렵게 만든다. 벨퀴스트가 언급한 바와 같이, "rats that were presented with a novel solution"(새로운 해결책을 제시해준 쥐)이 해독하고 이해하기 더 쉽다(1993, p. 129).

대명사

아마도 기억하겠지만, 대명사는 "나", "너", "우리", "그들", "이것", "저것" 등과 같이, 명사(또는 명사구)를 대신 나타내는 단어이다. 영어 사용자는 구어와 문어 모두에서 대명사를 광범위하게 사용하지만, 그들은 명확성의 결여로 인해 글쓰기에서 어려움을 초래할 수 있다. 예컨대, 바로 직전의 문장을 보라. "그들"이라는 대명사를 포함하고 있다. 그런데 "그들"의 참조물은 무엇인가? "사용자"인가 아니면 "대명사"인가? 학교에서 배운 규칙, 즉 대명사는 가장 마지막에 인접한 명사를 지칭해야(따라서 그 명사를 대신해야) 한다는 규칙을 기억할는지 모르겠다. 그 규칙에 따르면 문장에서 "그들"은 "대명사"를 지칭하며, 그렇기 때문에 문장을 이해하는 데 어려움을 초래할 수 있는 것이 바로 대명사인 것이다. 대안적 해석(즉, 사용자인 사람들이 명확성의 결여로 어려움을 초래할 수 있다는 해석)이 유머러스하지만, 확실히 참은 아니다.[6]

APA 출판지침(APA, 2020, p. 120)은 저자들에게 대명사를 사용할 때는 이러한 잠재적 문제점을 방지하도록 다음과 같이 독려한다. "각 대명사는 명백히 그 선행사를 지칭해야만 한다"(제2장도 참조하라). 많은

---

6 또 다른 군더더기. 이 문단을 읽으면서 많은 독자들께서 고개를 까우뚱하며, "뭐 이런 엉터리 번역이 다 있어!"라며 불평하였을지도 모르겠다. 그저 죄송할 뿐이다. 원본의 내용을 억지 한국어로 표현하다보니 그렇게 되었다. 영어에서는 대명사를 즐겨 사용하는 반면, 한국어에서는 그렇지 않기 때문에, 여기서 지적하는 것과 같은 문제가 한국어에서는 잘 드러나지 않는다. 역자가 "그들"이라고 표현한 것이 원본에서는 "they"인데, 영어에서는 사람이든 사물이든 가리지 않고 복수일 때는 "they"로 표현한다. 반면에 한국어에서는 복수 대명사를 잘 쓰지도 않지만, 굳이 써야 한다면 사람일 때는 "그들", 사물일 때는 "그것들"과 같이 구분하기 때문에 이해하는 데 영어보다 어려움이 덜하다고 할 수 있겠다.(역주)

글쓰기 스타일 안내서(Alley, 1987; Sternberg, 2003; Strunk & White, 2000)는 대명사 "this"(이것)가 특히 말썽을 부린다고 지적하고 있으며, 앨리(Alley, 1987, p. 43)는 과학자들이 이 단어를 사용하는 것에 "범죄행위"라는 딱지를 붙이고 있다. 유사한 대명사인 "that"(저것), "these"(이것들), "those"(저것들)도 말썽꾸러기이긴 마찬가지다. 여러분 글의 명확성을 위해서는 이러한 대명사 뒤에 반드시 명사를 사용하여 잠재적 모호성을 제거해야 한다. 예컨대, "this implies"(이것은 …을 함축한다)가 아니라 "this finding imples"(이 결과는 …을 함축한다)로, "those showed"(그것들은 …을 보여주었다)가 아니라 "those studies showed"(그 연구들은 …을 보여주었다)로 표현해야 한다.

대명사에서 한 가지 또 다른 중요한 문법적 고려사항은 대신하는 명사와 수(단복수)와 성(남성과 여성)에서 일치해야 한다는 점이다(Strunk & White, 2000). 수에 관한 규칙은 꽤나 간단하다. 복수명사 대신에 대명사를 사용한다면, 그 대명사도 복수이어야 한다. 대명사와 성에 관한 규칙은 APA 스타일이 글쓰기에서 편향적이지 않은 표현의 사용을 강조한다는 점에서 약간 미묘하다(APA, 2020, pp. 131-149; 제2장도 참조하라). 오랜 세월 동안 저자들은 사람을 지칭하는 데 총칭으로서 "he"(그)를 사용하였지만, 오늘날 이 표현은 모든 성별을 포괄하지 않기 때문에 눈살을 찌푸리게 만든다. APA 스타일은 이러한 표현을 허용하지 않는다(APA, 2020, p. 121). 이 문제에 대처하기 위하여, 혹자는 "she"(그녀)의 사용을 선호하고, 혹자는 "she"와 "he"를 교대로 사용하며, 혹자는 "he/she" 또는 "she/he"와 같은 조합을 사용한다. 그렇지만 이러한 해결책은 독자들에게 혼란스러운 것일 수 있으며 APA 스타일에서 선호하지 않는다(APA, 2020, p. 140). 한 가지 최선책은 "they"가 적절한 대명사가 되도록 복수 명사를 사용하는 것이다(APA, 2020, p. 121). 따라서 "A person with OCD may try to ignore his/her obsessions"보다는 "People with OCD may try to ignore their obsessions"이라고 표현할 수 있다.[7] 이 문제에 대한 최근 해결책은 "they"를 단수로도 사용하는 것인데(APA, 2020, pp. 120-121), 점차적으로 특정한 성별이나 성을 규정하는 보편적 해결책이 되어가고 있다. 이 용법에 관해 더 많은 것을 보려면, 이 장의 뒷부분에서 단복수에 관한 추가정보 : "They" 절을 참조하라. 또한 대명사는 대신하고 있는 명사와 상응해야 한다. 만일 사람을 지칭하고 있다면 "who"를 사용하라. 만일 사람이 아닌 동물이나 사물을 지칭하고 있다면 "that"를 사용하라(APA, 2020, p. 121).

"that"과 "which"를 구분하기 마지막으로 APA 스타일은 "that"과 "which"라는 두 가지 관계대명사를 구분하고 있다. **관계대명사**(relative pronoun)는 명사와 그 명사를 수식하거나 기술하는 구절을 연결해준다. 많은 사람들은 말을 하거나 글을 쓸 때 "that"과 "which"를 상호 교환적으로 사용한다. 그렇지만 APA 스타일(APA, 2020, pp. 122-123)은 둘을 상이하게 취급한다. 앞에서 언급하였던 바와 같이, 제한적 관계사절, 즉 문장 의미에 필요한 절에는 "that"를 사용해야 한다. 예컨대, 다음 문장 "We used the stimuli that we used in the first experiment for the second experiment as well"(첫 번째 실험에서 사용한 자극을 두 번째 실험에서도 사용하였다)에서 제한적 관계사절인 "that we used in the first experiment"는 문장 의미에 필수적이다. 이 부분을 빼버리면 무의미한 문장이 된다. 반면에 비제한적(연속적) 관계사절, 즉 문장에 부가적인 정보만을 덧붙이는 절에는 "which"를 사용해야 한다. 예컨대, 다음 문장 "We used the stimuli, which were nouns, from the first experiment in

---

7 두 문장 모두 한국어로 표현하면 "강박신경증이 있는 사람은 자신의 강박관념을 무시하고자 시도할는지도 모른다."이다. 한국어는 꼭 필요한 경우가 아니라면 수(단복수)를 영어와 같이 강박적으로 구분하여 표현하지 않는다. 읽는 사람은 문맥에 따라 적절하게 해석하여 받아들이면 된다. 그렇기에 한국어는 문법보다는 의미가 더 중요한 언어라고 할 수 있다. 역설적으로는 한국어가 철저한 규칙을 요구하는 과학 언어로 적합하지 않을 수도 있다는 주장이 나오기도 한다.(역주)

the second experiment as well"(첫 번째 실험의 자극을 두 번째 실험에서도 사용하였는데, 그 자극은 명사들이었다)에서 비제한적 관계사절인 "which were nouns"는 단지 문장 의미에 필수적이지 않은 정보만을 덧붙여준다. 또한 비제한적 관계사절은 쉼표를 가지고 문장의 나머지 부분과 분리시킨다는 사실에도 주목하라.

형용사

형용사는 명사나 대명사와 연합된 어떤 속성을 기술함으로써 그 명사나 대명사를 수식하는 단어이다(Hurford, 1994; Sinclair, 2010). 예컨대, "the blue pencil"(파란 연필)에서 "blue"는 연필을 수식하거나 기술하는 형용사이다. APA 출판지침(APA, 2020)은 형용사를 직접 언급하고 있지 않다. 아마도 APA 글쓰기에서는 형용사가 인문학 글쓰기에서만큼 자주 출현하지 않기 때문일 것이다. 만일 형용사를 덧붙일까 숙고하고 있다면, 반드시 적절하면서도 중요한 것이어야만 한다. 앞선 사례를 놓고 볼 때, 연필이 파란색이라고 규정하는 것은 정말로 중요한 것인가? 많은 경우에 그러한 세부정보는 아마도 중요하지 않을 것이다. 만일 연필의 색깔이 여러분 연구에서 하나의 변인이었다면, 그 세부정보는 연구를 이해하는 데 적절하고 중요하며 핵심적인 것이 된다.

APA 스타일에서 형용사의 일차적 용도는 독자들을 위해서 연구 참가자와 도구나 자료를 상세하게 기술하는 것이다. APA 출판지침(APA, 2020, pp. 82-83)이 지적하는 바와 같이, 독자들이 연구의 과학적 측면을 평가할 수 있도록 참가자에 관하여 세부정보를 제공하는 것이 중요하다. 어떤 기준에 따라서 사람 참가자를 포함시키거나 배제시킨다면, 그 기준을 구체적으로 명시해야 하는데, 이때 형용사의 사용이 필요할 수 있다. APA 출판지침(APA, 2020, p. 83)이 제공하는 인구학적 특성의 사례 목록은 길며 철저하다. 본질적으로 여러분의 참가자들을 일반

전집과 구분하게 해주는 특성은 어느 것이든 보고해야 하는데, 여러분 연구의 변인과 결과에 중요한 특성에 초점을 맞추어 참가자들을 가능한 한 상세하게 기술해야 한다. 그렇기는 하지만 편향된 용어의 사용을 피하는 것이 중요하다. 예컨대, APA 스타일은 형용사를 명사로 사용하거나[예컨대, 단순히 아시아계(Asians)가 아니라 아시아계 참가자(Asian participants)라고 지칭하라] 인종이나 종족 집단을 나타내는 시대에 뒤떨어진 용어와 같이 경멸적 형용사를 사용하지 말 것을 요구한다(APA, 2020, pp. 133-148). APA 스타일은 성차별을 방지하고자 "male"(남성)과 "female"(여성)을 명사가 아니라 형용사로 사용하는 것을 선호한다(APA, 2020, p. 139). 따라서 여러분도 단순히 "여성"(females)이 아니라 "여성 참가자"(female participants)라고 표현해야 한다. 여러분은 어떤 유형이든 편향을 담고 있는 형용사의 사용을 방지해야 한다.

동사

동사는 "참가자들이 이미지를 보았다" 또는 "참가자에게 회상검사를 실시하였다"에서처럼 행위나 상태를 표현하는 단어이다(Hurford, 1994; Sinclair, 2010). 명확한 소통을 조장하고자 APA 스타일은 이 장의 앞부분에서 논의한 것처럼 능동태를 선호한다는 사실을 기억하라. "능동태를 사용하여 여러분 연구에 관여한 참가자를 비롯한 사람들의 행위를 기술하라"(APA, 2020, p. 118). 이 장의 앞부분에서는 수동태의 방지를 간략하게 언급하였지만, 여기서는 이 논제를 보다 깊이 있게 들여다보기로 한다. 능동태는 동사를 간접적으로 사용하기보다는 활력 있고 직접적인 소통자로 사용한다. 능동태에서 문장의 주어는 행위자이다. 수동태는 행위자를 문장의 목적어로 만들어버린다. 다음 세 문장을 대비시켜보라.[8]

8 세 문장을 번역(직역)하면 다음과 같다. "연구 참가자들은 성격검사에 응답하였다." "성격검사

"The research participants completed a personality test."

"A personality test was completed by the research participants."

"A personality test was given by the experimenter."

어느 문장이 능동태를 사용하고 어느 문장이 수동태를 사용하는지 말할 수 있는가? 첫 번째 문장은 능동태를 예시한다. 연구 참가자들은 실제로 무엇인가를 하는 사람들이었다(성격검사에 응답하였다). 두 번째 문장에서는 "a personality test"(성격검사)가 문장의 주어인데, 전혀 능동적이지 않다. 아무것도 하지 않는다. 세 번째 문장은 더욱 황당하게도 성격검사에 실제로 응답한 사람을 언급조차 하지 않는다. 실험자가 검사를 실시한다는 의미에서 능동적이지만, 검사에 응답한 사람은 참가자인 것이다. 글을 쓰는 사람과 말하는 사람은 "be" 동사를 동사에 덧붙이는 조동사로 사용함으로써 수동태로 표현한다. 수동태와 비교할 때 능동태가 얼마나 간명한지에 주목하라.

능동태 : 주어 + 동사 + 목적어(*The research participants* + *completed* + *a personality test.*)

수동태 : 주어로 사용한 목적어 + "be" 동사 + 동사의 과거분사 + by + 목적어로 사용한 실제 주어(*A personality test* + *was completed* + *by* + *the research participants.*)

수동태 유형의 동사 구성은 장황하고, 간접적이며, 전형적으로 길다. APA 스타일에서 규정한 명확하고 직접적인 소통을 방해한다. APA 출판 지침(APA, 2020, p. 118)은 행위자에 초점을 맞추는 것이 행위 대상자(사람이나 사물)에 초점을 맞추는 것보다 덜 중요할 때는 수동태의 사용

가 연구 참가자들에 의해 응답되었다." 그리고 "성격검사가 실험자에 의해 주어졌다." 두 번째와 세 번째 문장의 한국어 번역은 거의 비문(非文)이거나 비문에 가깝다. 물론 영어에서는 기본적으로 완벽한 수동태 문장들이다.(역주)

을 허용한다. 예컨대, "The speakers were mounted on the ceiling"(스피커가 천장에 고정되었다)은 수동태의 받아들일 수 있는 용법이다. 중요한 것은 스피커의 위치이지 천장에 고정시킨 사람이 아니기 때문이다.

이 장의 앞부분에서 지적한 요점을 반복하면, APA 스타일 글쓰기에서는 여러분이 사용하는 동사 시제도 중요하다. 거의 모든 경우에 글에서 과거시제를 사용하는 까닭은 선행연구와 같이 과거에 발생한 사건에 관하여 글을 쓰고 있기 때문이다. 따라서 "Smith and Jones(2015) found that …"[스미스와 존스(2015)는 …를 발견하였다]는 올바른 표현이다. 여러분 실험의 결과를 보고할 때도 여전히 과거시제를 사용해야 한다. 여러분은 이미 연구프로젝트를 마무리하였기 때문이다(APA, 2020, pp. 117-118). (과거시제와 수동태가 동일한 것이 아니라는 사실에 주목하라!) 그렇지만 여러분의 결과를 논의할 때는 현재시제로 글을 써야 한다. 독자들이 여러분의 결과를 논의하는 데 "동참하기"를 원하기 때문이다(APA, 2020, p. 118). 따라서 결과를 논의할 때는 "These results imply that …"(이 결과들은 …을 함축한다)이 올바른 것이다.

부사

싱클레어(Sinclair, 2010, p. xiii)에 따르면, 부사는 "동사나 형용사, 아니면 다른 부사(영어에서는 흔히 -ly로 끝난다)"를 수식한다. "fully"(충분히, 완전히), "gracefully"(우아하게), "usually"(일반적으로), 그리고 "very"(매우) 등이 그 예이다. APA 출판지침(APA, 2020, p. 112)은 저자들에게 문장을 시작하거나 전환할 때 부사가 필요하다는 사실이 보장될 때에만 신중하게 사용할 것을 권하지만, APA 글쓰기는 문장을 시작하거나 전환하는 단어로 부사를 사용하는 경향이 있다. 이러한 용법을 선호하기 때문에 APA 스타일에서 흔히 사용하는 부사는 다른 어떤 단어들보다도 "similarly"(마찬가지로), "consequently"(결과적으로), "interestingly"(흥미롭게도), 그리고 "importantly"(중요하게도) 등과 같은 단어들이다.

스트런크와 화이트(Strunk & White, 2000, p. 48)는 "hopefully"(바라건대)라는 부사를 잘못 사용하지 말도록 경고하였는데, 실제로는 이것이 "나는 희망한다"가 아니라 "희망이라는 측면에서"를 의미하기 때문이다. 이렇게 잘못된 용법(hopefully를 "나는 희망한다"로 사용하는 것)이 구어에서 (그리고 문어에서도) 보편적으로 나타나고 있지만, 이것은 그저 잘못된 것이다.

보편적으로 잘못 사용하는 또 다른 단어가 "only"(오직)이다. 비록 "only"가 형용사, 부사, 또는 접속사로 기능할 수 있다고 하더라도, 부사로 기능할 때 엉뚱한 위치에 놓기 십상이다(APA, 2020, p. 124). "I only cook on weekends"와 "I cook only on weekends"는 동일한 의미를 가지고 있지 않다. "only"는 수식하는 단어(또는 구절) 앞에 위치해야만 한다. 첫 번째 문장은 주말에는 요리 외에 아무것도 하지 않는다는 것을 의미하는 반면, 두 번째 문장은 주말에만 요리를 만들고 주중에는 만들지 않는다는 것을 의미한다. 마찬가지로 "The subject only recalled four words"와 "The subject recalled only four words"도 동일한 의미를 가지고 있지 않다. 첫 번째 문장은 피험사가 회상 외에는 아무것도 하지 않았음을 함축하는 반면, 두 번째 문장은 피험자가 큰 단어 목록에서 네 개의 단어만을 회상하였음을 의미한다. 저자는 회상한 단어의 수가 적다는 사실을 함축하고자 하였을 가능성이 매우 높기 때문에 두 번째 문장이 그 정보를 기술하는 정확한 방법이다.

접속사

접속사는 단어, 구, 또는 절을 연결시켜주는 데 사용하는 단어이다. 영어에서 가장 보편적인 접속사는 "and"(그리고), "but"(그러나), 그리고 "or"(또는)이다(Hurford, 1994, p. 46). 문법적으로 등가인 요소를 결합시키려면 접속사를 사용해야만 한다(Strunk & White, 2000, p. 91).

APA 출판지침(APA, 2020, p. 125)은 요소들이 "형식상 병렬적"이어야 한다고 규정하고 있다. 예컨대, 만일 여러 가지 유형의 자극에 관해 글을 쓰고 있다면, "the short, medium, and long tones" 또는 "the short, the medium, and the long tones"라고 써야지 "the short, the medium, and long tones"라고 쓰면 안 된다.[9]

앞의 예에서 APA 스타일은 접속사 앞에 쉼표(옥스퍼드 쉼표)를 포함하는 것에도 주목하라. 어떤 학생들은 작문 수업시간에 마지막 쉼표는 필요하지 않다고 배웠겠지만, APA 스타일에서는 반드시 포함해야 한다(APA, 2020, p. 155). 제1장에서 여러분은 옥스퍼드 쉼표가 문장 의미에 결정적일 수 있는 이유의 한 가지 사례를 보았다.

마찬가지로 두 개의 독립 절(명사와 동사를 포함하고 있으며, 자체적으로 완벽한 문장인 절)을 접속사가 뒤따르는 쉼표로 분리해야 한다(APA, 2020, p. 155). 예컨대, "The men sat on the left side of the room, and the women sat on the right side of the room"(남자들은 방의 왼쪽에 앉았고, 여자들은 방의 오른쪽에 앉았다)은 접속사로 연결된 두 개의 완벽한 생각을 표현하고 있기 때문에 쉼표가 필요하다.

APA 스타일(APA, 2020, p. 123)은 몇 가지 종속 접속사("although", "because", "since", 그리고 "while" 등과 같은 단어)들을 구분하고 있는데, 이것들은 **종속절**(subordinate clause)을 도입하는 접속사이다. 종속절

---

9 또 다른 군더더기. 영어를 외국어로 공부해본 사람과 공부하고 있는 사람은 누구나 관사(정관사와 부정관사)의 사용에 어려움을 겪는다. 역자가 유학시절에 수도 없이 제출하였던 과제물에 대한 담당교수의 피드백 그리고 학위논문을 쓸 때 지도교수의 피드백에는 항상 관사 사용에 관한 것이 있었다. 아무리 혼자 궁리해보아도 딱히 어떤 규칙이 있는 것 같지도 않아서, 용기를 내어 담당교수나 지도교수에게 물어보아도 뾰족한 답을 구하지 못하였다. 가장 많이 들었던 말 중의 하나가 피드백 해준 대로 고쳐 쓰는 것이 훨씬 매끄럽고 영어답다는 것이었다. "예외 없는 규칙은 없다."라는데 이 경우에는 예외가 너무 많은 것이 아닌가 싶다. 아마도 자연언어는 어릴 때부터 모국어로(또는 모국어처럼) 배워야 그 속내가 자신도 모르게 내면화되는지도 모르겠다.(역주)

이란 홀로 문장으로 자리매김할 수 없는 절이다(Sinclair, 2010, p. 177). APA 스타일은 시간과 관련된 상황에서 "while"과 "since"의 사용을 선호한다. 둘 이상의 사건이 동시에 발생하는 상황에서는 항상 "while"을 사용해야 한다. 예컨대, "While subjects read the passages, they heard music in the background"(피험자들이 글을 읽는 동안 배경음악을 들었다)와 같이 표현해야 한다. 이 문장은 글 읽기와 음악 듣기가 동시에 발생하였다는 사실을 알려준다. "although"의 대용어로 "while"을 사용하지 말라. 이것은 많은 사람이 저지르는 오류이다. 따라서 "While some people support Freud's ideas, they …"가 아니라 "Although some people support Freud's ideas, they …"(혹자는 프로이트의 생각을 지지한다고 하더라도, 그들을 …)라고 써야 한다. "since"라는 단어를 사용할 때는, 선행사건 후에 발생한 사건을 지칭하는 것으로 그 용도를 제한해야 하는 경우가 많다. 예컨대, "Since Freud developed his ideas, many people have endorsed them"(프로이트가 자신의 아이디어들을 개발한 이래, 많은 사람이 그것을 공개적으로 지지하였다)라고 쓴다. "since"의 이러한 용법으로 인해, 프로이트가 아이디어들을 개발한 이후에 사람들의 지지가 뒤따랐음이 명백하게 된다. "since"를 "because"의 대용어로 사용하는 것이 보편적이기는 하지만(제2장 참조), 의미가 명명백백하게 자명하지 않는 한에 있어서 그렇게 사용해서는 안 된다(APA, 2020, p. 123). 따라서 "Data totals differ for various questions because subjects did not answer all questions."(피험자들이 모든 질문에 답하지 않았기 때문에 여러 질문의 데이터 합계가 다르다)라고 써야 한다. 이 문장에서 "because" 대신에 "since"를 사용하게 되면, 사건의 시간표에 대한 오해가 발생할 수 있다.

APA 출판지침(2020)은 나머지 품사(전치사, 관사, 감탄사)에 대해 언급하고 있지 않기 때문에, 여기서는 간략하게 다루기로 한다. 이 품사에 관하여 예전에 학습하였던 정보는 대부분 APA 스타일 글쓰기에 적용할 수 있겠다.

전치사

전치사는 "for", "through", "to", "up" 등과 같이 관계를 나타내는 단어이다(Sinclair, 2010, p. xiii). 전형적으로 전치사는 명사구 앞에 출현하며, "the time period after the stimulus presentation"(자극 제시 후의 시간대)과 같이 **전치사구**(prepositional phrase)를 형성한다(Hurford, 1994, p. 190). APA 글쓰기에서는 명사를 명확하게 해주는 정보를 첨가하기 위해서 전치사와 전치사구를 사용할 가능성이 매우 높다. 예컨대, 여러분은 선행연구를 요약하면서 "Research before Skinner's idea was …"(스키너 아이디어 이전의 연구는 …)이라고 적었을지도 모르겠다. 이러한 전치사구를 사용함으로써, 여러분은 작성하고 있는 연구의 시간대를 명확하게 만들게 된다. 여러분은 어떤 논문의 방법 절에서 "Before subjects participated, they completed an informed consent document"(피험자는 연구에 참가하기에 앞서, 고지된 동의서를 작성하였다)를 볼 수도 있다. 이 전치사구는 연구과정의 한 가지 중요한 측면이 발생한 시점을 명확하게 만들어준다. 전치사구는 온전한 문장이 아니니까 하나의 문장으로 사용하지 않도록 조심하라.

관사

관사는 "명사가 지정된 것인지 아니면 지정되지 않은 것인지를 보여주는 특별한 유형의 형용사"이다(Sinclair, 2010, p. xiii). 관사에는 "the"와 "a/an"의 두 가지만 존재한다. "The"는 지정된 명사를 지칭하며, "a/an"은 지정되지 않은 명사를 지칭한다. 필자는 학생 글쓰기에서 관사에 관한 특정 유형의 오류, 즉 "a/an"을 사용해야 할 때 "the"를 사용하는 오류를 보아왔다. 구체적으로 어떤 명사를 처음 지칭할 때 "the"를 사용하면 안 된다. 그 시점에서는 그 명사가 지정되지 않았기 때문이다. 일단 언급하고 나면, 그 명사는 지정된 것이어서 "the"를 사용할 수 있다. 예컨대, 만일 피험자들에게 어떤 성격검사를 실시한다면, 다음과 같이 적어야 한다. "Subjects took a personality test measuring shyness. The test was …"(피험자들은 수줍음을 측정하는 성격검사를 받았다. 그 검사는 …). 반면에 만일 여러분이 "Subjects took the personality test measuring shyness"(피험자들은 수줍음을 측정하는 성격검사를 받았다)라고 적었다면, 독자는 여러분이 이미 그 검사를 언급한 적이 있는 것처럼 읽게 된다. 어떤 연구에 관하여 쓰고 있을 때도 동일한 규칙이 적용된다. 연구를 처음 언급할 때는 "Smith and Jones (2012) conducted a study in which …"[스미스와 존스(2012)는 … 연구를 수행하였다]라고 적어야 한다. 그렇게 언급한 후에는 "the Smith and Jones(2012) study"[스미스와 존스(2012) 연구]라고 부를 수 있게 된다.

감탄사

여러분이 APA 스타일 논문에서 감탄사를 읽거나 쓸 가능성은 거의 없다. 싱클레어(2010, p. xiii)는 감탄사를 "문장의 나머지 부분과 관련이 없는 감정을 표현하는 단어"라고 기술하였으며 학문적 글쓰기에서는 감탄사가 적절하지 않음을 지적하였다.

문장에서 주부와 술부를 결합하기

물론 문법에는 단순히 품사를 아는 것 이상의 것이 훨씬 많다. 여러분이 다양한 품사를 결합하여 문장을 만들기 시작할 때 엄청난 문법이 "발생한다." 표준 영문법과 APA 스타일에서 가장 중요한 지침 중 하나(APA, 2020, pp. 119-120)는 문장에서 주어와 동사가 수(단복수)에서 일치해야 한다는 것이다. 다시 말해서, 단수 주어는 단수 동사를 필요로 하며, 복수 주어는 복수 동사를 필요로 한다. 많은 경우에, 주어-동사 일치는 꽤나 간단하다. "This result imples …"(이 결과는 …을 함축한다)와 "These results imply …"(이 결과들은 …을 함축한다)와 같이, 주어와 동사가 문장에서 근접해 있기 십상이기 때문이다.[10] 다른 경우에는 저자가 주어와 동사 사이에 단어들을 삽입하게 되는데, 이렇게 되면 문장의 주어를 결정하는 데 어려움을 초래할 수 있다. 한 가지 예로 다음 문장 "Each of the four sets of stimuli _______ named by one of the four groups of subjects"(네 집단 중 한 집단의 피험자들이 네 자극 집합 각각을 명명하였다)를 생각해보자(Bellquist, 1993, p. 23). 빈칸에 "was"와 "were" 중에서 어느 단어를 넣어야 하겠는가? 정답은 어느 단어가 문장의 주어로 기능하는지에 달려 있다. "sets"와 "stimuli"가 동사구 "named"에 인접한 명사이며, 둘 다 복수이다. 그렇지만 이 단어 중 어느 것도 문장의 주어로 기능하지 않는다. "Each"가 주어로 기능하는 대명사인 것이다. 따라서 동사는 "each"와 수에서 일치해야 하기 때문에 정답은 "was"이다. 만일 저자가 궤도를 벗어나서 "sets"나 "stimuli"가 문장의 주어라고 믿는다면, "were"를 사용하였을 것이고 문장은 문법적으로 틀린 것이 되어버린다. 이러한 오류를 방지하는 한 가지 방법은 마음속에서 주어와 동사 사이에 들어 있는 단어들을 제거한 다음에, 실제 주어와 수에서 일치하는 동사를 선택하는 것이다. 집합명사, 복합명사, 그리고 영어단어 "none"에서 주어-동사 일치에 관한 조언을 보려면 APA 출판지침(2020, pp. 119-120)을 참조하라.

어떤 단어는 단복수 일치가 특히 까다로운 것으로 보인다. 학생 글

---

10 앞서 각주 7에서 언급한 바와 같이, 한국어는 단복수 표현의 구분이 영어처럼 중요하지 않다. 본문에서 두 표현을 구분하기 위하여 "results"를 "결과들"이라고 표현하였지만, 이 경우에 비록 비문(非文)은 아니더라도 이렇게 복수로 표현하는 것이 역자에게는 오히려 어색하게 보인다. 주어의 수(단복수)에 따라 동사 표현이 바뀌지 않기 때문인지도 모르겠다.(역주)

쓰기에 관한 필자의 경험에서 보면, 가장 까다로운 단어가 "data"(데이터)이다. "Data"는 "datum"의 복수이기 때문에 복수 동사가 필요하다(APA, 2020, p. 162). 따라서 여러분은 "the data is"가 아니라 "the data are"라고 적어야 한다. 이 오류는 학생 글쓰기뿐만 아니라, 신문, 잡지, 뉴스 방송에서도 흔하게 나타난다. 복수이면서 "a"로 끝나는 "phenomena"("phenomenon"의 복수), "media"("medium"의 복수), "bacteria"("bacterium"의 복수)와 같은 명사들에도 동일한 규칙을 적용해야 한다. 공정하게 말하자면 **월스트리트저널**("Data Is or Data Are?", 2012)과 **워싱턴포스트**(Walsh, 2015)와 같은 몇몇 언론매체가 "data is"도 괜찮다고 인정하였지만, APA 스타일은 여전히 "data"를 복수명사로 간주하고 있다.

단복수에 관한 추가정보 : "They"

명사와 동사의 수 일치에 덧붙여서, 명사와 대명사도 수가 일치해야 한다. 이 논제는 민감한 사안이며, 부분적으로는 편향된 언어표현을 방지하려는 APA의 지침 때문이다(APA, 2020, pp. 131-149; 제2장도 참조하라). 성차별을 방지하려는 노력의 일환으로, 많은 저자는 문법적으로 단수 대명사(예컨대, "he", "she", "it" 등)가 요구될 때도 "they"(또는 그 파생형)를 사용한다. 따라서 "The participant indicated their choice on a blank sheet of paper"(참가자는 빈 종이에 자신의 선택을 표시하였다)라는 표현을 읽거나 들을 수 있다. 이 문장에서 문법적 문제점은 "the participant"가 단수임에도 "their"는 복수라는 데 있다. 성차별 언어표현("his"만을 사용)도 방지하고 어색한 문장(예컨대, "his/her")도 피한다는 점에서는 바람직할 수 있지만, 단복수를 섞어 쓰는 것은 문법적으로 받아들일 수 없다는 것이 지금까지의 통념이었다. 앞서 언급한 바와 같이, 가장 단순한 해결책은 다음과 같이 복수명사를 사용하는 것이기 십상이다. “The participants indicated their choices on a blank sheet of paper.”

단수 명사에 “they”를 사용하는 추세는 보편적으로 용인되어가고 있는 한 가지 용도, 즉 편향된 언어표현을 방지한다는 용도와 함께 증가하고 있다. APA 출판지침(APA, 2020, p. 120)은 구체적으로 “대명사로 ‘they’를 사용하는 한 명의 사람을 지칭할 때는 항상 단수 ‘they’를 사용해야 한다.”고 천명하고 있다. “they”를 단수 대명사로 사용하는 것은 한 사람의 성별을 알지 못하거나 문맥과 무관할 때도 용납되고 있다. APA 출판지침(APA, 2020, p. 121)은 “they”를 단수로 사용하는 것이 어색할 수도 있음을 언급하면서 대안을 제시하고 있는 것이다. 또한 단수 “they”를 사용하고 있다고 하더라도 복수 동사를 사용해야 한다는 점에 주목하라(Singular “they”, 2020). 그렇기는 하지만 단수 “they”의 사용은 성별 다양성에서 특수한 상황이며, 복수의 사람을 지칭할 때 “they”를 단수로 사용하는 것은 문법적으로 오류이고 APA 형식에서 용인되지 않는다.

결론적 생각

APA 스타일을 소개하였던 제2장과 달리, 이 장 내용의 대부분은 여러분을 위한 개관이거나 잊었던 것을 생각나게 하는 것들이었다. 비록 평생 동안 APA 형식의 또 다른 논문을 결코 쓰지 않는다고 하더라도, 훌륭한 글쓰기 재능은 직업을 포함하여 많은 상황에서 중요하다. 케이(Kay, 2011)는 고용주가 신입사원에게 바라는 상위 다섯 가지 재능 중의 하나로 글쓰기 재능을 내세웠으며, 한 고용주는 훌륭한 글쓰기가 직장에서 성공과 실패를 가르는 결정적 차이일 수 있다고 보고하였다. 포춘이 선정한 글로벌 300대 기업에 근무하는 1,000명 이상의 중역을 대상으로 실시한 최근 조사를 보면, 이들의 97%가 “명확하고 설득력 있게 글을 쓰는 능력"을 "절대적으로 필요하다" 또는 "매우 중요하다"고 평가하였다(Markow & Pieters, 2011, p. 21). 여러분도 과거 나의 지도 학생이 자신의 경력에서 글쓰기의 중요성에 대해 언급한 다음 이야기를 명심해야만 한다. 따라서 문법적 관심사에 주의를 기울이는 것이 여러분의 미래 경력과 삶에 중요할 수 있는 것이다.

> 저는 심리학을 전공하면서 매우 소중하였으며 대학원 공부와 직업에서 활용할 수 있는 글쓰기 재능을 개발하였습니다. 저는 고등교육 분야에서 교육학 석사학위와 박사학위를 받았는데, 의미심장한 글쓰기 경험은 대학원 연구에서 지극히 유익한 자산이었습니다. 14년 동안 고등교육과 학생지원 분야에서 경력을 쌓았습니다. 어느 직위이든 교수, 학생, 그리고 교직원 간에 복잡한 정보를 주고받는 일을 수반하는 직위에서는 핵심 성분이라고 할 수 있는 글을 통한 소통이 이 직위에서 성공하는 데도 필수적이지요. 저는 대학의 총장, 학교 인증기관, 저널, 그리고 학회 발표를 위해서 보내는 서면 보고서를 마련하는 데 글쓰기 경험을 활용해왔습니다. (페기 샤프, 2001년 OBU 교육학박사, 오스틴 소재 텍사스대학교 우주항공공학과 수석고문)

이 장에서 나열한 많은 문법적 고려사항이 여러분을 압도한다는 느낌을 받았다면, 용기를 내라. 여러분은 현재 수강하고 있는 과목을 위해서 이 책의 내용을 공부하고자 노력해야 하겠지만, 장차 글쓰기를 시도하기 위한 참고서적으로 이 책을 소장하고 있어야만 한다. 다음 장에서는 저널 논문 읽는 방법을 살펴볼 것이며, 나머지 장들은 여러분이 대학을 다니는 동안 직면할지도 모르는 다양한 유형의 APA 스타일 글쓰기 과제를 다룰 것이기 때문에, 이 책은 향후 수강하는 과목에서 도움이 될 것이다. 여러분은 결국 직업을 위해서도 글쓰기를 해야 할 것이기에 이 장(제3장)은 대학을 졸업한 후에도 유용할 수 있다.[11]

11 원저에는 「면밀한 관찰 : 영문법」 글상자에서 영어 문법을 다루고 있는 웹사이트를 소개하고

글쓰기 과제를 비판적으로 생각하기

문법의 중요성을 인식하지 못할지도 모르는 부모나 조부모를 염두에 두고 다음 과제 각각에 대해서 한 문단으로 답해보라.

과제 1

문법규칙이 존재하는 까닭은 무엇인가? 문법규칙은 왜 중요한가? 이 규칙이 심리학 글쓰기에서 중요한 까닭은 무엇인가?

과제 2

사람들이 말할 때 사용하는 문법이 어떻게 글을 쓸 때 정확한 문법을 사용하는 데 어려움을 초래하는가?

과제 3

"data"와 "they"의 정확한 용법을 설명해보라. 각 단어에 대해서 올바른 용법과 잘못된 용법의 독창적(책에서 소개한 것이 아닌) 사례를 제시해보라.

있으나, 역서에서는 적합하지 않다고 판단하여 제외하였다. 한국어와 영어를 포함한 모든 자연언어는 차이점도 있지만 공통점이 훨씬 많기 때문에, 장기적인 관점에서 볼 때 언어 간 전이효과(transfer effect)가 크게 나타난다. 따라서 영어를 비롯한 외국어를 잘하고 싶다면, 우선 모국어에 충실한 것이 절대적으로 필요하다. 다시 말해서 모국어인 한국어를 제대로 구사할 수 없다면, 외국어 구사는 불가능에 가깝다. 모름지기 한국어 공부에 소홀하지 말아야 한다. 혹 이 역서를 읽고 있는 독자 중에서 국문법에 자신이 없는 사람이 있다면, 고등학생 시절에 사용하던 문법 교과서를 찾아 다시 읽어볼 것을 적극 권장한다. 추정컨대, 대학입시와 직접적으로 관련이 없다는 이유로 제대로 공부해본 적이 없었을 가능성이 높다. 늦었다고 생각할 때가 현실적으로는 가장 빠른 시간이다. 지금이라도 숙독하면서 자신이 어떤 오류를 자주 범하고 있는지를 확인해보기 바란다. 아니면 국어정서법(國語正書法)이나 이와 유사한 제목의 책을 구하여 읽어보는 것도 좋은 방법이겠다.(역주)

참고문헌

Alley, M. (1987). *The craft of scientific writing.* Prentice-Hall.

American Psychological Association. (2020). *Publication manual of the American Psychological Association* (7th ed.). https://doi.org/10.1037/0000165-000

Bellquist, J. E. (1993). *A guide to grammar and usage for psychology and related fields.* Lawrence Erlbaum Associates. https://doi.org/10.4324/9781315806655

Bennett, C., & Blissett, J. (2014). Measuring hunger and satiety in primary school children: Validation of a new picture rating scale. *Appetite, 78,* 40-48. https://doi.org/10.1016/j.appet.2014.03.011

Data is or data are? (2012, July 8). *The Guardian.* https://www.theguardian.com/news/datablog/2010/jul/16/data-plural-singular

Hurford, J. R. (1994). *Grammar: A student's guide.* Cambridge University Press.

Kay, A. (2011, May 30). What employers want: 5 more skills to cultivate. *USA Today.* https://usatoday30.usatoday.com/money/jobcenter/workplace/kay/2011-05-30-skills-employers-want-part-ii_N.htm

Markow, D., & Pieters, A. (2011). *The Metlife survey of the American teachers: Preparing students for college and careers. A survey of teachers, students, parents, and* Fortune *1000 executives.* Metlife. https://files.eric.ed.gov/fulltext/ED519278.pdf

Sinclair, C. (2010). *Grammar: A friendly approach* (2nd ed.). Open University Press/MaGraw-Hill.

Singular "they." (2020, October 22). *APA Style.* https://apastyle.apa.org/style-grammar-guidelines/grammar/singular-they

Sternberg, R. J. (2003). *The psychologist's companion: A guide to scientific writing for students and researchers* (4th ed.). Cambridge University Press.

Strunk, W., Jr., & White, E. B. (2000). *The elements of style* (4th ed.). Pearson Education.

Walsh, B. (2015, April 7). Grammar geekery with Bill Walsh. *The Washington Post*. https://live.washingtonpost.com/grammar-geekery-with-bill-walsh-20150407.html

4

심리학 저널 논문을 읽는 방법

알고 있습니까?

저널 논문 읽기가 여러분의 글쓰기 성공에 그토록 중요한 까닭은 무엇인가?

저널 논문에서 가장 많이 읽는 부분은 무엇인가?

초록이란 무엇인가?

문헌 개관이란 무엇인가?

어디에서 실험을 수행한 방법에 관한 세부사항을 찾을 수 있는가?

어디에서 복잡한 통계분석 결과의 요약본을 찾을 수 있는가?

"학생이 대학에서 성공하려면 저널 논문을 읽고 이해하는 능력이 필요하다… 경험 논문을 읽는 것은 쉬운 일이 아니다."

세고와 스튜어트(Sego & Stuart), 2016, p. 38

이 장의 제목이 혼란스러울지도 모르겠다. 심리학 글쓰기에 관한 책에서 저널 논문 읽기를 배워야 하는 까닭은 무엇인가? 이 물음의 답은 꽤나 간단하다. 이 책에서 다루고 있는 모든 글쓰기 과제는 적어도 어느 정도는 저널 논문을 읽는 능력에 근거한 것이다. 제2장에서는 과학적 글쓰기와 인문학적 글쓰기를 대비시켰다. 두 가지 글쓰기 스타일에서 또 한 가지 중요한 차이점은 결과물이다. 심리학자를 포함하여 과학자들은 저널 논문을 쓸 가능성이 높은 반면에, 인문학자는 책을 집필할 가능성이 높다. 그렇다고 오해는 하지 말라. 시중에는 엄청난 양의 심리학책들이 있지 않은가! 필자가 전하려는 핵심은 심리학을 비롯한 과학 분야에서의 진보는 보편적으로 저널 논문으로 출판된다는 점이다. 이 사실이 의미하는 바는 여러분이 다른 어떤 유형의 출처보다도 저널 논문을 읽고 인용하며 참고할 가능성이 무척이나 높다는 점이다.

여기서 가벼운 경고를 하나 해야 하겠다. 많은 학생은 저널 논문 읽기가 꽤나 어려운 과제임을 발견하게 된다. 과학적 글을 읽는 데 익숙하지 않다면, 때로는 약간 멍청하거나 혼란스러운 것처럼 보일 수 있다. 과학적 글에서 학생들이 특히 어려워할 수 있는 한 가지 측면은 사용하는 용어이다. 학생들이 알지 못하거나 이해하지 못하는 단어들이 있을 수 있다. 이 문제는 어느 분야이든 초보자에게 공통적으로 나타난다. 모든 주제는 그 분야에 특정한 자체적인 전문용어들을 가지고 있기 때문이다. 심리학 강의에서 여러분이 배운 새로운 용어가 얼마나 되는지를 생각해 보라. 이 문제를 극복하는 방법은 논문을 읽으면서 여러분의 관심영역에 특정한 용어들을 학습하는 것이다. 머지않아서 여러분은 새로운 저널 논문을 읽으면서 이해하고 있다는 자신감을 느끼게 될 것이다.

학생들이 직면하는 또 다른 문제는 저널 논문이 여러 가지 상이한 절들로 체제화되어 있다는 점이다. 학생들은 어느 절이 어떤 정보를 담고 있는지를 알지 못할 수 있다. 이 장은 그 문제를 해결해주도록 설계하였다.

APA 스타일 글쓰기는 저널 논문을 읽는 데 있어서 이러한 도전거리에 맞서도록 도와줄 수 있는 단순한 로드맵을 제공한다. "모든 것에는 그에 맞는 장소가 있으며 모든 것은 제자리에 있어야 한다."는 격언이 있다. 일단 저널 논문의 체제를 이해하게 되면, 필요한 정보를 찾기 위해서 정확하게 어느 곳으로 가야 하는지를 알게 된다. 이 장에서 다루는 측면들을 보다 구체화시키려면, 실제로 출판된 저널 논문을 보여주는 부록 A를 참조하라. 유지니오 펠루소(Eugenio Peluso)는 스포츠심리학에 관심이 있는 크레이튼대학교 학부생이었으며 대학원에 진학하기 전에 연구를 경험해보고 싶었다. 그는 연구 프로젝트를 완수하고는 저널에 게재 신청하였다. 그 결과가 이 부록에 실린 논문(Peluso, 2000)이다. 현재 그는 세인트루이스대학교에서 임상심리학으로 박사과정을 수료하고 박사학위(PhD)를 받았다.

제목

어느 저널 논문이든 사람들이 가장 많이 읽어보는 부분이 바로 **제목**(title)이다. 제목은 논문의 주제를 선명하고도 간결하게 기술해야 하는데, 때로는 어려운 과제이기도 하다. APA 출판지침(APA, 2020, p. 31)은 제목이 독자들로 하여금 주제와 연구한 요인들에 주목하도록 만들어야 한다고 언급하고 있다. 제목의 길이에 제한이 있는 것은 아니지만, 저자는 제목을 "일목요연하게" 표현해야 한다(APA, 2020, p. 31). 여러분의 보고서에 포함할 논문을 검색할 때, 전형적으로 제목은 살펴보는 논문의 첫 번째 부분이 된다. 이상적으로는 APA 스타일의 지침에 들어맞는 제목이며 여러분의 보고서에 포함할 것을 염두에 두고 그 논문을 읽을지를 결정하는 데 도움을 주는 것이다. 펠루소의 제목["Skilled Motor performance as a Function of Types of Mental Imagery"(심상 유형의 함수로서 숙달된 운동수행)]은 핵심 주제(심상 유형) 그리고 운동수행 영역에서 그 주제의 연구를 명확하게 나타내고 있다(부록 A의 첫 번째 페이지를 참조하라).

저자 정보

저자 정보(author information; APA, 2020, pp. 33-35)는 논문 제목 바로 아래에 저자(들)의 이름과 소속기관을 포함한다. 저자들의 표기순서가 중요하다. 전형적으로 첫 번째 저자(제1저자)가 논문에 가장 큰 책임을 지고 있으며, 뒤따르는 저자들은 공헌한 순서대로 나열한다(APA, 2020, p. 25). 부록 A에 나와 있는 바와 같이, 펠루소(2000)는 자기 논문의 유일한 저자이었지만, 각주에 자신의 지도교수(마크 웨어)를 언급하였다. 그 논문을 출판할 당시에 저널(*Journal of Psychological Inquiry*)은 지도교수를 저자 목록에 포함시키기보다는 각주에서 언급하는 경향이 있었다. 오늘날 이 저널의 지침은 대학원생이나 교수가 동등한 공동연구자는 아니지만 가르치거나 멘토링을 하는 역할을 담당하였다면 공동저자가 될 수 있다고 규정하고 있다. 필자가 학생들과 공동저자이었던 두 개의 논문(Khersonakaya & Smith, 1998; Posey & Smith, 2003)에서는 학생들의 연구 프로젝트에서 그 논문이 도출되었기 때문에 학생들이 제1저자이었다. 물론 필자는 그들의 지도교수이었으며 실험과 실제 논문쓰기를 도와주었다.

여러분은 전형적으로 저자 주에 나열한 저자와 접촉하는 데 필요한 정보를 보게 된다(APA, 2020, pp. 35-37). 이 정보에서 가장 중요한 부분은 (적어도) 제1저자의 이메일 주소이다. 저자와 이메일로 접촉하여 그 연구에 관하여 그리고 동일하거나 유사한 주제에 관한 다른 논문을 집필하였는지를 문의할 수 있으며, 이러한 문의는 여러분이 관련 문헌을 검색하는 데 도움이 될 수 있다. 여기서 한 가지 유의할 사항이 있다. 만일 논문이 오래된 것이라면, 접촉할 이메일 정보가 바뀌었을 수 있다.

만일 그렇다면, 저자 이름을 웹에서 검색하거나 PsycINFO에서 검색하여 현재의 접촉 정보를 구할 수 있다. 펠루소(2000)의 논문(부록 A의 첫 페이지 참조)은 접촉 정보를 포함하고 있지 않은 것에 주목하라. 그렇지만 지도교수의 이름은 포함하고 있는데, 그 당시에는 지도교수를 통해서 접촉이 가능하였을 것이다.

초록

초록(abstract)은 논문의 간략한 요약이다. 간략하기는 하지만, 포괄적이어야 한다(APA, 2020, p. 38). 초록은 여러분에게 매우 중요하다. 여러분은 제목에 뒤이어 다른 어느 부분보다도 논문의 초록을 읽을 가능성이 크다. 제5장에서 보게 되겠지만, PsycINFO를 통해서 심리학 문헌을 검색할 때 여러분이 찾게 되는 정보가 초록이다. 여러분은 제목과 초록을 읽고는 전문을 구할 것인지를 결정하게 된다(실행하기 : 초록 읽기 글상자의 중요한 힌트를 참조하라). 인쇄된 논문에서 초록은 부록 A의 첫 번째 페이지에서 보는 바와 같이, 수평 선분이나 이탤릭체, 또는 다른

실행하기

초록 읽기

관련 논문을 검색할 때 여러분에게 도움이 될 수도 있는 초록 읽기 힌트를 제공하고자 한다. 만일 여러분에게 도움이 되거나 관련이 있는 것처럼 보이는 초록을 찾았다고 하더라도, 즉각적으로 전문이 포함된 논문을 구할 필요는 없다. PsycINFO에서 초록을 읽고 있다면, 프린트하거나 이메일로 보내거나 아니면 저장하는 것 중에서 선택할 수 있다. 이러한 방식으로 작업하면 많은 초록을 찾을 수 있으며, 그런 다음에 그 논문들이 여전히 여러분의 연구 관심사에 잘 들어맞는 것처럼 보이는지를 종합적으로 살펴볼 수 있다.

조판 자질로 논문의 나머지 부분들과 차별화하기도 한다. APA 출판지침(APA, 2020, p. 38)은 초록이 최대 250단어를 포함하라고 언급하고 있다. 초록 길이가 융통성을 갖는 까닭은 담당교수와 저널이 엄격하게 단어 수를 규정할 수도 있기 때문이다.

초록에서 어떤 정보를 찾을 것이라고 기대해야 하겠는가? APA 출판지침(APA, 2020, p. 74)에 따르면, 연구를 위하여 초록을 읽을 때 여러분은 다음 항목에 관한 정보를 찾고자 기대해야 한다.

- 연구물음이나 논제에 관한 간략한 진술
- 주제(예컨대, 연령, 성별 등)에 관한 중요한 정보
- 중요한 방법론적 세부사항
- 기본적인 통계분석 결과
- 함축하는 내용과 응용할 수 있는 방법을 포함한 결론

여기서 나열한 모든 세부사항이 초록에 항상 나타나는 것은 아니다. 여러분도 상상할 수 있듯이, 짤막한 문단에서 이 모든 세부사항을 다루는 것은 쉬운 일이 아니다. 만일 결정적인 세부사항이 초록에서 빠져 있다면, 논문에서 그 부분을 찾아볼 필요가 있다. APA 출판지침(APA, 2020, pp. 74-75)은 이론 논문, 방법론 논문, 그리고 반복연구 논문뿐만 아니라 문헌개관 논문이나 메타분석 논문의 초록에서 찾을 것이라고 기대하는 정보 목록도 제공한다. **메타분석**(meta-analysis)이란 통계기법에 근거하여 많은 연구결과를 요약하는 분석기법이다. 이 책에서 이러한 유형의 논문들을 위한 정보 목록을 제시하지 않는 까닭은 여러분이 글쓰기 과제를 위해서 실험연구를 요약한 저널 논문을 읽을 가능성이 가장 높기 때문이다.

서론

서론 절(introduction section)은 논문의 첫 번째 핵심 절이며 초록에 바로 이어서 시작하지만, "서론"이라는 단어를 붙이지는 않는다. APA 출판지침(APA, 2020, p. 4)에 따르면, 서론 절은 "연구 목적의 진술, 배경 문헌의 개관, 그리고 탐구한 가설의 명시적 진술"을 제시한다.

저널 논문을 읽는 대부분의 사람은 아마도 서론 절을 **문헌개관**(literature review)이나 선행연구의 요약으로 받아들인다. 훌륭한 문헌개관을 작성하는 저자는 전형적으로 앞으로 제시할 실험의 물음에 대한 광의적 맥락을 제시하고, 그 물음과 관련된 연구의 개요를 제공하며, 문헌개관이 진행됨에 따라서 점차적으로 물음을 좁혀 초점을 맞추어 진술하고, 문헌개관에서 도출한 물음으로 끝을 맺는다.

관련된 배경문헌을 독자에게 제공함으로써 저자가 개관에 뒤따르는 실험을 수행한 까닭을 명확하게 진술하는 것이 중요하다. 펠루소(2000)는 서론(부록 A의 처음 두 페이지)에서 수행 증진을 위한 심상의 사용이라는 주제를 정의하는 것으로 광의적으로 시작하였다. 그는 마지막 문단에 이를 때까지 자신의 초점을 좁혀가고 있는데, 마지막 문단에서는 실험의 물음을 다음과 같이 제기하였다. 무관한 심상 또는 단순히 심상에 관한 글을 읽어보는 것과 비교하여 관련된 적절한 심상이 운동수행을 증진시키겠는가?

서론을 읽으면서, 여러분은 저자가 문헌개관에 포함시킨 관련 배경문헌들을 인용한 것을 보게 된다(서론을 읽으면서 유용한 핵심사항을 얻으려면 실행하기 : 서론에서 새로운 논문 찾기 글상자를 참조하라). APA 스타일에서 인용은 저자의 이름과 출판날짜(일반적으로 연도)를 포함한다. 이 장의 뒷부분에서 필자가 인용하는 논문의 예는 "(Godden & Baddeley, 1975)"이다. 만일 저자가 본문에서 저자의 이름을 사용한다면, 그 인용은 다음의 형식을 취하게 된다: "Godden과 Baddeley(1975)

는 맥락의존 기억을 연구하였다." 여러분은 논문 말미의 참고문헌 목록에서 각 인용의 전체 서지정보를 보게 된다.

실행하기

서론에서 새로운 논문 찾기

저널 논문의 서론을 읽을 때, 여러분의 주제와 관련되었지만 검색과정에서는 찾지 못한 새로운 인용이나 참고문헌을 발견할 수도 있다. 만일 그렇다면, 논문의 제목이나 저자를 가지고 PsycINFO 검색을 실시함으로써 그 논문을 쉽게 찾을 수 있다. 이러한 방식으로 다른 연구논문을 읽어가면서 계속해서 문헌 검색을 수행해갈 수 있다.

저자는 서론을 작성하기에 앞서 연구문제의 중요성, 선행연구와의 관련성, 연구의 가설과 목표, 가설과 연구설계 간의 관계, 그리고 연구의 응용가능성 등과 같은 여러 가지 논제를 고려해야 한다(APA, 2020, pp. 75-76, 78). 훌륭한 서론은 가능한 한 적은 지면을 이용하여 이러한 논제를 문헌개관과 저자의 논리를 결합함으로써, 독자에게 연구에서 수행한 내용과 그 이유를 알린다.

초록에 제시해야만 하는 정보 목록과 마찬가지로, 서론의 정보 목록도 길고도 야심만만한 것이어야 한다. 필자의 경험에 따르면, 대부분의 서론은 일차적으로 목록의 두 번째 항목(선행연구와의 관련성)과 세 번째 항목(연구의 가설과 목표)에 초점을 맞추고 있으며, "서론"과 "문헌개관"을 거의 동의어로 사용하는 까닭도 바로 이것이다. 특히 마지막 항목(연구의 응용가능성)은 저자가 논의 절에 포함시킬 가능성이 높은 정보이다.

연구 논문의 서론을 읽는 배후의 핵심 목적은 여러분이 관심을 기울이고 있는 연구영역에서 연구자들이 수행하여 찾아낸 것이 무엇인지를 알아보려는 것이다. 후속 장들에서 보게 되겠지만, 여러분은 관심 영역에 관한 문헌개관을 정리한 필요가 있다. 만일 여러분의 과제가 특정 연구영역에 관한 기말보고서(term paper)를 작성하는 것이라면, 그 영역에 어떤 연구가 존재하는지를 알 필요가 있다. 만일 과제가 나중에 수행할 독창적 실험을 제안하는 것이라면, 다른 연구자들이 과거에 수행한 연구로부터 실험 아이디어를 생성할 수 있도록 그들이 어떤 연구를 수행하였는지를 아는 것이 절대적으로 필요하다. 여러분이 찾아서 복사한 연구논문을 읽을 때는 나중에 그 논문을 다시 찾아볼 때 중요 사항을 빠르게 찾아 기억할 수 있도록 폭넓은 노트를 해두는 것이 좋다. 유사한 주제를 다루고 있거나 결과가 유사하거나 유사한 물음을 던졌거나 아니면 여러분에게 의미 있는 집단으로 논문 복사본들을 분류해놓는 것도 좋은 생각이다. 그렇게 해놓으면 모든 논문을 읽은 후에 여러분의 생각(그리고 글쓰기)을 체제화하는 것이 더 간단해지기도 한다. 당시에는 여러분의 관심영역과 관련된 것처럼 보였지만 나중에 보니 여러분이 가고자 하는 방향과 제대로 들어맞지 않는 논문들을 복사하여 읽는다 하더라도 놀라지 말라. 억지로 서론에 꿰맞추려고 애쓰지 말고, 그냥 폐기처분하고 계속 진행하라.

연구논문의 서론을 읽는 배후의 두 번째 목적은 논문의 작성방식을 찾아보려는 것이다. 필자는 과학적 글쓰기라는 개념을 여러 차례 언급하였다. 논문을 읽는 것은 과학적 글쓰기를 소개하는 것이다. 여러분은 서론에서의 일차적 강조점은 선행연구 그 자체라는 사실에 주목해야 한다. 저자는 중요 세부사항, 연구결과, 그리고 결론에 초점을 맞추었을 것이다. 서론에서는 대화체의 글을 찾아볼 수 없다. 저자 이름, 논문 제목, 연구 수행 장소 등과 같은 세부사항은 서론을 읽는 연구자들에게 관심사가 아니다. 필자는 학생 보고서에서 다음과 유사한 서론을 자주 접한다. "연구자인 플로리다대학교의 앤 존스와 톰 스미스는 2015년에 '장기기억에서의 부호화'라는 연구를 실시하였는데, 이 연구에서 그들은 사람들이 정보를 장기기억에 부호화하는 방식을 연구하였다." 이 문장에는 상당히 많은 군더더기 정보가 들어 있다. APA 스타일의 글은 다음 사례를 닮은 것이어야 한다. "존스와 스미스(2015)는 장기기억에서 부호화의 역할을 연구하였다." 두 번째 사례가 얼마나 간결하고 단순한지에 주목하라. 존스와 스미스의 참고문헌은 다른 모든 정보를 담고 있을 것이기에, 서론에 나타낼 필요가 없다. 여러분의 서론(아니면 기말보고서)을 작성할 때가 되면, 찾은 연구논문을 다시 살펴보고 그들의 글쓰기 스타일을 흉내 내야 한다.

방법

방법 절(Method section; APA, 2020, pp. 4, 78-80)은 연구자들이 실험을 수행한 방법의 중요한 세부사항을 담고 있다. 실험의 청사진과 매우 흡사하게, 원한다면 다른 사람도 그 실험을 반복할 수 있기에 충분한 세부사항을 제공해야 한다. 선행연구를 단순 반복하는 것은 드문 일이지만, 선행연구의 반복과 확장을 통해서 대부분의 연구자는 그 선행연구에 새로운 사실을 덧붙인다. 최초로 실험을 제안하고 수행하는 데 미숙한 초보 연구자인 여러분에게 기존 논문의 방법 절은 연구를 어떻게 수행할지에 대해서 유용하기 그지없는 아이디어를 제공해줄 수 있다. 단지 기말보고서를 작성하고 있을 때조차도, 방법 절은 여전히 유용한 정보를 제공할 수 있다. 어떤 결과는 주제영역을 연구하는 데 사용하는 특정 방법론에 의존하는 것으로 보인다.

방법 절은 전형적으로 세 개의 하위절로 분할되는데, 각 하위절은 독자에게 상이한 정보를 제공한다(펠루소가 사용한 방법론의 세부사항을 보려면 부록 A의 두 번째와 세 번째 페이지를 참조하라). 논문에서 무엇을 들여다보고 있는지에 근거하여 상이한 하위절에 상이한 양의 주의를 기울일 가능성이 높다. 방법 절 읽기에 관한 힌트를 보려면 실행하기 : 방법 절 세부사항 글상자를 참조하라.

실행하기

방법 절 세부사항

특정 논문이 여러분 과제에 도움이 될 것인지를 결정하기 위하여 처음 그 논문을 읽을 때는 일반적으로 방법 절을 상세하게 읽는 것이 필요하지 않다. 그렇지만 나중에 또 다시 읽어보는 것은 (여러분의 서론에) 포함시켜야 할 결정적인 방법론적 세부사항이 이 논문에 있는지 아니면 그 방법론이 여러분의 연구제안서에 포함시키고 싶은 것인지를 알려주게 된다.

참가자/피험자

참가자/피험자 하위절(Participants/Subjects subsection)은 방법 절의 첫 번째 하위절이다. 인간을 다룬 오래된 저널 논문을 읽으면, "피험자"(Subjects)라는 표지가 붙은 하위절을 보게 된다. APA 스타일은 APA 출판지침 제4판(APA 1994)에서 "참가자"(Participants)로 바뀌었다. 오늘날 버전의 출판지침 제7판(APA, 2020, p. 141)에서는 두 용어의 사용을 모두 허용하는데, 필자에게는 "참가자"가 "피험자"보다 조금 더 바람직한 것으로 보인다. 연구에 동물을 사용할 계획이라면, "피험체"(subjects)가 바람직한 용어이겠다. 따라서 이 하위절에서 상이한 표지를 읽게 된다고 하더라도, 그 목적은 동일하다.

이 하위절은 "연구대상자" 측면에 관한 정보, 즉 실험에 참여한 유기체에 관한 정보를 포함하고 있다. 여러분은 참가자의 수, 참가자의 중요한 특성, 그리고 (만일 있다면) 참가의 대가로 무엇을 받았는지를 알아내야 한다. 사람을 대상으로 수행한 연구에 관해 읽고 있다면, 대부분의 연구는 심리학개론 과목의 수강생을 참가자로 사용하였을 가능성이 크다. 연구가 특별한 전집을 다루지 않는 한, 이 정보는 여러분이 실제 연구를 계획할 때 관심사항이 될 가능성이 크다. 펠루소(2000)는 심리학 개론 수강생을 참가자로 사용하였다(부록 A의 두 번째 페이지 참조).

도구/재료/검사도구/측정

도구/재료/검사도구/측정(Apparatus/Materials/Testing Instruments/Measures subsection)이 방법 절의 두 번째 하위절이다. 이 하위절은 실험자가 연구를 수행하기 위하여 사용한 것들을 다룬다. 여러분도 상이한 표지에서 추측하였을 터이지만, 연구자들은 연구에 따라서 상이한 유형의 "물건"들을 사용한다. 어떤 연구 프로젝트는 장비(도구)를 수반하고, 어떤 프로젝트는 참가자에게 제시하는 자극(재료)을 수반하며, 어떤 프로젝트는 참가자를 검사하는 심리검사(검사도구)를 수반하고, 어떤 프로젝트는 참가자에게 실험자가 고안한 다양한 검사에 반응하게 한다(측정). 이 하위절의 표지에 주의를 기울임으로써, 연구자들이 어떻게 변인들에 처치를 가하고 측정하였는지를 알게 된다. 실제로 연구 계획을 세우기 전에는 이 하위절을 건너뛰는 것이 적절하다. 펠루소(2000)는 잭(무거운 것을 들어 올릴 때 쓰는 기구)과 공, 거울추적도구와 종이 위에 그린 별 모양의 도형, 그리고 스톱워치 등을 포함한 다양한 "물건"을 사용하였기 때문에 "재료"를 선택하였다(부록 A의 두 번째 페이지 참조). 그는 다양한 "물건"을 사용하였기 때문에 이 하위절에 "재료와 도구"라는 표지를 붙일 수도 있었지만, 보다 단순한 표지를 선택하였다.

절차

절차(Procedure)는 전형적으로 방법 절의 세 번째 하위절이며, 실험자가 실험을 수행한 방법에 관한 세부사항을 제공한다. 연구자는 실험을 수행한 방법을 처음부터 끝까지 단계별로 제시하게 된다. 그렇기 때문에

이 하위절은 **방법** 절에서 가장 길기 십상이다. 아마도 여러분은 실험을 실시한 적이 한 번도 없을 것이기에, 이 하위절의 세부사항은 여러분이 절차를 계획할 때 꽤나 도움이 될 수 있다. 펠루소(2000)의 **절차** 하위절(부록 A의 두 번째와 세 번째 페이지 참조)도 실험설계 정보를 포함하고 있다(그는 참가자내 설계를 사용하였다). 때때로 여러분은 연구의 실험설계를 기술하는 별도의 **설계** 하위절을 볼 수도 있다. 절차에 관한 펠루소의 기술은 여러분이 그의 실험을 반복할 수 있을 정도로 상세하다는 사실에 주목하라.

결과

결과 절(Results section; APA, 2020, pp. 4, 80-81)은 전형적으로 APA 스타일 연구보고서의 세 번째 핵심 절이 된다(부록 A의 세 번째 페이지 참조). 이 절의 목적은 비교적 단순하다. 즉, 연구의 통계결과에 관한 정보를 제시하려는 것이다. 펠루소(2000)의 결과 절은 세 개의 문단을 포함하고 있다. 각 종속변인(책과 거울추적 수행)의 결과를 분석하기 위한 개별적인 통계검증을 실시하였고, 덧붙여서 사전심사 시간 점수를 분석하였기 때문이다. 이 절이 학생들에게 가장 읽기 어려운 절이기 십상인 까닭은 데이터 분석을 수반하는 수학의 한 분야인 **통계**(statistics)와 다른 수치 정보를 포함하고 있기 때문이다. 만일 여러분이 통계학 강의를 수강하지 않았다면, 아마도 이해하기 꽤나 어려운 절이 될 것이다. 통계학 강의를 수강하였더라도, 이 절은 수업시간에 배우지 않은 고급 정보를 포함하고 있을 수 있다. 결과 절을 이해하기 위한 힌트를 얻으려면 실행하기 : 결과 절 읽기 글상자를 참조하라.

실행하기

결과 절 읽기

다행스럽게도 여러분이 결과 절을 문자 그대로 읽을 필요가 있는 경우는 거의 없다. 단지 다음의 물음에 답할 수 있는 이 절의 요체 또는 전반적 의미를 추출하면 된다. 연구자는 이 연구에서 무엇을 찾아내었는가? 결과는 유의한가? 독립변인이 종속변인에서의 차이를 초래하였는가?

통계적 추리

통계적 추리가 수반하는 것이 무엇인지를 간략하게 되새겨보는 시간을 가져보자. 통계적 결론은 확률에 근거한다. 즉, 통계는 결과가 오직 우연에 의해서 발생하였을 확률을 추정할 수 있게 해준다. 한편으로 만일 독립변인(실험자가 처치를 가하는 변인)이 종속변인(실험자가 측정하는 변인)에 영향을 미치지 않는다면, 실험의 두 집단(독립변인 처치를 받은 실험집단과 받지 않은 통제집단)은 종속변인에서의 수행이 등가적이어야 한다. 만일 두 집단이 종속변인 점수에서 어떤 차이를 보인다면, 그 차이는 작고 우연한 오르내림에 따른 것이어야 한다. 독립변인이 차이를 초래할 수 없었기(효과가 없었기) 때문이다. 이 경우에 결과가 우연에 근거한 것일 확률은 높을 수밖에 없다. 반면에 만일 독립변인이 종속변인 점수에 어떤 효과를 발휘하였다면, 두 집단의 점수는 상당히 다르며, 우연이 그 차이를 초래할 확률은 낮아야 한다. 우연이 결과를 초래할 확률이 .05(5%)보다 작을 때 연구자는 집단 간 차이가 **통계적으로 유의**하며(statistically significant) 독립변인에 의한 것이라고 결론 내리고자 하게 된다.

대부분의 저자는 독자가 결과 절에서 지름길을 택하는 데 도움을 주는 몇몇 정보를 포함시킨다. 연구에 포함된 여러 집단의 평균 점수와 같은 기술통계치를 볼 수 있는데, 이 정보는 어떤 것이든 유의하다고 보고한 차이를 해석하고 이해하는 데 도움을 준다. 예컨대, 만일 집단 A는 종속변인의 평균이 23.18이고 집단 B는 28.49이며, 평균 간의 차이가 통계적으로 유의하다면($p<.05$), 집단 B가 집단 A보다 유의하게 높은 점수를 나타냈으며 연구자가 그 차이를 독립변인 탓으로 돌렸다는 사실을 알게 된다. 물론 그 결과의 의미는 종속변인 점수에 근거한다. 만일 높은 점수가 우수한 수행을 나타낸다면, 집단 B가 집단 A보다 우수한 성과를 보인 것이다. 반대로 만일 높은 점수가 열등한 수행을 나타낸다면, 집단 A가 집단 B보다 우수한 성과를 보인 것이다.

펠루소(2000)의 독립변인은 심상이었다(세 개의 수준 : 관련, 무관련, 글 읽기). 사용한 두 가지 종속변인은 잭 수행과 거울추적 수행이었다. 두 가지 통계검증 모두에서 p가 .05보다 작았기 때문에($p<.05$), 그는 관련된 심상이 다른 두 독립변인 조건에 비해서 두 가지 종속변인 모두에서 수행을 증진시켰다고 결론지었다.

통계분석

결과 절을 해석하기가 어렵기 십상인 한 가지 이유는 연구자가 여러분에게 친숙하지 않을지도 모르는 복잡한 설계와 통계절차를 사용하였을 수 있기 때문이다. 예컨대, 많은 연구자는 요인설계를 사용하는데, 이 설계는 둘 이상의 독립변인을 포함하며 독립변인 간의 상호작용 가능성이 존재한다. [펠루소의 설계가 요인설계인 까닭은 심상 그리고 (시간 경과에 따라 수행이 증진되는지를 보려는) 시행이라는 두 개의 독립변인을 사용하였기 때문이다. 부록 A의 세 번째 페이지를 참조하라.] 또한 오늘날 많은 연구자는 복잡한 회귀분석을 사용하는데, 이 분석법은 여러분에게 친숙하지 않을 수도 있는 통계절차이다. 이러한 복잡성은 결과의 요체나 전반적 의미를 추출해내는 것이 정말로 중요하다는 생각을 강화시키고 있다. 이러한 분석과 설계의 복잡한 통계치는 통계결과를 해석하는 데 도움을 주는 표나 그림을 수반하기 십상이다. 저자는 흔히 표와 그림을 사용하여 간단명료하면서도 이해할 수 있는 방식으로 자신의 통계분석 결과를 제시한다(APA, 2020, p. 195).

표

전형적으로 **표**(table)는 행렬(matrix)로 (집단 평균과 표준편차와 같은) 수치를 나타낸다. (표는 글도 포함할 수 있지만, 전형적으로는 그렇게 하지 않는다.) 표의 형식은 일반적으로 많은 수치를 본문에서 나열할 때보다 독자들이 관계를 보다 용이하게 볼 수 있게 해준다. 예컨대, 고든과 배들리(Godden & Baddeley, 1975)는 맥락의존 기억을 연구하였는데, 이것은 정보를 상이한 맥락에서 받아들이고 기억해낼 때보다 동일한 맥락에서 받아들이고 기억해낼 때 기억 성과가 우수한 현상을 지칭한다. 고든과 배들리는 참가자들에게 스쿠버 장비를 사용하여 뭍이나 물속에서 정보를 받아들이고 기억해내도록 함으로써 이 생각을 흥미진진한 극단으로 이끌어 갔다. 표 4.1은 이들의 연구 데이터를 보여준다. 이 데이터가 알려주는 것은 무엇인가? 평균을 살펴보면, 뭍이든 물속이든 관계없이 정보를 받아들이고 기억해내는 조건이 동일할 때 참가자들이 더

표 4.1 학습과 회상 환경의 함수로서 회상한 단어 수의 평균(Godden & Baddeley, 1975)

		회상 환경		
		뭍	물속	전체
학습 환경	뭍	13.5 (5.8)	8.6 (3.0)	22.1
	물속	8.4 (3.3)	11.4 (5.0)	19.8
	전체	21.9	20.0	

많은 단어를 회상하였음을 알 수 있다.

그림

그림(figure)은 통계결과를 그래프로 제시하는 것이다. 그림은 다양한 형식을 취할 수 있다손 치더라도, 결과 절은 그래프를 포함할 가능성이 가장 높다. 여러분은 백문이 불여일견(百聞不如一見)이라는 옛말을 들어보았을 것이다. 실험 보고서의 그림이 바로 이 속담이 작동하는 좋은 사례이다. 펠루소는 각 종속변인 통계분석에 해당하는 두 개의 그림을 사용하였다(부록 A의 세 번째 페이지를 참조하라).

그림 4.1은 표를 선그래프로 변환한 고든과 배들리(1975)의 데이터이다. 이 그림을 이해할 수 있겠는가? 그림 4.1은 뭍에서 단어목록을 학습

그림 4.1 학습과 회상 환경의 함수로서 회상한 단어 수의 평균(Godden & Baddeley, 1975)

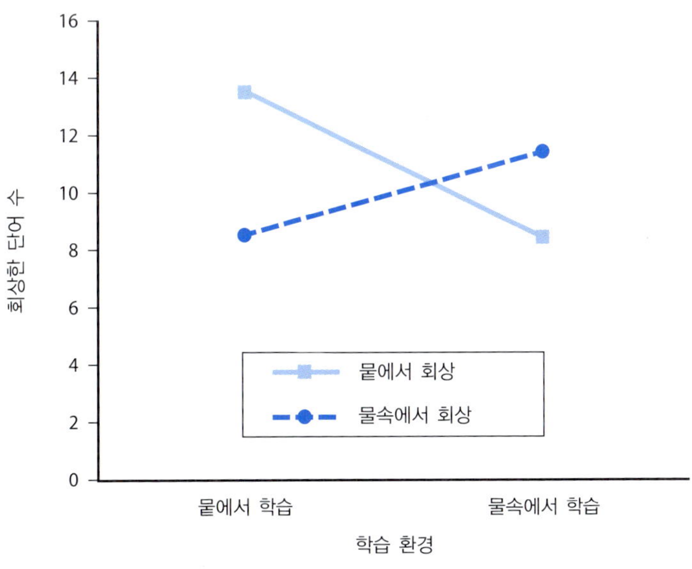

한 사람은 물속에서보다 뭍에서 더 많은 단어를 회상하였으며 물속에서 학습한 사람은 뭍에서보다 물속에서 더 많은 단어를 회상하였음을 보여준다. 이 사례는 그림 사용의 좋은 근거가 된다. 즉 결과를 이해하기 쉽게 만들어주는 것이다. 이 사례에서 그림은 사람들이 단지 뭍이나 물속에서 단어를 더 잘 학습하고 기억해낸다고 말하는 것이 잘못임을 입증하고 있다. 기억은 동일한 맥락에서 학습하고 기억해낼 때 가장 좋은 것이다.

저널 논문을 읽으면서 **결과 절**에 직면할 때 겁을 먹지 않도록 노력하라. 대신에 연구자가 찾아낸 것이 무엇인지 그리고 그 결과가 연구자의 물음과 어떻게 관련된 것인지를 찾아내는 데 초점을 맞추어라. 결과 절의 단어 하나하나를 이해하고자 애를 쓴다면, 진퇴양난에 빠져서는 저널 논문 읽기가 최적 수준으로 진전되지 못하게 될 가능성이 커진다. 또한 논문의 논의 절을 읽어봄으로써 결과를 해석하는 데 도움을 받을 수도 있다.

논의

논의 절(Discussion section; APA 스타일 보고서의 네 번째 주요 절이다; APA, 2020, pp. 4, 81)에서 저자의 과제는 모든 것을 하나로 조화롭게 묶는 것이다. 이 절은 실험 보고서의 "상위요약"(supersummary)과 같은 역할을 담당한다. 이 절에서 저자는 자신의 결과 그리고 그 결과의 함의를 해석하고 평가하며, 결론을 도출하고, 연구의 한계점을 지적하며, 그 결과의 중요성을 언급한다. APA **출판지침** 제4판(APA, 1994, p. 19)은 논의 절에서 다음과 같은 여러 물음에 답할 것을 권장하였다.

- 나의 연구는 어떤 공헌을 하였는가?
- 나의 연구는 독창적인 물음에 답하였는가? 만일 그렇다면 어떻게 하

였는가?

- 나의 연구에서 어떤 결론을 내릴 수 있는가? 어떤 것이든 이론적 함의를 가지고 있는가?
- 심리학 문헌에 어떤 지식을 첨가하였는가?
- 나의 결과는 내가 제기한 물음에 서광을 비추고 있는가?
- 나의 연구가 가져온 소기의 성과와 이론적 응용은 무엇인가?

대부분의 경우에 저자는 우선 연구의 중요한 결과를 요약한다. 여기서의 결과 설명은 실제 결과 절과 비교하여 단순한 것이기 십상이다. 따라서 만일 결과를 읽고 이해하는 데 어려움이 있다면, 논의 절의 초기 부분을 읽어볼 수도 있다.

논의 절의 나머지 부분에서는 앞서 나열한 물음들에 답해야 한다. 논의 절에서 여러분이 보게 될 내용을 예측하기 어려운 까닭은 APA 출판지침(APA, 2020)에서 가장 구체화하지 않은 부분이기 때문이다. 서론, 방법, 결과 절은 꽤나 구체적인 역할과 잘 구축된 형식을 가지고 있는데, 논의 절의 경우에는 그렇지가 못하다. 여러분이 읽는 다양한 논문의 논의 절에서 가장 변화무쌍한 글쓰기 스타일과 내용을 보게 될 가능성이 크다.

논의 절에서 결과 요약 외에 무엇을 살펴보아야만 하는가? 찾아야 하는 핵심 사항은 광의적인 연구영역에서 현재 연구를 수행하게 된 맥락이다. 이 실험이 연구문헌에 덧붙인 새로운 사실은 무엇인가? 연구영역에 관하여 전에는 알지 못하였던 무엇을 알게 되었는가? 실험이 새롭게 덧붙인 새로운 정보를 알게 됨으로써, 여러분의 연구영역에서 아직 해결되지 않은 채 남아 있는 (또는 제기된) 물음을 보다 잘 이해하게 된다. 알고 있는 내용을 계속해서 추적하는 것은 새로운 연구물음을 개발하는 데 도움을 준다.

저자는 논의 절에 여러분에게 상당한 도움을 줄 수 있는 또 다른 요점을 포함시키기도 한다. APA 출판지침(APA, 2020, p. 81)은 저자가 현재 연구의 결과에 근거한 미래 연구를 위한 함의를 다루도록 지적하고 있다. 만일 여러분이 최근 저널 논문을 읽고 있으며 **논의** 절에서 이러한 유형의 정보를 찾게 된다면, 여러분이 다루고자 하는 새로운 연구물음을 구축하는 데 꽤나 큰 도움이 될 수 있다(연구제안서 작성에 관한 제7장을 참조하라). 펠루소의 **논의**(부록 A의 세 번째와 네 번째 페이지 참조)는 다음과 같은 다섯 문단으로 구성되었다. 자신의 결과를 요약하고 선행연구와 비교하는 문단, 결과에 대한 가능성 있는 설명을 제시하는 문단, 연구의 제한점을 지적하는 문단, 가능한 미래 연구를 언급하는 문단, 그리고 결과의 실생활 응용 가능성을 언급하는 문단이다.

참고문헌

참고문헌 목록에서는 자신의 논문에서 인용하였던 모든 저널 논문(그리고 다른 출처)의 목록을 제시한다. 논문에서의 모든 인용은 그에 상응하는 참고문헌(논문의 온전한 서지정보)을 가지고 있어야 하며, 모든 참고문헌은 그에 상응하는 인용이 있어야 한다. 따라서 이 장의 앞부분에서 고든과 배들리(1975)를 인용하였기에, 이 장의 끝부분과 이 책의 마지막 부분 모두에 나와 있는 참고문헌 목록에서 그 논문에 상응하는 참고문헌을 보게 된다. 저널 논문에서는 그 논문 말미에서 참고문헌 목록을 보게 된다. 옛날 논문의 참고문헌 목록이 이 책에서 보는 것과는 다른 형식과 요소를 보여주는 까닭은 **출판지침**의 현재 판, 즉 제7판(APA, 2020)이 참고문헌의 몇몇 세부사항을 예전 판과는 다르게 개정하였기 때문이다.

저널 논문에서 각각의 참고문헌은 저자 이름, 출판일자, 논문 제목, 논문이 게재된 저널 제목, 저널의 권호 숫자, 저널의 페이지 번호, 그리고 DOI(doi; digital object identifier) 등을 포함한다. DOI(doi)는 저널 논문 등과 같은 특정한 내용을 식별하는 데 사용하는 독특한 영문자 · 숫자 배열이며, 많은 URL(Uniform Resource Locator; 웹주소)과는 달리 영구적이며 변하지 않는다. DOI가 없는 논문은 URL을 보여주기도 하는데, 특히 온라인 논문의 경우에 그렇다. 펠루소(2000)의 논문이 저널 논문에 DOI를 표시하지 않은 까닭은 그 당시 작동하던 APA 출판지침이 DOI를 요구하지 않았기 때문이다(부록 A의 네 번째 페이지 참조). (2000년에 펠루소의 논문이 출판된 이후 수정된 참고문헌 형식들이 있다. 제5장과 6장 그리고 부록 B와 C에서 보게 된다.) 이러한 모든 서지정보는 여러분이 읽고자 하는 인용 논문을 비롯한 다른 출처를 찾는 데 필요한 정보를 알려준다. 상상할 수 있는 바와 같이, 여러분이 읽는 저널 논문의 참고문헌 목록은 주석 서지목록, 기말보고서/문헌개관, 연구제안서, 아니면 실험보고서 등을 위한 논문을 검색하는 데 필수적인 것이 된다. (제5장에서 저널 논문을 검색하는 방법을 다룬다.) 실행하기 : 참고문헌 절이 중요하다! 글상자는 장차 겪을 수도 있는 좌절에 대처하는 중요한 핵심사항을 제공한다.

실행하기

참고문헌 절이 중요하다!

저널 논문을 처음 읽을 때는 어느 참고문헌이 적절할지 확신할 수 없기 때문에 반드시 프린트하거나 저장한 저널 논문의 참고문헌 절 전체를 보관하라. 필자는 심리학과 학부생 시절 얼마나 멍청했는지를 아직도 기억하고 있다. 단지 몇백 원을 절약하기 위하여 참고문헌 절을 복사하지 않았다. 나중에 논문을 읽고 몇몇 인용 논문을 찾아보겠다고 결정하였을 때, 그 논문이 인용한 연구를 살펴보기 위해서는 또 다시 그 논문을 찾아볼 수밖에 없었다. 이 경험을 통해서 필자는 엉터리 절약의 문제에 관한 교훈을 얻었다.

각주, 부록, 그리고 보충자료

여러분이 읽는 거의 대부분의 저널 논문은 표와 그림 말고는 다른 가외 자료를 포함하고 있지 않을 것이다. 그렇지만 때로는 저자가 각주나 부록 외에는 마땅한 자리가 없는 다른 자료를 가지고 있기도 하다.

각주

저널 논문에서는 페이지 하단에 들어가는 설명문인 **각주**(footnote)를 보기 드물다. APA 출판지침(APA, 2020, p. 40)은 내용 각주와 저작권 귀속 각주라는 단지 두 가지 유형의 각주만을 언급하고 있다. APA 스타일은 절대적으로 필요하지 않은 한 각주를 사용하지 않는 경향이 있다. 대신에 중요한 정보를 본문에 포함시키는 것을 강력하게 선호한다. 따라서 APA 스타일에서 내용 각주는 드물다. APA 출판지침(APA, 2020, p. 40)은 각주가 정보를 보충하거나 강조하려는 것이지 중요하지 않은 정보를 위한 것이 아니라고 천명한다. 필자는 오랜 세월에 걸쳐 APA 스타일의 글을 읽어본 후에, 역사 교과서를 읽을 때 진퇴양난에 빠져 있는 자신을 발견하곤 하는데, 역사 교과서는 거의 모든 문장에 필요한 각주를 달고 있다.

만일 저자가 저작권자로부터 어떤 정보의 복제나 각색을 허락받았다면, 저작권 귀속 각주를 다는 것이 적절하다. 저널 논문에서 저작권 허락이 필요한 경우는 거의 없다. 아마도 책의 경우에 그 가능성이 더 높을 것이다. 그렇기는 하지만, 만일 연구자가 저작권이 있는 영상물이나 글을 자극 항목이나 측정 척도의 항목으로 사용하였다면, 논문에서 이러한 유형의 각주를 보게 될 수도 있다.

부록과 보충자료

저자는 논문 내용을 보충하는 자료가 텍스트에 기반한 것일 때 **부록**(appendix)에 포함시킬 수 있다. **보충자료**(supplemental materials)는 온라인에서 가용하게 만들기도 한다(APA, 2020, pp. 41-43). 따라서 부록은 논문과 함께 실제로 인쇄되어 나오는 반면, 보충자료는 온라인에서 접속해야 한다. 부록은 자극재료, 참가자 지시문, 측정척도, 실험에 사용한 복잡한 기구의 설명, 연구에 참가한 하위전집의 인구학적 설명 등을 비롯한 다른 세부 항목들을 포함할 수 있다. 오늘날 부록의 가장 보편적인 용도는 메타분석에서 사용하였지만 인용하지는 않았던 논문의 목록을 제시하기 위한 것이다. 저자는 다운로드받으면 더 유용할 정보 또는 저널 논문 형식으로 제시하기 어려운 정보를 위하여 보충자료를 사용하기도 한다. 그러한 자료의 사례로는 컴퓨터 코드, 시청각 클립, 데이터 집합, 천연색 그림, 또는 규격 이상으로 큰 표 등을 들 수 있다. 부록이나 보충자료에서 여러분의 연구프로젝트에 사용하고 싶은 자료를 발견한다면, 그것은 여러분에게 너무나도 가치 있는 것이다. 펠루소(2000)는 그의 논문에서 각주나 부록을 사용하지 않았다(부록 A 참조).

APA 스타일 고려사항

이 장은 논문 쓰기가 아니라 저널 논문 읽기에 관한 것이기 때문에, 다루어야 할 구체적인 APA 스타일 논제는 없다. 대신에 그러한 사항은 후속 장들에서 다룬다. 그렇지만 특별히 해줄 조언이 없다고 해서 저널 논문 읽기를 통해 APA 스타일에 대해 배울 것이 없음을 의미하지는 않는다. 물론 저널 논문을 읽을 때 핵심은 그 논문에서 필요한 중요 정보, 즉 여러분의 구체적인 글쓰기 과제에 필요한 정보를 추출해내는 것이다. 또한 여러분은 APA 스타일의 글쓰기가 어떤 "모습"인지 그리고 저널 논문에서 어떻게 나타나는지도 주의를 기울여야만 한다. 보고서를 작성할 때가 되었을 때, 여러분은 읽은 논문에서 보았던 글쓰기 스타일을 흉내 내야만 한다. (인문학적 스타일이 아니라) 과학적 스타일의 글쓰기가 여러분에게는 새로운 것일지도 모르지만, 저널 논문에서 본받고 흉내 낼 역할 모델을 하게 될 것이다. 만일 여러분이 예리한 눈으로 펠루소(2000)의 논문(부록 A)을 읽는다면, 아마도 수동태의 여러 사례를 알아차렸을 것이다. APA 스타일에서는 능동태를 더 선호한다(APA, 2020, p. 118)는 제3장의 내용을 기억하기 바란다.

결론적 생각

이 장은 실험연구 논문을 읽는 방법을 소개하였다. 그렇지만 연구논문 읽는 방법에 관한 글을 읽는 것이 실제로 연구논문을 읽는 것만큼 유익하지는 않다는 사실에 주목할 필요가 있다. 연구논문 읽기는 유능한 심리학 전공자가 되기 위하여 숙달할 필요가 있는 재능이다. 이 재능에서 뛰어나려면 연습하고 연습하며 연습해야만 한다. 이제 더 이상 꾸물대지 말라. 자리를 박차고 일어나 저널 논문을 읽어라! 여러분이 저널 논문에서 어떤 정보를 찾을 것인지 그리고 어디에서 그 정보를 발견할 것인지를 확실하게 새기고 있는지를 확인해보려면, 면밀한 관찰 : 저널 논문 절 글상자의 연습문제에 답해보라.

면밀한 관찰

저널 논문 절

여러분이 저널 논문 읽는 방법을 이해하였는지 확인해보는 차원에서, 저널 논문의 정확한 절과 찾고 있는 정보를 대응시켜보라.[1]

여러분이 찾고 있는 정보	**살펴볼 절**
• 참가자에게 제시하는 자극	________
• 미래 연구 아이디어	________
• 통계결과	________
• 실험참가자 정보	________
• 연구주제의 역사적 정보	________
• 요약한 연구의 서지 정보	________
• 현재 실험이 기반하고 있는 연구	________
• 연구의 간략한 요약	________
• 실험 수행방법의 요약	________
• 현재 실험과 관련된 다른 연구들	________

가능한 선택지

초록	방법(절차)
서론	결과
방법(참가자)	논의
방법(재료)	참고문헌

---

1 정답은 순서대로 방법(재료), 논의, 결과, 방법(참가자), 서론, 참고문헌, 서론, 초록, 방법(절차), 서론과 참고문헌이다.(역주)

글쓰기 과제를 비판적으로 생각하기

기말보고서를 작성하는 과제를 부여받았거나 실험 아이디어를 궁리 중이지만 어디서부터 시작해야 할지 모르는 학생을 표적으로 하는 다음 물음에 한두 문단의 답을 작성해보라.

과제 1

기말보고서나 실험을 계획하면서 논문 전체보다는 논문 제목과 초록을 더 많이 읽어볼 가능성이 큰 까닭은 무엇인가? 논문 전체를 읽을 것인지를 결정하는 데 이러한 출처에서 긁어모은 정보를 어떻게 사용할 수 있는가?

과제 2

저널 논문의 서론에서 어떤 중요한 정보를 발견하게 되는가? 여러분의 보고서나 실험의 계획을 세우는 데 이 정보를 어떻게 사용할 수 있는가?

과제 3

논의 절은 보고서나 실험을 계획하는 데 매우 중요한 정보를 제공할 수 있다. 그러한 정보의 두 가지 유형은 무엇인가? 각 유형 그리고 그 유형의 정보를 사용할 수 있는 방법을 기술해보라.

참고문헌

American Psychological Association. (1994). *Publication Manual of the American Psychological Association* (4th ed.).

American Psychological Association. (2020). *Publication Manual of the American Psychological Association* (7th ed.). https://doi.org/10.1037/0000165-000

Godden, D. R., & Baddeley, A. D. (1975). Context-dependent memory in two natural environments: On land and underwater. *British Journal of Psychology, 66*(3), 325-331. https://doi.org/10.1111/j.2044-8295.1975.tb01468.x

Khersonskaya, M. Y., & Smith, R. A. (1998). Cross-cultural differences in perception of physical attractiveness. *Psi Chi Journal of Undergraduate Research, 3*(1), 39-42. https://doi.org/10.24839/1089-4136.jn3.1.39

Peluso, E. A. (2000). Skilled motor performance as a function of type of mental imagery. *Journal of Psychological Inquiry, 5*, 11-14.

Posey, E., & Smith, R. A. (2003). The self-serving bias in children. *Psi Chi Journal of Undergraduate Research, 8*(4), 153-156. https://doi.org/10.24839/1089-4136.jn8.4.153

Sego, A. S., & Stuart, A. E. (2016). Learning to read empirical articles in General Psychology. *Teaching of Psychology, 43*(1), 38-42. https://doi.org/10.1177/0098628315620875

5

주석 서지목록 작성하기

알고 있습니까?

어떻게 주석 서지목록을 구성하는가?

주석 서지목록을 제작하는 까닭은 무엇인가?

어떻게 PsycINFO를 검색하여 관련 연구논문을 찾는 것인가?

어떻게 광범위한 PsycINFO 검색을 효과적으로 좁히겠는가?

어떻게 저널 논문에 주석을 다는가?

어떻게 저널 논문의 참고문헌 형식을 갖추는가?

"문헌 연구는 무엇보다도 무한한 인내심을 요구한다."

하너(Harner), 2000, p. 5

여러분이 다른 대학생과 다르지 않다면, **주석 서지목록**(annotated bibliography)이라는 용어가 새롭고도 혼란스러운 것일는지도 모른다. 만일 수업 과제로 주석 서지목록을 작성할 필요가 있다면, 출처 목록 그리고 각 출처에 관한 정보를 정리해야 한다. APA 출판지침(APA, 2020, pp. 9, 307-308)은 주석 서지목록을 단지 두 번 언급하고 있을 뿐이다. APA 출판지침(APA, 2020, p. 307)은 참고문헌 목록(reference list)을 서지목록(bibliography)과 구분하면서, 서지목록은 심리학 이외의 다른 분야에서 사용한다는 사실을 지적하고 있다. 참고문헌 목록과 서지목록 간의 구분은 심리학도인 여러분이 숙달해야만 하는 중요 사항이다. 필자는 참고문헌 목록을 서지목록이라고 언급하는 학생들의 보고서를 너무나도 많이 보았기 때문에, 정말로 머리카락이라도 쥐어뜯고 싶은 심정이다! APA 양식은 서지목록이 아니라 참고문헌 목록을 사용한다. 주석 서지목록을 정리하는 것에 관한 정보를 찾기가 어려운 까닭은 심리학에서 서지목록이 가뭄에 콩 나듯이 드물기 때문이다. 또한 APA 출판지침(APA, 2020, pp. 9, 307)은 주석 서지목록을 학생들을 위한 과제로 언급하고 있기 때문에, 표준화된 형식이 존재하지 않는다.

흥미로운 사실은 MLA 핸드북(Modern Language Association, 2016)도 주석 서지목록을 언급하지 않는다는 점이다. "서지목록"이라는 용어가 MLA 핸드북 색인(p. 302)에 나오기는 하지만, 논문에 인용할 수도 있는 출처 목록에만 들어있을 뿐이다. MLA는 주석 서지목록에 관한 소책자(Harner, 2000; 48페이지에 불과하며 본질적으로 팸플릿에 해당한다)를 출판한 적이 있다. 그렇지만 하너(Harner, 2000)의 접근방식은 다른 전문가들에게 최신 정보를 제공하기 위해서 특정 저자의 연구물을 다루는 주석 서지목록을 출판하려는 전문가들을 대상으로 삼은 것이었다. 이 접근방식은 학생들이 작성해야 하는 과제물과는 거의 무관한 것이다.

시카고 스타일 매뉴얼(Chicago Style Manual; Turabian, 2013)은 주석 서지목록을 독자적인 연구로서가 아니라 서지목록을 개략적으로 다루는 과정에서 다음과 같이 간략하게 언급하고 있다. "어떤 저자들은 각 서지항목에 그 연구의 내용이나 자기 연구와의 관련성에 관한 간략한 기술로 주석을 단다."(p. 151) 심지어 투라비언(Turabian, 2013)은 서지목록의 몇몇 항목에만 주석을 달기도 한다고 언급하고 있기 때문에, 이러한 버전의 주석 서지목록은 단순히 온전한 논문에 부차적인 것이며 여러분이 수업 프로젝트로 작성할 수도 있는 주석 서지목록과는 무관한 것이다.

앞의 논의가 명확하게 보여주는 것처럼, 주요 지침들은 여러분이 주석 서지목록을 작성하는 데 거의 도움이 되지 않는다. 이상적이라면, 정보가 없기 때문에 APA 출판지침(2020, p. 307)이 지적하는 바와 같이, 여러분이 과제를 수행할 수 있도록 담당교수가 여러분에게 적절한 세부사항과 요구사항을 제공하는 것이다. 이 장은 여러분이 주석 서지목록의 출발점으로 사용할 수 있는 몇 가지 보편 원리를 제공한다. 수업에서 실제로 그러한 과제를 내주는 담당교수들이 제공한 아이디어가 이러한 보편 원리의 토대가 되었다.

주석 서지목록이란 무엇인가?

어떤 과제를 성공적으로 수행하는 데 있어서 가장 중요한 요소는 그 과제가 무엇인지를 정확하게 이해하는 것이다. 다양한 지침서가 주석 서지목록에 관한 표준화된 정보를 거의 제공하지 않는다는 점을 감안할 때, 주석 서지목록이 정확하게 무엇인지 그리고 그러한 과제를 어떻게 수행할 것인지에 관하여 다양한 아이디어가 존재한다고 해도 놀라운 일이 아니다. 그렇지만 주석 서지목록이라면 어느 것이든 적어도 (특정한 서지 양식을 사용하여 작성한) 알파벳 순서의 출처 목록 그리고 각 출처에 관한 **주석**(annotation; 세부 정보)이라는 두 가지 요소를 포함해야만 한다. 전형적인 출처는 저널 논문, 책, 웹사이트 등이다. 담당교수에게 여러분의 서지목록에 적합한 출처의 유형을 확인하는 것이 중요하다. 심리학자는 주로 저널 논문을 쓰기 때문에, 담당교수는 출처를 그러한 논문으로 국한할는지도 모른다. 여러분이 심리학 수업의 과제를 수행하고 있다고 전제할 때, 적절한 서지목록 양식은 말할 것도 없이 APA 양식(APA, 2020)이 될 것이다. 요컨대, 주석 서지목록에서 각 출처에 APA 양식의 참고문헌을 제시할 필요가 있다는 사실을 확신해도 무방하겠다.

주석은 요약이나 평가 또는 여러분이 그 출처를 어떻게 사용할 것인지에 관한 기술(아니면 이 세 가지의 조합)이 될 수 있다. 주석은 담당교수가 어떤 요소를 요구하는지에 따라서 길이가 상당히 가변적일 수 있다. 주석 자체는 담당교수의 선호도에 따라서 상당히 가변적일 수 있는 요소이기 때문에, 담당교수가 제시하는 지침에 주의를 기울이는 것이 중요하다. 간략하게나마 주석을 조금 더 다루고자 한다.

주석 서지목록 과제의 목적은 무엇인가?

여러분이 주석 서지목록을 작성하는 목적은 담당교수에게 달려 있다. 주석 서지목록을 작성하는 두 가지 전형적인 이유는 그것이 독자적인 과제이거나 아니면 앞으로 있을 글쓰기 과제의 선행 작업이나 토대가 되는 것이다. 아래의 설명에서 보게 되겠지만, 담당교수가 원하는 유형의 서지목록을 작성하기 위해서는 주석 서지목록의 목적을 아는 것이 결정적으로 중요하다.

독자적인 주석 서지목록

독자적인 주석 서지목록 과제에서는 특정 주제와 관련된 출처 목록만을 제시하게 된다. 따라서 여러분이 서지목록에서 기말보고서/문헌개관이나 실험의 서론을 생성할 것을 기대하지 않는다. SPARK(Student Papers

& Academic Research Kit, York University, n.d.)[1] 그리고 하너(2000)가 이러한 유형의 프로젝트를 기술하고 있다. 하너(2000)에 따르면, 이러한 유형의 주석 서지목록은 "암묵적이든 명시적이든 주도적인 학문적 관심사를 분리해내고, 진부해진 주제를 확인하며, 필요한 연구를 제안할 뿐만 아니라 독자들을 누적된 연구로 이끌어감으로써, 학문을 촉진하는 현명하고 정확하며 철저하고도 효율적으로 체제화된 작업"이다(p. 1). 이러한 목표는 꽤나 거창한 것이며, 아마도 수업 과제에서는 모든 관련 문헌을 조사하고 시도하기보다는 구체적으로 요구하는 출처의 수가 제한되어 있을 가능성이 높기 때문에 달성하기는 불가능할 것이다.

선행 작업으로서의 주석 서지목록

선행 작업으로 작성한 주석 서지목록에서는 서지목록에서 정리한 정보를 보고서의 토대를 형성하는 데 사용하게 되는데, 전형적으로는 기말보고서/문헌개관이나 실험제안서나 보고서에서 서론 절의 토대가 된다. 주석 서지목록의 정리는 연구영역에 존재하며 여러분의 논지를 발전시키는 데 사용할 수 있는 문헌을 찾는 데 도움을 준다. 이러한 버전의 주석 서지목록이 이 유형의 과제에서 보다 보편적인 목적이 되는 것으로 보이는데, 심리학에서 특히 그렇다. 선행 작업으로서의 주석 서지목록에서는 담당교수가 서지목록에서 인용한 논문들이 기말보고서/문헌개관(제6장 참조)이나 연구제안서(제7장 참조)를 위한 연구 아이디어의 토대를 형성해야 한다고 구체적으로 명시할 가능성이 높다.

1 n.d.는 "no date", 즉 발표일자나 출판일자가 없음을 의미한다.(역주)

주석 서지목록 작성하기

주석 서지목록의 작성은 다음과 같은 세 가지 단계를 수반한다. 즉, 주제를 선정하고, 출처를 찾으며, 주석을 단다. 이러한 단계는 기말보고서/문헌개관(제6장)과 연구제안서(제7장)와 같은 다른 유형의 글쓰기 과제를 수행할 때의 과정과 꽤나 유사하다.

서지목록을 위한 주제 선정하기

주제 선정 문제는 어느 정도 여러분이 작성하려는 주석 서지목록의 목표에 달려 있다. 만일 독자적인 서지목록을 작성하고 있다면, 주제 선택지는 널리 열려 있다. 서지목록 과제는 학습심리학, 이상심리학, 사회심리학 등의 교과목에 포함되어 있을 가능성이 가장 크다. 이 경우에 중요한 고려사항은 여러분의 주제가 교과목의 주제와 적절하게 관련되어 있음을 확신하는 것이다. 따라서 여러분의 주제가 교재 어디엔가 나온다는 사실을 확인하라. 교재 색인을 확인해볼 수도 있다.

이에 덧붙여서 지나치게 광범위한 주제를 선택하지 않아야 한다. 예컨대, "조현병"이 아니라 "이상심리학"을 다루는 출처가 얼마나 많을 것인지를 상상해보라. 그토록 광범위한 주제를 검색하다가는 제풀에 압도되고 말 것이다. 한정된 주제를 선택하였다고 믿고 있더라도, 주제를 더욱 좁히는 것이 현명할 것이다. "조현병"의 검색은 "조현병 증상"이나 "조현병의 원인"의 검색보다 훨씬 광범위하다. 한정된 검색이 **적중**[여기서 적중(hit)이란 여러분의 주제와 관련된 논문이나 책을 말한다]의 수를 줄이겠지만, 적은 수의 적중이 평가하기에 더 용이할 것이다.

주석 서지목록이 나중에 있을 글쓰기 프로젝트의 선행 작업으로 기능하는 것이라면, 주제 선택과정은 다소 상이한 경로를 따르게 된다. 이 경우에는 서지목록 주제뿐만 아니라 여러분이 만들어낼 최종 산물까지도 고려해야만 한다. 주석 서지목록을 기말보고서/문헌개관의 토대로 사용할 것이라면, 여러분이 찾은 논문들을 엮어서 응집력 있는 보고서로 만들기에 충분하다는 사실을 확인하는 것이 필수적이다(도움이 되는 지적사항을 보려면 기말보고서/문헌개관 작성에 관한 제6장을 참조하라). 만일 주석 서지목록이 연구제안서의 토대를 형성하는 것이라면, 논문들을 응집력 있는 서론으로 엮을 뿐만 아니라 그 논문들로부터 연구 가능한 아이디어를 도출할 수도 있어야만 한다(도움이 되는 지적사항을 보려면 연구제안서 작성에 관한 제7장을 참조하라).

서지목록을 위한 출처 찾기

일단 주제를 선정하였다면, 서지목록에 인용할 출처를 찾아 나설 때가 된 것이다. 이 과제를 위해서는 1800년대부터 지금까지 영어로 출판된 수백만 편의 심리학(그리고 관련 분야) 논문을 분류해놓은 온라인 데이터베이스인 PsycINFO를 사용하게 된다. 이 출처는 모든 심리학 글쓰기에서 더할 나위 없이 중요하기 때문에, 그 사용법을 살펴보도록 하자.

PsycINFO 검색하기

아마도 여러분의 대학도서관은 PsycINFO를 구독하고 있을 것이기에 도서관 홈페이지를 통해서 그 데이터베이스에 접속할 가능성이 크다. 필자는 여러분이 이 장에서 PsycINFO 사용법을 읽으면서 자신의 컴퓨터에서 그 데이터베이스에 접속해볼 것을 강력하게 권한다. 그렇게 함으로써 PsycINFO 사용을 연습하게 되고, 여기서 보여주는 페이지를 보다 확실하게 볼 수 있게 된다. 그림 5.1은 여러분이 PsycINFO에 접속할 때 나타나는 화면을 보여준다. 만일 커서가 깜빡이면서 오직 하나의 텍스트 상자만을 보게 된다면, 그 상자 아래쪽에 있는 "Advanced Search"(고급 검색)를 클릭하라. 그렇게 하면 그림 5.1이 보여주는 것과 같은 세 개의 텍스트 상자를 보게 될 것이다. 여러분은 텍스트 상자에 어떤 것이든

그림 5.1 PsycINFO 화면의 예

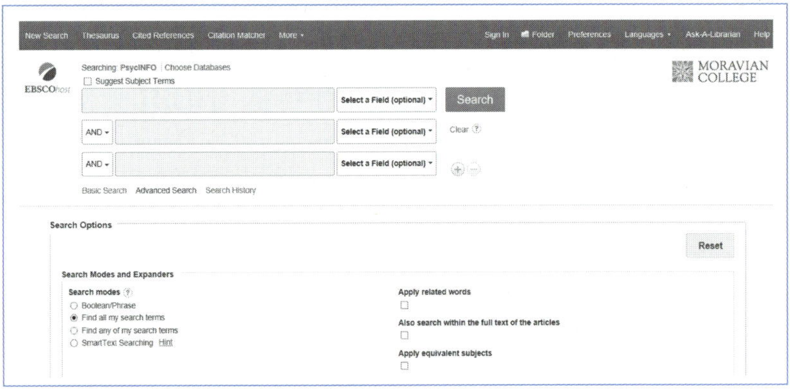

하나 이상의 단어를 입력하고 "Search"(검색)를 클릭하여 그 단어를 포함하고 있는 저장된 모든 기록을 찾을 수 있다.

서지목록 검색을 위한 이러한 접근방법[**프리텍스트 검색**(free-text search)]은 효율적이지 않은 전략이라는 사실을 명심하라. 뒤이어 다룰 다른 접근방법이 작동하지 않을 때에만 이 방법을 사용하라. 예컨대, "learning"(학습)이라는 단어를 입력하고 검색하였을 때, 필자는 무려 460,000개 이상의 적중에 직면하고 말았다! (새로운 논문들이 끊임없이 데이터베이스에 첨가됨에 따라서 이 책에서 필자가 언급한 적중의 수는 시간이 경과함에 따라 변한다는 사실에 주목하기 바란다.) 프리텍스트 검색은 각 서지목록과 요약 **레코드**(record, 정보처리를 위하여 하나의 단위로 취급되는 관련 데이터나 단어의 모임)의 어느 곳에서든 그저 "learning"이라는 단어를 찾아냈던 것이다. 만일 필자의 성이 Learning이었더라면, PsycINFO는 그 레코드도 인출하였을 것이다. 그러한 레코드는 학습이라는 주제에 관한 보고서를 쓰는 데 하등의 도움이 되지 않기에 필자는 보다 효율적인 검색 전략을 사용할 필요가 있었다.

PsycINFO의 검색 상자 오른쪽에서 "Select a Field(optional) ▼"이라

는 표지가 붙은 상자에 주목하라. 여러분이 프리텍스트 탐색을 실시할 때는 이 상자를 무시한 것이다. 그렇지만 이 상자는 일련의 강력한 풀다운 선택지를 제공한다. 이 상자를 클릭하면, 선택할 수 있는 40가지 이상의 선택지를 보게 된다. 예컨대, 검색 상자에 "learning"을 입력한 다음에 풀다운 메뉴에서 "TI"를 선택하면, 제목에 "learning"이 포함된 레코드만을 검색하여 112,000의 적중을 내놓는다. 여전히 많은 숫자이지만, 프리텍스트 검색이 찾아낸 것(460,000개 이상)에 비하면 상당히 줄어들었다. 따라서 **제목 검색**(title search)으로 알려진 TI 필드(특정 데이터 저장 지정 영역)의 서지목록 검색이 프리텍스트 검색보다는 우수하지만, 여전히 그렇게 효율적이지는 못하다.

앞서 보았던 그림 5.1의 텍스트 상자 위쪽을 보면 "Thesaurus"(동의어사전)라는 단어가 있다. 동의어를 제공해주는 여느 동의어사전과 마찬가지로, **PsycINFO Thesaurus**는 특정 현상과 행동에 대한 대안적인 심리학 용어를 제공해준다. Thesaurus 사용법을 배우면 그러한 용어들을 찾는 데 도움이 되며, 여러분은 가장 효율적이고 강력한 심리학 문헌 검색을 실시하게 될 것이다. 만일 심리학개론 강의를 수강하였다면, 심리학자들이 예컨대, "보상"(reward)보다는 "강화"(reinforcement)와 같이, 때로는 여러분에게 이미 친숙한 개념과 아이디어를 기술하는 데 상이한 단어를 사용한다는 사실을 알아차렸을 것이다. PsycINFO Thesaurus는 심리학자들이 특정 용어를 사용하는 방식을 결정하는 데 도움을 줌으로써 그 용어를 보다 효율적으로 검색할 수 있게 해준다(실행하기 : PsycINFO Thesaurus 사용법 글상자를 참조하라).

PsycINFO Thesaurus에서 찾은 용어를 사용하게 되면 검색에서 숫자는 가장 적으면서도 최적의 적중을 얻게 되는데, 이것은 정말로 유용한 결과이다. 여러분이 보고서의 잠정적인 주제로 schedule of reinforcement(강화계획)에 관심이 있다고 가정해보라. 프리텍스트 검색은 13,000개 이상의 적중을 내놓으며, 제목 검색은 1,400개 이상을 내

실행하기

PsycINFO Thesaurus 사용법

Thesaurus를 열었을 때, 검색 상자에 "reward"라는 단어를 입력하고 "Relevancy Ranked" 버튼을 체크한 다음에 "Browse" 버튼을 클릭하면, "reward"와 관련된 용어의 긴 목록을 얻게 된다. 아래쪽으로 스크롤하면, "Rewards"라는 용어를 보게 되는데, 이것이 가장 긴밀하게 대응하는 용어이다. 그 용어를 클릭하면 "수용자에게 주관적으로 즐거운 것으로 보이는 사건이나 사물"이라는 정의를 포함하여 그 용어에 관한 정보를 보게 된다. 아마도 이것은 여러분이 "reward"라는 단어를 생각하였을 때 마음에 떠오른 것이었을 터이니 또 다른 정보를 살펴본다. 여러분은 보다 광의적인(본질적으로 동의어인) 용어로 나열된 또 다른 용어가 "Reinforcement"라는 사실을 알아차리게 될 것이다. 이 결과는 심리학자들이 "reward" 대신에 "reinforcement"라는 용어를 사용할 가능성이 크다는 사실을 알게 해준다.

놓는다. 이제 Thesaurus가 어떻게 도움을 줄 수 있는지를 보도록 하자. PsycINFO에서 Thesaurus를 열고, 검색 상자에 "reinforcement"를 입력하고, "term contains" 버튼과 "Browse"를 연속해서 클릭한다. 이 검색은 PsycINFO에서 "reinforcement"라는 단어를 포함하고 있는 모든 용어를 찾는다. 목록의 두 번째 용어가 "Reinforcement Schedules"(강화계획)이다. 그 용어를 클릭하면 더 많은 정보, 즉 이 용어는 1967년에 처음으로 사용한 용어이며, "Reinforcement"(강화)가 더 광의적 용어이고, 여러 가지 협의적 용어들이 있으며(모든 구체적 강화계획 유형), 여러 가지 "대용적" 용어(본질적으로 동의어이거나 강화계획의 유형)들이 있다는 등의 정보 등을 보여준다. 이제 PsycINFO에서 사용하는 여러분의 관심영역을 나타내는 구체적 용어가 "Reinforcement Schedules"(강화계획)임을 알게 되었다.

검색 화면으로 되돌아가서 검색 상자에 "Reinforcement Schedules"(강화계획)를 입력하고 검색을 시작하기에 앞서 풀다운 필드 메뉴에서

"DE Subjects [exact]"를 선택하라. "DE Subjects [exact]"는 **기술어 용어**[descriptor term, **주제 용어**(subject term)라고도 부른다]를 규정하는데, 이 용어는 다루고 있는 핵심 주제에 관한 논문을 범주화하는 데 사용한다. "reinforcement schedules"(강화계획)를 DE Subjects [exact] 용어로 규정하는 것[**기술어 검색**(descriptor search)]은 찾아낸 레코드가 어느 것이든 단연코 그 주제를 다루고 있는 것임을 보장해준다. 따라서 기술어 검색은 프리텍스트 검색이나 제목 검색보다 더 엄밀하다. 이 사례에서는 PsycINFO가 6,500개 이상의 적중을 보여주었다(그림 5.2 참조). 이 숫자가 프리텍스트 적중의 절반에도 미치지 않는 까닭은 검색이 실제로 강화계획을 연구주제로 다루고 있는 논문에만 초점을 맞추었기 때문이다. 제목 검색에서보다 적중의 수가 상당히 많은 까닭은 저자가 제목에 모든 관련 주제 용어를 포함시키는 것은 아니기 때문이다. 다시 말해서 강화계획에 관한 모든 논문이 제목에 "reinforcement schedule"(강화계획)이라는 용어를 담고 있지는 않다.

어느 누구도 주석 서지목록을 작성하기 위해서 6,500편 이상의 논문을 읽어보려고 하지 않을 것이 확실하다! 어떻게 PsycINFO를 사용하여 적중의 수를 줄이고 여러분이 관심을 가질 논문을 찾는 데 더 엄밀할 수 있겠는가? 그 답은 그저 주제를 더욱 제한하여 검색을 줄여야 한다는 것이다. 그림 5.2를 다시 한 번 들여다보자. PsycINFO는 여러 선택지 중에서 선택을 함으로써 여러분의 결과를 정제할 수 있게 해준다. PsycINFO가 여러분의 검색을 화면 왼쪽에 선택지 목록("DE reinforcement schedules") 위에 있는 ("Find all my search terms:"라는 표지가 붙은) 칸에 보여주고 있음에 주목하라. 그 아래쪽에서 여러분의 검색을 제한시킬 수 있다. 예컨대, **링크된 풀 텍스트**[linked full text, 링크를 클릭함으로써 저널 논문의 전문(全文)이 가용하다는 것을 의미한다]를 가지고 있는 결과로만 국한시킬 수 있는데, 이렇게 하면 전문을 읽을 수 있는 논문만을 적중으로 남겨놓게 된다. 그렇기는 하지만 이러한 선

그림 5.2 PsycINFO에서 결과를 정제하는 방법

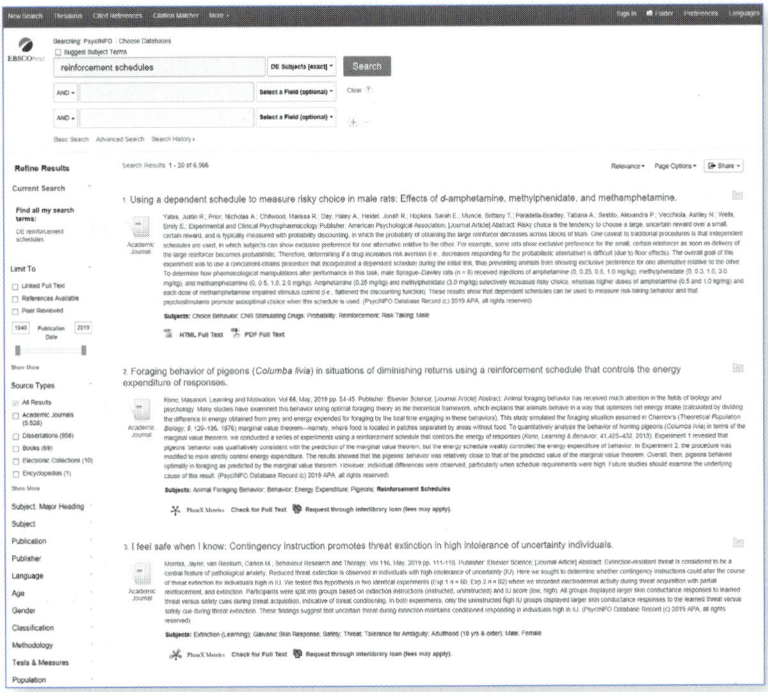

택을 함으로써 좋은 논문을 놓칠 수도 있기 때문에, 지금은 이것을 무시하기로 하겠다. (만일 보고서에 투여할 시간이 많지 않으며 도서관 상호대출(제1장의 면밀한 관찰 글상자를 참조하라)을 통해서 다른 도서관의 논문을 제 시간에 얻을 수 없다면, 이 상자를 체크하고 싶을지도 모른다.

여러분이 적중의 수를 제한하기 위하여 체크하고 싶을 가능성이 높은 한 가지 칸은 "Source Types"(출처 유형)에 들어 있는 것이다. 필자는 "Academic Journals"(학술 저널)를 체크하도록 권하는데, 이 사례에서는 이 칸을 체크함으로써 적중의 수를 대략 5,500개로 줄였다. 이 칸을 체크함으로써 무시하게 되는 주요 유형의 적중은 **박사학위 논문**

(dissertations)이 되는데, 이것은 대학원생이 박사학위를 얻기 위하여 작성하는 장황한 연구논문이다. 박사학위 논문은 도서관이나 도서관 상호대출을 통해서 구하기가 거의 불가능하기 때문에, 검색에 그것들을 포함시킬 이유가 없다. 여러분이 이중언어자이거나 다중언어자가 아닌 한, 항상 체크해야 할 또 다른 칸은 "Language" 선택지에 들어 있는 "English"이다.

"Subject: Major Heading" 선택지 칸을 체크하면 여러분은 강화계획 내에서 여러 가지 주제를 다루고 있다는 사실을 알게 된다. 여러분이 "operant conditioning"(조작적 조건형성)을 염두에 두고 시작하였다고 전제하면, 이 칸을 체크할 수 있는데, 그렇게 하면 적중의 수를 대략 1,000개로 줄이게 된다. "Subject"를 클릭하면, 많은 적중이 동물(쥐, 비둘기, 원숭이 등)에 해당하는 것임을 발견하게 된다. 동물연구를 배제하고 오직 사람에만 초점을 맞추려면, 마지막 링크된 선택지("Population")로 내려가서 "human"을 선택하면 되는데, 이렇게 하면 200편을 조금 상회하는 논문만이 남게 된다. 처음에 프리텍스트 검색을 사용하여 얻었던 13,000여 개의 적중에 비하면 이 결과는 대단한 성과이지 않겠는가!

여러분이 결과를 수백 편의 적중으로 좁혔다 하더라도 그것들을 신속하게 스크롤하면서 훑어보면 아마도 초점이 상당히 분산되어 있음을 보게 될 것이지만, 그것들은 모두 여러분의 관심영역, 이 경우에는 사람을 사용한 강화계획에 부합하게 된다. 이 시점에서 PsycINFO 검색을 약간 수정하는 것이 여러분에게 엄청난 도움을 줄 수 있다. 지금까지는 검색 주제를 오직 하나의 검색 상자에만 입력하였다. 만일 두 번째 주제 또는 첫 번째 주제의 응용영역을 생각해낼 수 있다면, 보다 제한된 검색은 여러분이 찾는 결과물에 훨씬 더 예리하게 초점을 맞출 수 있다.

여러분이 심리학의 연구결과와 이론을 기업에 적용하는 심리학 분야인 **산업조직심리학**[industrial/organizational(I/O) psychology]에 관심이 있으며, 이 주제영역에서 강화계획의 효과를 살펴볼 방법이 있는지 궁리하고 있다고 가정해보자. 산업조직심리학 교재를 참조하거나 수강하였던 산업조직심리학 강의의 기억을 되살릴 수도 있다. 사람들이 자신의 직무를 얼마나 잘 수행하는지에 관심이 있기 때문에 여러분은 강화계획이 어떻게 그러한 수행에 영향을 미치는지를 알아보려 한다고 가정해보자. PsycINFO Thesaurus로 되돌아가서, 검색 상자에 "job"(직무)을 입력하고, "Term Contains"와 "Browse"를 클릭한다. 검색 목록에 "Job Performance"(직무 수행)가 여러 차례 나타나기에 그 용어를 탐색해보기 위하여 선택하여 클릭한다. PsycINFO는 "Job Performance"(직무 수행) 내에서 "Employee Efficiency"(피고용자 효율성)와 "Employee Productivity"(피고용자 생산성)가 더 협의적인 용어임을 보여주기 때문에, 여러분은 잠재적 적중을 어느 것도 놓치지 않기 위하여 그 용어들도 입력하기로 결정한다. 필자의 검색에서는 원래 강화계획에 대한 제한적 검색으로 되돌아가서 두 번째 텍스트 상자에 "Job Performance or Employee Efficiency or Employee Productivity"(직무 수행 또는 피고용자 효율성 또는 피고용자 생산성)를 첨가하고는 풀다운 메뉴를 사용하여 "DE Subjects [exact]"를 선택하였다. 필자가 세 가지 용어를 "or"로 연결한 이유를 알고 싶다면 **실행하기 : 부울 연산 글상자**를 참조하라.

이 시점에서 검색을 제한하는 모든 필터가 여전히 작동하고 있는지를 재확인해야 한다. 필자가 직무 수행에 관한 용어를 입력하고 검색하였을 때는 필터가 리셋되어 있었다. 학술 저널과 사람 참가자라는 필터를 재적용함으로써 필자의 적중 수는 26으로 떨어졌다. 26편 중에서 8편만 전문(全文)이 가용하였다("PDF Full Text"라는 표현을 찾아보라). 이 숫자는 여러분 대학도서관이 소장하고 있는 문헌에 따라 변하게 된다. 물론 여러분의 대학도서관에서 가용하지 않은 논문을 도서관 상호대출을 통해 요청할 수 있다.

실행하기

부울 연산

두 개의 용어를 검색할 때는 두 텍스트 상자를 연결하는 칸이 "AND"를 나타내는지를 반드시 확인하라[다른 선택지는 "OR"과 "NOT"이다. 이 세 가지 용어를 **부울 연산자**(Boolean operator)라고 부른다]. "AND"의 사용은 PsycINFO에게 "Reinforcement Schedules"와 동시에 "Job Performance or Employee Efficiency or Employee Productivity"를 포함하고 있는 모든 논문을 찾으라고 명령하는 것이며, 이것은 찾은 논문이 여러분의 관심사와 관련될 것임을 한껏 보장해준다. 두 번째 텍스트 상자에서 세 가지 용어를 연결하기 위하여 "OR"을 사용하는 것은 각 용어를 "Reinforcement Schedules"와 연결시킨 검색을 보장해준다.

필자가 검색을 실시하였을 때는 41편의 논문이 적중되었다. 만일 "OR"을 선택하였다면, PsycINFO는 어느 것이든 두 용어를 포함한 모든 논문을 찾았을 것이며, 이것은 여러분의 검색을 좁히는 데 별 도움이 되지 않았을 것이다. "OR"의 사용은 26,000개 이상의 적중을 초래하였다. PsycINFO에는 직무 수행과 관련된 레코드가 대단히 많은 것이 확실하다.

PsycINFO 레코드

이제 적중의 하나를 살펴볼 시간이 되었다. 여러분은 적중 목록에서 각 논문의 제목이 하이퍼링크로 연결되어 있음을 알아차릴 것이다. 제목을 클릭하면, 그 특정 적중의 **PsycINFO 레코드**(PsycINFO record) 전체를 보게 된다(그림 5.3 참조). 그 레코드(파일의 구성요소가 되는 정보 단위)가 논문에 관한 서지정보, 초록, 그리고 "주제" 목록을 비롯한 다른 정보들도 제공한다는 사실에 주목하라. 초록(abstract)은 논문의 요약을 나타내는 학술용어임을 기억하라. 논문에서 초록을 읽어보는 것은 어느 논문이 여러분의 관심사와 관련되어 있는지를 결정하는 것을 도와주기도 한다.

또 다른 PsycINFO 요령도 여러분의 검색을 더욱 관련된 논문들로

그림 5.3 PsycINFO 레코드의 예

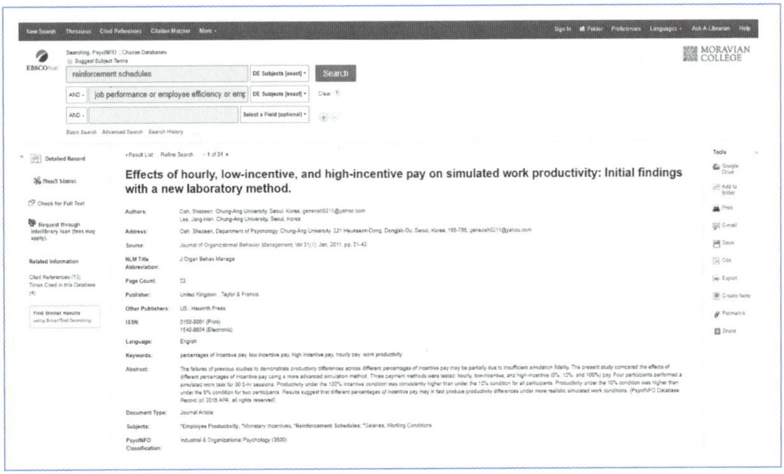

좁혀줄 수 있다. 초록 아래에서 "Subjects"라는 표지가 붙은 필드를 보게 된다. 이 필드의 용어들은 PsycINFO 초록작성자가 Thesaurus에서 논문의 핵심주제를 나타낸다고 선택한 용어들이다. 여러분의 컴퓨터 화면에 나타난 그림 5.3은 Employee Productivity(피고용자 생산성)와 Reinforcement Schedules(강화계획)를 진한 서체로 보여줄 것인데, 진한 서체의 용어는 필자가 애초의 검색 화면에 입력하고 DE Subjects라는 표지를 붙인 것이다. 또한 여러분의 컴퓨터 화면에서 진한 서체가 아닌 채로 세 가지 DE Subjects 용어, 즉 Monetary Incentives(금전적 인센티브), Salaries(봉급), 그리고 Working Conditions(작업조건)가 나타난 것에 주목하라. 여러분이 강화와 수행에 관한 보고서에서 금전적 인센티브에 특히 관심을 갖게 되었다고 가정해보라. 세 번째 검색 상자에 DE Subjects로 "Monetary Incentives"를 첨가하면, 새로운 PsycINFO 검색은 오직 9개의 적중만을 보여주게 된다. 이러한 9개 논문의 제목을 훑어보면, 모두가 밀접하게 관련되어 있음을 알 수 있다. 따라서 여러분은

Thesaurus를 사용하여 PsycINFO의 검색 용어를 찾는 데 도움을 받을 수 있을 뿐만 아니라, PsycINFO 검색 자체도 여러분이 검색을 좁혀서 밀접하게 관련된 논문들을 찾을 수 있게 해주는 새롭고도 유용한 검색 용어를 제공하기도 한다. DE Subjects 필드에 관하여 더 많은 정보를 위해서, 실행하기 : DE 대 SU 글상자를 참조하라.

실행하기

DE 대 SU

"Select a Field (optional)"의 풀다운 메뉴에 들어 있는 선택지를 살펴보았다면, 아마도 여러분은 "DE Subjects [exact]" 바로 앞에 있는 "SU Subjects"를 보았을 것이다. 구체적인 주제 검색을 첨가하기 위하여 어느 용어든지 사용할 수 있다. 그렇지만 APA 색인 작성자는 DE 필드를 만든 반면, EBSCOhost 색인 작성자는 SU 필드를 만들었다[EBSCOhost는 PsycINFO를 비롯한 많은 다른 학문영역 색인의 호스트(네트워크를 구성하는 컴퓨터 시스템에서 각각의 단말기로부터의 자료 처리 요구를 받아 처리하는 중심이 되는 컴퓨터)가 되는 검색 플랫폼이다]. 그렇기 때문에 필자는 SU보다는 DE 사용을 선호한다. 필자는 DE 색인 작성자가 심리학 분야와 더 밀접하게 연계되었음을 전제할 때 DE가 더 고품질의 적중을 내놓는다고 믿고 있다. 그렇지만 SU 필드도 여러분의 검색을 상당히 좁히는 데 도움을 준다.

이제 "직무 수행에 대한 강화계획의 효과"와 같은 주석 서지목록 주제가 실행할 수 있는 선택인 것이 명확해졌다. 수업과 관련되어 있으며 여러분이 관심을 가지고 있는 주제에 관한 서지목록을 작성하기에 충분한 수의 논문이 있다. 이 주제가 학습심리학 수업에서 얼마나 협의적인 것인지에 주목하라. 담당교수는 강화계획과 같은 광의적 주제와 대비된 협의적 주제에 만족해할 가능성이 높다. (강화계획도 여러분이 주제 선택과정을 시작할 때는 협의적인 것처럼 보였을 수 있지만, 실제로는 광의적인 주제로 판명되었다.)

다음 단계는 이 주제에 대한 담당교수의 승낙을 받는 것이겠다. 담당교수가 주제를 승인받을 것을 요구하지 않았다고 하더라도, 여러분이 특정 과목의 과제를 제대로 수행하고 있는지를 확인해보는 것은 좋은 생각이겠다.

PsycINFO 사용에 관한 마지막 조언

PsycINFO를 사용함에 있어서 남아 있는 도전거리는 여러분의 주석 서지목록 과제에 적합한 수의 적중을 찾는 것이다(담당교수가 대략적인 수를 규정해주었을 가능성이 크다). 앞 절에서 검색을 좁혀가는 방법을 제시하였는데, 최초의 검색이 너무나 많은 적중을 내놓을 때 필요한 작업이다. 검색을 좁힌 후에도 여전히 너무 많은 적중이 존재한다면, 그저 계속해서 좁혀나가면 된다. 여러분이 이미 사용하고 있는 것보다 더 협의적 용어를 찾으려면 PsycINFO Thesaurus 검색을 시도하라. 검색을 좁혀나가는 또 다른 방법은 세 번째 검색 용어를 첨가하는 것이다. 세 개의 검색 상자를 사용하여 결과를 제한할 수 있음을 기억하라. 세 번째 검색 용어의 첨가는 많은 광의적 적중을 배제시키고 훨씬 적은 수의 논문을 여러분에게 제공하게 된다. 이 사례에서 필자는 검색을 더욱 좁히기 위하여 봉급과 관련된 세 번째 검색 용어를 첨가하였었다.

그런데 여러분이 정반대 문제점에 직면하였다고 가정해보라. 즉, 협의적 검색이 극소수의 적중만을 내놓는(또는 적중을 전혀 내놓지 않는) 경우 말이다. 이 경우에는 어떻게 해야 하겠는가? 여러분도 추측하겠지만, 정반대의 문제점에 대해서는 정반대의 전략을 채택해야 한다. 검색을 좁히는 대신에 넓히면 된다. 가장 간단한 해결책은 검색 상자에서 검색 용어 중 하나를 제외하는 것이다. 만일 세 개의 검색 용어를 사용하였다면, 두 개로 줄이라. 두 개의 검색 용어를 사용하였다면, 한 개로 줄이라. 그렇지만 단지 하나의 검색 용어만을 사용하는 것은 광의적이며 비특정적인 검색을 초래하기 십상이라는 사실에 주목하라. 두 개의 검색 용어가 너무나 적은 수의 적중을 내놓을 때 좋은 전략은 하나 또는 두 용어 모두의 검색 범위를 넓히는 것이다. PsycINFO Thesaurus를 사용하여 여러분의 검색 용어를 살펴보라. Thesaurus는 협의적 용어뿐만 아니라 광의적 용어와 관련 용어들도 제공해준다. 광의적이거나 관련된 용어의 사용이 너무나 적은 수의 적중 문제를 해결해줄 수도 있다.

주석 작성하기

주석 서지목록에 포함시키고자 계획한 논문들을 찾은 후에는, 각 논문에 관한 주석을 작성할 필요가 있다. APA 출판지침(APA, 2020)에 주석 작성하기에 관한 구체적인 지침이 없다는 사실을 전제할 때, 담당교수가 요구하는 주석 스타일은 다양할 가능성이 크다. 그렇기 때문에, 주석에 관해서 담당교수가 기대하는 것이 무엇인지를 정확하게 이해하는 것이 중요하다. 상기하는 의미에서 언급한다면, 각 논문에 관한 주석은 요약, 평가, 그리고 용도의 기술 등을 포함할 수 있다(다음 절에서 상술한다). 주석의 길이는 담당교수가 세 성분 중에서 어떤 것을 요구하는지 그리고 요약은 얼마나 길어야 하는지 등에 따라 달라질 수 있다.

요약

주석이 포함하는 최소한의 정보가 논문의 요약이지만, 담당교수는 더 많은 정보를 요구하기 십상이다. 담당교수는 논문 요약에 다양한 요소를 포함할 것을 요구할 수도 있다. 예컨대, 논문의 목적, 가설, 독립변인과 종속변인, 방법, 결과, 그리고 함의 등을 요구할 수 있다. 심지어 여러분은 논문에 관하여 답을 해야 할 질문 목록을 받을 수도 있다. 요약을 작성할 때는 논문의 세부 정보를 복사하고 싶은 유혹이 들기 때문에 표절을 피하도록 미리 조심해야 한다(제1장 "표절을 방지하라" 절을 다시 보라). 이러한 위험에 대처하는 한 가지 제안은 논문을 읽은 후 요약을 작성하는 동안에는 멀리 치워놓는 것이다. 요약의 초고를 작성한 후에는 오류를 범했는지 확인하기 위해 그 논문을 다시 살펴볼 수 있겠다.

평가

만일 담당교수가 여러분이 인용한 논문을 평가해보도록 요구한다면, 여러분은 이 과제를 다소 위협적이고 "도대체 내가 뭐 길래 출판된 논문을 비판한단 말인가?"라며 의아해할는지 모르겠다. 이상적으로는 담당교수가 이 절에서 다루고자 하는 아이디어를 여러분에게 마련해주는 것이겠다. 평가는 다음 항목들의 일부나 아니면 전부를 포함할 수 있다.

- 저자의 주장과 이론에 대한 여러분의 평가
- 여러분이 그 연구의 핵심 중요성으로 간주하는 것
- 그 연구에서 파악한 단점이나 편향
- 인용한 다른 논문과의 비교
- 최종 요약 진술(York University, n.d.)

평가를 다루고 있는 다른 가능한 주제는 그 논문의 방법론에 초점을 맞춘 강점, 약점, 자질, 타당도 등이 될 수 있다.

만일 여러분이 연구방법론이나 실험심리학 강의를 수강하였다면 연구논문의 평가는 다소 간단해질 수 있다. 그러한 강의는 출판된 연구논문의 강점과 약점이나 제한점의 평가를 다루고 있기 십상이다. 그러한 강의를 수강하지 않았다면, 여러분의 대학에서 사용하고 있는 관련 교재를 대학도서관에서 살펴볼 수도 있다(예컨대, Davis & Smith, 2005, pp. 423-432; Dunn, 2013, pp.298-299; Orcher, 2014, pp. 7-8, 25-28; Smith & Davis, 2013, pp. 25-28).

용도의 기술

만일 여러분의 주석 서지목록이 뒤따르는 보고서의 선행 작업으로 기능하는 것이라면, 이 정보는 필수적인 것일 수 있다. 담당교수는 여러분이 각 논문을 어떻게 기말보고서/문헌개관 또는 연구 프로젝트의 배경지식으로 사용하고자 계획하고 있는지에 관심이 있다. 이 정보는 미래 프로젝트에 필수적이다. 여러분의 아이디어와 관련된 연구논문을 찾는 것은 간단한 일이지만, 하나의 논문이 어떻게 그 프로젝트를 위한 실제 배경정보를 제공하는지를 알기 위해서는 상위수준의 사고가 필요하다. 이 논제는 매우 중요하기 때문에, 기말보고서/문헌개관(제6장) 그리고 연구제안서(제7장)를 다루는 후속 장들에서 논의하게 된다.

일반적으로 말해서, 여러분은 논문에서 찾아낸 매우 유용한 정보를 논의하고, 그 정보를 어떻게 사용하고자 계획하는지를 진술하며, 그 정보가 여러분의 보고서를 어떻게 지원할 것인지를 적시해야 한다. 담당교수는 그 논문의 적절성, 프로젝트에서 그 논문을 어떻게 사용할 것인지, 또는 그 논문이 여러분의 아이디어 개발에 어떠한 공헌을 하였는지 지적하기를 원할 가능성이 높다.

앞서 지적한 바와 같이, APA 출판지침(APA, 2020)에는 주석 서지목록에 관한 지침이 없기 때문에, 담당교수가 포함하기를 원하는 정보 또는 논문 주석에서 답하기를 원하는 질문이 다양하게 된다. 필자가 여기서 제공한 아이디어는 주석의 내용에 관하여 담당교수가 제공하는 지침을 여러분이 참고해야만 하는 이유를 명확하게 보여주고 있다. 만일 그러한 지침을 얻지 못한다면, 담당교수에게 문의하라.

APA 스타일 고려사항

주석 서지목록이 이 책에서 첫 번째로 다룬 실제 APA 스타일의 보고서라는 사실을 전제할 때, 여러분은 서지목록이나 참고문헌목록의 작성과 관련된 여러 가지 스타일 논제를 유념하는 것이 중요하다. 이러한 고려 사항은 여러분이 앞으로 작성할 APA 양식의 글을 위한 조언이며, 다음 세 장에서 다룰 글 유형에도 적용된다.

참고문헌 목록에서의 저널 논문

전형적인 APA 양식의 글에서 주석 서지목록과 가장 닮은 절이 참고문헌 목록이지만, 서지목록에는 주석이 첨가되어 있다. 따라서 여러분의 논문에서 서지정보를 어떻게 APA 참고문헌 스타일의 형식으로 갖추는지를 알 필요가 있다. 저널 논문들을 가지고 주석 서지목록을 작성할 가능성이 가장 높기 때문에, 이 장에서 필자는 그 정보에 초점을 맞춘다(책과 편람의 참고문헌 형식은 제6장에서 다룬다).

저널 논문의 일반적 형식은 다음과 같이 다양한 서지 요소의 특정 순서를 따르는 것이다 — 저자, 날짜(연도), 논문 제목, 저널 제목, 권호수, 페이지, DOI(digital object identifier) 또는 URL(uniform resource locator). 첫 번째 줄은 좌측 끝에서 시작하며, 후속 줄은 내어쓰기를 한다[Tab 키를 눌러 커서를 이동시키기보다는 내어쓰기를 사용한다(APA, 2020, p. 40)].

단독 저자가 출판한 저널 논문의 참고문헌 형식은 다음과 같다.

Leivo, A. K. (2001). A field study of the effects of gradually terminated public feedback on housekeeping performance. *Journal of Applied Social Psychology, 31*(6), 1184-1203. https://doi.org/10.1111/j.1559-1816.2001.tb02669.x

유념할 몇 가지 중요 사항이 있다. 첫째, 저자에 대해서 논문에 나열된 성과 이름의 첫 글자를 모두 사용하라. 만일 저자가 하이픈으로 연결된 첫 글자를 가지고 있다면, 첫 글자와 하이픈을 모두 적어라(예컨대, R. -B.). 출판일자를 괄호에 집어넣어라(연도만 적는다). 논문 제목의 첫 번째 단어, 고유명사, 그리고 콜론 다음의 첫 번째 단어만 대문자로 시작하라. 반면에 저널 제목에서 4개 이상의 문자로 구성된 모든 단어는 대문자로 적어라(APA, 2020, p. 167). 저널 제목과 권수(그리고 뒤따른 쉼표까지)는 모두 이탤릭체로 적어라. 만일 저널이 호수를 사용하고 있다면(대부분은 그렇게 한다), 권수 바로 뒤이어서(빈칸을 두지 말고) 괄호 속에 호수를 포함시켜라. 예를 들면 다음과 같다. *New Zealand Journal of Psychology, 44*(3), 4-17. 그 저널 논문이 차지하고 있는 페이지 수를 제시하라("p." 또는 "pp."는 적지 않는다).

마지막으로 그 논문의 DOI를 제시해야만 하는데, 이것은 독자들이 여러분의 참고문헌에 쉽게 접속할 수 있게 만들어주는 불변적인 링크이다. 만일 논문이 DOI를 보여주지 않는다면, https://www.crossref.org에서 검색해볼 수 있다. 검색이 DOI를 보여주지 않는다면, 참고문헌 끝부분에 (저널이 아니라) 그 저널 논문의 URL 링크(예컨대, https://www.xxxxxx.xxx)를 제시한다. DOI나 URL의 끝에 마침표를 찍지 말라. 마침표는 주소의 일부분이 아니며, 논문에 접속하는 데 어려움을 초래하기 때문이다.

저자 표기의 다양성

논문 참고문헌에서 가변성을 갖는 유일한 다른 요인은 저자의 수이다. 제6장에서 보게 되겠지만, 참고문헌 규칙은 본문에서 인용할 때 사용하는 규칙과는 조금 다르다.

- 저자가 둘일 때 :

  Smith, R. A., & Davis, S. F. (연도)....

- 저자가 셋에서 20명까지일 때 :
  Smith, R. A., Davis, S. F., & Buskist, W. F. (연도)....
- 저자가 21명 이상일 때 : 처음 19명의 저자명을 나열하고, 생략을 나타내는 3개의 점을 찍은 다음에 마지막 저자의 이름을 나열한다. 따라서 만일 한 논문의 저자가 Smith, Davis, Buskist, Beins, Hill, Keith, Jones, White, Black, Brown, Greene, Hays, Cook, Baker, Epstein, Cardone, Garcia, Martinez, Wong, Lee, Kim, Miller, Williams, 그리고 Johnson이라면, 여러분의 입력은 다음과 같게 된다.

Smith, R. A., Davis, S. F., Buskist, W. F., Beins, B. C., Hill, G. W., Keith, K., Jones, R., White, W., Black, A., Brown, B., Greene, J., Hays, C., Cook, P., Baker, M., Epstein, E., Cardone, C., Garcia, F., Martinez, G., Wong, K., . . . Johnson, D. E. (연도)....

주석 서지목록 배열하기

APA 형식의 글에서 참고문헌 목록을 정리할 때는 첫 번째 저자의 성에 따라 알파벳순으로 참고문헌을 배열한다. 담당교수가 다른 방식으로 규정하지 않은 한, 그 순서는 주석 서지목록에서도 올바른 것이다(APA, 2020, p. 307). 만일 담당교수가 목록을 연도순으로 최신 것에서부터 오래된 것으로 배열하거나 그 반대로 배열하기를 원하는 경우가 알파벳 순서에 대한 한 가지 가능한 예외가 되겠다.

저자의 성에 따라 논문들을 알파벳순으로 배열할 때, 특정 논문에서 저자 이름의 순서를 변경해서는 결코 안 된다. 그 순서는 각 저자가 논문에 기여한 공헌도를 나타낸 것이기 때문에(APA, 2020, p. 25), 제1저자가 논문에 가장 많은 공헌을 한 것이다. 다시 말해서 하나의 참고문헌 내에서 저자 이름을 알파벳순으로 재배열하지 말라. 학생들은 때때로 이러한 실수를 저지른다.

많지는 않지만 어떤 상황에서는 성의 알파벳 순서에만 전적으로 의존할 수가 없다(APA, 2020, pp. 303-306). 예컨대, 제1저자가 모두 Smith이지만 동명이인인 두 논문이 있을 수 있다. 이 경우에는 저자 이름의 첫 글자에 따라 알파벳순으로 나열한다(예컨대, Smith, A. R.이 Smith, R. A.에 선행한다). 제1저자가 동일한 두 개의 논문을 접하기 십상이다. 만일 두 논문이 단일 저자의 것이라면, 참고문헌을 연도별로 배열해야 하는데, 연도가 빠른 것을 앞에 놓는다(예컨대, R. A. Smith는 2010년과 2011년에 논문을 출판하였다면, 2010년도 논문을 2011년도 논문 앞에 배열한다). 동일한 제1저자와 함께 또 다른 저자가 있는 여러 논문을 가지고 있다면, 두 번째 저자에 따라 알파벳순으로 배열한다(예컨대, Smith, R. A., & Beins, B. C.가 Smith R. A., & Burkist, W. F.에 선행한다). 만일 두 논문의 처음 두 저자가 동일하다면, 다음 저자의 알파벳순으로 배열한다. 모든 저자가 동일하다면, 연도순으로 배열한다. 마지막으로 모든 저자 이름과 출판연도가 동일하다면, 논문 제목의 첫 번째 단어에 따라 알파벳순으로 논문을 배열한다(이 경우에 "A"나 "The"와 같은 관사는 배제한다). 독자가 논문을 서로 구분할 수 있도록, 연도와 함께 소문자 알파벳을 사용한다. 이 규칙은 참고문헌 목록에서 다음과 같은 순서를 만들어낸다.

Smith, R. A. (2011a). The psychologist as teacher...

Smith, R. A. (2011b). Teaching statistics...

이 배열이 올바른 까닭은 알파벳순으로 "psychologist"가 "teaching"에 앞서기 때문이다(첫 번째 제목에서 관사를 무시한다는 사실을 기억하라).

마지막으로 모든 참고문헌을 오류 없이 나열하는 것이 중요하다. 만일 담당교수가 오류를 발견하게 된다면, 여러분의 성적에 나쁜 영향을 미칠 것이다. 또한 출판된 논문을 읽고 참고문헌 목록을 사용하여 논문을 찾는데, 원하는 논문을 추적하기 어렵게 만드는 오류를 발견하였을 때 여러분이 경험할 좌절감을 상상해보라(필자는 수도 없이 겪은 경험이다). 브루너(Bruner, 1942, p. 68)는 이미 수십 년 전에 다음과 같이 적고 있다.

> 불완전한 참고문헌보다 한 단계 더 극악무도한 죄악이 부정확한 참고문헌이다. 전자는 편집자나 출판사가 찾아낼 수 있는 반면에, 후자는 인쇄된 채 미래 연구자에게는 골칫덩어리로 그리고 저자의 부주의함을 나타내는 기념물로 남는다.

여러분은 부주의하다는 평판을 받고 싶지 않을 것이 확실하기에, 참고문헌 목록을 작성할 때 지나치리만큼 주의를 기울이기 바란다.

타이핑 지시사항

원고를 타이핑하기에 앞서, 워드프로세서를 APA 스타일에 맞도록 정확하게 설정하였는지 확인하라. 제2장은 여러분이 APA 스타일에 맞는 서체를 사용해야 한다고 설명하고 있다(APA, 2020, p. 44). 또한 페이지 여백을 상하좌우 모두 1인치로 조정하라. 마지막으로 줄 간격을 한 칸씩 건너뛰는 더블스페이스로 설정하라(원고 전체에서 그렇게 하라. 많은 학생이 참고문헌 목록을 싱글스페이스로 작성하는 실수를 저지른다). 워드프로세서마다 지정값으로 설정한 값이 다를 수 있기에, 반드시 이것들을 먼저 확인해보도록 하라. (담당교수의 선호도에 따라서) 주석 서지목록이 엄격한 APA 스타일을 따르지 않을 수도 있겠지만, 제2장 말미에서 제시한 조언을 참조하는 것이 좋겠다. 또 다른 유용한 조언은 APA **출판지침**(APA, 2020, p. 308)이 주석 서지목록 견본의 한 페이지를 포함하고 있다는 것인데, 여러분의 보고서를 APA 스타일 형식으로 작성하는 방식이 명확하지 않을 때 참고할 수 있겠다. 그렇지만 이 페이지가 주석 서지목록에 대한 담당교수의 지침과는 대응하지 않을 수도 있다. 담당교수의 구체적인 지침이 APA **출판지침**의 견본 페이지보다 더 중요하다는 사실에는 변함이 없다.

제목 페이지 작성하기

이 장은 실제로 글쓰기 과제를 다룬 첫 번째 장이다. 주석 서지목록의 본문에 관한 구체적인 APA 형식은 없지만(이 형식에서는 담당교수의 지침이 중요하다), 제목 페이지에 대해서는 구체적인 APA 스타일이 존재한다.

전문적인 제목 페이지

APA 출판지침(APA, pp. 30-38)은 최초로 전문적인 논문의 제목 페이지(전통적으로 이어져 내려온 방식; 그림 5.4 참조)와 학생 과제물의 제목 페이지(이 판에서 새롭게 제시한 방식; 그림 5.5 참조)를 구분하고 있다. 그렇지만 주석 서지목록의 경우에 출판지침은 담당교수가 학생들에게 전문가 형식을 사용하도록 요구할 수 있음을 지적하고 있다(학생 제목 페이지가 새로운 것임을 감안할 때 필자는 가까운 장래에 가능할 것으로 생각하고 있다). 또한 저널에 논문 게재 신청을 한다면 전문가 제목 페이지를 사용하게 된다(제9장 참조). 다음 절은 전문가 제목 페이지 성분을 개관하며, 뒤이은 절은 학생 제목 페이지의 형식을 구성하는 방법을 보여준다. APA 출판지침(APA, 2020, p. 30)은 전문가 제목 페이지가 다음과 같은 다섯 가지 성분을 가지고 있음을 지적하고 있다—머리제목, 제목, 저자 목록, 소속, 그리고 저자 주.

머리제목 머리제목(APA, 2020, p. 37)은 독자가 원고나 논문을 확인하는 데 도움을 주기 위해서 여러분이 타이핑한 원고(때로는 저널 논문) 페이지 상단에 나타내는 짧은 제목이다. 문자, 빈칸, 그리고 구두점을 포함하여 50문자 이내이어야만 한다. 머리제목은 각 페이지 상단에

그림 5.4 APA 스타일의 전문가 제목 페이지 견본

THIS IS MY RUNNING HEAD 1

Title Goes Here

Author S. Student

Department of Psychology, University of Nowhere

Author Note

This research was supportedby a grant from the Student Foundation at University of Nowhere. Thanks to my faculty advisor for her support.

Address correspondence concerning this article to Author S. Student, Department of Psychology, University of Nowhere, Nowheresville, AK 00000. Email: astudent@unowh.edu

좌측정렬을 하여 모두 대문자로 나타내야 한다. (만일 요구한다면) 제2장 “머리제목” 절의 지시에 따라 여러분의 머리제목을 설정하라. 각 페이지 상단에 머리말을 타이핑하는 대신에 반드시 워드프로세서의 머리말 명령어를 사용하여 그 지시에 따르도록 하라. 만일 각 페이지 상단에 머리말을 타이핑한다면, 페이지를 편집할 때 머리제목이 페이지 상하로 이동함에 따라 각 페이지마다 머리제목을 재조정하느라 시간을 낭비하게 된다. 머리말 명령어를 사용하게 되면, 페이지를 편집하더라도 머리제목의 위치가 이동하지 않는다.

제목 머리제목을 설정한 후에는 첫 번째 페이지에 본문을 입력하도록 상단 여백 아래를 클릭한다. 워드프로세서를 가운데 정렬로 설정한다. 첫 번째 페이지에서 서너 줄을 내려가서 서지목록의 제목을 입력하라(가운데 정렬인지를 확인한다). 제4장에서 기술한 바와 같이, APA 스타일은 제목 길이에 제한을 두지 않지만 저자들에게 제목을 간단명료하게 표현할 것을 권장하고 있다(전판은 제목을 12단어로 제한하였다). 제목을 굵은 서체 그리고 네 문자 이상인 모든 단어를 대문자로 시작하는 방식으로 입력하라(APA, 2020, p. 167).

저자 목록 제목 하단에 한 칸 띄어서 가운데 정렬로 여러분의 이름을 입력하라. 전형적으로는 별명이 아니라 온전한 이름을 사용하게 되는데, 이렇게 함으로써 여러분은 전공분야에서 논문을 작성할 때 전문가로서의 정체성을 확립하기 시작하는 것이다.

만일 공동저자가 있다면, 상대적으로 공헌도가 높은 순서대로 그 이름을 배열하라(APA, 2020, p. 25). 만일 모든 저자가 똑같이 공헌하였다면, 저자들을 알파벳순으로 나열할 수 있다.

소속 여러분의 이름 바로 아래에 소속기관을 입력하라(가운데 정렬을 한다. 모든 줄은 한 칸씩 띄고 작성한다는 사실을 기억하라). 이것은 여러분이 이 서지목록을 작업할 때 속해 있던 기관, 즉 여러분 학교의 이름이 될 것이다. 만일 전학을 하고는 이 서지목록을 발표하였다면, 새로운 소속기관을 저자 주에 기술하게 된다.

저자 주 저자 주는 일차적으로 출판을 요청하는 원고에서 사용하며 학생 제목 페이지에는 적용되지 않기 때문에(APA, 2020, pp. 30, 32), 담당교수가 이것을 요구하지 않을 수도 있다. 만일 저자 주를 사용한다면, 소속기관 서너 줄 아래에 가운데 정렬로 굵은 서체로 "저자 주"라고 적고는 입력하게 된다. 각 문단은 첫 번째 줄을 들여쓰기 하고 좌측 정렬한다.

APA 출판지침(APA, 2020, pp. 35-38)에 따르면, 저자 주는 네 문단까지 포함할 수 있다. 첫 번째 문단에서는 모든 저자를 ORCID ID(Open Researcher and Contributor ID; 과학자와 다른 학문 저작자를 인식하기 위한 비영리 숫자 코드; https://orcid.org/를 참조하라)와 함께 나열하면 된다. 만일 ORCID ID를 가지고 있는 저자가 없다면 이 문단은 필요 없다. 두 번째 문단은 연구 또는 보고서 작성을 시작한 이후에 소속기관의 변경을 나열한다. 만일 한 학교에서 연구를 수행하고 다른 학교에 소속해 있는 동안 출판을 신청하였다면, 이 문단이 필요하다. 세 번째 문단은 사실 공개(disclosure)와 감사의 말(acknowledgement)을 포함한다. 일차적 유형의 사실 공개는 보고하는 내용과 관련된 연구(예컨대, 박사학위 논문의 데이터)나 이해 상충에 관한 것인데, 둘 모두 학생 보고서에서는 가능성이 높지 않다. 감사의 말은 일차적으로 재정 지원에 관한 것이지만, 개인적인 감사를 여기에 포함시킬 수도 있다. 마지막 문단은 논문에 관하여 교신저자를 접촉할 수 있는 정보, 즉 우편 주소와 이메일 주소를 모두 제공한다. 저자 주의 정보는 저널 논문에 포함되기 때문에, 여러분이 읽은 논문의 저자와 접촉하기를 원한다면 그 접촉 정보를 사용하면 된다.

학생 제목 페이지

학생 제목 페이지(그림 5.5 참조)에는 전문가 제목 페이지와 달리 다음과 같은 여섯 가지 성분, 즉 제목, 저자 목록, 소속기관, 교과목 번호와 이름, 담당교수 이름, 그리고 과제 마감일이 들어간다. 여기서도 담당교수가 전문가 제목 페이지를 요구할 수 있다는 사실을 명심하라. 다음 설

그림 5.5 APA 스타일의 학생 제목 페이지 견본

1

Title Goes Here

Author S. Student

Department of Psychology, University of Somewhere

PSYC 000: Psychology of Fiction

Dr. Teacher A. Faculty

October 31, 2025

명은 학생 제목 페이지에 관한 APA 출판지침(APA, 2020, pp. 30-35) 내용을 요약한 것이다. 머리제목을 요구하지 않는다. 오른쪽에 정렬한 페이지 번호만 요구한다. 제목, 저자 목록, 소속기관은 전문가 제목 페이지에서와 동일하다. 소속기관 바로 아래에 여러분이 보고서를 제출하는 교과목 번호와 이름을 가운데 정렬로 입력한다(예컨대, 심리 120: 심리학개론). 다음 줄에는 담당교수의 이름과 직위를 입력한다. 마지막 줄에는 과제 마감일을 입력한다. 학생 제목 페이지는 저자 주를 요구하지 않는다.

두 번째 페이지

앞서 언급한 바와 같이(제2장 **면밀한 관찰** 글상자를 참조), 머리제목을 사용한다면, 두 번째 페이지 좌상단에서 모두 대문자로 적은 머리제목 그리고 우상단에서 숫자 2를 보게 된다. 머리제목을 사용하지 않는다면, 우상단에서 "2"만을 보게 될 것이다. 만일 여러분의 보고서가 초록을 요구하지 않는다면, 두 번째 페이지의 첫 번째 줄에 가운데 정렬로 제목을 다시 입력하게 된다(만일 초록을 사용한다면, 초록이 두 번째 페이지에 위치한다. 제4장 "초록" 절을 참조하라). 반드시 첫 번째 페이지와 두 번째 페이지의 제목이 정확하게 일치하도록 하라. 다음 줄부터 본문을 시작하게 된다. 아마도 첫 번째 참고문헌(여러 줄이라면 내어 쓰기를 사용한다)이 될 것이며, 그 참고문헌 아래의 새로운 줄에 주석이 있게 될 것이다. 물론 정확한 모양은 담당교수가 원하는 서지목록 형식이 무엇이냐에 달려 있다.

결론적 생각

이 장은 기말보고서/문헌개관, 연구제안서, 또는 실험보고서와 비교해서 상대적으로 낯선 과제를 다루었다. 주석 서지목록을 작성하는 과제를 수행해본 적이 전혀 없을 수도 있지만, 비록 비공식적인 것이라고 할지라도 서지목록 작성법을 아는 것은 이 책의 뒷부분에서 다룰 보편적인 글쓰기 과제와 씨름할 때 꽤나 유용할 수 있다. 이 장에서 다룬 많은 주제(예컨대, PsycINFO 검색, 참고문헌의 APA 형식 등)가 처음으로 접할 때는 어색하기 짝이 없고 시간 소모가 상당할 것이다. 옛말이 시사하는 바와는 달리, 연습하더라도 완벽해지지는 않을지라도, 연습은 이러한 과제를 숙달하는 데 도움이 된다.

글쓰기 과제를 비판적으로 생각하기

주석 서지목록을 작성하라는 과제를 받았지만 어디서부터 시작해야 할지 알지 못하는 학생을 표적으로 삼은 다음 물음이나 요구사항에 대해 한두 문단으로 답해보라.

과제 1

주석 서지목록이란 무엇인가? 기말보고서/문헌개관 또는 연구제안서를 작성하기에 앞서 주석 서지목록을 작성해보는 것이 유용한 까닭은 무엇인가?

과제 2

주석 서지목록을 작성하는 데 PsycINFO와 같은 출처를 사용하는 것이 중요한 까닭은 무엇인가?

과제 3

주석 서지목록에서(아니면 APA 글쓰기 과제에서) 참고문헌을 정리할 때 약간은 "강박적"인 것이 중요한 까닭은 무엇인가?

과제 4

PsycINFO 검색을 수행하는 데 수반된 단계를 요약해보라. 실제 검색을 사례로 사용하여, 어떻게 광의적 주제로 시작하여 연속적으로 20개 이하의 적중으로 좁혀가는 것인지를 보여라.

참고문헌

American Psychological Association. (2020). *Publication Manual of the American Psychological Association* (7th ed.). https://doi.org/10.1037/0000165-000

Bruner, K. F. (1942). Of psychological writing: Being some valedictory remarks on style. *Journal of Abnormal and Social Psychology, 37*(1), 52-70. https://doi.org/10.1037/h0062165

Davis, S. F., & Smith, R. A. (2015). *An introduction to statistics and research methods: Becoming a psychological detective*. Pearson Prentice Hall.

Dunn, D. S. (2013). *Research methods for social psychology* (2nd ed.). Wiley.

Harner, J. L. (2000). *On compiling an annotated bibliography* (2nd ed.). Modern Language Association of America.

Modern Language Association. (2016). *MLA handbook* (8th ed.).

Orcher, L. T. (2014). *Conducting research: Social and behavioral science methods* (2nd ed.). Pyrczak. https://doi.org/10.4324/9781315266626

Smith, R. A., & Davis, S. F. (2013). *The psychologist as detective: An introduction to conducting research in psychology* (6th ed.). Pearson.

Turabian, K. L. (with Booth, W. C., Colomb, G. G., Williams, J. M., & University of Chicago Press Editorial Staff). (2013). *A manual for writers of research papers, theses, and dissertations: Chicago style for students and researchers* (8th ed.). University of Chicago Press.

York University. (n.d.). SPARK: Student papers & academic research kit. Retrieved from https://spark.library.yorku.ca/

6 기말보고서/문헌개관 작성하기

알고 있습니까?

어떻게 기말보고서/문헌개관을 작성하는 스트레스를 경감시킬 수 있는가?

어떻게 기말보고서/문헌개관을 위한 좋은 아이디어를 개발할 수 있는가?

여러분의 기말보고서/문헌개관 주제와 연관된 논문을 찾기 위해서 무엇을 해야 하는가?

어떻게 상호 밀접하게 관련된 연구논문을 찾을 수 있는가?

기말보고서/문헌개관에서 논문들을 연계시키는 것이 중요한 까닭은 무엇인가?

> "표현의 명료성을 향한 첫걸음은 단순하고도 직설적으로 글을 쓰는 것이다… 명료성을 향한 두 번째 걸음은 응집적인 이야기를 들려줄 수 있도록 원고를 체제화하는 것이다."
>
> 벰(Bem), 1995, p. 173

만일 여러분이 많은 대학생과 다르지 않다면, 기말보고서를 작성한다는 생각은 별로 행복한 일이 아닐 것이다. 그렇지만 많은 대학생과 마찬가지로 여러분은 기말보고서를 요구하는 교과목을 수강하기 십상이다. 따라서 어렵거나 혐오스럽기까지 한 과제의 수행에 직면하게 된다. 이 장은 처음부터 끝까지 여러분이 기말보고서 과제를 수행하는 과정에 도움이 될 것이다. 이 장에서 배우는 개념과 아이디어를 실제 상황에 적용하면 여러분의 기말보고서 경험에서 스트레스를 덜 받고 보다 긍정적이 될 것이다.

기말보고서란 무엇인가?

이 장에서 말하는 "기말보고서"라는 용어는 도서관 연구보고서와 동의어인 반면에, 제8장은 실험결과에 근거한 보고서를 작성하는 데 초점을 맞춘다. "연구보고서"(research paper)라는 용어의 사용이 과학 분야에서는 혼란스러운 것일 수 있다. **기말보고서**(term paper)에서는 여러분이 수행한 독창적 연구에 관하여 보고하는 것이 아니라 다른 사람들이 수행한 연구에 관하여 보고하는 것이다. 따라서 여러분은 문헌개관을 지칭하는 기말보고서도 들어보았을 수 있다(제4장 "서론" 절을 참조하라). 이 장에서 "기말보고서"를 보게 되면, 그 정보를 문헌개관에도 적용할 수 있다.

기말보고서는 특정 주제에 초점을 맞춘 보고서와 유사하며, 어느 정도는 고등학교 시절에 작성하였을 수도 있는 보고서와 닮았다. 그렇지만 대학에서 기말보고서를 작성할 때는 과거에 하였던 것처럼 백과사전이나 잡지 기사를 출처로 사용하기보다는 저널 논문과 전문 서적을 사용할 가능성이 훨씬 높다. 또한 대학의 기말보고서는 전형적으로 여러분이 과거에 작성하였던 어떤 보고서보다도 훨씬 협의적으로 초점을 맞추게 된다. 이 장 전반에 걸쳐서 더 많은 차이점들을 살펴보게 될 것이다.

기말보고서 작성의 스트레스 경감하기

기말보고서 과제에 대해서 느낄지도 모르는 스트레스를 감소시키는 핵심 조언은 간단하다. 시작하라는 것이다! 실제로 여러분은 가능한 한 빨리 시작해야 한다! 첫 번째 단계는 무엇인가?

기말보고서의 주제 선택하기

많은 학생은 기말보고서 작성에서 가장 중요한 측면, 즉 주제 선택하기를 대수롭지 않은 것으로 받아들인다. 담당교수가 여러분이 스스로 주제를 선택하도록 허용한다고 가정할 때, 주제 선택하기는 정말로 심각하게 고려해야만 하는 단계이다.

강의 주제와의 연관성 좋은 주제를 선택하는 데 있어서 첫 번째 고려사항은 강의와의 연관성이다. 많은 담당교수는 학생들이 수강신청할 때 이미 강의 주제에 친숙하다고 믿고 있지만, 잘못된 신념일 가능성이 높다. 이 장에서 필자의 사례를 구체적이고도 분명하게 보여주기 위해서, 3~4학년들이 수강하는 상급 사회심리학에 초점을 맞추도록 하겠다. 구체적 사례가 여러분과 여러분이 수강하고 있는 교과목에는 적합하지 않을는지도 모르겠으나, 주제를 선정하고 범위를 좁힌다는 일반 원리는 여러분의 상황에도 일반화할 수 있다.

필자는 사회심리학 강의에서 학생들에게 기말보고서 주제는 사회행동이라는 일반적 주제와 연관되어야만 한다고 말했던 것을 기억하고 있다. 그런데 이를 어쩌면 좋겠는가! 그러한 진술의 문제점은 학생들이 강의 주제에 관하여 별다른 지식을 갖지 못한 채 강의실에 들어오기 십상이라는 점이다. 학생들이 상급 심리학 교과목을 수강신청하기에 앞서 심리학개론을 수강하였음에도 불구하고 그렇다. 심리학개론은 일반적으로 상급 교과목과 직접적으로 연관된 내용을 어느 정도는 포함하고 있다. 사회심리학 강의의 경우에, 필자는 학생들이 심리학개론 강의에서 사회심리학에 관한 장을 이미 읽었다는 사실을 알고 있다. 그렇지만 그 장의 내용을 기억하고 있으리라는 필자의 가정은 잘못된 것이기 십상이었다.

아마도 이 상황은 여러분 자신이 처한 상황, 즉 심리학개론 강의에서 공부하였던 사회심리학(아니면 성격심리학, 이상심리학, 인지심리학, 또는 어떤 다른 주제)을 다루는 상급 수준의 심리학 교과목을 수강신청한 상황일 수도 있다. 만일 그렇다면 그리고 심리학개론 강의에서 사용한 교재를 아직도 가지고 있다면(전공과목의 교재 그리고 부전공과목의 교재를 보관한다는 것은 항상 좋은 생각이다. 장차 언제 그 교재들이 쓸모 있게 될는지를 결코 알 수 없다), 기말보고서를 요구하는 현재 교과목과 연관된 장을 다시 개관해보라. 개론서를 가지고 있지 않다면, 친구나 담당교수에게 빌리거나 도서관에서 대출하라. 심리학개론서에서 사회심리학에 관한 장을 살펴보면, 기억을 되살리거나 아니면 태도, 매력, 동조/복종, 그리고 집단 영향 등과 같은 주요 주제를 미리 살펴볼 수 있다.

여러분은 그 장의 핵심 주제 중에서 단지 하나로 좁히는 데서 머물러서는 안 된다. 광의적 주제보다는 협의적 주제에 관한 기말보고서를 작성하는 것이 훨씬 용이하다. 예컨대, 여러분이 사회심리학 교과목을 수강하고 있으며 기말보고서 주제로 집단 영향을 선택하였다고 상상해보라. 어디서부터 시작하겠는가? 사회심리학 내에서는 집단 영향이 협의적 주제라고 하더라도, 꽤나 광의적이기 때문에 여전히 도전해볼 만한 보고서 주제를 준비해야 한다. 심리학개론서의 사회심리학 장의 각 주요 주제는 아마도 여러 가지 하위주제를 가지고 있을 것이다. 따라서 집단 영향이라는 주제에서 여러분은 방관자 효과, 사회적 태만, 집단사고, 사회촉진, 몰개인화 등과 같은 하위주제를 보았을지 모르겠다. 이상적이라면 여러분은 적절하게 좁힌 보고서 주제를 찾는다는 과제를 적어도 하위주제 수준에서 시작해야만 한다. 개론서를 살펴보면서 협의적 주제를 찾아본다는 간단한 작업을 통해서 여러분은 개론 강의에서 배웠지만 망각했던 사회심리학 개념들에 관한 기억을 되살릴 수 있을 것이다.

무엇이 여러분의 흥미를 끄는가? 담당교수로서 필자는 주제에 관한 관심이 우수한 기말보고서를 작성하는 최고의 필수조건임을 알고 있다. 잠시 생각해보라. 여러분의 관심을 끄는 정보를 찾아보겠는가, 아니면 여러분을 실제로 흥분시키지도 않는 정보를 찾아보겠는가? 기말보고서 작성은 여러분이 웹을 검색할 때의 행동과 같은 것이어야 한다. 여러분은 호기심을 불러일으키는 링크를 클릭하며 관심을 끌지 못하는 링크를 무시한다고 필자는 단언할 수 있다. 필자는 학생들에게 기말보고서 주제를 할당한 적이 전혀 없다. 선택한 주제에 대한 학생들의 흥미를 떨어뜨리고 싶지 않기 때문이다. 만일 여러분이 주제를 배정받는다면, 필자가 제시하는 단계를 밟으면서 우수한 제안서와 개인적인 주제의 정당성을 제시함으로써 담당교수의 마음을 바꿀 가능성이 있다.

여러분은 강의 내용과 연관되어 있으며 특별히 흥미를 끌어당기는 하위주제를 결정하는 것으로부터 시작해야 한다. 둘 이상의 하위주제가 흥미를 끈다면, 개론서에서 그 내용을 읽어보고는 가장 흥미진진한 것을 선택하라. (일차적 선택이 제대로 진행되지 않는 경우에 대비하여 다른 하위주제는 잘 보관해두어라.) 이 시점에서 아마도 여러분은 기말보고서를 위하여 충분히 협의적인 주제를 가지고 있다고 생각할 것이다. 그렇지만 상급 교과목의 교재에서 여러분이 선택한 주제를 살펴보면, 개론서에서 협의적이라고 생각하였던 그 주제가 상급 교재에서는 한 장(chapter) 전체 심지어는 여러 장의 주제라는 사실을 발견하고는 놀라자빠질지도 모른다. 예컨대, 사회심리학 교재에서 집단 영향에 관하여 30페이지가 넘는 한 장을 발견하더라도 놀라운 일이 아니다. 상황이 이렇다면, 여러분은 주제를 더욱 좁혀야만 할 것이다.

주제를 더욱 좁혀나가기 여러분은 다양한 전략을 사용하여 주제를 더욱 좁혀나갈 수 있다. 이 과정을 위한 두 가지 최선의 전략을 논의한다.

상급 교재를 참조하라 주제를 더욱 좁혀나가는 한 가지 접근방법은 상급 교재에서 그 주제에 관한 내용을 읽어보는 것이다. 개론서에서 한 문단이나 한두 페이지에 해당하는 하위주제가 상급 교재에서는 여러 페이지를 차지하거나 심지어는 한 장을 통째로 차지하고 있을지도 모른다. 따라서 여러분의 주제에 관하여 개론서를 읽는 것보다 훨씬 더 많은 정보가 가용한 것이 명백하다. 예컨대, 사회심리학 교재는 사회촉진 효과(긍정적이든 부정적이든 타인의 존재가 개인의 행동에 영향을 미치는 효과)와 집단사고(동의하거나 동조하라는 압력이 우수한 의사결정을 손상시킬 수 있다) 등을 포함한 집단 영향 그리고 행동에 미치는 효과에 관하여 훨씬 더 많은 정보를 제공할 가능성이 크다. 이것들은 집단 영향 내에 존재하는 협의적 주제에 관한 두 가지 좋은 사례이다.

PsycINFO를 사용하라 주제를 좁혀나가는 두 번째 접근방법은 심리학 논문과 저서의 목록을 담고 있는 심리학의 온라인 데이터베이스인 PsycINFO를 사용하는 것이다(제5장 참조). 여기서 PsycINFO를 사용하여 보고서 주제를 좁혀나가는 방법을 간략하게 되새겨보자. "Advanced Search"(고급 검색) 화면을 사용하여(그림 5.1 참조) 세 개의 텍스트 상자가 나타나도록 한다. 또한 PsycINFO Thesaurus를 사용하여(제5장 참조) 심리학자들이 여러분의 관심 주제에서 사용하는 용어들을 살펴보라. 예컨대, 필자는 Thesaurus를 사용하여 "facilitation"(촉진)이라는 용어를 검색함으로써 "social facilitation"(사회촉진)이 1973년부터 사용해온 주제(DE) 용어라는 사실을 찾아내었다. 이 용어를 사용해온 기간을 전제할 때, 필자는 이 주제를 다룬 수많은 논문을 찾을 수 있었다. 여러분이 개론서에서 사회심리학에 관한 장을 읽었을 때, 심지어 바퀴벌레(Zajonc et al., 1969)와 개미(Chen, 1937)조차도 사회촉진의 증거를 보여주었다는 사실이 여러분의 흥미를 끌었음을 기억해내고는 이 주제를 출발점으로 선택하였을지도 모르겠다. [필자의 다른 잠재적 주제인 "groupthink"(집단사고)에 대한 별도의 검색은 이것이 2015년부터 주제어가 되었음을 보여주었고 대략 100개의 적중만을 내놓았기 때문에 기말보고서를 위해 충분한 논문을 찾을 수 없을지도 모르겠다고 걱정하였다.]

"social facilitation"(사회촉진)을 주제어로 사용한 PsycINFO 검색은 대략 2,100개의 적중을 내놓았기 때문에, 선택하기에 충분한 논문들이 있다(만일 여러분 스스로 PsycINFO 검색을 한다면, 적중의 수는 필자의 것과는 다를 가능성이 높음을 명심하라). 더욱 집중된 결과를 얻으려면 반드시 주제어를 사용하여 검색하라. "social facilitation"(사회촉진)에 대한 프리 텍스트 검색은 5,800개 이상의 적중을 내놓았다! 제5장에서 설명한 바와 같이, 여러분은 PsycINFO를 사용하여 이러한 유형의 검색을 더욱 정제하고 좁힐 수 있다. 제5장에서 필자는 검색 상자에 부가적인 검색 용어를 입력하여 주석 서지목록 검색을 좁혀나갔었다.

이 사례에서는 두 번째 검색용어를 사용하는 대신에 PsycINFO 화면 좌측에 있는 선택지에 초점을 맞추어보자. 여러분이 발달심리학에 특별히 관심이 있는데, 교재에서 사회촉진에 관한 모든 연구가 대학생을 수반하고 있는 것처럼 보인다는 사실을 알아차렸다고 가정해보라. 여러분은 사회촉진이 어린 아동에서도 발생하는지가 궁금하다. 이 주제에 관한 문헌이 있는지 알아보기 위하여, social facilitation(사회촉진)을 주제어로 사용하는 검색을 시작하는데, 그 검색은 2,000개 이상의 적중을 내놓는다. 논문 레코드 왼쪽에 "Refine Results"(결과 정제하기)라는 표지가 붙은 열이 있다(그림 5.2를 참조하라). 이 열을 아래쪽으로 스크롤하면, 그 옆에 화살표가 있는 굵은 서체의 다양한 표제를 보게 된다. 화살표를 클릭하면, 드롭다운 메뉴[drop-down menu. 풀다운 메뉴(pull-down menu)라고도 하며, 그래픽 사용자 인터페이스에서 볼 수 있는 전형적인 메뉴스타일]가 나타난다. 어린 아동의 사회촉진에 관심이 있기 때문에, 여러분은 "Age"(연령)의 화살표를 클릭하면 "Age"(연령) 메뉴의 선택지들이 나타난다. 이 메뉴는 많은 선택지를 가지고 있기 때문에, "Show more"(더 보기) 링크가 나타난다. 이 링크를 클릭하면, 모든 연령 선택지가 나타난다(그림 6.1 참조). 여러분은 모든 연령 선택지뿐만 아니라 여러분의 주제 검색 내에서 각 연령 선택지에 대해서 얼마나 많은 적중이 발생하였는지도 보게 된다. 2~5세로 정의한 학령전 연령에 59개의 적중이 있기에 그 상자를 체크하고 "Update" 버튼을 클릭한다. "Refine Results"(결과 정제하기) 아래에서 여러분의 현재 검색이 학령전 연령과 결합된 사회촉진을 수반하고 있음을 보게 된다. 이제 여러분은 2,000개 이상이 아니라 59개의 적중을 갖게 되었다. 저널 논문만을 살펴보려면, "Academic Journals"(학문 저널)를 클릭한다. 그렇게 하면 적중의 수가 50으로 줄어든다.

그림 6.1 PsycINFO 검색을 위한 연령 선택지

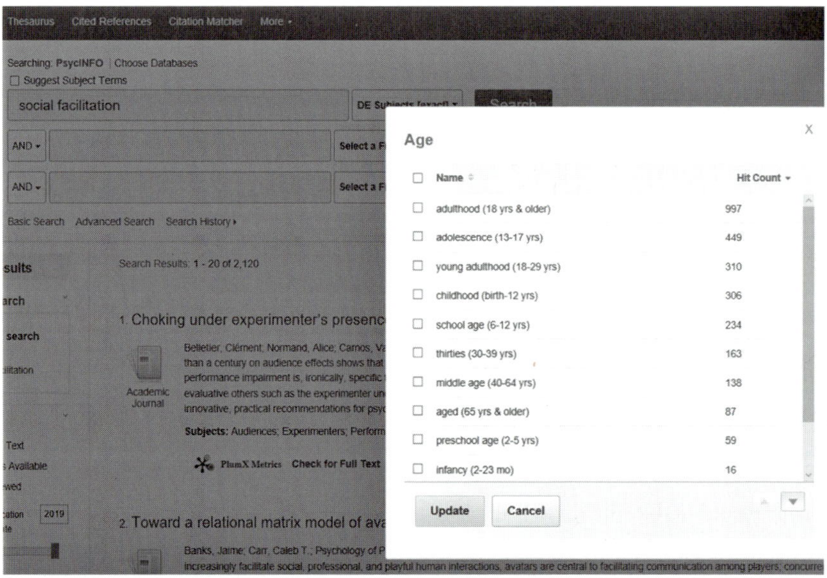

이제 여러분은 읽어볼 관련 논문을 들여다보기 시작할 수 있을 정도로 검색을 충분히 좁혔다. "Linked Full Text"(링크된 전문) 상자를 클릭하면, PsycINFO는 50편의 논문 중에서 20편의 전문이 가용함을 보여준다(이것은 필자의 결과이며, 여러분의 결과는 도서관이 보유하고 있는 장서에 근거하여 변할 수도 있다). 그렇지만 여러분은 검색을 전문이 가용한 논문으로만 국한시켜서는 안 된다는 사실을 명심하라. 다른 논문들도 도서관 상호대출을 통해서 구할 수 있다(제1장 참조).

검색 결과에 근거할 때, "학령전 아동의 사회촉진"과 같은 기말보고서 주제가 실현 가능한 선택지임이 명백한 것으로 보인다. 지금까지 여러분은 비교적 협의적인 기말보고서 주제를 찾는 데 도움을 받기 위하여 PsycINFO를 사용하였다. 필자는 여러분이 지나치게 광의적 주제보다는 협의적 주제에 관한 글을 쓰는 것이 더 용이하다는 사실을 알게 될 것이라고 확신한다. 여러분의 담당교수도 협의적 주제에 만족할 가능성이 높다.

주제 선택하기에서부터 기말보고서 작성하기까지

여러분의 흥미를 끄는 협의적 주제를 선택하는 것은 우수한 기말보고서를 작성하는 도전거리에서 큰 부분을 차지한다. 집단 영향과 같은 광의적 주제에 관한 보고서를 작성하고자 애쓰고 있다고 상상해보라. 여러분은 사회촉진, 사회태만, 몰인간화, 집단극화, 집단사고 등과 같은 다양한 유형의 집단 영향을 설명하고, 각 유형의 영향에 관한 사례를 제시하고자 시도할지 모르겠다. 그렇게 하는 과정에서 여러분은 필자가 "백과사전적 접근"이라고 부르는 방법을 취하고 있을 것이다. 백과사전적 접근에서는 단지 주제 그리고 그 주제와 연관된 개념들의 정의와 기술을 제시하게 된다. 어렸을 때 읽었을지도 모르는 백과사전처럼 말이다. 대부분의 심리학교수는 백과사전과 같은 보고서를 원하지 않는다. 오히려 어떤 연구영역이 시간이 경과하면서 어떻게 진화하였는지를 보여주는 연구결과들에 근거한 보고서를 선호한다. 다루어야 할 영역이 너무나 많기 때문에 광의적 주제에 관한 연구 진화 보고서를 작성하기란 거의 불가능하다.

보고서를 시작하는 방법

앞 절에서 발전시킨 것과 같은 협의적 주제("학령전 아동의 사회촉진")를 가지고 시작하면, 시간이 경과함에 따라서 연구방향이 어떻게 진행되어왔는지를 추적하기가 훨씬 용이하다. 만일 PsycINFO 검색을 통해서 주제를 좁혀왔다면, 보고서에 포함시킬지 여부를 결정하기 위해서 숙독할 논문의 수가 적어야 한다(필자의 견해로는 100편 이하가 적당하다). 보고서를 위해 어떤 논문을 선택할 것인지를 다루는 이 단계에서 학생들은 난국에 직면하기 십상이다. 아마도 많은 학생이 연구논문에 근거하여 기말보고서를 작성한 적이 전혀 없기 때문일 것이다. 실제로 이 과정은 여러분이 과거에 사용하였을 수도 있는 전형적 유형의 출처를 사용하여 기말보고서를 작성하는 것과 다르지 않다.

여러분이 휴대전화의 발전에 관한 보고서를 작성하고 있다고 상상해보라. 어디서부터 시작하겠는가? 전화기를 발명한 알렉산더 그레이엄 벨에 관한 정보를 포함하겠는가? 휴대전화를 개발하기에 앞서 전화기를 발명할 필요가 있는 것은 확실하지만, 그 정보는 휴대전화 개발을 이해하는 데 결정적이지 않다. 만일 역사적인 관점에서 여러분의 보고서를 시작하고자 한다면, 벨의 업적에 관한 정보를 포함할 수 있지만, 단지 간략하게만 다루게 된다.

동일한 근거가 여러분의 보고서에도 적용된다. 여러분의 주제를 다룬 최초의 연구논문을 포함시켜야만 하는가? 아마도 여러분은 담당교수가 부여한 과제로부터 그 답을 얻을 수 있겠다. 보고서는 여러분 주제의 역사적 개관을 제시해야 하는가, 아니면 가장 최근의 연구 발전에 초점을 맞추어야 하는가? 여러분도 상상할 수 있는 바와 같이, 최초 연구는 최근의 연구 발전보다는 역사적 개관과 더 연관되어있다. 최초 연구를 포함시킬지를 결정하는 또 다른 요인은 그 연구가 얼마나 오래되었냐는 것이다. 아마도 1960년대(또는 그 이전) 연구는 2000년대에 시작한 연구방향보다 주제와 덜 연관될 것이다. 이러한 요인들에 근거하여 여러분 보고서에서 집중 조명할 첫 번째 논문을 선정해야 한다.

보고서를 더욱 발전시키기

첫 번째 논문을 선택하고 나면, 다른 논문의 선택은 더 용이해질 수밖에 없다. 여러분이 시간 경과에 따른 연구영역의 발전이나 진화를 추적하고 있다고 전제할 때, 논문의 가장 논리적인 배열은 가장 오랜 것에서부터 가장 최신의 것으로 진행하는 연대순이 될 것이다. 이야기를 응집력 있게 구성할 필요가 있기 때문에, 상호 간에 논리적으로 연계되는 논문을 선택한다. 따라서 어떤 면에서든 두 번째 논문을 첫 번째 논문과 연계시켜야 한다. 예컨대, 두 번째 논문의 저자는 자신의 실험을 직접적으로 첫 번째 논문의 연구결과에 바딩을 두었을 수 있다. 휴대진화의 발전에 관한 글쓰기라는 필자의 사례를 생각해보면, 전형적으로 개발자는 자신의 다음 발걸음을 선행 개발자의 작품에 바탕을 둔다. 여러분은 바퀴를 재발명하는 것이 얼마나 무의미한 짓인지를 보여주는 속담을 들어보았을 것이다. 만일 모든 개발자와 연구자가 끊임없이 출발점으로 되돌아가서는 자신의 아이디어 개발과 연구를 새롭게 시작하였다면, 상당한 진보를 상실하고 말았을 것이다. 그렇기 때문에 개발자와 연구자는 모두 자신의 분야에서 무슨 일이 일어났으며 무슨 일이 일어나고 있는지를 아는 것에 우선권을 부여하는 것이다.

여러분의 연구영역이 어떻게 발전해왔는지를 언급하기 시작할 때, 두 번째 논문은 첫 번째 논문의 아이디어와 결과에 바탕을 두었음을 명확하게 보여주어라. APA 출판지침(APA, 2020, p. 76)은 후속 연구의 역사적 선행 사건으로 작용하는 배경 연구의 진전과정을 추적할 것을 강조하고 있다. 이러한 권고는 여러분 보고서 전반에 해당하는 것이다. 새로운 논문은 모두 여러분이 인용한 선행 논문에 바탕을 두어야 하며 선행 논문의 정보에 새로운 정보를 보태고 있음을 확실하게 보여주어야 한다. 만일 여러분 주제에 관한 8~10편의 논문을 무작위로 선택하고는 그 논문들에 근거하여 보고서를 작성하고자 시도한다면, 응집력 있는 보고서를 작성하기가 무척이나 어렵다는 사실을 발견하게 될 것이다. 이러한 전략이 가지고 있는 문제점은 무작위로 선택한 논문들이 광의적 주제와는 관련되어 있다고 하더라도 상호 간에 긴밀하게 연계될 가능성이 떨어진다는 점이다.

이 장의 앞부분에서(그리고 제5장에서도) PsycINFO 검색을 논의할 때 언급한 바와 같이, 여러분의 검색 결과를 대학도서관에서 전문이 가용한 논문으로만 제한할 수 있다. 필자가 지적한 바와 같이, 이러한 접근방법을 사용함으로써 몇몇 중요한 논문을 놓칠 수 있다. 전문이 가용한 논문만을 선택할 때 발생하는 또 다른 현실적인 가능성은 그 논문들이 상호 간에 잘 연결되지 않아서 주제에 관하여 응집력 있는 이야기를 전하는 보고서를 작성하기가 거의 불가능하게 된다는 것이다. 무작위로 선택하였거나 전문 가용성에만 근거한 논문의 집합체로 보이는 학생 보고서를 읽을 때, 필자는 연구 분야의 발전이나 진화에 관한 이야기의 외관을 찾느라 애를 먹는다. 검색에서 찾아낸 두 논문 간에 어떤 연계를 찾을 수 없다면, 여러분이 두 논문에 관하여 작성한 글에서도 어떤 연계를 찾아낼 가능성은 거의 없다. 이러한 방식으로 구성한 기말보고서는 담당교수가 염두에 두고 있는 기준을 충족시킬 가능성이 낮으며, 보고서를 작성한 학생이 행복해하지 않을 학점을 초래하게 될 것이다.

관련 논문 찾기 응집력 있는 보고서를 작성하는 것은 많은 학생이 힘겨워하는 재능이다. 필자가 읽어본 수백 편(아니면 수천 편?)의 보고서를 주관적으로 분석한 결과에 따르면, 학생들이 가지고 있는 가장 큰 어려움은 상호 간에 직접적으로 관련된 논문들을 찾는 데 있다. 여기서 필자는 그러한 논문들을 찾는 것을 도와주고자 하는 몇 가지 조언을 제시한다.

물론 관련 논문들을 찾는 최선의 방법 중 하나는 효율적인 PsycINFO 검색을 통하는 것이다. 그렇지만 검색이 드러내는 적중의 수에 따라서 모든 논문이 여러분이 희망하는 것처럼 상호 관련되지 않을 수 있다. 이 장의 앞부분에서 인용한 사례에서 "social facilitation"(사회촉진)에 관한 검색에 "preschool age"(학령전 연령)와 "academic journal"(학술 저널)을 첨가함으로써 적중의 수가 50으로 줄었다. 50편의 논문은 여러분의 보고서에 필요한 논문 수보다 훨씬 많은 것일 가능성이 매우 높다. 아마도 여러분의 과제는 8편 내지 10편의 논문을 요구할 것이다(반드시 담당교수의 지침에 주의를 기울이기 바란다). 따라서 여러분은 상호 간에 가장 직접적으로 관련된 논문만을 찾고자 하게 된다.

이제 구체적인 적중을 살펴볼 때가 되었다. 제5장에서 설명한 바와 같이, 각 논문의 제목은 그 논문의 전체 레코드와 하이퍼링크로 연결되어 있다(그림 5.3 참조). 논문의 초록은 각 논문의 내용이 무엇인지 그리고 논문들이 상호 관련되어 있는지에 관한 좋은 지표를 제공한다. 그리고 여러분이 가능한 검색 용어로 고려하지 않았을지도 모르는 "Subjects"(주제) 필드도 살펴보라. 만일 연관된 논문들을 찾는 데 어려움을 겪고 있다면 이 단계가 특히 중요하다. 사회촉진에 관한 검색에서 몇 개의 적중을 살펴보면서, 필자는 도움이 될 수 있는 두 가지 부가적인 용어, 즉 "peer pressure"(또래 압력)와 "conformity"(동조)를 보게 되었다. 이 검색에서 연관된 적중을 찾는 데 어려움이 없었기 때문에, 필자는 이러한 두 용어를 사용한 검색을 실시하지 않았다. 그렇지만 이 조언은 여러분이 연관된 논문을 찾을 때 유용할 수 있다.

두 논문이 관련되어 있다는 또 다른 유용한 지표는 더 최근의 논문이 서론에서 선행 논문을 인용하고 있으며 참고문헌 목록에 포함시키고 있는지 여부이다. 저자는 논문의 서론에서 여러분이 시도하고 있는 바로 그 작업을 수행한다. 즉, 자신의 연구에 필수적이며 그 연구로 이끌어가는 연구들을 가지고 바탕작업을 하는 것이다. 따라서 연구논문의 서론을 읽는 것은 상호 잘 연계되어 있는 논문들을 찾아내는 훌륭한 방법이다. 만일 2019년 논문의 저자가 서론에 2017년 논문을 포함시켰다면, 2017년 논문의 어떤 정보가 2019년 논문의 연구로 이끌어갔거나 그 연구에 공헌하였음에 틀림없다. 따라서 중요하고도 관련된 논문들을 찾는 한 가지 좋은 방법은 역순으로 작업하는 것이다. 즉, 새로운 논문을 사용하여 역행적으로 오래된 논문들을 찾는 것이다. 그렇지만 이 전략이 성공하려면, 우선 여러분 주제와 밀접하게 연관된 최근 논문을 찾아야만 한다. 반대로 만일 오래된 논문을 찾았다면, 시간 순서대로 작업해나가는 방법도 좋다. 즉, 그 논문을 인용한 논문들을 찾는 것이다. 순행적으로 작업하는 한 가지 방법은 만일 여러분의 대학도서관이 접속을 허용한다면 인용 색인[citation index. 예컨대, Social Sciences Citation index(SSCI), Science Citation Index(SCI)]을 사용하는 것이다. 인용 색인은 논문에 관한 정보를 입력하고는 원래의 논문을 참고문헌으로 포함하고 있는 모든 논문들을 찾게 해준다. 실행하기 : 구글 스칼라 글상자는 인용 색인 사용에 대한 보다 최신의 대안을 기술하고 있다. 이 문단 그리고 실행하기 글상자에서 요약한 전략을 사용함으로써, 여러분은 순행적으로든 아니면 역행적으로든 검색을 통해서 관련된 논문을 찾을 수 있다.

관련 논문을 찾는 또 다른 방법은 약간 상이한 방식으로 PsycINFO를 사용하는 것이다. 사회촉진 검색에서 얻은 적중을 살펴보면서, 필자는 다음과 같이 흥미로운 사실을 발견하였다. 즉, 한 저자의 이름이 처음

실행하기

구글 스칼라(Google Scholar)

인용 색인의 사용에 대한 최근의 대안은 구글 스칼라를 사용하는 것이다(https://scholar.google.com/). 구글 스칼라를 열면, 검색 바에 논문의 제목을 입력(또는 오려두기나 붙이기) 할 수 있다. 제목 검색을 실시하면 논문 제목, 저자, 그리고 초록이 나타난다. 초록 바로 아래에서 "Cited by [number]"라는 표지가 붙은 링크를 보게 되는데, 여기서 [number]는 여러분이 입력한 제목의 논문이 발표된 후에 얼마나 많은 새로운 논문이 그 논문을 참고문헌으로 포함하고 있는지를 나타낸다. 그 링크를 클릭하면 모든 후속 논문의 목록이 나타난다. 어떤 논문은 전문을 얻을 수 있는 PDF 링크를 보여주기도 할 것이다. PDF 링크가 없는 논문 중에는 클릭하면 초록이나 조금 더 상세한 요약, 심지어는 새로운 논문의 참고문헌 목록까지도 볼 수 있게 해주기도 한다. PsycINFO에서 그 논문들을 검색하여 여러분의 대학도서관이 그 논문의 전문을 검색할 수 있게 해주는지를 알아볼 수 있다.

몇 개의 논문에서 여러 차례 나타났던 것이다. 이 발견은 심리학에서(그리고 다른 분야에서도) 연구자에 관하여 중요한 사항을 시사한다. 즉, 연구자들은 계획적으로 **프로그램식 연구**(programmatic research)를 수행하는 경향이 있는데, 이 연구는 동일한 협의적 주제에 관한 일련의 실험을 수반한다. 이러한 접근방법은 연구자들을 그 연구영역에서 전문가가 되고 가장 최근의 추세와 연구결과를 보다 용이하게 추적할 수 있게 해준다. 둘 이상의 연구영역이나 주제에서 전문가가 되고자 애쓰는 것이 얼마나 어려운지를 상상해보라. 이러한 전문화는 의학 분야에서 발생하는 현상과 흡사하다. 몸이 안 좋으면 우선 주치의나 가정의를 찾을 것이지만, 문제가 지속되거나 진단이 어렵다면, 주치의는 여러분을 치료 전문가, 즉 특정 신체기관에 전문화된 전문의에게 의뢰할 것이다. 따라서 콩팥 문제라면 신장병 전문의에게, 뼈 문제라면 정형외과 전문의에게 의뢰할 것이며, 치과의사는 어려운 치과적인 문제라면 여러분을 근관치료 전문의나 구강외과 전문의에게 의뢰할 것이다.

연구에서도 동일한 유형의 전문화가 여러분이 관련 논문들을 확인하는 데 도움을 줄 수 있다. 특정 저자의 이름을 포함하도록 PsycINFO 검색을 변경하면 되는데, 이것을 **저자 검색**(author search)이라고 부른다. 앞선 사례를 가지고 계속해본다면, 필자는 "social facilitation"과 "Herman"을 저자로 검색해볼 것이다. 이 검색을 실시하기 위해서 필자는 첫 번째 검색 상자에 "social facilitation"을 입력하고 그 필드에 "DE Subjects [exact]"를 선택한 다음에, 두 번째 검색 상자에 "Herman"을 입력하고는 그 필드에 "AU Author"를 선택한다. [주 : 만일 Smith나 Brown과 같이 흔한 성을 입력하고 있다면, 엉뚱한 저자에 대한 많은 적중을 피하기 위하여 이름과 성을 명시하고자 할 수 있다(예컨대, Randolph Smith)]. 이 사례에서는 검색이 10개의 적중을 내놓았는데, 이것은 꽤나 생산적인 결과이다. 저자 검색을 사용하도록 변경하는 것이 대단한 일은 아닐지라도, 어떤 경우에는 더 많은 관련 논문을 찾는 데 도움을 줄 수 있다.

너무 많은 관련 논문이 있을 때는 어떻게 하는가? 연구의 역사가 매우 길거나 아니면 매우 인기 있는 주제에 관하여 보고서를 작성하고 있다면, 결과를 담당교수가 요구한 논문의 수로 축소하는 데 어려움이 있을 수도 있다. 여러분 주제와 밀접하게 관련되어 있으며 상호 간에도 관련성이 높은 것으로 보이는 25편의 논문을 찾았지만 담당교수는 기말보고서를 위하여 10편의 논문만을 요구하고 있다고 가정해보라. 담당교수에게 25편 모두를 포함시키는 것을 문의할 수도 있지만, 그렇게 되면 지나치게 긴 보고서와 많은 작업을 초래할 수 있다(다른 강의에 투자할 시간을 빼앗길 수 있다). APA 출판지침(APA, 2020, p. 76)은 실제로 이 문제에 관한 몇 가지 지침을 제공하고 있다. 문헌개관은 간결해야 하기 때문에 모든 연구의 종합적인 역사적 개관은 필요하지 않다고 천명하고 있다. 따라서 우수한 보고서를 작성하는 작업의 한 부분은 관련논문들을 채로 치듯이 포함시킬 논문들만을 선택하는 것이다. 보고서와 지엽적으로만 관련된 논문을 포함시키지 말아야 한다. 이러한 지침에 근거할 때, 본질적으로 동일한 정보를 포함하고 있는 서너 편의 논문을 포함시킬 필요가 없음이 명백하다. 대신에 그 정보를 담고 있는 최선의 논문이라고 생각하는 것을 찾아서 보고서에 포함시켜야 한다. 물론 최선의 논문은 주관적 판단일 수 있으며, 어떤 경우에는 역사적 중요성으로 인해서 첫 번째 논문이 될 수도 있고 아니면 관련 정보가 여러분에게 더 명확한 것으로 보이기 때문에 나중의 논문이 될 수도 있다. 필자는 일반적으로 말해서 여러분이 원하는 정보를 가장 단순하고 가장 직접적으로 포함하고 있는 논문이 최선이라고 생각한다. 많은 상이한 유형의 정보를 담고 있는 복잡한 논문이 때로는 여러분이 포함시켜 집중 조명하고 싶은 정보를 애매모호하게 만들면서 끝을 맺기도 하기 때문이다.

주석 서지목록은 여러분에게 어떤 도움을 줄 수 있는가?

제5장에서는 주석 서지목록을 작성하는 방법을 설명하였다. 필자가 지적한 바와 같이, 주석 서지목록의 작성은 여러분이 기말보고서를 작업하는 데 유용할 수 있다. 이제 그 유용성을 입증하고자 한다. 기말보고서에 포함시킬 논문을 위해서 PsycINFO를 검색하고 있다면, 보고서를 작성하는 데 결정적이라고 믿는 어떤 논문에 직면하게 될 것이다. 그 때 어떻게 해야 하겠는가? 만일 여러분이 줄곧 비공식적인 주석 서지목록을 점진적으로 구축해왔다면, 보고서를 계획하는 데 그 목록을 참고할 수 있다. APA 스타일의 참고문헌을 작성하고 그 논문에 관한 몇 가지 주(여러분의 주석)를 다는 것은 몇 분밖에 걸리지 않지만, 이것이 장차 여러분의 시간을 상당히 절약해줄 가능성이 크다. 검색을 하고 있는 동안에는 여러분이 보고서에서 실제로 그 논문을 사용할 것인지가 어느 정도 불확실하기 때문에, 모든 논문을 찾아서 프린트하는 것은 낭비

일 수 있다. 한편으로는 계속해서 검색함에 따라서 초기에 찾았던 논문에 관하여 마음이 바뀔 가능성이 있다. 반면에 검색과정에서 어디에선가 보았음을 기억해내고는 또 다시 논문을 찾으려고 애쓰는 것은 꽤나 좌절감을 불러일으키는 작업일 수 있다. 검색을 마치고 요구하는 수의 논문을 선택하고 나면, 보고서를 작성하기 시작하면서 비공식적인 주석 서지목록을 가지고 있는 것이 꽤나 유용하게 된다.

이 장의 뒷부분에서 기술하는 바와 같이, 서지목록의 주석은 여러분이 보고서에서 논문들을 배열할 때 도움을 준다. 컴퓨터 파일로 작성한 주석 서지목록은 논문을 잘라내고 붙여서 원하는 제시순서대로 정렬하는 것을 간단한 문제로 만들어준다. 더욱 좋은 것은 모든 논문의 참고문헌을 잘라내고 붙여서 보고서의 참고문헌 목록으로 만들 수 있는 준비가 되어있다는 점이다. 따라서 기말보고서의 선행 작업으로 주석 서지목록을 만드는 과제가 없는 경우조차도, PsycINFO를 검색하면서 그 목록을 작성하는 것은 유용한 전략이다.

선택한 논문 구하기

일단 PsycINFO 검색을 실시하였고 어느 논문을 보고서에 포함시킬 것인지를 결정하였다면, 그 논문의 복사본을 구해야 한다. PsycINFO의 초록에는 보고서를 작성하는 데 사용할 정보나 세부사항이 충분하지 않다. 어떤 연구에 대한 다른 연구자의 기술[**이차 출처**(secondary source)를 사용하는 것이다]에 근거하여 그 연구에 관하여 쓰고 싶은 유혹을 피하라. 부정확할 가능성이 있기 때문이다. 여러분 스스로 읽어볼 수 있도록 보고서에 포함시키고 싶은 모든 논문을 구하라. 이렇게 함으로써 여러분은 **일차 출처**(primary source)를 사용하는 것이다.

이상적이라면 검색을 통해서 찾은 몇몇 논문은 구하기가 용이하다. 여러분이 해야 할 일이란 단지 레코드 아래쪽에 있는 "PDF Full Text"(전문 PDF 파일)를 클릭하면 된다. 이 링크를 클릭하면, 저널에 게재된 것과 동일한 논문이 화면에 떠오른다. 화면 오른쪽의 버튼은 논문을 프린트하거나, 자신에게(또는 다른 사람에게) 이메일로 보내거나, 아니면 폴더에 저장할 수 있게 해준다(나중에 저장하거나 이메일로 보낼 수 있다). 심지어 참고문헌을 APA 스타일을 포함하여 여러 가지 상이한 형식으로 저장할 수 있는 "Cite" 버튼도 있다. 그렇기는 하지만 이렇게 다양한 형식의 참고문헌에는 여러분이 인식해야만 하는 잠재적 문제점이 있다. 즉, 참고문헌 형식이 APA 스타일 참고문헌에 대해서는 완벽하지 않은데, 아마도 아직 **출판지침**(APA, 2020)의 최신판(제7판)에 맞추어 온전하게 개정되지 않은 것으로 보인다. 따라서 만일 "Cite" 버튼이 제공하는 형식의 참고문헌을 사용한다면, 여러분의 보고서는 APA 형식에서 실수를 범할 수 있다. 형식에서 오류가 발생한다는 사실은 학생들에게 혼란과 좌절을 야기한다. 그렇지만 EBSCOhost가 PsycINFO를 제공하는 기관이기 때문에 APA가 독자적으로 참고문헌 형식을 설정하지 않는다는 사실에 유념하라. 제삼자가 형식을 설정한다는 사실이 오류를 어느 정도 이해할 만한 것으로 만들어주기는 하지만, 그렇다고 해서 좌절감이 덜한 것은 아니다.

논문의 선문 버전을 구하는 또 다른 전략은 DOI(digital object identifier)를 중심으로 작동하는데, DOI는 2000년에 처음 출현하였다(그렇지만 오늘날에는 오래된 논문과 서적에도 적용하고 있다). 대부분의 최근 저널 논문 참고문헌은 DOI로 끝이 나는데(제5장 "저널 논문의 참고문헌" 절을 참조하라), 논문의 항구적 링크를 제공하는 일련의 문자와 숫자배열이다. 따라서 논문을 온라인으로 읽을 때, 그 논문 참고문헌의 DOI는 클릭이 가능한 링크가 된다. 링크를 클릭하면 참고문헌의 전문 버전 아니면 초록과 함께 그 논문 복사본의 구입방법에 관한 설명을 보게 된다. 대부분의 경우에 아마도 여러분은 그 논문을 구입하고 싶지 않을 것이다. 가격이 대체로 꽤나 비싸며, 그 논문을 모두 읽고 난 후에 보고서에 사용하고 싶지 않을 수조차 있다. 비싸게 구입하는 대신에 여러분의 관심을 끄는 논문을 저렴하게 구하는 방법을 찾으려면 아래 문단들을 읽어보라.

전문 아이콘이 없는 레코드는 논문을 구하는 데 조금 더 도전거리를 제공한다. 그러한 논문을 구하는 데 사용할 수 있는 전략은 어느 정도 여러분의 대학도서관에 달려 있기 때문에, 필자가 여기서 언급하는 몇 가지 가능성은 작동하지 않을 수도 있다. 옛날로 되돌아가보면(컴퓨터와 일렉트로닉 레코드의 사용이 널리 사용되기 전의 시대), 도서관은 여러분이 잡지를 정기구독 하는 것처럼 저널을 정기구독하였다. **저널 호**(journal issue, 매년 여러 차례 출판하는 저널의 한 권)가 출판될 때마다 도서관은 우편으로 그 복사본을 받는다. 한 해가 지나면, 도서관은 그 해에 발행된 모든 호를 하드커버로 묶어서 도서관 서가에 비치하였다. 여러분의 대학도서관 어딘가에 묶은 저널을 비치한 서가와 그 저널을 찾을 수 있는 색인카드 함이 있을 것이다. 운이 좋다면 여러분이 필요로 하는 몇몇 논문을 포함하고 있는 저널 호를 가지고 있을 것이다.

PsycINFO 레코드를 살펴보면, 논문 제목에 뒤이어 저자 이름과 저널 제목을 보게 된다. 저널 제목에 바로 뒤이어서 저널의 권수(괄호 안에 호수가 뒤따른다)와 출판일자와 페이지 번호가 나온다. 서가에서 논문을 찾기 위해서는, 저널 제목, 권 · 호 번호, 그리고 페이지 번호가 필요하다. 제목이나 호출번호(call number. 자료에 부여된 소장 기관의 물리적인 소재를 나타내는 기호)를 사용하여 서가에 비치된 저널을 찾는다(어느 것을 사용할 것인지는 여러분의 대학도서관이 묶은 저널을 어떻게 정리하는지에 달려 있다). 일단 저널을 찾았다면, 많은 묶은 저널 복사본을 보게 될 것인데, 이 묶음은 연도와 권 번호에 따라 다르게 된다(많은 저널은 1년에 한 번만 발행하기 때문에 권 번호와 출판연도는 군더더기 정보일 수도 있다). 하나의 권에는 여러 호가 들어 있을 가능성이 높다. 저널은 매년 4, 6, 또는 12호를 발행하기 십상이다. 호 번호는 별로 중요하지 않을 수 있다. 대부분의 저널이 한 해에 걸쳐 **연속적 페**

이지 매기기(continuous pagination)를 사용하기 때문이다(각 호는 선행 호의 마지막 페이지에 근거한 페이지 번호로 시작한다). 이러한 경우에는 단지 정확한 권 번호를 찾아 원하는 논문의 페이지 번호를 찾을 때까지 훑어보면 된다. 그렇지만 소수의 저널은 **호마다 페이지 새로 매기며**(repaginate by issue, 각 호를 1페이지로 시작한다), 이 경우에는 논문을 찾기 위해서 적절한 호 번호를 알아야만 한다. 저널의 하드커버에서 여러분이 원하는 논문을 찾았다면, 전통적인 방식으로 복사기에서 논문을 복사하거나 아니면 스캐너를 이용하여 전자 복사본을 얻는다.

특정 PsycINFO 레코드가 전문과 링크되어 있지 않고 도서관도 필요한 저널의 하드카피를 가지고 있지 않다고 하더라도, 논문을 구한다는 점에서 아직도 운이 끝난 것은 아니다. 만일 여러분의 대학이 다른 대학 인근에 위치하고 있다면, 온라인으로 그 대학 도서관에 접속하여 필요한 저널의 하드카피를 가지고 있는지를 확인해볼 수 있다. 만일 소장하고 있다면, 그 도서관에서 필요한 논문을 구할 수 있다. 그 대학에 재학 중인 친구가 있다면, 그 친구가 PsycINFO를 검색하여 그 대학도서관에서 필요한 논문의 전문이 가용한지를 확인해볼 수 있다. 만일 가용하다면, 그 친구가 전문을 다운로드하여 여러분에게 이메일로 전달해줄 수 있다.

여러분의 대학도서관에서 찾을 수 없는 논문을 구하는 최선의 전략은 단연코 도서관 상호대출(InterLibrary Loan, ILL)을 사용하는 것이다. ILL은 어떤 논문을 가지고 있는 도서관에서 그 논문을 가지고 있지 않은 도서관 사용자(여러분)에게 전자적으로 논문을 전달해주는 방법이다. 필자는 제1장에서 ILL의 사용을 다루었으며(제1장의 면밀한 관찰 글상자도 참조하라), 각 도서관은 약간씩 상이한 ILL 구현방식을 가지고 있음을 지적하였다. 여러분은 대학도서관 홈페이지를 살펴보거나 사서에게 문의함으로써 ILL이 어떻게 작동하는지를 알아보아야만 한다. 예전에는 한 도서관에서 논문의 하드카피를 만들어서 요청한 도서관으로

우편으로 보내고, 논문이 도착하면 여러분에게 알려주었다. 오늘날에는 논문 전송이 전자적이기 때문에 복사본이 여러분의 이메일 수신함에 나타나게 된다. 따라서 ILL 과정이 과거보다 엄청 빠르지만, 여전히 어느 정도의 시간을 필요로 한다. 그렇기 때문에 여러분은 기말보고서 작성 계획에 ILL로 요청한 논문이 도착하는 데 걸리는 시간도 고려하여야 한다. 실행하기 : 도서관 상호대출을 통한 책과 박사학위 논문 구하기 글상자에서 설명하는 바와 같이, ILL로 책이나 박사학위 논문을 구하는 것은 또 다른 문제이다.

실행하기

도서관 상호대출을 통한 책과 박사학위 논문 구하기

도서관 상호대출(ILL)을 통해서 책의 대출을 신청할 수도 있지만, 일반적으로 이 과정은 ILL로 논문을 구하는 것보다 시간이 많이 걸린다. 대출해주는 도서관이 실제로 여러분의 도서관으로 그 책을 우편으로 보내야 하기 때문이다. 일반적으로 책은 저널 논문에 비해서 기말보고서를 위한 출처로는 덜 바람직하다. 많은 교수는 보고서를 위해 일차 출처를 사용할 것을 요구하며, 책이 연구결과의 일차 출처인 경우는 극히 드물다. 책은 전형적으로 저널 논문으로 발표한 연구를 요약한 것이기 때문이다. 또한 책의 집필과 출판에 소요되는 시간이 저널 논문을 작성하는 데 걸리는 시간보다 길기 때문에, 일반적으로 연구 추세를 따라잡기 어렵다. 실제로 아무리 최근에 출판한 책이라고 하더라도 최신 연구보다 한두 해(아니면 그 이상으로) 뒤처지기 마련이다.

ILL을 통해서 박사학위 논문을 구하는 것은 거의 불가능하다. 많은 도서관이 소장하고 있는 책과는 달리, 일반적으로 박사학위 논문의 하드카피는 박사과정 학생이 연구를 수행한 대학의 도서관만이 소장하고 있다. 대체로 도서관은 박사학위 논문을 대출해주지 않는다. 분실하면 대체할 수 없기 때문이다. 만일 여러분이 어느 박사학위 논문에서 결정적인 내용을 찾았다면, 필자의 조언은 저자 검색을 실시하여 그 학위논문을 저널 논문으로 발표하였는지 알아보라는 것이다. 만일 그러한 접근방식이 작동하지 않는다면, 저자가 어디에 소속되어 있는지를 확인하여 직접 그 저자와의 접촉을 시도할 수 있다.

보고서 작성하기

논문을 다 구하였다면, 보고서 작성하기로 이동할 시간이 된 것이다. 그렇지만 실제로 글쓰기를 시작하기에 앞서, 몇 가지 예비 작업을 하는 것이 현명하겠다.

이 논문들을 가지고 무엇을 할 것인가?

일단 논문들을 손에 쥐었다면, 어떻게 사용하여 여러분이 다루고 있는 연구영역의 발전에 관한 이야기를 꾸밀 것인지를 궁리하여야 한다. 결정적인 첫 번째 단계는 보고서에 포함할 논문들의 순서를 결정하는 것이다. 만일 PsycINFO를 검색하여 관련 논문을 찾는 작업을 제대로 수행하였다면, 이 단계는 꽤나 간단한 것일 수밖에 없다. 앞서 언급한 바와 같이, 한 가지 논리적 과정은 논문들을 연도순으로 배열하는 것이겠다. 만일 논문들이 정말로 관련되거나 연계된 것이라면, 가장 이른 시기의 논문은 논리적으로 다음 시기의 논문으로 이끌어갈 것이다. "논리적으로 이끌어간다"는 말이 의미하는 바는 무엇이겠는가? 한 가지 가능성은 두 번째 논문의 저자가 자신의 연구를 첫 번째 논문의 결과에 직접적으로 근거하였다는 것이다. 그러한 경우에 두 번째 논문의 저자는 서론 절에 첫 번째 논문을 앞장세우고는 첫 번째 논문이 제기한 물음이나 논제에 답하고자 시도하고 있음을 집중 조명하였을 것이다. 이러한 유형의 표현은 여러분이 선정한 논문들이 상호 관련되었음을 나타내는 최선의 신호가 된다. 이 과정이 보고서 전체에 걸쳐서 세 번째, 네 번째, 다섯 번째, 그리고 후속 논문으로 계속 진행될 수 있다.

필자가 앞에서 제시하였던 휴대전화의 발전사를 작성하는 사례를 다시 생각해보라. 휴대전화의 발전을 가능하게 만들었던 일련의 연구결과들이 있어야만 하였다. 전형적으로 그러한 일련의 연구결과는 특정 순서로 나타났다. 즉, 발전의 첫 번째 단계가 발생하지 않았다면 두 번째 단계는 일어날 수 없었다. 여러분의 생각과 연구결과에 관한 이러한 유형의 진행이 바로 여러분이 보고서에서 보여주고자 시도하고 있는 것이다.

물론 논문들이 그토록 명확하게 연계되지 않을 가능성이 있다. 이 경우에는 논문들을 보고서에서 다루는 순서에 집어넣기 위하여 조금 더 애를 쓸 필요가 있다. 논문들을 연도별로 배열하는 것은 여전히 좋은 출발점이다. 일단 배열하였다면, 처음 두 논문 간에 연계를 찾을 수 있는지를 살펴본다. 두 번째나 뒤따르는 논문이 첫 번째 논문을 인용하지 않더라도 그 논문들 간에 어떤 공통된 흐름을 찾을 수 있겠는가? 두 번째 논문의 정보가 어떻게 첫 번째 논문의 주제에 관한 지식을 진척시켰는가? 어떻게 두 번째 논문이 첫 번째 논문의 정보에 살을 붙이는가? 만일 그러한 연계를 결정할 수 없다면, 두 논문은 여러분의 보고서에 적합하지 않은 것일 수 있다.

아무튼 연도별 순서가 완벽한 배열이 아닐 가능성이 있다. (연도별로) 세 번째 논문이 첫 번째 논문과 직접적으로 관련되고, (연도별로) 두 번째 논문이 세 번째 논문과 연계된다고 가정해보라. 이러한 유형의 배열은 여전히 시간 경과에 따라서 연구흐름이 어떻게 발전하였는지를 보여줄 수 있게 해준다. 연도별 순서가 완벽한 지침이 아닌 까닭은 이미 출판을 승인한 논문을 출판하는 데 저널마다 상이한 시간이 소요되기 때문이다. 따라서 연구영역이 어떻게 발전하고 진화하였는지에 관한 측면에서 시간적으로 늦게 출판된 논문이 실제로는 앞서 출판된 논문보다 선행한 것일 수 있다.

수반된 연도별 순서가 어떤 것이든지 간에, 하나의 논문에서 다음 논문으로 사고의 가닥이 물 흐르듯 진행되는 것이 필수적이다. 만일 여러분이 이야기의 구성에는 관심을 두지 않은 채 그저 논문들만을 내던지듯 함께 제시하는 방식으로 보고서를 구성하였다면, 담당교수는 그 사실을 금방 알아차릴 수 있다. 이러한 접근방법은 주제를 응집력 있게 발전시키지 못한 채, 이 논문 저 논문을 읽었다는 느낌을 초래한다. 담당교수로 하여금 이 연구 분야가 시간 경과에 따라 어떻게 발전하였는지를 알게 만드는 것이 바로 여러분의 임무이며, 응집성이 없는 보고서는 그러한 목표를 달성하지 못한다. 순서가 뒤죽박죽인 소설을 읽는다고 상상해보라. 줄거리의 전개를 따라가기가 불가능할 것이다. 논문들이 뒤죽박죽으로 얽혀 있는 기말보고서는 여러분의 연구주제가 시간 경과에 따라서 어떻게 진화하고 발전하였는지에 대한 사고의 흐름을 담당교수가 따라갈 수 없게 만들어버린다.

논문들을 사용하여 보고서 작성하기

실제로 보고서를 작성할 시점에 도달하였다면, 어려운 작업의 상당 부분을 해낸 것이다. 여러분의 연구주제에 관한 심리학 문헌을 철저하게 검색하였으며, 검색을 협의적이고 잘 정의된 주제를 내놓는 10개 남짓한 수의 논문으로 좁혔고, 논문의 복사본들을 구하였으며, 그 논문들을 여러분의 연구주제가 시간 경과에 따라 어떻게 발전하였는지에 관한 명확하고도 응집력 있는 이야기를 진술할 수 있게 해주는 순서로 배열하였다. 보고서 작성을 위한 이러한 유형의 준비는 실제로 보고서를 쓰는 것 못지않게 중요하다. 이제 쓸 준비가 되었다면, 무엇을 쓸 것이냐는 물음이 대두된다.

어떤 정보를 포함할 것인가? APA 출판지침 제6판(APA, 2010)은 일반적인 지침으로 오직 다음과 같은 중요 세부사항에 초점을 맞추라고 언급하였다. "적절한 결과, 연관된 방법론적 논제, 그리고 주요 결론을 강조하라"(p. 28). 이 정보가 유용한 까닭은 많은 학생이 보고서에 특정 논문에 관하여 쓸 때는 모든 세부사항을 포함해야 한다고 믿고 있기 때문이다. 필자의 경험상, 만일 여러분이 특정 논문의 모든 세부사항을 다룬다면 아마도 담당교수는 그 논문을 포함시킨 이유를 이해하지 못할 것이라고 단언할 수 있다. 여러분의 주제는 협의적인 것이어서 논문에서 사용하는 정보도 협의적이어야 한다는 사실을 명심하라. 하나의 논문이 여러분의 주제와 어떻게 그리고 왜 관련되었으며 그 주제에 어떤 새로운 정보를 덧붙이고 있는지가 명확할 만큼의 세부사항만을 포함시켜라. 예컨대, 여러분이 포함시킨 모든 논문이 대학 신입생을 참가자로 사용하였다면, 그 세부사항은 포함시킬 만큼 중요하지 않을 것이다. 그렇지만 만일 포함시킨 마지막 연구가 대학 신입생을 대상으로 수행한 연구에서 수집한 정보를 학령전 아동이나 노인에게 적용하고 있다면, 그 연구의 이러한 측면은 중요하기에 언급해야 한다. 논문에서 관련도 없는 세부사항을 포함시키는 것은 연구영역이 어떻게 발전해왔는지에 관한 이야기를 명료하게 만들기는커녕 오히려 흐리멍덩한 것으로 만들 가능성이 훨씬 높다.

이상적이라면 담당교수가 논문의 어떤 세부사항을 보고서에 포함시켜야 하는지에 관한 지침을 제공할 것이다. 예컨대, 필자는 학생들이 연구논문을 읽고 평가하는 방법을 배우는 것을 도와준다는 목표를 가지고 강의를 한 적이 있다. 학생들의 기말보고서 과제는 협의적 연구영역에서 연구논문을 비판적으로 평가하는 것이었다. 그러한 보고서 작성에 관한 유인물을 마련하였으며 연구논문에서 무엇을 포함시킬 것인지를 알도록 도와주는 정보를 포함하고 있었다. 필자는 학생들이 보고서 작업을 하는 동안 사용할 수 있도록 그 유인물을 개작하여 사용해왔다(표 6.1 참조).

필자의 목적은 학생들이 보고서에 포함시킨 각 논문에서 담당교수였던 필자가 보고자 하였던 정보를 학생들의 상상력에 맡겨두지 않으려는 것이었다. 그렇지만 이 과제는 전통적인 기말보고서와는 다소 차이가 있기 때문에, 여러분의 담당교수는 각 논문에 대해서 모든 유형의 정보를 포함시키기를 원하지 않거나 필자가 나열하지 않은 세부사항을 포함시키기를 원할는지 모른다. 표 6.1이 요구사항에 따라 가변적인 이유가

표 6.1 연구논문에 관하여 포함시킬 정보에 대한 체크리스트

포함시킬 정보	필수적?	그 정보를 포함시켰는가?
연구 목적		
연구자의 가설/예측		
연구참가자 유형(중요한 인구학적 특징 포함)		
가설/예측 검증에 사용한 연구방법의 유형		
수집한 데이터의 유형		
얻은 결과		
결과가 주제에 관한 기존 지식에 공헌한 내용		
연구의 장점과 제한점의 과학적 평가		
	그렇다	
	그렇다	

주 : 여러분은 담당교수가 여러분의 기말보고서나 문헌개관에서 연구논문에 관하여 요구한 자료를 모두 다루었는지를 확인하는 데 이 체크리스트를 사용할 수 있다. 여기에 나열한 각 범주에 대해서 담당교수가 필수적으로 요구한 정보인지를 표시하라(그렇다/아니다). 표 하단에 있는 두 개의 빈칸 범주에 주목하라. 필자는 포함시키지 않았지만 여러분의 담당교수가 요구할 범주를 삽입하는 데 그 빈칸을 사용할 수 있다. 각 연구에 관하여 글쓰기를 하면서, 세 번째 열에서 각 범주들을 확인하라. 보고서에서 다루는 각 연구에 대해서 이 표를 사용하는 것은 담당교수가 포함시키기를 원하는 중요한 정보를 빠먹지 않도록 도와줄 것이다.

바로 이것이다. 담당교수 그리고 기말보고서의 요구조건이 다양하다는 점을 전제할 때, 담당교수가 선호하는 것이 무엇인지를 직접 문의하는 것이 최선이다. 예컨대, 필자는 담당과목이 연구방법론을 다루고 있었기 때문에 학생들에게 연구방법론에 관한 정보를 포함할 것을 요구하였다. 학습심리학, 발달심리학, 이상심리학 등과 같이 내용 중심의 과목을 가르치는 교수는 방법론적 논제를 다루도록 요구할 가능성이 높지 않지만, 이러한 유형의 교과목에서조차도 가변성을 예상할 수 있다. 따라서 나중에 후회하기보다 안전하기 위해서 필자는 여러분에게 각 논문에 관하여 어떤 유형의 정보를 포함시킬 것인지를 담당교수에게 직접 문의하도록 충고한다. 필자는 담당교수로서 읽는 기말보고서가 기대한 내용을 담고 있도록 학생들에게 기꺼이 답해준다.

연구논문에 관하여 무엇을 쓸 것인가? 이 물음의 답은 담당교수가 각 논문에 대해서 어떤 정보를 포함시키도록 알려주었는지에 달려 있다. 여기서는 연구논문에 관하여 무엇을 쓸 것인지에 관한 일반적인 조언에 초점을 맞춘다.

필자가 제공할 수 있는 최선의 조언 중 하나는 APA 스타일 글쓰기와 인문학 기반 글쓰기 간의 차이점에 대해서 제2장에서 제시하였던 정보를 곰곰이 따져보라는 것이다. 특히 제2장에서 "엔터테인먼트 가치가 아니라 명료성과 소통을 염두에 두고 글을 쓰라" 절은 APA 스타일에 대한 소중한 조언과 몇 가지 중요한 글쓰기 지침을 제공해준다. 그 아이디어를 한마디로 요약하면 소통하려는 메시지를 가능한 한 명확하고 간결하게 써야 한다는 것이다.

학생들은 너무나도 자주 간접적인 방식, 즉 작문시간에 글쓰기 하는 방식으로 연구논문에 관하여 적는다. 이와 대조적으로 APA 스타일은 가능한 한 직접적이고 간결하다. 예컨대, 학생들은 어떤 연구를 소개하는 데 "1984년에 아무개대학교에 재직하고 있는 스미스와 존스가 수행한 연구에서, 연구자들은 …"와 같은 구성을 사용하기 십상이다. 또한 제목을 사용하여 논문을 소개하기도 한다. 만일 "스미스와 존스(1984)는 …를 찾아냈다" 또는 "스미스와 존스(1984)는 …를 연구하였다"와 같은 표현으로 한 문단을 시작한다면, 여러분은 발표일자, 제목, 장소 등과 같은 주변적인 세부사항이 아니라 연구자와 그 결과 또는 연구영역을 직접적으로 강조한 것이 된다. 이렇게 직접적인 글쓰기 스타일은 학생들이 과거에 작성하였던 유형의 글쓰기와는 급격할 정도로 대비되는 것이기에 낯설게 보이기 십상이다. 그렇기는 하지만, 그러한 접근이야말로 담당교수가 요구하는 세부사항을 포함시킬 수 있게 해준다(각 논문에 관하여 글을 쓸 때 표 6.1을 보조수단으로 사용하도록 하라).

학생 글쓰기에서 자주 발생하는 또 다른 문제점은 시간 경과에 따른 연구의 발전에 관한 이야기를 구성하는 데 있어서의 어려움이다. 각 연구가 어떻게 그리고 왜 다음 연구로 이끌어가는지(아니면 선행연구에 뒤따르는지)에 초점을 맞추어야 한다는 사실을 명심하라. 즉, 다음 연구는 어떻게 선행연구가 제공하는 정보에 근거하거나 그 정보에 새로운 정보를 첨가하는가? 이러한 이야기를 구성하는 핵심 요소가 문단 간의 이행, 즉 문단 나누기이다. 문단 나누기는 연구들의 순서와 상호관계를 설명하는 데 있어서 중요한 역할을 담당한다. 예컨대, 어느 보고서에서 "스미스 등(2016)은 데이비스(2010)의 연구를 확증하고 확장하기 위한 실험을 수행하였다"로 문단을 시작하는 문장을 읽는다고 상상해보라. 여러분은 이 학생이 얼마나 논리적으로 데이비스의 연구에 뒤이어 스미스 등의 연구를 다루었는지를 볼 수 있는가? 만일 그 학생이 반대 순서로 연구들을 기술하였더라면 전혀 이치에 맞지 않았을 것이다! 이렇게 간단한 문단 시작 문장은 독자들이 보고서에서 논문의 순서를 이해하는 데 도움을 주며 어떻게 후속 연구가 선행연구에 근거하고 무슨 정보를 덧붙였는지를 위한 무대를 설정해준다. 반드시 한 논문에서 다음 논문으로의 이행에 주의를 기울여 작업하라(제7장 면밀한 관찰 : 전환 글상자를 참조하라).

앞에서 강조한 바와 같이, 담당교수에 따라서 여러분의 보고서에 포함된 논문에서 보고자 하는 정보가 다르다. 여기서 에릭 모튼이라는 학생이 최근에 나에게 제출한 보고서의 좋은 사례를 제시한다.

> 카페인(3mg/kg)이 주의 과제에 대한 각성을 증가시킨다는 스미스 등(1994)의 결과에 근거하여, 맥퍼슨 등(1996)은 다양한 카페인 용량이 이야기 기억에 미치는 효과를 비교하였다. 세 집단에게 체중의 kg당 0, 2, 또는 4mg의 카페인을 처치하였다. 참가자들은 컴퓨터 화면을 통해 자기 페

> 이스대로 여섯 개의 짧은 이야기를 읽었다. 읽기를 마친 후에, 참가자들에게 읽은 것을 회상해보고록 지시하였다. 카페인을 복용한 집단이 가짜약 집단보다 이야기를 읽는 데는 더 많은 시간이 걸렸지만, 더 많은 내용을 회상하였다(MacPherson et al., 1996).

이 문단은 멕퍼슨 등(1996)의 실험을 잘 다루고 있다. 연구의 방법론과 결과를 모두 간략하게 요약하고 있다. 또한 맥퍼슨 등의 연구를 연구 흐름이라는 맥락에 잘 배치시키고 있다. 즉, 한 가지 수준의 카페인 용량만을 사용하였던 선행연구(Smith et al., 1994)와는 대조적으로, 연구자들이 상이한 용량의 카페인(0, 2, 또는 4mg/kg)을 비교하였음을 볼 수 있다. 이에 덧붙여서, 맥퍼슨 등은 스미스 등과는 다른 유형의 과제와 종속변인을 사용하였다. 만일 담당교수로부터 인용하는 논문에서 어떤 정보를 포함시킬 것인지에 관한 정보를 얻지 못하였다면, 이 문단이 좋은 모델이 될 수 있다. 그렇지만 담당교수가 무엇을 선호하는지를 문의해볼 것을 다시 한 번 강조한다.

기말보고서에는 또 무엇을 포함시켜야 하는가? 여러분이 기말보고서에서 다룬 논문들에 덧붙여서, 서론과 결론에 해당하는 문단을 반드시 포함시켜라. 서론 문단에서는 여러분의 주제를 위한 무대를 마련하고 보고서가 어떻게 진행될 것인지에 관한 복선을 제공하라. 이 장의 앞부분에서 보았던 사례의 주제(학령전 아동의 사회촉진)를 다루는 보고서의 서론 문단에서 여러분은 사회촉진이라는 보편적 주제 그리고 학령전 연령에서 학령기 연령으로의 발달적 변화에 관하여 기술할 수 있다. 이러한 주제에 관한 정보는 교재, 학술서적, 전문가의 기사 등과 같은 학문적 출처, 또는 연구논문에서조차 나오기도 한다. 예컨대, 여러분은 타인의 존재가 수행에 미치는 촉진효과와 방해효과를 모두 보여주는 혼란스러운 사회촉진 결과에 대한 자이언스(Zajonc, 1965)의 획기적인 재해석을 언급할 수 있다. 또한 사회촉진 연구들이 대체로 성인 참가자를 다루었다는 사실을 지적할 수도 있다. 그런 다음에 사회촉진 패러다임에서 어린 아동을 검증하는 것은 사회촉진이 연령에 관계없는 보편적 현상인지를 확립하는 데 도움을 줄 것이기 때문에, 사회촉진에 관한 실험실 연구의 논리적 확장임을 지적할 수 있다. 이 경우에 여러분은 사고의 흐름을 학문적 연구에 근거하고는 그 학문적 연구를 실생활에 적용하는 근거와 기말보고서의 근거를 제공한 것이 된다. 학문적 연구에 바탕을 두는 것은 중요하다. 대부분의 교수는 위키피디아와 같은 비학문적 출처나 신뢰성이 의심스러운 인터넷 출처를 사용하는 학생을 별로 달가워하지 않을 것이다. 보고서의 전제를 학문적 연구와 실생활 응용에 근거하는 것은 여러분의 기말보고서에 멋진 서론을 만들어준다.

여러분이 선정한 마지막 논문에 관하여 적은 후에 덜컥 중지하는 식으로 보고서를 끝맺지 말라. 이러한 방식으로 끝맺음을 하는 것은 지나치게 퉁명스럽고 좋은 인상을 남기지 못한다. 보고서에는 좋은 출발점이 필요하듯이 좋은 종결점도 필요하다. APA 출판지침(APA, 2020)이 기말보고서 작성을 다루지 않는 까닭은 출판지침이 저널에 게재 신청하는 원고에 초점을 맞추고 있기 때문이다. 그렇기는 하지만 문헌개관을 간략하게 언급하고 있으며, 문헌개관은 기말보고서와 가장 밀접한 유형의 출판된 논문이다. 문헌개관은 다음과 같은 네 가지 기능을 가지고 있다(APA, 2020, p. 8).

- 문제를 상세하게 기술한다.
- 선행연구를 개관한다.
- 연구문헌에서 추세와 문제점을 제시한다.
- 그 문제점을 해소하는 데 필요한 연구를 제안한다.

첫 번째 기능은 기말보고서의 서론 문단과 근사해 보이며, 두 번째 기능은 여러분이 보고서에 포함시킨 논문의 범위를 기술하고 있다. 따라서 나머지 두 기능을 결론 문단에 포함시킬 수 있는 정보로 살펴볼 수 있겠다.

연구문헌에서 추세와 문제점의 제시는 여러분이 다룬 연구논문들의 요약이나 개관을 작성하는 것과 유사할 수 있다. 결과를 요약하게 되면, 연구문헌에서 동의되거나 동의되지 않는 요소 또는 빠져 있는 정보를 지적하는 것이 의미를 갖게 된다. 이 접근방법은 기말보고서의 적절한 결론으로 작동할 수 있다. 그렇지만 후속 연구의 방향을 제안하는 것으로 네 번째 기능을 다루고자 원할 수도 있다. 그러한 제안은 담당교수에게 여러분이 연구영역을 제대로 이해하고 있음을 입증하며 보고서를 인상적인 것으로 만들어줄 가능성이 있다. 이러한 유형의 마무리는 제7장에서 다룰 글쓰기 과제인 연구제안서에서 특히 중요하면서도 적절하다.

APA 스타일 고려사항

제2장과 3장에서 APA 스타일 글쓰기의 중요한 고려사항들을 제시하였다. 여러분이 보고서를 작성할 때 그러한 고려사항이 중요한 까닭은 담당교수가 내용뿐만 아니라 APA 스타일 준수에 근거하여 여러분의 보고서를 평가할 가능성이 크기 때문이다.

인용

필자는 제2장에서 우선적으로 글쓰기 과제에서 인용의 사용을 언급한 바 있다. 여러분은 어떤 출처의 정보를 사용할 때마다 그 출처의 공로를 인정해야만 한다. 보고서에서는 그 정보를 사용하는 곳마다 인용을 함으로써 그리고 보고서 말미의 참고문헌 목록에 그 출처를 포함시킴으로써 공로를 인정하게 된다. 여러분은 보고서에서 사용한 모든 출처를 인용해야 한다. 인용은 독자가 논문이나 책 또는 다른 유형의 출처에 관한 참고문헌을 찾는 데 필요한 기본 정보, 즉 이름과 출판일자를 제공한다. 예컨대, 필자가 APA **출판지침**의 정보를 사용할 때마다 여러분은 그 인용, 즉 (APA, 2020)을 보았다. 그 인용은 출처에 상응하는 참고문헌이 있음을 알려준다. 저자의 수 그리고 앞서 인용하였는지에 따라 인용의 형식을 결정하는 몇 가지 단순한 규칙이 존재한다.

단일 저자 출처

2014년 스미스가 출판한 논문을 읽고 본문에서 인용하고자 한다면, 두 가지 선택지가 있다. 연구자가 아니라 연구에 초점을 맞추고자 한다면, "연구(Smith, 2014)는 …을 보여주었다"와 같이 괄호를 사용하는 인용을 사용할 수 있다. 반면에 연구자의 이름을 원한다면, "스미스(2014)는 …을 찾아내었다"와 같은 문장에서 그 이름을 사용할 수 있다.

두 저자 출처

두 명의 저자가 작성한 출처에도 단일 저자 출처와 동일한 선택지가 있다. "카페인 사용의 결과는 용량에 달려 있다(Smith & Jones, 2014)" 또는 "스미스와 존스(2014)는 카페인 결과가 용량 수준에 달려 있다고 언급하였다"와 같이 쓸 수 있다. 저자의 이름이 본문에 나타날 때는 "and"를 사용하는 반면에, 괄호 속에서는 앰퍼샌드(&)를 사용함에 주목하라.

셋 이상의 저자 출처

출처에 셋 이상의 저자가 있을 때 APA 스타일은 인용을 짤막하게 유지하기 위하여 **"et al."**을 사용한다("누구 외"를 의미하는 라틴어 단어이다). 모든 인용은 첫 번째 저자를 제외한 모든 저자를 "et al."로 대신한다. 따라서 Smith, Jones, Brown, White, 그리고 Black의 논문에 대한 정확한 괄호 인용은 "(Smith et al., 2014)"이며, 본문의 정확한 인용은 "Smith et al. (2014) …"이다. 두 저자 출처에서는 "et al."을 절대로 사용하지 않음에 유념하라. 가장 최근의 APA 출판지침(2020) 이전에 출판된 논문을 읽을 때, 여러분은 세 명에서 다섯 명까지의 저자 논문을 처음 인용할 때는 모든 저자의 이름을 나열하며, 두 번째 인용부터만 "et al."을 사용한 것을 보게 된다.

et al. 규칙의 예외

몇 가지 문제가 발생할 소지가 있는 상황이 방금 기술한 지침을 수정하게 만든다. 다음과 같은 두 논문을 인용한다고 상상해보라.

Smith, Jones, Brown, White, and Black (2014)
Smith, Brown, Jones, Black, and White (2014)

"et al." 지침을 사용하면, 두 인용은 모두 Smith et al. (2014)가 되는데, 이렇게 되면 여러분이 두 논문 중 어느 것을 인용하고 있는지를 독자들이 알지 못하게 된다. 이러한 경우의 규칙은 두 논문을 구별하는 데 필요한 만큼의 이름을 나열한 다음에 "et al."을 붙이는 것이다. 따라서 두 인용은 "Smith, Jones, et al. (2014)" 그리고 "Smith, Brown, et al. (2014)"가 된다. 표 6.2는 이러한 모든 인용 규칙을 요약하고 있다.

중복된 저자 이름

제5장에서는 저자의 이름과 출판연도가 동일할 때 참고문헌을 구성하는 방식을 설명하였다. 참고문헌을 제목의 알파벳 순으로 배열하고 연도와 함께 영어 소문자를 사용한다는 사실을 기억하라. 참고문헌 목록에서 그 논문들을 구별할 필요가 있는 것과 마찬가지로, 인용에서도 그렇게 해야 한다. 따라서 만일 참고문헌 목록에 Smith and Jones(2015a)와 Smith and Jones(2015b)가 있다면, 그 연구들을 동일한 방식으로 인용해야 한다. 반드시 참고문헌 목록에서 구별한 것처럼, 인용에서도 연

표 6.2 APA 인용 스타일

저자 수	인용 유형	인용 형식
한 명	본문	Smith(2014)
	괄호	(Smith, 2014)
두 명	본문	Smith and Jones (2014) (et al.을 절대 사용하지 않는다)
	괄호	(Smith & Jones, 2014) (et al.을 절대 사용하지 않는다)
세 명 이상	본문	Smith et al. (2014)
	괄호	(Smith et al., 2014)
et al. 규칙의 예외		
세 명 이상(예컨대, 모두 2014년에 출판된 Smith, Jones, Brown, White, & Black **그리고** Smith, Brown, Jones, Black, & White의 논문)	본문	Smith, Jones, et al. (2014) Smith, Brown, et al. (2014)
	괄호	(Smith, Jones, et al., 2014) (Smith, Brown, et al., 2014)

도에 소문자를 붙이도록 하라.

다중 인용에 대처하기

여러 연구가 동일하거나 유사한 정보를 가지고 있을 때처럼, 두 개(또는 그 이상의) 연구를 동시에 인용하려는 경우가 흔하다. 이 경우에는 참고문헌 목록에 나타나는 것과 동일한 순서대로 논문을 인용해야 한다. 따라서 Smith and Brown(2017)과 Jones and White(2015)를 동일한 문장에서 인용한다면, 다음과 같은 유형의 표현과 문장 구성을 사용해야 한다. "이 결과는 선행연구(Jones & White, 2015; Smith & Brown, 2017)와 일치한다."

참고문헌

보고서 말미에 참고문헌 목록, 즉 여러분이 보고서 작성에 실제로 사용한(그리고 인용한) 모든 출처의 목록을 포함하게 된다. 참고문헌 목록은 여러분이 다른 학문분야에서 배웠을지도 모르는 서지목록과 다르다. 참고문헌 목록은 여러분이 참조는 하였지만 논문에서 사용하지 않은 출처를 포함하지 않는다. 상이한 유형의 출처는 상이한 참고문헌 스타일을 요구한다. 제5장에서 저널 논문의 APA 참고문헌 스타일을 다루었기에, 이 장에서는 책의 참고문헌 스타일만을 살펴본다. 저널 논문과 책은 여러분이 기말보고서를 작성하는데 가장 보편적으로 사용하는 유형의 출처이다.

책

여러분의 기말보고서를 위한 한 가지 잠재적 정보 출처가 책이다(물론 담당교수가 허용할 때 그렇다). 책 참고문헌의 일반 형식도 출처의 다양한 요소에 대해 다음과 같은 특정 순서를 사용한다. 즉, 저자, 연도, 제목, 출판사 이름, 그리고 DOI(만약 있다면) 또는 온라인 책을 위한 URL 순이다. 저널 논문(실제로는 모든 참고문헌)에서와 마찬가지로, 첫 번째 줄은 좌측 정렬을 하며 나머지 줄은 내어 쓰기를 한다(Tab 키를 쓰는 것이 아님을 기억하라!). 다음은 책의 올바른 참고문헌 사례이다.

Crawford, L. A., & Novak, K. B. (2018). *Individual and society: Sociological social psychology* (2nd ed.). Routledge. https://doi.org/10.4324/9781315269313

저자 이름과 연도는 저널 논문에서와 동일한 방식의 형식을 취한다는 점에 주목하라. 책의 제목은 이탤릭체로 입력하며, 제목의 첫 단어, 고유명사, 그리고 콜론 뒤의 첫 단어만을 대문자로 시작한다(콜론 다음에는 한 칸만 띄어쓰기 한다). 만일 책이 두 번째 판이거나 그 이후의 판이면, 사례에서 보는 바와 같이 그 정보를 이탤릭체가 아닌 서체로 괄호 안에 포함시킨다. 마지막으로 출판사 이름을 제시해야 한다. 출판사 이름에는 "기업 구조의 명칭(예컨대, Inc., Ltd., LLC 등)은 포함시키지 않는다" (APA, 2020, p. 296). 만일 (APA **출판지침**의 경우와 같이) 저자와 출판사가 동일하다면, 출판사 이름은 군더더기이기에 생략한다(한 가지 사례로 이 장의 참고문헌 목록을 참조하라). 만일 DOI나 URL을 가지고 있다면, 출판사 이름 다음에 기술한다. 그렇지 않다면 출판사 이름으로 참고문헌을 종료한다. 오래된 저널 논문에서 책의 참고문헌을 보게 되면, 출판사 이름 앞에 지역 이름을 보게 된다. 이 정보는 **출판지침** 제6판(APA, 2010)에서의 책 참고문헌에 들어 있던 것이다.

편집한 책에서의 장

편집한 책(편람)에는 다양한 저자들이 집필한 장(chapter)들이 있으며 한 명 이상이 편집자 역할을 한다. 여러분 보고서의 참고문헌으로 저자가 집필한 책보다 편람을 포함시킬 가능성이 더 큰 까닭은 편람의 장들이 연구결과를 포함하고 있을 가능성이 더 크기 때문이다. 편람의 특정 장에 대한 참고문헌 스타일은 다음 사례에서 보듯이 저널 논문과 책 참고문헌의 조합과 유사하다.

Cialdini, R. B., & Griskevicjus, V. (2010). Social influence. In R. F. Baumeister & E. J. Finkel (Eds.), *Advanced social psychology: The state of the science* (pp. 385–417). Oxford University Press.

이러한 유형의 참고문헌이 여러분에게 친숙하지 않을 것에 대비하여 설명하자면, 이 참고문헌은 Baumeister와 Finkel이 편집을 맡아 2010년에 출판한 책(*Advanced Social Psychology: The State of the Science*)에 Cialdini

와 Griskevicjus가 집필한 장("Social Influence")을 지칭한다. 장을 집필한 저자의 이름이 먼저 나오고, 책의 출판일자와 장의 제목이 뒤따른다(저널 논문 제목을 적을 때와 같이 대문자로 시작한다). 그런 다음에 편집자의 이름이 나타나고, 괄호 속에 (편집자가 한 명이면) "Ed." 또는 (편집자가 두 명 이상이면) "Eds."가 뒤따른 다음, 책의 제목(대문자로 시작하고 이탤릭체로 쓴다), (괄호 속에 이탤릭체가 아닌 서체로) 장의 페이지 범위가 나타난다. 마지막으로 출판사 이름 그리고 (만일 그 장이 가지고 있다면) DOI나 URL을 제시한다(책은 가지고 있으나 개별 장은 가지고 있지 않다면, 그 책의 DOI나 URL을 제시한다).

다른 유형의 출처

이 장과 제5장의 논의에서 필자는 여러분이 기말보고서나 문헌개관을 작성할 때 접속하여 사용할 가능성이 가장 큰 주요 유형의 출처를 포함시켰다. 그렇지만 APA 출판지침(APA, 2020, pp. 316-352)은 114가지 상이한 참고문헌 사례를 제공하고 있으며, 만일 다른 유형의 출처를 사용하여 그 참고문헌을 작성하는 방법을 알고 싶다면 출판지침을 참고할 필요가 있다.

참고문헌 목록 정리하기

기말보고서는 모든 참고문헌의 목록으로 끝맺어야 한다. 여러분이 정보를 가져온 모든 출처를 기술해야 하며, 기술한 모든 출처는 보고서 어디에선가 인용한 것이어야 한다. 참고문헌 목록을 형식에 맞게 작성하는 설명을 보려면, 제5장을 참조하라. 참고문헌 목록 작성에는 다소 강박적이어야 함을 기억하라. 오류를 방지하는 것이 무엇보다도 중요하다. 실행하기 : 참고문헌을 잊지 말라! 글상자에서 참고문헌 목록을 정리하는 데 유용한 조언을 제공하였다.

실행하기

참고문헌을 잊지 말라!

인용을 하였지만 상응하는 참고문헌이 없거나 참고문헌은 있는데 상응하는 인용이 없는 학생 보고서를 읽는 것이 필자에게는 이례적인 일이 아니다. 참고문헌의 망각을 방지하기 위하여, 필자는 보고서를 작성하기 시작할 때, 새 페이지를 만들어 삽입하고는(PC에서는 Control+Return; Mac에서는 Command+Return; 흔글에서는 Control+j) 새 페이지 상단 중앙에 굵은 서체로 "Reference"(참고문헌)라는 표제를 입력한다. 글에서 인용을 할 때마다 참고문헌 페이지로 가서는 인용한 참고문헌의 이름과 연도를 알파벳 순서로 입력한다. 이때 온전한 참고문헌을 입력하지 않는 까닭은 필자의 글쓰기 흐름이 방해받는 것을 원치 않기 때문이다. 글쓰기 회기가 끝났거나 보고서 작성을 끝낸 후에, 필자는 모든 참고문헌의 프롬프트를 가지고 있기 때문에 특정 참고문헌을 빼먹는 실수를 범하지 않는다.

주 : 워드프로세서에서 페이지를 새로 시작하기 위해 새 페이지가 나타날 때까지 엔터키를 반복해서 누르는 어리석은 짓을 하지 말라. 이 전략의 문제점은 보고서를 수정할 때 어떻게 편집하느냐에 따라서 그 새 페이지의 정보가 위아래로 오르내리게 된다.

제목 페이지

기말보고서나 문헌개관에서는 제목 페이지를 제5장에서 개관한 방식대로 형식을 갖춘다(그림 5.4와 5.5 참조). 여러분은 담당교수로부터 전문가 제목 페이지와 학생 제목 페이지 중에서 어느 것을 채택할 것인지 그리고 모든 성분을 요구하는 것인지를 알아볼 필요가 있음을 기억하라.

두 번째 페이지

제5장 말미에서 언급한 바와 같이, 두 번째 페이지 상단에 모두 대문자로 적은 머리제목이 있어야 한다. 첫 번째 줄에는 제목을 다시 입력한다(가운데 정렬한 진한 서체). 반드시 첫 번째와 두 번째 페이지의 제목은 동일하여야 한다. 다음 줄부터 보고서의 본문을 시작하는데, 각 문단은

반드시 들여쓰기를 한다.

여러분의 담당교수는 두 번째 페이지에 초록(제4장 참조)을 포함할 것을 원할 수도 있다. 기말보고서나 문헌개관에서는 이러한 요구사항이 다소 이례적인 것이기는 하지만, 얼마든지 가능하다. 초록을 포함시킬 필요가 있다면, 제8장에서 형식에 관한 설명을 참조하라. 만일 필요하다면 초록은 아래쪽에 빈 공간이 존재한다고 하더라도 두 번째 페이지에 독자적으로 존재하게 된다. 따라서 이 경우에는 보고서의 본문을 세 번째 페이지에서 시작한다.

참고문헌 페이지

보고서 본문을 완료한 후에는 참고문헌 목록을 새 페이지에서 시작한다. 새 페이지에는 첫 번째 줄에 가운데 정렬한 진한 서체로 "References"(참고문헌)라고 적는다(만일 참고문헌이 하나밖에 없다면 "Reference"라고 적는다. 그렇지만 여러분은 결코 단 하나의 참고문헌을 가지고 기말보고서를 작성하지 말 것을 제안한다). 두 번째 줄부터는 좌측 정렬로 변경하고는 첫 번째 참고문헌부터 입력하기 시작한다. 제5장("저널 논문의 참고문헌" 절)과 이 장에서 개관한 방식대로 참고문헌의 형식을 갖추어라. 각 참고문헌의 두 번째 줄부터는 반드시 내어쓰기를 하라. 또한 반드시 제1저자의 성에 따라서 참고문헌을 알파벳 순서대로 배열하라. 필자는 제5장 "주석 서지목록 배열하기" 절에서 동일한 저자의 여러 논문과 같이 골치 아픈 알파벳순으로 배열하기 상황에 대처하는 조언을 제공하였다.

소제목

APA 형식은 상이한 유형의 소제목을 사용하여 원고를 체제화한다(APA, 2020, pp. 47-49). 이 책은 전반적으로 APA 형식의 소제목을 사

그림 6.2 제6장의 사례를 가지고 APA 스타일 소제목을 작성하는 방법

APA 스타일 소제목	제6장에서 APA 스타일 표제의 사례
수준 1 소제목	기말보고서란 무엇인가?
수준 2 소제목	기말보고서 작성의 스트레스 경감하기
수준 3 소제목	기말보고서 주제 선택하기
수준 4 소제목	주제를 더욱 좁히기
수준 5 소제목	상급 교재 참조하기

용하고 있다. 아마도 여러분은 대부분의 교재가 학습하고 있는 정보를 여러분이 처리할 수 있는 단위로 분할하고 체계적인 틀을 제공하기 위하여 소제목을 사용한다는 사실을 알아차렸을 것이다. 여러분도 보고서를 내용, 핵심 주제, 또는 다른 어떤 도식에 근거하여 분할하고 싶을 수 있다. 만일 그렇다면, 소제목이 이러한 분할을 독자에게 알려주는 데 도움이 된다. APA 출판지침의 표 2.3(p. 48)은 그림 6.2에 나와 있는 바와 같이 상이한 수준의 소제목을 적시하고 있다.

그림 6.2가 제안하는 바와 같이, 소제목은 중고등학교 시절에 배웠을 수도 있는 개요 작성하기와 유사하다. 따라서 수준 2 소제목은 수준 1 소제목에 들어가는 정보의 하위분할을 의미하는 식이다. APA 출판지침(APA, 2020, p. 48)은 수준 1 소제목으로부터 시작하여 여러분이 보고서에서 어느 수준까지의 소제목을 원하는지에 근거하여 목록의 아래쪽으로 내려가라고 언급하고 있다.

보고서 수정하기와 APA 스타일 고려사항

보고서 작성을 끝마친 후에는 담당교수에게 제출하기에 앞서 철저하게

수정하여야 한다. 수정이 문법, APA 스타일, 그리고 내용에 초점을 맞추어야 하는 까닭은 이 모든 것이 글쓰기 성공에 결정적이기 때문이다. 보고서를 온전히 읽어봄으로써 제출하기 전에 수정할 수 있는 문제들을 찾아낼 가능성이 크다. 많은 학생이 보고서를 수정하는 데 어려움을 겪는데, 아마도 자신이 말하고 있는 것(아니면 말하려고 애쓰고 있는 것)이 무엇인지를 알고 있기에 명료하게 표현하지 못했을 때조차도 그 정보를 보고 있기 때문이겠다. 필자는 이 문제를 도와줄 다음과 같은 다섯 가지 제안을 가지고 있다.

첫째, 보고서를 작성하고 나중에 수정할 때는, 워드프로세서가 제공하는 문법적 조언에 주의를 기울여라. 워드프로세서마다 오탈자나 문법적 오류를 지적하고 수정하는 방식에서 차이가 있을 수 있다. 사용하고 있는 워드프로세서의 기능을 충분히 활용할 수 있도록 숙달하는 것이 중요하다. 주의할 사항은 이 문법기능이 완벽한 것은 아니라는 점이다. 예컨대, 사람 이름은 대부분의 경우에 오자로 간주하기도 한다.

두 번째 제안은 보고서를 자신에게 큰 소리로 읽어보라는 것이다. 묵독을 할 때는 사람들이 빠르게 읽으면서 그 속에 들어 있는 문제점을 얼버무리고 넘어가는 경향이 있다. 큰 소리로 읽으면서 스스로 듣게 되면, 문제점이 튀어나오기가 쉽다.

셋째, 담당교수가 반대하지 않는다면, 다른 수강생에게 서로의 보고서를 교환하여 읽고 교정해주도록 요청하라. 여러 연구(예컨대, Cathey, 2007; Haaga, 1993; Kennette & Frank, 2013)는 학생들이 동료평가(peer review)라고 알려진 이 과정이 유용함을 알고 있으며 자신의 보고서를 개선하는 데 도움을 준다고 믿고 있다는 사실을 보여주었다.

네 번째 제안은 제1장의 "교정과 수정/개정" 절을 살펴보라는 것이다. 그 절에서 필자는 보고서의 교정보기를 수정하기/개정하기와 대비시켰다. 보고서 작성에 대한 두 접근방식이 모두 중요하지만, 상이한 과정을 수반하고 있다. 또한 필자는 여러분이 보고서 초고를 작성함에 따라서 보다 우수한 최종 산물을 만들어내는 데 도움을 주기 위하여 작가들의 조언을 마련하였다. 마지막으로 새로운 APA 출판지침(APA, 2020, pp. 125-127)은 "글쓰기를 증진시키는 전략"(Strategies to Improve Your Writing)이라는 소제목의 절을 포함하고 있으며, 이 절은 여러분이 구현할 수 있는 유용한 제안을 제공한다. 보고서 개정에 관한 조언이 출판지침의 이 절에서 가장 많은 주목을 받고 있다.

마지막 제안은 학생들이 글을 더 잘 쓰도록 도와주고자 애를 썼던 필자의 경험에서 여러분이 도움을 받게 해줄 것이다. 여러 해에 걸쳐 학생 보고서를 읽고 수정해주면서 필자는 학생들이 글쓰기를 개선하도록 도와주려는 이중 목적의 자료를 개발하였다. 필자는 대부분의 학생이 동일한 유형의 오류를 범하는 경향이 있음을 알게 되었으며, 보고서마다 동일한 수정사항을 적는데 상당한 시간을 들이고 말았다. 이 문제에 대처하기 위하여 필자는 보편적 글쓰기 문제, 설명, 그리고 해결책 목록을 작성하였다(부록 C, 파트 A 참조). 이 목록의 상당부분은 APA 스타일 논제를 다루고 있지만, 몇 가지 문법 문제도 언급하고 있다. 학생 보고서를 읽으면서 짤막한 표시를 하고(첫 번째 열 참조) 목록에서 그 문제에 관한 보다 상세한 코멘트를 제시할 수 있다(설명/해결책 열). 목록 말미에는 열의 형식에 들어맞지 않는 다른 유형의 글쓰기 문제도 포함시켰다(부록 C, 파트 B 참조). 이 목록을 사용함으로써 필자는 보고서에 적은 수의 표시를 하지만 여전히 학생들에게 공통적인 오류의 수정에 관하여 상세한 설명을 제공할 수 있다. 여러 학기 동안 이 목록을 사용한 후에, 필자는 접근방법을 수정하였다. 이 목록을 단순히 채점도구로만 사용하기보다 이제는 학생들이 보고서를 작성하여 제출하기 전에 스스로 그러한 오류를 범하지 않도록 그 목록을 제공하고 있다. 이 목록을 읽고 다양한 지적사항을 학습한다면, 여러분은 자신의 APA 스타일 글쓰기가 증진되는 것을 체감할 가능성이 높다. 이 목록을 단지 기말보고서뿐만 아니라 모든 APA 스타일 글쓰기 과제에서 사용하라.

결론적 생각

이 장에서는 심리학 강의에서 가장 보편적인 유형의 글쓰기 과제, 즉 기말보고서 또는 문헌개관을 다루었다. 여러분은 신입생에서부터 졸업반에 이르기까지 모든 수준의 강의에서 이 유형의 과제에 직면할 수 있다. 이 장에서는 두렵기 십상인 과제를 도전하기 용이한 것으로 만들어주려는 통찰과 조언을 제공하였다. 기말보고서를 보다 용이한 과제로 만드는 데는 두 가지 비결이 있다. 즉, 여러분의 관심을 끄는 주제를 선정한 다음에 그 주제를 좁혀나감으로써 제한된 시간과 지면에 너무나 많은 것을 설명하고자 애쓰기보다는 초점을 잘 맞춘 보고서를 작성할 수 있는 것이다.

글쓰기 과제를 비판적으로 생각하기

다음 글쓰기 과제를 수행하면서, 기말보고서와 문헌개관 글쓰기 과제에 동일하게 적용되는 지침에 관한 여러분의 전문지식을 필요로 하는 친구를 염두에 두라.

과제 1

여러분과 전공분야가 다른 어떤 친구가 있다고 상상해보라. 그 친구가 여러분에게 이메일을 보내 자신의 글쓰기 과제를 위한 주제를 선정하는 데 어디서부터 시작할 것인지에 대한 조언을 요청하고 있다. 그 친구에게 답하는 한 문단의 조언을 작성해보라.

과제 2

그 친구가 글쓰기 과제로 여러분에게 연락을 해왔다. PsycINFO에서 주제를 검색하기 시작하였는데 수백 편의 관련 논문이 나왔다고 불평을

늘어놓는다. 이 문제에 어떻게 대처할 것인지에 관한 조언을 담은 이메일을 작성해보라.

과제 3

그 친구가 담당교수로부터 나쁜 평가를 받지 않도록, 선제적으로 그 친구에게 인용과 참고문헌 목록을 작성하는 방법에 관한 조언이 담긴 이메일을 보내라.

참고문헌

American Psychological Association. (2010). *Publication manual of the American Psychological Association* (6th ed.).

American Psychological Association. (2020). *Publication manual of the American Psychological Association* (7th ed.). https://doi.org/10.1037/0000165-000

Bem, D. J. (1995). Writing a review article for *Psychological Bulletin. Psychological Bulletin, 118*(2), 172-177. https://doi.org/10.1037/0033-2909.118.2.172

Cathey, C. (2007). Power of peer review: An online collaborative learning assignment in social psychology. *Teaching of Psychology, 34*(2), 97-99. https://doi.org/10.1177/009862830703400205

Chen, S. C. (1937). Social modification of the activity of ants in nest-building. *Physiological Zoology, 10*(4), 420-436. https://doi.org/10.1086/physzool.10.4.30151428

Haaga, D. A. F. (1993). Peer review of term papers in graduate psychology courses. *Teaching of Psychology, 20*(1), 28-32. https://doi.org/10.1207/s15328023top2001_5

Kennette, L. N., & Frank, N. M. (2013). The value of peer feedback opportunities for students in writing intensive classes. *Psychology Teaching Review, 19*(2), 106-11. https://files.eric.ed.gov/fulltext/EJ1149732.pdf

MacPherson, J., Sternhagen, S., Miller, T., Devitt, M., Petros, T. V., & Backwith, B. (1996). Effect of caffeine, impulsivity, and gender on the components of text processing and recall. *Experimental and Clinical Psychopharmacology, 4*(4), 438-444. https://doi.org/10.1037/1064-1297.4.4.438

Morton, E. (2016). *The effects of caffeine on memory and recall* [Unpublished manuscript]. Department of Psychology, Moravian College.

Smith, A. P., Maben, A., & Brockman, P. (1994). Effects of evening meals and caffeine on cognitive performance, mood and cardiovascular functioning. *Appetite*, *22*(1), 57-65. https://doi.org/10.1006/appe.1994.1005

Zajonc, R. B. (1965). Social facilitation. *Science*, *149*(3681), 269-274. https://doi.org/10.1126/science.149.3681.269

Zajonc, R. B., Heingartner, A., & Herman, E. M. (1969). Social enhancement and impairment of performance in the cockroach. *Journal of Personality and Social Psychology*, *13*(2), 83-92. https://doi.org/10.1037/h0028063

7

심리학 연구제안서 작성하기

알고 있습니까?

어떻게 연구 아이디어를 선택하여 범위를 좁히는 것인가?

어떻게 여러분의 연구 아이디어와 연관된 연구논문을 찾을 수 있는가?

어떻게 연구제안서의 시작과 중간 부분 그리고 말미를 상이하게 작성하는가?

연구제안서의 *방법* 절에 어떤 하위절을 포함시켜야 하는가?

방법 절의 각 하위절에 어떤 정보를 포함시키는가?

"연구제안서는 연구를 수행하기 위한 계획이다.
그 계획을 글로 표현하는 것은 적절성이라는 측면에서
건설적이고 구체적인 피드백을 촉진한다."

오커(Orcher), 2014, p. 91

만일 여러분이 전형적인 심리학 전공생이라면, 학과는 어느 시점엔가 여러분에게 심리학 실험을 수행할 것으로 요구할 것이다. 2008년도 심리학 학부교육 전국회의의 교과과정 태스크포스 팀(Dunn et al., 2010, p. 57)은 "심리학을 전공하는 학생은 기술통계와 추론통계 그리고 연구방법을 포함한 과학적 방법론에 정통해야 한다."고 권고하였다. 미국 대학의 심리학과는 이 권고를 따르는 경향을 보인다. 2014년 조사(Norcross et al., 2016)를 보면, 응답한 300개 이상의 학부 심리학 프로그램의 98%가 연구방법론을 필수과목을 지정하였다. 펄먼과 맥칸(Perlman & McCann, 2005)은 조사한 거의 200개 학부 심리학 프로그램의 79%가 연구 기회를 수반한 교과목을 적어도 하나 이상 필수과목으로 지정하고 있음을 확인하였다. 연구방법론을 담당하는 교수는 전형적으로 심리학 전공생에게 비판적 사고를 가르친다는 목표를 가지고 있다(Beins, 2008, p. 199; Saville et al., 2008, p. 149). 모두는 아니더라도 대부분의 심리학교수는 심리학 학부교육 전국회의가 구성한 교과과정 태스크포스 팀이 발표한 다음과 같은 성명에 동의한다. "심리학 교육의 근본 목표는 학생들에게 행동에 대해서 과학자처럼 생각하도록 가르치는 것이며, 다른 모든 것은 이 목표를 따른다"(Brewer et al., 1993, p. 169). 여러분이 연구를 수행할 때는 행동을 심리과학자의 견지에서 생각해야만 한다. 연구의 수행은 여러분에게 새로운 심리학 지식을 생성할 기회, 즉 지금까지 어느 누구도 던지지 않았던 심리학 물음을 제기할 기회를 제공한다.

만일 여러분이 독창적인 실험을 수행해야 한다면, 그 실험을 수행하기 전에 연구제안서를 개발해야만 할 가능성이 높다. APA 출판지침(APA, 2020)은 연구제안서 작성을 다루고 있지 않지만, 여러분이 연구제안서에서 작성할 가능성이 높은 절들은 연구보고서에 나올 몇몇 절들과 동일하다. 전형적으로 연구제안서는 **서론**, **방법** 절, 그리고 **참고문헌 목록**(제4장 참조)으로 구성한다. **서론**에서는 여러분의 주제와 연관된 심리학 문헌을 제시하고 연구물음을 제기한다. 방법 절에서는 실험을 수행하기 위해 제안하는 방법론을 제시한다. 참고문헌 목록에는 아이디어를 개발하기 위해 참고하였고 제안서에서 인용한 출처를 제시한다. 연구제안서는 담당교수와 여러분 학교의 IRB(Institutional Review Board)로 하여금 연구를 수행하기에 앞서 여러분의 아이디어가 논리적이고 수행할 만하며 윤리적인 것으로 보이는지를 평가할 수 있게 해준다. 여기서 IRB란 연구제안서를 살펴보고 연구의 윤리성을 평가하는 위원회를 말한다.

학생 연구프로젝트의 수준

학생들은 여러 가지 상이한 수준(또는 유형)의 연구프로젝트를 제안할 가능성이 있다. 이 수준은 학생의 연구 독창성 정도에 따라 달라진다.

반복연구

반복연구(replication study)에서는 선행연구의 결과를 검증해보기 위해서 가능한 한 선행 실험을 그대로 따라 하게 된다. 실험실 활동이 수반된 심리학 강의를 수강한 적이 있다면, 여러분은 이러한 접근에 익숙할 수도 있다. 이것은 화학 실험실 접근방법을 모델로 삼은 것이다. 화학 실험실에서 화학물질을 함께 혼합한다면, 여러분은 과거의 화학 연구를 반복하는 것이다. 화학실험 담당교수는 여러분이 특정한 두 화학물질을 혼합할 때 어떤 일이 일어날 것인지를 확실하게 예측할 수 있다. 색깔이 바뀌거나, 포말이 발생하거나 아니면 다른 예측 가능한 화학반응을 야기할 수 있다. 예측 가능성이 중요한 까닭은 담당교수가 폭발을 비롯한 어떤 위험한 결과를 시도해볼 수 없기 때문이다.

심리학교수는 이미 고전이 되어버린 연구결과를 시범 보이기 위하여 반복연구를 사용하기 십상이다. 만일 심리학개론 과목을 수강하였다면 그러한 고전적 결과의 시범을 기억해낼는지도 모르겠다. 예컨대, 한 집단의 사람들에게 단어의 긴 목록을 읽어준 다음에 그 단어들을 기억해내도록 요구한다면, 목록의 시작 부분과 마지막 부분의 단어를 기억해낼 가능성이 더 크며, 이것은 고전적인 계열위치효과를 시범 보인 것이다(Robinson & Brown, 1926; Rundus, 1971). 교수들이 강의 중에 자주 사용하는 또 다른 고전적인 시범 사례는 스트룹 효과(Stroop, 1935)이며, 색깔 단어와 그 단어를 쓴 잉크의 색깔이 일치할 때(예컨대, '파랑'을 파란색 잉크로 적었을 때)보다 일치하지 않을 때(예컨대, '빨강'을 파란색 잉크로 적었을 때) 단어를 쓴 잉크의 색깔을 말하는 속도가 유의하게 느려지는 현상이다.

담당교수가 고전적 연구를 반복하는 까닭은 고전적 연구결과를 학생들에게 시범 보일 수 있기 때문일 뿐만 아니라 그러한 고전적 연구의 결과는 예측 가능하기 때문이기도 하다. 그렇지만 반복연구를 덜 흥미롭게 만드는 것도 바로 이러한 예측 가능성이다. 반복이 그 결과에 대한 확신도를 높여주기는 하지만, 새로운 정보를 내놓지는 않는다. 대부분의 과학연구는 새로운 정보의 발견을 중심으로 진행된다. 따라서 선행연구의 반복이 받아들일 만한 실험실 활동일 수는 있겠지만, 심리학교수가 학생들에게 연구를 제안하고 수행하도록 요구할 때 기대하는 것은 결코 아니다. 오히려 여러분에게 전형적으로 요구하는 것은 새로운 정보를 찾아내려는 연구를 설계하는 것이다. 이러한 요구사항은 다른 두 가지 유형의 학생 연구프로젝트로 이끌어간다.

만일 여러분의 과제가 반복연구를 수행하는 것이라면, 연구제안서를 작성할 필요가 없다. 반복연구의 목표는 여러분에게 실제로 연구 아이디어를 생성하는 것보다는 연구를 수행하는 과정을 가르치려는 것이다. 독창적인 연구자는 이미 문헌개관이라는 배경작업을 수행하였기 때문에 문헌 검색을 실시한 다음에 연구를 제안할 필요가 거의 없다.

독창적 연구

독창적 연구(original study)를 제안하는 과제를 받는다면, 여러분의 과제는 완전히 새롭고 독창적인 물음을 던지고는 그 물음으로부터 실험 아이디어를 생성하는 것이다. 이 말이 새로운 연구영역을 발견해야 한다는 것을 의미하는 것은 아니다. 오히려 이미 존재하는 연구영역 속에서 새로운 물음을 던지는 제안서를 생성해야 한다. 다시 말해서 한 영역의 연구문헌을 개관한 후에(제6장 참조), 그 문헌개관에 근거하여 완전히 새로운 물음을 제기하는 것이다. 이러한 유형의 과제가 어려운 까닭은 높은 수준의 독창성을 요구하기 때문이다. 흥미로운 사실은 연구자들이 진정으로 독창적인 연구를 수행하는 경우는 극히 드물다는 점이다. 이 사실이 여러분의 과제를 어느 정도 용이한 것으로 만들어주는 까닭은 여러분도 다음 절에서 기술하는 유형의 연구를 수행할 수 있기 때문이다.

확장된 반복연구

확장된 반복연구(replication-with-extension study)는 연구흐름에서 논리적인 다음 단계를 밟는 것과 같다. 기존 문헌을 조사하고, 그 문헌에서 빠진 부분을 찾아서는 그 부분을 메꾸는 방법을 궁리하게 된다. 따라서 여러분의 실험은 선행연구에 근거하며 기존연구에 첨가된다. 완전히 새롭다기보다는 부분적으로만 새로운 물음을 던지는 것이다. 이름이 함축하는 바와 같이, 부분적으로는 선행연구를 반복하지만 어느 측면에서는 그 연구를 확장한다. 제6장에서 필자는 사회촉진에 관한 가상적인 확장된 반복연구를 기술한 바 있다. 사회촉진에 관한 연구 대부분은 대학생 참가자를 수반하였기 때문에, 학령전 아동의 사회촉진을 살펴보고자 하였던 학생은 확장된 반복연구를 수행한 것이다. 사회촉진이 학령전 아동에게서도 발생한다는 결과는 사회촉진에 관한 결과를 반복하면서 동시에 확장한 것이다. 확장된 반복연구를 사용하는 또 다른 연구사례는

비교문화 연구(cross-cultural study), 즉 심리학 연구결과가 다른 문화에도 일반화되는지를 알아보기 위하여 상이한 문화에서 수행하는 연구이다. 따라서 비교문화 연구는 "연구결과와 심리현상이 보편적인지(상이한 문화의 사람에서도 나타나는지) 아니면 연구결과를 보고한 문화에만 특수한지를 결정하고자" 시도한다(Smith & Davis, 2013, p. 144). 요약컨대, 확장된 반복연구를 수행하는 한 가지 방법은 선행 실험의 몇몇 결정적 자질을 변화시켜보는 것, 즉 선행연구와는 상이한 맥락, 참가자, 연구재료 등을 비롯한 몇몇 다른 측면을 사용하는 것이다.

확장된 반복연구를 생성하는 또 다른 좋은 전략은 일련의 계획에 따른 프로그램식 연구에 초점을 맞추는 것이다. 즉, 연구자가 물음을 던지고 그 물음에 답하고자 실험을 수행하며, 실험 결과에 근거하여 새로운 물음을 개발하고 새로운 물음에 답하려는 새로운 실험을 수행하는 식으로 진행한다(이 과정에 관한 부가적인 정보를 보려면 제6장을 참조하라). 연구자들이 답하지 못한 채 남아 있는 기존 물음이나 자신이 출판한 저널 논문에서 제기한 새로운 물음에 관한 연구를 제안하는 것은 이례적인 일이 아니다. 실제로 APA 출판지침(APA, 2020, p. 90)은 연구자들이 그렇게 미해결되어 있거나 자신의 논의 절에서 제기한 새로운 논제를 다룰 수 있다고 구체적으로 명시하고 있다. 연구제안서 작업을 하고 있는 여러분에게 주어진 이점은 문헌개관을 통해서 논문을 찾았을 때 이렇게 미해결되었거나 새로운 물음을 읽어볼 수 있다는 점이다. 만일 여러분이 읽고 있는 논문이 오래된 것이라면, 연구자들이 이미 제기된 물음에 답하였을 가능성이 있다. 물론 여러분은 이 가능성을 확인하고자 PsycINFO 검색을 실시해볼 수 있다(제5장과 6장 참조). 반면에 최근 논문을 읽고 있다면, 그 물음에 대한 답이 아직 출판되지 않았을 수 있다. 연구자들이 그 물음에 답하고자 연구하고 있을 수도 있지만, 만일 출판된 답이 가용하지 않다면 그 물음은 여러분도 확장된 반복연구를 제안할 수 있는 만만한 대상이 될 수 있다. 여러분이 이 개념을 이해

실행하기

논의 절에서의 연구 아이디어

필자는 바로 앞 절에서 선행연구의 논의 절을 읽어봄으로써 실험 아이디어를 개발하는 것을 다음과 같이 넌지시 암시하였다. "연구자들이 답하지 못한 채 남아 있는 기존 물음이나 자신이 출판한 저널 논문에서 제기한 새로운 물음에 관한 연구를 제안하는 것은 이례적인 일이 아니다." 이 개념을 확실하게 이해하기 위하여 출판된 지 1년이 지나지 않은 최근의 저널 논문을 다섯 편 찾아라. 그 논의 절을 살펴보고 각 논문에서 후속 연구를 위한 아이디어를 생성하도록 시도해보라.

하였는지를 보려면, 실행하기 : 논의 절에서의 연구 아이디어 글상자에 제시한 과제를 시도해보라.

거의 모든 연구의 실험이 몇몇 중요한 측면에서 선행 실험에 근거하는 것이라고 전제할 때, 확장된 반복연구가 그토록 보편적인 까닭을 쉽게 이해할 수 있다. 순수한 반복연구보다 더 가치 있는 까닭은 확장된 반복연구가 심리학 지식베이스에 새로운 정보를 덧붙여주기 때문이다. 동시에 적어도 부분적으로는 결과를 반복하기 때문에, 선행연구 결과에 대한 확신도를 증가시키는 데도 도움을 준다.

문헌개관을 가지고 연구제안서를 시작하라

제6장의 제목이 "기말보고서/문헌개관 작성하기"이다. 그 장에서 필자는 기말보고서와 문헌개관을 어느 정도 동일시하였다. 연구제안서 또는 연구보고서라는 맥락에서 보면, 서론 절은 거의 항상 문헌개관이다. 문헌개관은 한 가지 결정적인 차이를 제외하고는 본질적으로 기말보고서와 동일하다. 기말보고서를 작성할 때 여러분의 일차 목표는 특정 주제에 관한 심리학 문헌을 조사하는 것이며, 전형적으로는 초기 연구로부

터 시작하여 현재의 연구로 끝을 맺는다. 그렇지만 연구제안서를 위한 문헌개관을 작성할 때의 일차 목표는 여러분의 연구 아이디어로 이끌어 가는 심리학 문헌을 조사하는 것이다. 문헌개관을 하지 않은 채 연구 아이디어를 개발할 수 없는 까닭은 어떤 물음들을 이미 연구해왔는지를 알지 못하기 때문이다. 일단 연구자들이 무엇을 연구해왔으며 어떤 결과가 존재하는지를 알게 되면, 답을 가지고 있지 못한 물음을 개발할 수 있다. 여러분의 문헌개관은 오래된 연구로부터 시작하여 새로운 연구로 끝을 맺을 가능성이 여전히 존재한다. 그렇지만 만일 관심 주제에 관한 가장 최근의 연구 정보가 2010년에 출판한 연구에서 나온 것이라면, 그 이후에 출판한 연구에 관해서는 쓸 수가 없다. 만일 보다 최근의 연구들이 2010년 연구에서 제기한 논제나 물음을 해결하지 못하였다면, 그 연구들은 실제로 연구제안서를 위한 문헌개관에 적절한 것이 아니다.

문헌개관 준비하기

연구제안서를 위한 문헌개관을 준비하는 기본 단계들은 제6장에서 개관한 단계들과 대체로 동일하다. 두 가지 상이한 유형의 과제에서의 문헌개관 간의 잠재적 차이점에 초점을 맞추고 그 단계들을 간략하게 개관해보자.

주제 선택하기

기말보고서에서와 마찬가지로, 주제를 신중하게 선택하는 것이 연구제안서를 위한 성공적인 문헌개관 작성에 결정적으로 중요하다. 실제로는 연구제안서를 위한 협의적 주제를 찾아내는 것이 기말보고서에서보다 더 결정적일 수 있다. 충분히 협의적이지 않다고 해서 반드시 우수한 기말보고서가 되지 못하는 것은 아니다. 그렇지만 충분히 협의적이지 않은 문헌개관은 연구 가능한 아이디어로 이끌어가지 못하기 마련인

데, 연구 가능한 아이디어는 좋은 실험을 위해 여러분이 가지고 있어야만 하는 것이다. 기말보고서 주제를 선택할 때의 고려사항을 개관해보자(더 자세한 세부사항을 보려면 제6장에서 "기말보고서의 주제 선택하기" 절을 참조하라).

강의 주제와의 연관성 연구제안서를 계획할 때는 이 고려사항을 따져볼 필요가 없기 십상이다. 여러분이 실험심리학이나 연구방법론 강의를 위해 연구제안서를 작성할 가능성이 가장 높기 때문이다. 이 강의들은 특정한 주제 영역보다는 연구 기법을 다룬다. 이 경우에, 여러분의 주제영역은 상대적이지만 아마도 활짝 열려 있을 것이다. 이와 대조적으로 내용기반 강의(예컨대, 학습, 사회심리학, 성격 등)의 담당교수는 수업의 일환으로 연구제안서를 부여할 수도 있다. 그 경우에는 여러분의 제안서가 반드시 강의 주제와 연관된 것이어야 한다.

무엇이 여러분의 흥미를 끄는가? 아마도 이 고려사항도 다음과 같은 한 가지 요인에 따라서 기말보고서보다는 연구제안서에서 더 중요하겠다. 만일 연구제안서가 제안한 실험을 실제로 수행하는 것이 과제라면, 단지 문헌개관이나 기말보고서를 작성할 때보다 주제 선정에 훨씬 더 많은 시간을 보내게 된다. 따라서 여러분이 장기적으로 흥미를 유지할 주제를 선택하고자 할 것이 확실하다. 이 프로젝트를 위해서 두 학기를 사용하는 것도 이례적이지 않다. 첫 학기에는 연구제안서를 개발하고 다음 학기에는 실험을 수행하게 된다. 심지어 여러분의 프로그램이나 학과는 실험심리학이나 연구방법론 강의를 수강한 후에 예컨대, 독립적 연구(independent research) 과목과 같은 부가적인 연구기회를 여러분에게 제공하기도 한다. 그러한 유형의 과목에서 여러분 자신의 프로그램식 연구를 시작하면서 이 프로젝트를 계속할 수도 있다. 여러분은 가능한 한 협의적인 주제를 선택하는 것으로 시작해야 한다. 예전에 사용하였던 교재, 강의내용, 아니면 흥미를 끌어당기는 일상 상황에서 선택한 주제로부터 시작할 수 있다.

실현 가능성 논제 실현 가능성은 제6장에서 다루지 않은 고려사항이다. (연구제안서로 발전하지 않을) 기말보고서나 문헌개관을 작성할 때는 어느 주제이든지 다룰 수 있다. 지극히 협의적인 참가자 전집(예컨대, 조현병 환자, 학습장애 아동 등), 상당히 전문화된 장비(예컨대, fMRI 스캐너, 두뇌 전극 등), 또는 예외적인 능력(예컨대, 동물 언어, 공감각 등)을 다루는 이례적 주제에 관하여 쓸 수 있다. 이와는 대조적으로 여러분이 실제로 수행할 연구제안서를 위한 문헌개관을 작성할 때는, 실현 가능성 논제를 고려해야만 한다. 방금 언급한 사례를 살펴보라. 조현병 환자나 학습장애 아동 전집에 접속할 수 있겠는가? fMRI 스캐너를 사용하거나 두뇌 전극을 삽입할 수 있겠는가? 동물이 언어를 사용할 수 있는지 연구하기 위한 유인원을 가지고 있는가? 아니면 공감각 능력을 가지고 있는 많은 사람을 알고 있는가? 여러분이 실제로 수행할 실험을 제안한다면, 학부 연구프로젝트로 충분히 실현 가능한 것이어야 한다. 이러한 실현 가능성 고려사항은 이상심리학, 아동발달, 그리고 치료와 같이 전형적으로 학생의 흥미를 자극하는 주제들이 연구제안서 주제로 적절하지 않기 십상임을 의미한다. 여러분이 학부생으로 그러한 주제를 다룰 능력을 가지고 있지 않기 때문이다.

연관된 실현 가능성 논제가 윤리적 고려사항이다. APA(2002)는 인간 연구와 동물연구 모두에 적용하는 윤리강령을 공표하였다. 만일 여러분이 연구방법론이나 실험심리학 강의를 수강하였다면(아니면 수강하고 있다면), 교재에서 윤리적 고려사항에 관한 정보를 찾아볼 수 있을 것이다. 연구윤리에 관한 논의가 이 책의 범위를 넘어서는 것이기는 하지만, 윤리는 여전히 여러분의 주제에서도 현실적인 고려사항이다. 예컨대, 담당교수나 학교 IRB가 참가자에게 쇼크를 가하거나 약물을 투여하는 연구제안서를 승인할 가능성은 거의 없다. 전형적으로 담당교수는 참가자들이 신체적으로나 심리적으로 어떤 피해를 입을 위험에 직면하지 않도록 **최소 위험**(minimal risk. https://www.ecfr.gov 참조)만을 수반하는 연구제안서를 요구한다. 만일 제안한 연구를 실제로 수행할 계획이 없다면, 담당교수가 이러한 최소 위험 요구사항을 완화시켜 줄 수도 있겠다. 아무튼 연구제안서의 주제를 궁리할 때, 윤리적 고려사항도 따져보라.

주제 좁히기 연구문헌을 살펴보면 여러분이 협의적이라고 생각했던 주제도 실제로는 꽤나 광의적이기도 하다. 이 시점에서는 PsycINFO 검색이 여러분의 성공에 몹시 중요하게 된다. 제5장과 6장 모두에서 PsycINFO 검색을 다루었기에, 여기서 새삼스럽게 그 정보를 반복하지는 않는다. 다만 여러 개의 검색 상자를 사용하는 것이 연구제안서 주제를 좁히는 가장 성공적인 전략일 가능성이 높다는 사실을 지적하겠다. 영어로 작성한("Language" 선택지 아래쪽에 있다) 저널 논문("Academic Journals")만을 검색할 때는, PsycINFO 화면 좌측에서 "Refine Results" 아래쪽에 제한을 가하는 선택지들이 유용하겠지만, 연구제안서로 발전시키기에 충분할 정도로 협의적인 주제를 검색하기 위해서는 둘 이상의 검색 상자를 사용할 필요가 있음이 거의 확실하다.

검색을 좁혀나가는 작업의 중요성을 보여주는 사례를 보도록 하자. 언젠가 마리아 케르손스카야라는 러시아 여학생이 필자의 실험심리학 과목을 수강한 적이 있다. 문화적 배경으로 인해서 그녀는 비교문화적 차이를 연구하는 데 관심이 있었다. 그렇지만 그 용어에 관한 PsycINFO 검색은 (DE 선택지를 사용하였음에도) 수천 개의 적중을 내놓고 말았다. 사회심리학 강의를 수강한 후에 그녀는 사람들이 신체적 매력이라는 측면에서 다른 사람을 지각하는 방식이라는 주제에 관심을 갖게 되었다. physical attractiveness(신체적 매력)에 대한 (DE를 사용한) PsycINFO 검색은 훨씬 적은 수의 적중을 보여주었지만 여전히

1,000개가 넘었다. 최근에 필자가 실시한 검색에서 DE 선택지를 사용한 두 용어["cross-cultural differences"(비교문화적 차이) 그리고 "physical attractiveness" (신체적 매력)]의 조합은 단지 92개의 적중만을 내놓았다. 케르손스카야는 1990년대 후반에 필자의 과목을 수강하였으니까 그 당시에는 훨씬 적은 수의 적중을 찾았을 것이다. 그녀는 신체적 매력의 지각에서 비교문화적 차이에 관한 연구를 제안하고 실시하였으며, 결국에는 자신의 연구를 출판하기에 이르렀다(Khersonskaya & Smith, 1998). 필자가 앞 문장에서 "cross-cultural differences"라고 하이픈이 들어간 표현을 사용하였는데, 하이픈이 있는 용어의 검색에서 중요한 조언을 보려면 실행하기 : PsycINFO Thesaurus 규칙 글상자를 참조하라.

실행하기

PsycINFO Thesaurus 규칙

"cross cultural differences"의 검색이 PsycINFO 검색에 관한 중요한 힌트를 드러냈다. APA 스타일에 따르면 이 용어의 올바른 표현은 "cross-cultural differences"이다. APA는 수식하는 명사에 선행하는 형용사구를 하이픈으로 연결하도록 규정하고 있다(APA, 2020, p. 163). 즉, "cross-cultural"은 "differences"를 수식하고자 사용한 구이다. 흥미로운 사실은 PsycINFO Thesaurus를 사용해보면 "Cross Cultural Differences"가 DE 용어로 실려 있음을 알게 된다. 필자가 "cross cultural differences in DE"를 검색하였을 때, 48,000개 이상의 적중을 얻었다. 그렇지만 "cross-cultural differences in DE"를 검색하였을 때는 아무런 결과도 얻지 못하였다. 그 함의는 명백하다. 여러분이 찾으려는 결과를 얻으려면 Thesaurus에 나와 있는 것과 똑같은 DE 용어를 검색해야만 한다.

둘 이상의 DE 용어를 가지고 PsycINFO를 검색할 때(덧붙여서 "Refine Results"에서 저널 논문과 영어로 규정할 때) 여러분의 목표는 대략 100개 정도의 적중이어야 한다. 물론 이 수치는 다소 임의적인 것이기는 하지만, 이것보다도 더 적은 수의 적중을 원할 수도 있다. 핵심은 여러분의 검색이 충분히 협의적이어서 모든 적중이 꽤나 상호 관련되어 있으며 적중의 수가 모두 살펴볼 수 없을 만큼 많지 않아야 한다는 것이다. 협의적 검색이 기말보고서보다 연구제안서에서 더 중요한 까닭은 후자의 경우에 실제로 실험을 수행할 수 있는 협의적 아이디어를 개발해야만 하기 때문이다. 검색을 최대한으로 좁혔다고 생각한다면, 다른 가능성을 살펴보라. 여러분은 다른 수강생이나 담당교수에게 또 다른 가능성을 찾아볼 수 있도록 도움을 요청할 수 있다. 이들은 여러분과 똑같은 생각을 가지고 있지는 않을 것이다.

"cross cultural differences"와 "physical attractiveness"를 DE 용어로 사용하여 92개의 적중을 찾았던 필자의 사례로 되돌아가보자. 만일 여러분이 그 검색을 문자 그대로의 의미로 생각한다면, 어떤 적중은 특정 문화의 사람이 다른 문화의 사람보다 더 매력적인지를 따지는 물음을 다루고 있다고 생각할는지도 모르겠다. 케르손스카야가 관심을 가졌던 것은 그 물음이 아니었다. 그녀의 주제(그리고 논문 제목)는 실제 매력이 아니라 신체적 매력의 지각에 관한 것이었다. 따라서 필자는 PsycINFO Thesaurus를 사용하여 "perception"을 살펴보았으며, "perception"과 "social perception"이 모두 DE 용어임을 확인하였다. 그렇지만 ("cross cultural differences"와 "physical attractiveness"에 덧붙여) 둘 중 하나를 세 번째 검색용어로 사용하여 검색을 좁혔을 때, "perception"을 덧붙였을 때는 단 하나의 적중을 그리고 "social perception"을 사용해서는 8개의 적중을 발견하였다(6개만이 저널 논문이었다). 여섯 개를 스크롤링해보니 모두 신체적 매력의 지각을 다루고 있었기 때문에 검색용어들이 제대로 작동하였음을 알 수 있었다. 그런데 그 수치가 너무 적었다. 어떤 방식으로든 "perception"을 덧붙이는 것이 검색을 좁히는 데 도움이 될는지 알아보기 위하여, 세 번째 검색 상자에 ("perception"을 입력하였지만 풀다운 메뉴는 사용하지 않음으로써) 프리텍스트 용어로 입력하였다. 이 검색에서 필자는 31개의 저널 논문을 찾았다. 이 경우에도 신속하게 스크롤링해보니 대부분이 올바른 적중이었다. 이 사례가 시사하는 바와 같이, 때로는 프리텍스트 검색이 유용하고 생산적일 수 있다. 그렇지만 필자가 세 개의 검색 용어 중에서 하나만을 프리텍스트 용어로 사용한 것에 유념하라. 다른 두 용어는 DE 용어로 사용하였다.

연구제안서 작성하기

잠정적이나마 PsycINFO 검색을 마쳤다면, 이제 실제 제안서 작성으로 주의를 돌릴 때가 되었다. 필자가 앞 문장에서 "잠정적"이라는 단어를 사용한 까닭은 여러분이 메꿀 필요가 있어 PsycINFO로 되돌아갈 수밖에 없는 간극을 발견할 수도 있기 때문이다.

서론 작성하기

"physical attractiveness(DE)+cross cultural differences(DE)+perception"에서 31개의 적중을 보였던 필자의 사례에서와 같이, 여러분이 협의적 주제에 대해 100개 이하의 PsycINFO 레코드를 찾았다고 가정해보자. 기말보고서에서와 마찬가지로, 이제 여러분은 연구제안서의 문헌개관을 위해 어느 논문을 선택할 것인지를 결정해야 한다. 목표는 이 연구영역이 시간 경과에 따라서 어떻게 진화해왔는지를 독자들에게 설명하는 것이며, 이것도 기말보고서에서 작성하는 것과 유사하다. 문헌개관과의 중요한 차이점은 이것이 직접적으로 여러분의 연구 아이디어로 이끌어가야만 한다는 데 있다. 다시 말해서, 모든 논문은 독창적 실험을 위한 여러분의 아이디어로 이끌어가는 연구 아이디어와 결과에 초점을 맞추고 있어야 한다. PsycINFO 검색에서 찾은 몇몇 논문이 여러분의 주제와 관련은 있지만, 연구 아이디어와 직접적으로 연관되어 있지 않기 때문에 문헌개관에는 적절하지 않을 수 있다. 예컨대, 31개의 적중으로 이끌어간 필자의 PsycINFO 검색은 여성의 신체적 매력을 지각하는 데 있어서 비교문화적 차이에 관한 지터 등(Gitter et al., 1983)의 연구를 포함하였다. 케르손스카야는 얼굴의 신체적 매력에 관심이 있었다. 따라서 이 연구가 일반적 주제와는 관련이 있지만, 그녀의 문헌개관에서는 연관성이 훨씬 떨어진다. 마찬가지로 체중, 다리 길이, 허리/엉덩이 비율 등을 다룬 논문은 얼굴의 매력도와는 특히 연관이 없다. 이와는 반대로 그녀가 머리카락 색깔, 피부 색깔, 얼굴 대칭성 등과 같은 변인을 다룬 연구를 문헌개관에 포함시키고자 선택한 까닭은 그 요인들이 얼굴 매력도와 관련이 있기 때문이다.

제6장에서 필자는 비공식적인 주석 서지목록을 작성하는 것이 어떻게 기말보고서나 문헌개관을 작성하는 데 도움을 줄 수 있는지를 지적하였다. 동일한 아이디어가 연구제안서 작업에도 적용된다. 제안서를 작성하는 데 유용할 것이라고 생각하는 논문을 찾으면, 그 논문을 가지고 (개략적인 것일지라도) 주석 서지목록을 만들어라. 참고문헌을 APA 스타일로 작성하고 요약 주석을 붙임으로써, 여러분은 보다 용이하게 다룰 수 있는 간략한 형식으로 많은 논문에 관한 정보를 갖게 된다. 이렇게 정리함으로써 연구 아이디어의 배경을 구축하기 위하여 논문들을 서로 (어떤 순서로) 어떻게 짜 맞출 수 있는지에 관한 아이디어를 얻는 데 도움을 받게 된다.

문헌개관에서 또 다른 중요한 고려사항은 서론을 작성할 때 얼마나 세부적이거나 보편적이어야 하겠느냐는 것이다. 필자는 서론에 깔때기 유추를 즐겨 사용한다(Smith & Davis, 2013, pp. 342-343). 깔때기(그림 7.1 참조)는 맨 윗부분의 주둥이가 매우 넓지만 점차적으로 좁아져서 매우 좁은 구멍으로 끝이 난다. 마찬가지로 여러분의 서론은 연구주제의 광의적 개관으로 시작하여, 연관된 연구들을 다룸에 따라서 좁아져서는, 마침내 여러분이 제안하는 실험의 토대를 이루는 하나의 특정 연

그림 7.1 윗부분은 넓고 아래부분은 좁은 깔때기 모양을 통한 연구제안서의 서론에 대한 유추

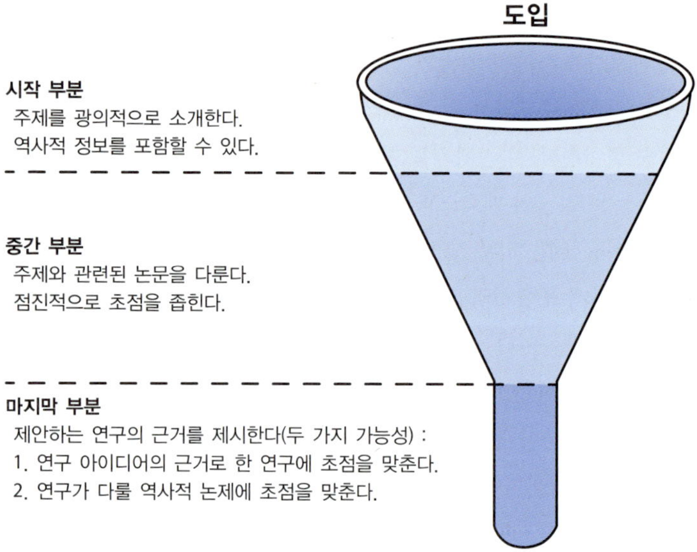

구나 이론적 논제로 수렴해야 한다. 연구 아이디어는 서론에서 다룬 마지막 연구에서 도출한 연구 아이디어가 논리적으로 연구의 다음 단계이어야 한다.

시작 부분

전형적으로 서론의 첫 번째 또는 두 번째 문단에서 광의적 의미의 주제를 소개한다. 이 영역에서 역사적으로 선구자적인 몇몇 연구를 인용하고 싶다면, 그 정보를 여기에 넣게 된다. 전체를 아우르는 용어나 개념을 정의하거나 기술할 필요가 있다면, 이 문단이 적소이다. 케르손스카야는 자신의 논문(Khersonskaya & Smith, 1998)에서 신체적 매력의 표준으로 바람직한 특질은 유전적 선택을 통해서 지속되도록 보장해준다

는 파인먼과 길(Feinman & Gill, 1978)의 아이디어를 인용하였다. 또한 신체적 매력 고정관념이라는 개념도 다루었는데, 이 고정관념은 신체적으로 매력적인 사람이 사회적 유능성, 지능, 적응성 등과 같은 사회적으로 바람직한 다른 특질도 보유하고 있다고 생각하는 것이다(Eagly et al., 1991). 케르손스카야가 인용한 이 연구가 신체적 매력이라는 주제와 보편적으로는 연관되어 있지만, 그녀의 구체적인 연구물음과는 연관성이 없다. 그렇기 때문에 서론의 시작부분에 이것을 포함시킨 것이다.

중간 부분

서론의 중간 부분에서는 여러분의 주제와 더욱 연관된 연구논문들을 다루기 시작해야 한다. 글의 길이를 가지고 중간 부분을 정의하기란 불가능하다. 그 길이는 서론에서 얼마나 많은 논문을 인용하느냐에 달려 있다. 만일 20편의 논문을 다룬다면, 10편을 다룰 때보다 중간 부분은 길어지게 된다. 그렇지만 여기서도 깔때기 유추에 따라서 생각하라. 서론의 중간 부분에서 앞에 나오는 논문은 뒤에 나오는 논문보다 다소 광의적이어야 한다. 케르손스카야 논문에서 두 번째 문단의 첫 번째 문장은 어떻게 광의적 주제에서 보다 구체적인 주제로의 전이가 진행되는지를 잘 보여준다. "사람들 간의 상호작용에서 신체적 매력의 중요성에 관한 증거는 많은 문화에 존재한다"(Khersonskaya & Smith, 1998, p. 39). 여기서 주제 좁히기는 그녀의 두 핵심 주제인 신체적 매력과 문화 비교를 모두 포함시키는 것을 통해서 드러난다. 동시에 그 문장이 여전히 일반적인 까닭은 아직 문화 비교나 얼굴 매력을 다루지 않고 있기 때문이다.

문헌개관의 중간 부분을 써내려가면서, 연구논문들의 초점을 계속해서 좁혀가라. 제6장에서 언급한 바와 같이, 반드시 논문들을 논리적으로 함께 연계시켜라. 즉, 여러분이 언급하는 모든 논문은 선행연구의 결과에 바탕을 둔 것이어야 한다. 이러한 논리적 연계(또는 전환)는 시간이 경과함에 따라서 그 연구분야에서 여러분의 연구주제에 관한 지식이 어떻게 발전해왔는지를 진술하는 데 도움을 준다. 효과적인 전환의 글쓰기에 관하여 더 많은 정보를 보려면, **면밀한 관찰 : 전환 글상자**를 참조하라. 여러분은 다음 두 문장에서 논리적 연계와 범위 좁히기를 볼 수 있는가(Khersonskaya & Smith, 1998, p. 39)?

> 백인 어른들은 남자 … 그리고 여자 모두를 판단할 때 신생아 자질에 긍정적으로 반응하였다. … 후속연구들을 보면 신생아 자질을 가지고 있는 어른 얼굴이 13개 국가의 참가자에게서 더 높은 매력도 평정을 받았음을 알 수 있다. …

(여러분이 언어표현에 더 잘 집중할 수 있도록 문장에서 인용을 삭제하였다.) 논리적 연계는 두 문장이 모두 신생아 자질(예컨대, 큰 눈망울, 부드러운 피부, 작은 코 등)을 가지고 있는 성인 얼굴에 대한 반응을 다룬 연구를 인용하고 있다는 점이다. 여기에는 좁혀나가기의 두 가지 좋은 사례가 들어 있다. 첫 번째 문장은 "백인 어른"을 지칭하는 반면에, 두 번째 문장은 "13개 국가의 참가자"를 언급하고 있다. 따라서 두 번째 문장의 참가자 전집이 훨씬 광의적이며 비교문화 연구의 전형적인 측면이다. 또한 첫 번째 문장에서 종속변인은 "긍정적으로 반응하였다"로 모호하게 언급하고 있는 반면에, 두 번째 문장에서는 "매력도 평정"이다. 따라서 두 번째 종속변인이 더 구체적이고 그녀의 관심사와 맥을 같이 하고 있다.

여러분은 서론의 중간 부분을 통해서 문헌개관을 좁혀나가는 이러한 패턴을 계속해야 한다. 독자들이 서론을 읽으면서 여러분의 구체적인 연구주제와 방향을 점점 더 잘 이해해야만 한다. 서론 전반에 걸친 지속적인 주제 좁히기가 이러한 유형의 문헌개관을 제6장에서 다루었던 기말보고서/문헌개관과 구분해주는 핵심 자질이다. 기말보고서/문헌개관은 일차적으로 예전 연구에서부터 가장 최근의 연구로 진행된 발전을 추적하는 데 관여한다.

면밀한 관찰
전환

제6장에서 필자는 여러분의 연구영역이 시간 경과에 따라 어떻게 발전하였는지에 관한 이야기를 구성할 때 전환 문장의 중요성을 강조하였다. 하나의 연구에서 다음 연구로 그리고 한 문단에서 다음 문단으로 전환할 때, 여러분의 사고 흐름을 따라갈 수 있는 것이 독자에게는 결정적으로 중요하다. 연구들을 한 문단에 무작위로 한꺼번에 배열한 것처럼 보이기보다는 하나의 이야기를 구성할 수 있도록 문단은 물 흐르듯 진행되어야 한다. 여러분의 글에서 전환의 중요성을 강조하기 위하여 전문가들의 몇 가지 조언을 정리하였다.

> "원칙적으로 주제를 제안하는 문장 또는 전환을 도와주는 문장으로 각 문단을 시작하라. 만일 문단이 더 큰 구성의 한 부분에 해당한다면, 선행 내용과의 관계 또는 전체의 부분으로서의 기능을 표현할 필요가 있다"(Strunk & White, 2000, p. 16).

> "여러분의 글을 편집할 때는 부가적인 전환 도구를 사용하여 덜 단절적인 것으로 만들어라"(APA, 2020, p. 112).

APA **출판지침**은 앞선 문장의 명사를 지칭하는 대명사와 같이(반복을 줄이는 데도 도움이 된다) 여러분 사고의 흐름을 도와주는 전환 단어를 사용할 것을 제안하고 있다. 그렇지만 반드시 참조대상이 명확해야 한다(APA, 2020, p. 112). 또한 시간("그러고 나서", "다음에는" 등), 원인-결과("따라서", "결과적으로" 등), 첨가("덧붙여서", "나아가서" 등), 또는 대비("그렇지만", "반면에" 등)와 같이 연계를 보여주는 전환 단어도 사용할 수 있다(APA, 2020, p. 112).

스턴버그(Sternberg, 2003)는 아무리 명료하게 작성한 문장이라도 전환어가 빠져 있으면 연결이 안 되고 단절된 글쓰기를 초래할 수 있음을 지적하였다. 여러분은 문장 A를 쓰고 있으면서도 이미 문장 B에 대해서 생각하고 있을지도 모르겠다. 문장 A의 작성을 마칠 시점에는 생각이 문장 C로 뛰어넘어 갔기에 실제로 문장 B를 쓰지도 않은 채 문장 C를 쓴다. 여러분의 사고과정이 여러분에게는 명확한 것일지라도, 독자에게는 명확하지 않을 수 있는 것이다.

> "여러분의 보고서를 다시 읽으면서 각 문장이 선행하는 문장으로부터 논리적으로 뒤따르는지를 신중하게 확인해보면 빠진 전환어를 삽입할 수 있다"(Sternberg, 2003, p. 75).

이러한 아이디어 각각이 어떻게 글쓰기에서 의도성의 중요성을 포착하고 있는지에 주목하라. 여러분의 아이디어를 함께 연계시키는 전환어를 가지고 명확하게 글을 쓰기 위해서는 우수한 전환의 사용에 의도적으로 초점을 맞추어야 한다. 스턴버그의 조언을 받아들인다면, 여러분은 의도적으로 글쓰기를 가능한 한 빨리 마무리하여 문제점이 있는 부분을 찾기 위하여 글을 세심하게 다시 읽을 시간을 가져야 한다. 이러한 생각은 이 책의 제1장에서 제공한 조언과 멋들어지게 들어맞는다.

마지막 부분

서론의 마지막 부분에서는 전형적으로 제안한 실험의 구체적인 근거를 마지막 문단에서 소개한다. 앞에서 지적한 바와 같이, 이 시점에서는 제안한 실험의 바탕을 이루는 하나의 구체적인 연구나 이론적 논제로 논의를 좁힌다. 아마도 이러한 접근에서 더 단순한 것이 제안한 실험을 하나의 구체적 연구에 바탕을 두는 것이겠다. 전형적으로는 이러한 과정이 상대적으로 최근에 출판한 저널 논문을 읽고 미해결의 물음이 남아 있음을 알아차리고는 그 물음에 답하기 위한 실험을 제안하는 것을 수반한다.

예컨대, 필자의 연구방법론 강의의 또 다른 수강생이었던 엘리자베스 포지는 사회심리학 강의를 수강한 후에 자기위주 편향에 관심을 갖게 되었다. 그 주제에 관하여 더 많은 것을 읽으면서 연구문헌에서 다음과 같은 두 가지 중요한 간극을 발견하였다. 즉, 휘틀리와 프리즈(Whitley & Frieze, 1985)는 아동이 인위적인 실험실 과제에서 자기위주 편향을 나타냄을 보여주었지만, 학업 과제에서는 실패에 대한 변명으로 노력의 결여를 들먹이지 않아서 자기위주 편향의 증거를 찾아내기 어렵기 때문에, 연구자들이 학업 과제의 사용을 회피하는 경향이 있음을 지적하였다. 포지는 이 아이디어를 검증해보고 싶었기에, 실험에서 학업 과제를 사용하였다. 그녀는 휘틀리와 프리즈 연구에 기초하여, 다음과 같은 한 가지 구체적인 물음으로 초점을 좁혔다. "아동들이 자기위주 편향을 나타내는 데 있어서 학업 과제가 차이를 초래하는가?"(Posey & Smith, 2003, p. 154)

케르손스카야는 문헌개관 말미에서 하나의 구체적인 연구에 초점을 맞추기보다는 이론적 논제를 언급하였다(Khersonskaya & Smith, 1998). 이 접근방법은 하나의 연구에서 연구 아이디어를 도출하는 것보다 다소 복잡하기 십상이다. 케르손스카야는 서론에서 두 가지 연구흐름에 초점을 맞추었다. 한 가지 흐름은 상이한 문화의 사람들이 신체적 매력에서 유사한 이상형을 가지고 있음을 보여주었다(Cunningham, 1986; Cunningham et al., 1990; Cunningham et al., 1995; Langlois et al., 1991; Perret et al., 1994). 반면에 또 다른 연구흐름(Cunningham, 1986; Cunningham et al., 1995; Thakerar & Iwawaki, 1979)은 신체적 매력의 이미지에 관하여 문화적 차이가 있음을 보여주었다. 이러한 문장들은 실행하기 : 저자 검색하기 글상자에서 기술하고 있는 중요한 검색 전략을 조명하고 있다.

케르손스카야는 이 연구들에 근거하여 상이한 결과를 예측하도록 이끌어가는 경쟁적인 연구흐름에 직면하였다. 그녀는 동일한 문화의 매력도 평정이 상이한 문화의 매력도 평정보다 높을 것이라는 가설을 세우고는, 한 문화에 속한 구성원(미국인)의 매력도를 평정할 때 문화 간 차이를 발견할 것이라고 예측하였다. 구체적으로 유럽 참가자보다 미국 참가자들이 미국인 얼굴을 높게 평정할 것이라고 예측하였다. 케르손스카야가 수행한 실험을 제안한 바탕은 바로 이러한 이론적 예측에서의 차이였다. 그녀 실험의 근거는 제기한 물음만큼이나 명료하다. 명료한 근거와 물음이라는 두 가지 목표를 달성하는 것이 여러분이 작성하는

실행하기

저자 검색하기

케르손스카야(Khersonskaya & Smith, 1998)가 초점을 맞춘 두 가지 연구흐름을 기술하고 있는 문장들은 제6장에서 처음으로 언급한 중요한 문헌 검색 방식, 즉 특정 저자의 검색을 조명하고 있다. 흔히 연구자들은 협의적 주제를 더욱 깊이 있게 연구하는 프로그램식 연구에 몰두한다. 바로 앞의 문단에서 연구 흐름에 관한 필자의 두 문장을 볼 때, 여러분은 세 가지 상이한 연구에서 커닝햄(Cunningham)이라는 저자 이름을 보았을 것이다. 커닝햄의 첫 번째 연구를 찾았을 때, 케르손스카야는 그 이름을 사용하여 검색을 실시함으로써 밀접하게 관련된 다른 두 논문을 찾을 수 있었다.

서론 말미의 목표이어야 한다.

방법 절 작성하기

제4장에서 다룬 바와 같이, 방법 절은 전형적으로 실험참가자, 실험에 사용한 도구나 재료, 그리고 실험 중에 실험자가 사용하고 참가자가 경험하는 절차 등에 관한 정보를 포함한다. 여러분이 제안한 방법 절은 방법론의 각 측면에 대한 미래 계획을 제시하고 있다는 점을 제외하면 동일한 정보를 포함하게 된다. 각 측면은 방법 절 내에서 자체적인 하위절을 갖는다(다음 세 절을 참조). 여러분의 계획을 이러한 방식으로 펼치게 되면, 담당교수와 IRB가 여러분의 아이디어를 살펴보고는 코멘트를 해줄 수 있다.

참가자/피험자

사람을 대상으로 수행한 오래된 저널 논문을 읽어보면, "피험자"(Subject)라는 표제가 붙은 하위절을 보게 된다. APA 스타일은 APA

출판지침 제4판(APA, 1994)에서 "참가자"(Participants)로 변경하였다. APA 출판지침 제7판(APA, 2020, p. 141)에서는 두 용어의 사용을 모두 허용하고 있다. 그렇지만 필자에게는 "피험자"보다는 "참가자"가 조금 더 품위가 있어 보인다. 여러분 연구에서 동물을 사용할 계획이라면, "피험체"(Subjects)라는 용어가 우선한다. 참가자에게 경의를 표하는 의미에서 이들의 실험 참가를 기술할 때 "사용한다"는 단어를 피하라(예컨대, "실험에서 40명의 피험자를 사용할 계획이다"라고 표현하지 말라). 따라서 이 하위절에서 상이한 표제를 보게 되더라도, 그 목표는 동일하다.

이 하위절에서 여러분은 실험에서 연구대상으로 삼으려는 참가자 전집에 관한 중요한 세부사항을 제공하게 된다. APA 출판지침(APA, 2020, pp. 82-83)이 규정하고 있는 바와 같이, 여러분은 표본을 잘 기술해야 한다. 제안서를 작성하고 있다고 전제할 때, 참가자에 대해서 최종 보고서에 포함시킬 많은 세부사항, 예컨대 평균 연령, 남녀 비율, 정확한 수 등을 제시할 수 없을 것이다. 그렇지만 계획을 제시하고 있기 때문에, 실험에 얼마나 많은 참가자를 포함시킬 계획인지를 상세하게 기술하라. 또한 어떻게 참가자를 모집하거나 찾을 계획인지도 언급하라. 심리학 수강생 참가자 전집에서 구할 것인가, 아니면 자원자를 찾을 것인가? 가산점과 같은 참가자 유인책을 사용하는가? 만일 여러분의 계획이 어떤 포함 또는 제외 기준(즉, 시력 1.0 이상과 같이 실험에 참가하기 위하여 참가자가 갖추고 있어야 할 특성 또는 연령이 21세 이상과 같이 참가자를 제외하게 되는 어떤 특성)을 가지고 있다면, 제안서에 그것을 기술해야 한다.

도구/재료/검사도구/측정

이 하위절도 상이한 이름을 가질 수 있다. 이 하위절에서는 각 독립변인에 처치를 가하고 각 종속변인을 측정하기 위하여 실험에서 사용하고자 계획한 것을 기술하게 된다. 여러분이 사용할 계획인 것에 가장 적합한 용어를 선택하라. 가장 명확한 용어가 "도구"(apparatus)이다. 어떤 도구를 사용한다면, 이 용어가 적합하다. 독립변인을 제시하거나 종속변인을 측정하기 위해서 도구를 사용할 계획을 가지고 있을 수 있다. 나머지 용어는 더 융통성을 갖는다. "재료"(Material)는 슬라이드, 그림, 비디오 등과 같은 자극(전형적으로 독립변인이다)에도 잘 적용할 수 있는 것으로 보인다. "검사도구"(Testing instruments)와 "측정"(measures)은 무엇보다도 종속변인에 적합한 것으로 보이며, 특히 지필검사(예컨대, 성격검사)나 서식에 적합하다. "검사도구"는 표준화된 검사에 적합한 것으로 보이며, "측정"은 아마도 여러분이 고안할 계획이거나 연구문헌에서 찾은 검사에 더 적합하겠다. 두 개 이상의 범주를 사용할 계획이라면, 이름을 조합하여 사용할 수 있다. 따라서 이 하위절에는 "재료와 도구"와 같이 조합한 제목을 사용할 수 있다. 표 7.1은 여러분이 방법 절을 작성할 때 붙일 이름을 간략하게 요약하고 있다.

서론에서와 마찬가지로, 선행연구에서 사용하는 정보는 어느 것이든 인용과 참고문헌을 제시하여야 한다. 따라서 선행연구자와 동일한 검사나 측정을 사용한다면, 반드시 그 아이디어의 공로를 그들에게 돌리도록 하라.

표 7.1 방법 절의 하위절에 이름 붙이기

하위절의 가능한 이름	하위절의 내용
도구	어떤 유형의 실험 장비
재료	독립변인 자극(예컨대, 단어, 그림, 비디오 등)
검사도구	표준화된 심리검사
측정	스스로 고안한(또는 웹에서 찾은) 검사

주 : 사용하는 내용은 독립변인 처치나 종속변인 측정을 지칭할 수 있다. 둘 이상의 내용 유형을 사용한다면, 그 사실을 반영하는 이름(예컨대, "도구와 재료")을 사용하라.

담당교수나 IRB가 여러분에게 사용하고자 계획하고 있는 재료의 실제 복사본을 제출하도록 요구하는 것은 이례적인 일이 아니다. 따라서 문헌 검색을 통해 구한 논문을 읽을 때는 선행연구자가 사용하였던 재료에 주의를 기울이는 것이 매우 중요하다. 선행연구를 읽음으로써 여러분은 단순히 그 연구자가 찾아낸 것 이상을 알아내야만 한다.

절차

절차 하위절은 실제로 실험을 수행하는 계획을 기술하는 곳이다. 참가자가 도착하는 순간부터 떠날 때까지 여러분이 수행하려고 계획한 것을 이곳에 단계별로 기술하게 된다. 계획의 중요한 세부사항을 포함하지만 불필요한 세부사항은 피하도록 하라. 예컨대, 만일 참가자들을 한 줄씩 띄어 앉혀서 다른 참가자의 반응을 보지 못하도록 할 계획이라면, 그 세부사항을 포함시켜야 한다. 이와 대조적으로, 참가자들이 30개 좌석(또는 50개 좌석)의 강의실에서 실험에 참가한다거나 서식을 작성하는 데 #2 연필을 사용한다고 규정하는 것은 그것이 여러분의 실험 처치의 한 부분이 아닌 한에 있어서 별로 중요하지 않을 것이다. 여러분이 하려는 것을 정확하게 계획하는 것은 어렵기 십상이기 때문에, 이 절의 초고를 작성한 다음에 그 계획이 타당하고 논리적으로 설계되었으며 실제로 실행 가능한 것이 되도록 여러 날에 걸쳐 반복적으로 수정하라. 예컨대, 참가자들로 하여금 14개의 상이한 측정을 30분 만에 마치도록 계획하는 것은 아마도 실행 가능한 계획이 아닐 것이다. 항상 그렇듯이, 여러분이 계획한 절차가 다른 연구자의 아이디어에 근거한다면, 인용과 참고문헌을 통해서 그 공로를 인정해야만 한다.

또한 이 절에서 여러분은 연구자의 윤리적 문제에 대처하는 계획도 언급해야만 한다. APA 윤리규범 규정 8(APA, 2002, pp. 1069-1071)은 연구와 출판에 관한 것이다. 다음과 같은 네 가지 규범이 여러분에게 특히 중요하다.

- 규정 8.01(p. 1069)은 여러분이 실험 수행에 대해 기관 승인을 받을 것을 명하고 있다. 앞서 언급한 바와 같이, 여러분은 학교 IRB에 연구제안서를 제출할 필요가 있다.
- 규정 3.10(p. 1065)과 규정 8.02(p. 1069)는 **고지된 동의**(informed consent, 사전 동의)의 필수요건을 상세하게 설명하고 있으며, 여러분이 참가자에게 연구내용 그리고 참가 의사에 영향을 미칠 수도 있는 요인들(예컨대, 위험, 이점, 비밀보장 등)을 설명하고 질문을 할 수 있는 기회를 제공한 후에, 참가자로부터 실험에 참가할 의향이 있다는 동의를 서면으로 받아야만 한다고 규정하고 있다. 규정 8.02는 참가자가 여러분으로부터 받아야만 하는 정보 유형에 대한 여덟 가지 상세한 기술을 제공하고 있기 때문에 반드시 읽어보라.
- 규정 8.07(p. 1070)은 연구에서 속임수의 사용을 다루고 있다. 실험 중에 참가자를 속이는 것을 가볍게 계획해서는 안 된다. 만일 참가자를 속여야만 할 필요가 있다고 생각한다면, 그렇게 하는 적절한 정당성을 제시해야만 한다.
- 규정 8.08(p. 1070)은 실험을 마친 후에 여러분은 참가자에게 실험 후 설명(debriefing)을 해줄 계획을 세워야만 한다고 규정하고 있다. 다시 말해서 참가자에게 실험에서 무엇을 하였으며, 그렇게 한 이유는 무엇인지, 그리고 여러분이 밝혀내고자 하는 것은 무엇인지 등을 비롯하여 실험에 관하여 여러분이 할 수 있는 모든 것을 알려주어야 한다. 심리학개론 수강생들에게 연구 참가를 필수요건으로 부여하는 근거의 하나는 수강생에게 연구과정을 배울 수 있는 기회를 제공한다는 것이다. 만일 여러분이 실험 후 설명을 충분히 제공하지 않는다면, 참가자들은 무슨 일이 일어났으며 그 이유가 무엇인지를 이해하지 못하게 된다. 만일 어떤 속임수를 사용하였다면, 여러분은 그 사실을 참가자에게 알리고 속임수를 사용할 수밖에 없었던 이유를 정당화시켜야만 한다.

만일 **실험협조자**(confederate, 참가자인 것처럼 보였지만, 실제로는 아니었던 사람)를 사용하였다면, 참가자에게 그 사실을 알리고 심지어는 참가자가 실험협조자와 다시 만날 수 있게도 해주어야 한다. 실험 후 설명은 참가자가 실험에서 행한 것에 대해서 기분 좋게 생각하고 심리학이라는 학문에 경의를 표하면서 실험실을 떠날 수 있게 만들어야 한다는 점에서 중요하다. 실험 후 설명 계획하기에 관하여 더 많은 아이디어와 세부사항을 알고자 한다면, 애론슨과 칼스미스(Aronson & Carlsmith, 1968, pp. 29-36, 70-73)를 참조하라.

실험 후 설명에 대한 한 가지 유의사항이 남아 있다. 연구계획서를 작성할 때, 반드시 시간 계획에 실험 후 설명 시간을 포함시키도록 하라. 만일 실험과정이 30분을 꽉 채울 것이라면, 참가자에게 단지 30분의 실험참가만을 인정해줄 것이라고 제안하는 것은 적절하지 않다. 실험 후 설명에 필요한 시간을 포함하지 않았기 때문이다.

설계/통계분석

담당교수는 방법 절에 지금까지 기술한 세 가지 표준 하위절을 넘어서서 여러분에게 또 다른 하위절을 첨가할 것을 요구할 가능성이 있다. 어떤 경우에는 여러분이 제안한 실험이 어떤 유형의 실험설계와 어떤 유형의 통계분석을 요구하는지를 이해하고 있다는 사실을 입증할 필요가 있다. 그러한 요구사항은 여러분이 통계학이나 연구방법론을 다루는 현재 또는 과거의 강의에서 그러한 정보를 학습하였다는 사실에 바탕을 두는 것이다. 이러한 논제를 다루는 데 필요한 정보는 이 책의 범위를 넘어서는 것이지만, 여러분은 통계학이나 연구방법론 교재에서 적절한 정보를 얻어낼 수 있어야만 한다.

참고문헌

연구제안서는 APA 스타일로 형식을 갖춘 참고문헌 목록으로 마무리한다는 사실을 기억하라. 저널 논문의 APA 스타일 참고문헌에 관한 조언은 제5장에서 그리고 책과 편집한 책(편람)의 APA 스타일 참고문헌에 관한 조언은 제6장에서 볼 수 있다. 한 가지 가장 중요한 단계는 여러분의 인용과 참고문헌이 정확하게 일치함을 확인하는 것이다. 즉, 이름과 연도가 동일하여야 한다. 담당교수가 이름의 오자나 인용과 참고문헌의 잘못된 연도를 찾게 된다면, 여러분의 제안서는 엉성하게 보이게 된다. 모든 인용에는 상응하는 참고문헌이 있어야 하며, 모든 참고문헌에는 상응하는 인용이 있어야 한다. 참고문헌이 빠진 인용이나 인용이 없는 참고문헌도 여러분의 제안서를 조심성 없는 것으로 보이게 만든다. 참고문헌을 출판된 논문에서 보는 것과 완전히 동일한 방식으로 입력하도록 주의하라. 그 논문은 현재의 APA 출판지침(2020)이 나오기 전에 출판되었을 수 있기 때문에, 현재의 기준으로 보면 잘못된 형식을 취하고 있을 수 있다. 오류를 피하는 데 도움이 되는 힌트를 얻으려면, 실행하기 : 인용/참고문헌 오대응 피하기 글상자를 참조하라.

실행하기

인용/참고문헌 오대응 피하기

제6장에서 필자는 인용과 참고문헌의 오대응을 피하는 데 도움을 줄 수 있는 조언을 제시하였다. 즉, 보고서에 인용을 삽입할 때마다 상응하는 이름과 연도를 참고문헌 목록의 초고에 집어넣으라는 것이었다. 그 시점에서 글쓰기의 흐름을 방해하면서 온전한 참고문헌을 삽입할 필요는 없지만, 이름과 연도 목록은 하루 글쓰기 회기가 끝났을 때이든 아니면 연구제안서를 완료한 후이든, 나중에 각 참고문헌을 마무리하는 것을 촉진시킨다.

인용과 참고문헌 오대응을 피하는 데 도움이 되는 또 다른 방법은 제안서를 마무리한 후에 워드프로세서에서 "찾기"(Find) 기능을 사용하는 것이다. 제안서를 교정보면서 인용에 도달하였을 때, "찾기"를 클릭하고 검색창에 저자 이름을 입력하라. 여러분은 각 검색에서 적어도 두 개의 적중, 즉 인용에서의 적중과 참고문헌에서의 적중을 얻어야만 한다. 인용에서의 적중만을 찾게 된다면, 참고문헌 목록에서 저자를 빠트렸거나 어디에선가 저자 이름을 잘못 적은 것이다. 마찬가지로 참고문헌 목록에서의 적중만을 찾게 된다면, 어디에선가 이름을 잘못 적었거나 제안서에서 그 저자를 인용하지 않은 것이다.

APA 스타일 고려사항

선행 장들은 제법 많은 수의 APA 스타일 고려사항을 다루었다. 그렇지만 어떤 유형이든 특정한 글쓰기 과제에서와 마찬가지로, 연구제안서와 주석 서지목록에 대한 APA 스타일에는 결정적인 차이들이 존재한다.

제안서 마무리하기

담당교수마다 상이한 요구사항이 있을 수 있지만, 일반적으로 연구제안서는 서론, 방법 절, 그리고 참고문헌을 수반한다. 여러분은 아마도 제5장에서 보았던 형식의 제목 페이지를 첨가하게 될 것이다(담당교수의 선호도에 따라서 그림 5.4나 5.5를 참조하라). 여러분은 서론을 제6장에서 설명한 방식대로 그리고 참고문헌 목록을 제5장과 6장에서 논의한 방식대로 형식을 갖추어야 한다.

방법 절의 형식 갖추기

서론을 마무리한 후에는 새로운 페이지가 아니라 다음 줄에 곧바로 방법 절이 뒤따르기 때문에, 페이지의 상단이나 중앙부분 또는 하단에서 시작할 수 있다. "방법"(Method)이라는 단어는 수준 1 소제목이며(APA 2020, pp. 47-49; 소제목에 관한 정보를 보려면 그림 6.2를 참조하라), 가운데 정렬을 하고 굵은 서체로 (첫 번째 문자만) 대문자로 시작한다.

다음 줄에 나오는 첫 번째 하위절(참가자 또는 피험자)은 수준 2 소제목이며(APA, 2020, pp. 48-49), 좌측 정렬을 하고 굵은 서체로 (첫 번째 문자만) 대문자로 시작한다. 참가자에 관한 정보를 첨가하려면, 다음 줄로 가서 들여쓰기를 하며 본문 서체로 입력한다. 다른 하위절 소제목도 첫 번째 소제목과 동일한 형식을 갖추며, 네 문자 이상의 단어만을 대문자로 시작한다(APA, 2020, p. 167). 따라서 도구와 재료를 모두 포한한 하위절을 사용한다면, 정확한 형식은 좌측 정렬을 한 "**Apparatus and Materials**"가 된다.

소제목

APA 형식은 상이한 유형의 소제목를 사용하여 원고의 체제를 갖춘다는 사실을 기억하라(APA, 2020, pp. 47-49). 그림 6.2는 APA 스타일 보고서에서 사용하는 다섯 수준의 소제목을 보여준다.

글쓰기 고려사항

필자가 여기서 언급하는 첫 번째 글쓰기 고려사항이 APA 스타일이 아닌 까닭은 APA 출판지침(APA, 2020)이 연구제안서를 다루지 않기 때문이다. 연구제안서는 장차 수행할 실험의 계획이기 때문에, 제안서의 방법 절에서는 (담당교수가 다른 지시를 하지 않는 한) 동사를 미래시제로 사용해야 한다. 연구보고서가 과거시제 동사를 사용하는 까닭은 연구자가 과거에 실험을 수행하였기 때문이다(여러분이 서론에서 다루는 연구와 마찬가지이다). 따라서 제안하는 방법론을 작성할 때는 "…할 것이다"라는 미래 표현을 상당히 많이 사용하게 된다는 사실을 기억하라.

나머지 글쓰기 고려사항은 APA 스타일의 성분들이며, 책의 앞부분에서 다룬 내용을 상기시키는 것들이다. 제3장에서는 수동태 사용을 피하라는 APA 지침을 다루었다(APA, 2020, pp. 118, 142). 초점이 행위자가 아니라 대상에 있을 때는 APA 출판지침도 수동태 사용을 완전히 금지하지 않는다. 예컨대, "컴퓨터가 책상 위에 놓여 있었다"(The computers were placed on the table)는 컴퓨터를 가져다 놓은 사람이 아니라 컴퓨터 위치에 주의의 초점을 맞추고 있으며, 방법 절에서는 적절한 표현이 된다(APA, 2020, p. 118).

필자의 경험에 비추어보면, 많은 학생이 미래시제로 글쓰기를 시도할 때 미래시제와 함께 수동태 사용에 매몰된다. 그렇지만 수동태를 경계함으로써, 이러한 유형의 문제점에 대처할 수 있다. 예컨대, 제안하는 방법론을 논의하면서 여러분은 "회상검사를 지연시키기 위해서 수학검사가 참가자들에 의해 시행되었다"(A math test will be completed by participants to dealy the recall test)라고 쓸는지도 모른다. "수학검사"는 실제로 그 문장의 주어가 아니라 목적어이다. 이러한 수동성을 방지하는 한 가지 방법은 "회상검사를 지연시키기 위하여 참가자들이 수학검사를 끝마칠 것이다"라고 쓰는 것이다. 이 경우에, 참가자는 무엇인가를 하고 있으며, 문장의 주어로 기능한다. 수동태에 대처하는 또 다른 방법은 다음과 같이 여러분 자신을 문장의 주어를 사용하는 것이다. "(나는) 회상검사를 지연시키기 위하여 참가자에게 수학검사를 실시할 것이다"(I will administer a math test to participants to delay the recall test). 많은 심리학교수는 APA 스타일이 일인칭의 사용을 배제한다고 믿고 있지만 그렇지 않다. 심지어 APA 출판지침(APA, 2020, pp. 119-120)은 수동태를 피하기 위하여 일인칭 주어를 사용하는 두 가지 사례를 포함하고 있다. 더군다나 APA 출판지침(APA, 2020, p. 120)은 실험자인 여러분 자신을 삼인칭으로 사용하지 않도록 경고하고 있으며[예컨대, 여러분이 실험자일 때, "실험자가 수학검사를 실시할 것이며…"(The experimenter will administer a math test …)라고 표현하는 것], 일인칭 사례를 대안으로 제시하고 있다.

APA 스타일에서 두 번째로 상기할 내용은 글쓰기에서 과학적 스타일을 사용하는 것이다(제2장 참조). 필자는 학생들이 대화 스타일이나 격의 없는 스타일로 제안하는 **방법** 절을 자주 접하였다. 심리학의 모든 글에서는 과학적 글쓰기가 중요하다. 여러분이 제안하는 **방법** 절에서 특히 중요한데, **방법** 절에서는 독립변인과 종속변인의 조작적 정의를 포함하여 실험 계획을 명확하면서도 간결하게 소통하고자 시도하고 있는 것이다. 만일 조작적 정의에 익숙하지 않다면, 제3장을 참조하라("명사" 절을 참조). 변인들을 여러분이 사용하는 조작이라는 측면에서 정의해야 한다. 제3장에서 언급한 바와 같이, 배고픈 쥐라고 표현하기보다는 "배고픔"을 쥐가 경험한 먹이 박탈시간으로 조작적으로 정의할 수 있다. 참가자에 "아동"이나 "성인(어른)"이라는 표지를 붙이기보다는 구체적인 연령 범위, (어른의 경우에) 최소 연령, 또는 이와 유사한 정확한 정의를 제시해야 한다. 상이한 연령 집단에게 사용하는 적절한 용어를 보려면 APA **출판지침**(APA, 2020, p. 135)을 참조하라. 여러분이 제안한 바로 그 참가자들을 얻을 것이라고 보장할 수는 없다고 하더라도, 제안하는 방법론에 대해서는 여전히 명확해야 한다. 어느 곳에서든 반드시 모호한 표현을 피해야 하겠지만, 특히 이 절에서 그렇다. "반드시 모든 단어는 여러분이 의도하는 바로 그것을 의미하도록 하라"(APA, 2020, p. 113).

보고서 수정하기/APA 스타일 고려사항

제6장에서 강조한 바와 같이, 담당교수에게 제출하기에 앞서 연구제안서를 철저하게 수정해야 한다. 수정하면서 문법과 APA 스타일이라는 면에서 글을 세심하게 살펴보라. 제6장에서는 이 과정을 도와줄 다음과 같은 몇 가지 조언을 제시하였다. 첫째, 워드프로세서의 문법 기능에 주의를 기울여라. 둘째, 문법적 오류와 이상하게 들리는 구절이나 문장을 보다 쉽게 탐지할 수 있도록 보고서를 큰 소리로 읽어보라. 셋째, 다른

수강생과 서로의 보고서를 수정해주는 작업을 실시하라. 넷째, 교정하기, 수정하기, 그리고 개정하기를 위한 제안을 보려면 제1장을 다시 살펴보라. 다섯째, 부록 D에서 보편적 글쓰기 문제점, 설명, 그리고 해결책을 정리한 필자의 표를 살펴보라.

결론적 생각

이 장에서는 심리학 전공생에게 공통적으로 주어지는 글쓰기 과제인 연구제안서를 다루었다. 만일 여러분이 독창적 실험의 수행을 필수적으로 요구하는 학부 프로그램에 속한 대다수 심리학 전공자 중의 한 사람이라면, 이러한 유형의 제안서가 연구프로젝트를 수행하고 보고서를 작성하는 작업의 선행 사건이 될 것이다. 이와 대조적으로 여러분이 제안한 실험을 수행할 것이라는 기대를 갖지 않은 채 연구제안서를 개발할 것을 요구하는 상급 수준의 심리학 강의를 수강하는 것일 수도 있다. 어느 경우이든 이 장에서 제시한 핵심은 연관된 것일 수밖에 없다. 이 책의 다음 의제는 실험을 완료한 후에 최종 연구보고서를 작성하는 지침이다.

글쓰기 과제를 비판적으로 생각하기

기말보고서를 작성해야 하거나 실험 아이디어를 개발해야 하는데 어디서부터 시작해야 될지를 모르는 학생을 표적으로 삼은 다음 질문 각각에 대해서 한 문단으로 답해보라.

과제 1

연구제안서란 무엇인가? 주석 서지목록의 작성은 어떻게 연구제안서를 발전시키는 데 도움을 주겠는가?

과제 2

연구제안서의 일환으로 문헌개관을 준비하는 것이 결정적으로 중요한 이유는 무엇인가?

과제 3

깔때기 모양이 연구제안서의 문헌개관(서론)에 대한 훌륭한 유추가 되는 이유는 무엇인가?

과제 4

연구제안서에서 방법 절의 목적은 무엇인가?

참고문헌

American Psychological Association. (1994). *Publication manual of the American Psychological Association* (4th ed.).

American Psychological Association. (2002). Ethical principles of psychologists and code of conduct. *American Psychologist, 57*(12), 1060-1073. https://doi.org/10.1037/0003-066x.57.12.1060

American Psychological Association. (2020). *Publication manual of the American Psychological Association* (7th ed.). https://doi.org/10.1037/0000165-000

Aronson, E., & Carlsmith, J. M. (1968). Experimentation in social psychology. In G. Lindzey & E. Aronson (Eds.), *The handbook of social psychology* (2nd ed., Vol. 2, pp. 1-79). Addison-Wesley.

Beins, B. C. (2008). Why we believe: Fostering critical thought and scientific literacy in research methods. In D. S. Dunn, J. S. Halonen, & R. A. Smith (Eds.), *Teaching critical thinking in psychology: A handbook of best practices* (pp. 199-210). Wiley-Blackwell. https://doi.org/10.1002/9781444305173.ch17

Brewer, C. L., Hopkins, J. R., Kimble, G. A., Matlin, M. W., McCann, L. I., McNeil, O. V., Nodine, B. F., Quinn, V. N., & Saundra. (1993) Curriculum. In T. V. McGovern (Ed.), *Handbook for enhancing undergraduate education in psychology* (pp. 161-182). American Psychological Association. https://doi.org/10.1037/10126-000

Cunningham, M. R. (1986). Measuring the physical in physical attractiveness: Quasi-experiments on the sociobiology of female facial beauty. *Journal of Personality and Social Psychology, 50*(5), 925-935. https://doi.org/10.1037/0022-3514.50.5.925

Cunningham, M. R., Barbee, A. P., & Pike, C. L. (1990). what do women want? Facialmetric assessment of multiple motives in the perception of male facial physical attractiveness. *Journal of Personality and Social Psychology, 59*(1),

61-72, https://doi.org/10.1037/0022-3514.59.1.61

Cunningham, M. R., Roberts, A. R., Barbee, A. P., Druen, P. B., & Wu, C. -W. (1995). "Their ideas of beauty are, on the whole, the same as ours": Consistency and variability in the cross-cultural perception of female physical attractiveness. *Journal of Personality and Social Psychology, 68*(2), 261-279. https://doi.org/10.1037/0022-3514.68.2.261

Dunn, D. S., Brewer, C. L., Cautin, R. L., Gurung, R. A. R., Keith K. D., McGregor, L. N., Nida, S. A., Puccio, P., & Voigt, M. J. (2010). The undergraduate psychology curriculum: Call for a core. In D. F. Halpern (Ed.), *Undergraduate education in psychology: A blueprint for the future of the discipline* (pp. 47-61). American Psychological Association. https://doi.org/10.1037/12063-003

Eagly, A. H., Ashmore, R. D., Makhijani, M. G., & Longo, L. C. (1991). What is beautiful is good, but ...: A meta-analytic review of research on the physical attractiveness stereotype. *Psychological Bulletin, 110*(1), 109-128. https://doi.org/10.1037//0033.2909.110.1.109

Feinman, S., & Gill, G. W. (1978). Sex differences in physical attractiveness preferences. *Journal of Social Psychology, 105*(1), 43-52. https://doi.org/10.1080/00224545.1978.9924089

Gitter, A. G., Lomranz, J., Saxe, L., & Bar-Tal, Y. (1983). Perceptions of female physique characteristics by American and Israeli students. *Journal of Social Psychology, 121*(1), 7-13. https://doi.org/10.1080/00224545.1983.9924460

Khersonskaya, M. Y., & Smith, R. A. (1998). Cross-cultural differences in perception of physical attractiveness. *Psi Chi Journal of Undergraduate Research, 3*(1), 39-42. https://doi.org/10.23839/1089-4136.jn3.1.39

Langlois, J. H., Ritter, J. M., Roggman, L. A., & Vaughn, L. S. (1991). Facial diversity and infant preferences for attractive faces. *Developmental Psychology, 27*(1), 79-84. https://doi.org/10.1037//0012-1649.27.1.79

Norcross, J. C., Hailstorks, R., Aiken, L. S., Pfund, R. A., Stamm, K. E., & Christidis, P. (2016). Undergraduate study in psychology: Curriculum and assessment. *American Psychologist, 71*(2), 89-101. https://doi.org/10.1037/a0040095

Orcher, L. T. (2014). *Conducting research: Social and behavioral science methods* (2nd ed.). Pyrczak. https://doi.org/10.4324/9781315266626

Perlman, B., & McCann, L. I. (2005). Undergraduate research experiences in psychology: A national study of courses and curricula. *Teaching of Psychology,*

32(1), 5-14. https://doi.org/10.1207/s15328023top3201_2

Perrett, D. I., May, K. A., & Yoshikawa, S. (1994). Facial shape and judgments of female attractiveness. *Nature, 368*(6468), 239-242. https://doi.org/10.1038/368239a0

Posey, E., & Smith, R. A. (2003). The self-serving bias in children. *Psi Chi Journal of Undergraduate Research, 8*(4), 153-156. https://doi.org/10.24829/1089-4136.jn8.4.153

Robinson, E. S., & Brown, M. A. (1926). Effect of serial position upon memorization. *American Journal of Psychology, 37*(4), 538-552. https://doi.org/10.2037/1414914

Rundus, D. (1971). Analysis of rehearsal processes in free recall. *Journal of Experimental Psychology, 89*(1), 63-77. https://doi.org/10.1037/h0031185

Saville, B. K., Zinn, T. E., Lawrence, N. K., Barron, K. E., & Andre, J. (2008). Teaching critical thinking in statistics and research methods. In D. S. Dunn, J. S. Halonen, & R. A. Smith (Eds.), *Teaching critical thinking in psychology: A handbook of best practices* (pp. 149-160). Wiley-Blackwell. https://doi.org/10.1002/9781444305173.ch13

Smith, R. A., & Davis, S. F. (2013). *The psychologist as detective: An introduction to conducting research in psychology* (6th ed.). Pearson.

Sternberg, R. J. (2003). *The psychologist's companion: A guide to scientific writing for students and researchers* (4th ed.). Cambridge University Press. https://doi.org/10.1017/CBO9780511819261

Stroop, J. R. (1935). Studies of interference in serial verbal reactions. *Journal of Experimental Psychology, 18*(6), 643-663. https://doi.org/10.1037/h0054651

Strunk, W., Jr., & White, E. B. (2000). *The elements of style* (4th ed.). Pearson Education.

Thakerar, J. N., & Iwawaki, S. (1979). Cross-cultural comparisons in interpersonal attraction of females toward males. *Journal of Social Psychology, 108*(1), 121-122. https://doi.org/10.1080/00224545.1979.9711969

Whitney, B. E., Jr., & Frieze, I. H. (1985). Children's causal attributions for success and failure in achievement settings: A meta-analysis. *Journal of Educational Psychology, 77*(5), 608-616. https://doi.org/10.1037/0022-0663.77.5.608

8

심리학 연구보고서 작성하기

알고 있습니까?

연구보고서에 속하는 요소와 절들을 나열할 수 있는가?

여러분의 연구제안서에서 연구보고서를 위해 수정할 필요가 있는 재료는 무엇인가?

초록에는 어떤 정보를 포함해야 하는가?

결과 절에서 통계적 결과를 어떻게 작성하는 것인가?

여러분의 결과를 나타내기 위한 표를 어떻게 작성할 수 있는가?

엑셀을 사용하여 어떻게 APA 스타일의 그래프를 작성할 수 있는가?

연구보고서의 핵심을 어떻게 제시하는가?

> "일단 결과를 분석하고 그 결과에 대해서 생각하였다면,
> 여러분은 그것을 보고할 준비가 된 것이다."
>
> 스턴버그(Sternberg), 2003, pp. 47-53

심리학 전공자로서 아마도 여러분은 언젠가 심리학 실험을 수행하게 될 것이다(제7장 참조). 이 장의 목표는 연구과정의 마지막 단계, 즉 연구에 관한 보고서를 작성하는 것을 도와주려는 것이다.

어째서 연구보고서를 작성할 필요가 있는가?

1890년대 이래로 심리학자들은 조셉 재스트로(Joseph Jastrow)의 영향을 받아서 자신의 연구를 비교적 간략하게 작성하는 데 초점을 맞추어왔다(Blumenthal, 1991). 재스트로는 위스콘신대학교 실험실에서 수행한 연구에 관한 일련의 짧은 보고서를 작성하였는데, 그때까지 심리학 저널이 출판한 기나긴 논문과 대비되었다. "이렇게 짧은 논문은 우선 간단하게 문제를 진술하고, 연구방법 다음에 결과와 데이터 분석 그리고 결론을 모두 소수의 페이지에 기술하였다"(Blumenthal, 1991, p. 82). 따라서 심리학자들은 자신의 연구에 관한 실험보고서를 작성하는 오랜 전통이 있다. 여러분도 그의 논문을 보면 알 수 있겠지만, 재스트로가 오늘날 APA 스타일이라고 알려진 것의 표준을 설정하였다.

과학연구의 한 가지 중요한 부분이 결과를 다른 과학자와 공유하는 것이다. 과학자가 특정 주제에 관한 지식베이스를 구축하는 유일한 방법은 자신의 결과를 발표하여 다른 과학자들이 그 결과를 읽고 또 다른 정보를 보탤 수 있도록 하는 것이다. 연구제안서의 서론을 작성하는 과정을 되새겨보면, 발표과정이 얼마나 중요한지를 알 수 있다. 만일 다른 심리학자들이 자신의 결과를 발표하지 않았더라면, 여러분에게는 연구아이디어를 구축할 토대가 아무것도 없었을 것이다. 마찬가지로 심리학에 관한 지식도 별로 진전되지 못하였을 것이다. 사람들이 과거에 다른 연구자들이 찾아낸 것이 무엇인지를 전혀 고려하지 않은 채 제멋대로 닥치는 대로 연구를 수행할 것이기 때문이다. 여러분의 경력 목표가 임상가나 상담가와 같은 개업심리학자가 되는 것이라고 하더라도, 연구 지식의 중요성에 감사하는 마음을 가져야 한다. 현장 업무를 지원하는 연구결과가 없다면, 현장심리학자들은 내담자에게 위험하거나 쓸모없는 기법을 사용하고 있을지도 모른다. 의사가 여러분에게 검증되지도 않은 치료법을 사용하기를 원치 않는 것과 마찬가지로, 여러분의 (미래) 내담자에게 검증되지 않은 기법을 사용하려고 해서는 안 된다. 장차 연구프로젝트를 수행하지 않는다고 하더라도, 실험보고서를 작성하는 능력은 여러분의 현장 활동에 중요할 수 있는 저널 논문을 읽고 해석하는 데 도움을 주게 된다.

여러분에게 실험에 관한 연구보고서를 작성하는 과제를 부여하게 만드는 것이 바로 이러한 전통이다. 담당교수는 여러분이 연구심리학자의 길로 접어드는 것을 도와주고 있다. 만일 여러분이 대학원에 진학할 계획이라면, 실험을 수행하고 연구보고서를 작성해보는 것이 대학원에 입학하는 데도 도움을 줄 것이다. 제4장에서 필자는 학부생 유지니오 펠루소가 연구프로젝트를 수행함으로써 대학원 임상심리학 프로그램에 입학하는 데 도움이 되었던 사례를 제시하였다. 부록 A는 그가 발표한 논문을 집중조명하고 있다(Peluso, 2000).

연구보고서는 어떻게 진행하는가?

이 책의 선행 장들이 저널 논문의 요소들을 다루었기 때문에 여기서 모든 정보를 또다시 들먹이지는 않겠다. 다음 목록은 여러분의 실험보고서에 들어가는 요소 그리고 그 요소에 관한 정보를 소개한 장들을 정리한 것이다.

제목 페이지(제4, 5, 6장)
초록(제4, 5, 6장)
서론(제4, 6, 7장)

방법(제4, 7장)
결과(제4장)
논의(제4, 7장)
참고문헌(제4, 5, 6, 7장)
각주/부록/보충재료(제4장)

특정 글쓰기 과제에 관한 장(제5장 : 주석 서지목록; 제6장 : 기말보고서 또는 문헌개관; 제7장 : 연구제안서)은 제목 페이지, **서론**, **방법** 절, 그리고 참고문헌을 작성하는 방법에 관한 정보를 제시하고 있다. 이 장은 여러분에게 남아 있는 과제, 즉 초록, **결과** 절 그리고 **논의** 절을 작성하는 과제에 초점을 맞춘다. 이 절들을 앞서 나열한 다른 모든 절들과 결합함으로써, 최종적으로 여러분의 연구보고서를 형성하게 된다. 이 장의 내용을 보다 구체적인 것으로 만들고 싶다면 부록 C를 참고하면 된다. 여러분은 부록 C에서 펠루소가 발표한 논문의 원고를 볼 수 있다. 펠루소는 APA **출판지침**의 제6판을 사용하여 원고를 작성하였지만, 필자는 부록 A에 나와 있는 그의 논문을 APA **출판지침**의 최신판(APA, 2020)을 반영하도록 교정하였다(부록 B 참조). 부록 C는 부록 B의 교정에 근거하여 최신 APA 스타일(APA, 2020)로 업데이트한 펠루소의 원고를 보여주고 있다.

좋은 소식

만일 여러분이 제7장에서 소개한 연구제안서를 이미 작성하였다면, 연구보고서 작성에 관하여 좋은 소식이 있다. 그 제안서는 제목 페이지, **서론**, **방법** 절, 그리고 참고문헌을 포함하고 있을 가능성이 높다. 따라서 여러분은 최종 실험보고서의 거의 절반을 이미 작성한 것이다. 여러분이 남겨둔 핵심 작업은 초록, **결과** 절, 그리고 **논의** 절을 작성하는 것이 된다. 부록이나 각주를 정리한 필요가 있을 수도 있고 없을 수도 있다.

아마도 서론과 참고문헌은 조금 손을 볼 필요가 있을 것이며, 방법 절은 재작업을 해야만 할 것이다. 따라서 계속 정진하라. 고지가 저기 보인다!

이미 작성한 내용 수정하기

이 절의 내용은 여러분이 실험을 수행하기에 앞서 연구제안서를 작성하였음을 전제로 한다. 만일 연구제안서를 제출할 필요가 없었다면, 이 절에 관하여 선행 장들에서 다루었던 정보를 읽을 필요가 있겠다.

제목 페이지

제목 페이지의 내용(제목, 저자, 소속기관; 그림 5.4와 5.5 참조)을 감안할 때, 이 시점에 여러분이 무엇인가를 수정할 필요성은 거의 없다. 그렇지만 담당교수에게 어떤 유형의 제목 페이지(전문가 페이지 또는 학생 페이지)를 사용해야 하는지를 반드시 확인하도록 하라. 이제 실험을 완료하였기 때문에, 제목이 전체 연구프로젝트와 보고서에 여전히 적합한지를 다시 한 번 확인해보라(만일 필요하다면, 머리제목도 함께 확인하라). 때때로 예상하지 못하였던 결과가 처음에는 훌륭하였던 제목을 이제는 잘 들어맞지 않는 것으로 만들어버릴 수 있다. 여러분의 실험보고서가 그럴 가능성은 거의 없다 하더라도, 저자 주에서 소속기관의 변경에 관한 정보를 제시할 수 있음을 기억하라(만일 필요하다면 말이다). 예컨대, 학부 대학에서 작성한 논문을 대학원에 진학한 후에 저널에 게재 신청할 수도 있다.

서론

연구제안서(제7장 참조)의 서론(문헌개관)을 손보지 않은 채 그대로 사용하고 싶은 유혹이 있을지도 모른다. 그렇지만 성실한 학생이라면 몇 차례 손을 보아야만 한다.

문헌개관을 갱신하라

우선 문헌개관을 갱신할 필요가 있는지 알아보기 위하여 PsycINFO를 확인해보아야 한다. 애초에 제안서를 작성한 이후 연구자들이 여러분의 주제에 관하여 어떤 중요한 연구를 발표하였는가? 새로운 연구의 가능성은 여러분의 제안서와 실제 실험 간의 시차에 달려 있다. 필자가 가르쳤던 두 학과에서는 두 학기에 걸친 연구방법론 강의를 개설하였는데, 첫 번째 학기에 제안서를 작성하고, 두 번째 학기에 실험을 수행하도록 되어 있었다. 두 과제 간에 여러 달의 시차가 있기 때문에, 새로운 중요한 연구가 발표되었을 가능성이 충분히 있다. 반면에 만일 여러분이 단일 학기에 제안서도 작성하고 실험도 수행하는 강의를 수강하고 있다면, 새로운 연구가 발표되었을 가능성이 전혀 없지는 않더라도 극히 낮게 된다.

실험 근거를 갱신하라

제안서 서론의 마지막 문단에서 계획한 실험의 근거나 가설을 제시하였을 가능성이 높다. 이 문단(필요하다면 그 이상)을 재확인하여 여러분이 얻은 결과와 도출할 결론을 놓고 볼 때 그 근거가 여전히 합당한지 따져보아야 한다. 동사의 시제도 확인하라. 이제 실험을 수행하였기 때문에, 과거시제를 사용하여야 한다. 예컨대, (제안서에서) "…라고 가정한다"가 (최종 보고서에서는) "…라고 가정하였다"가 된다.

방법

여러분은 방법 절에서 적어도 한 가지, 즉 동사의 시제를 갱신할 필요가 반드시 있다. 제안서에서는 실험 계획에 관하여 적었기 때문에 미래시제를 사용하여야만 했다(제7장 참조). 이제 실험을 수행하였으며 이미 수행한 내용을 작성하기 때문에 동사를 과거시제로 변경하여야 한다.

방법 절의 또 다른 요소도 갱신할 필요가 있다. 애초에 제안하였던 방법론과 실제로 사용한 방법론이 동일하지 않은 경우가 많다. 제안한 방법론을 구현하고자 시도해보기 전에는 그 방법론이 어떻게 작동할 것인지를 정확하게 예측하기 어렵다. 따라서 만일 제안하였던 방법론을 수정할 수밖에 없었다면, 실험을 수행하면서 실제로 수행한 것을 반영하도록 **방법** 절을 갱신할 필요가 있다. 아마도 이러한 변화는 미미한 것이겠지만, 최종 보고서에 그 사실을 보고할 필요가 있다.

참고문헌

참고문헌의 갱신은 서론/문헌개관에서 수행한 갱신에 달려 있다(참고문헌의 형식에 관한 정보를 보려면 제5장과 6장을 참조). 만일 서론에 새로운 논문을 첨가하였다면(즉, 인용하였다면), 반드시 해당 참고문헌도 첨가하여야 한다. 애초의 참고문헌과 관련된 정보는 어느 것도 변하지 않는다.

보고서의 새로운 절 작성하기

앞서 언급한 바와 같이, 여러분이 작성할 새로운 절은 **초록**, **결과** 절, 그리고 **논의** 절이다. 각 절에서 요구되는 것을 살펴보도록 하자.

초록

제4장에서 초록은 전체 연구프로젝트의 요약과 유사하다고 설명하였다. APA 출판지침(APA, 2020, p. 38)은 초록이 전형적으로 250단어를 넘지 않는다고 언급하고 있지만, 구체적인 길이를 설정해놓은 것은 아니

다. 따라서 담당교수에게 초록의 구체적인 길이를 문의해보아야 한다.

APA 출판지침(APA, 2020, p. 74)은 경험연구의 초록에는 다음과 같은 다섯 가지 항목이 들어가야 한다고 규정한다. 즉, 문제, 참가자 정보, 연구방법론, 결과, 그리고 결론과 함의/적용이 그것이다(보다 자세한 세부사항을 보려면 제4장을 참조하라). 그렇지만 출판지침(APA, 2020, p. 74)은 "네다섯 가지의 가장 중요한 개념, 결과, 또는 함의만을 포함해야 한다."라고도 언급하고 있다. 이에 덧붙여서 초록에서 능동태의 사용을 권장한다(p. 73). 훌륭한 초록의 작성은 정말로 도전거리임에 틀림없다!

발표된 많은 초록은 APA 출판지침(APA, 2020)이 나열한 모든 핵심을 포함하지 않을 가능성이 있다. 그렇지만 다른 초록의 결함을 불완전한 초록에 대한 변명으로 삼지 말라! 여러분이 보고서의 나머지 부분을 모두 작성할 때까지는 초록을 작성하려고 시도할 필요가 실제로 없다. 초록을 작성할 준비가 되었다면, 여러분이 보고서에서 인용하고 참고문헌에 포함시킨 논문의 초록을 다시 읽어보라. 그 초록을 다시 읽어보는 것은 실험보고서에서 이렇게 중요한 부분에 관하여 다른 실험자들이 사용한 스타일에 익숙해지는 데 도움을 준다.

예컨대, 부록 A에 포함된 저널 논문(Peluso, 2000)의 초록을 살펴보라. 이 초록은 122개의 단어로 구성되어 있다. 그 초록에서 문제, 참가자, 방법론, 결과, 그리고 결론/함의에 관한 정보를 찾을 수 있는가? 앞서 언급한 바와 같이, 여러분은 모든 초록에서 APA 출판지침(APA, 2020, p. 74)의 핵심사항 모두에 해당하는 정보를 찾을 수 없을지도 모른다. 초록에서 중요한 정보를 확인하는 데 도움을 받으려면 **면밀한 관찰 : 코멘트가 달린 펠루소 초록 글상자**를 참고하라.

초록을 작성하는 간단한 전략은 APA 출판지침(APA, 2020, p. 74)의 다섯 가지 핵심사항 각각에 대해서 하나(아니면 기껏해야 두 개)의 문장을 작성하는 것이다. 한 가지 중요한 조언을 보려면, **실행하기 : 초록**

면밀한 관찰

코멘트가 달린 펠루소 초록

초록과 코멘트

심상 유형의 함수로서 숙련된 운동수행

[1]이 연구는 숙련된 운동수행에 대한 심상의 효과를 살펴보았다. [2]심리학개론 수강생 중에서 자원한 48명의 참가자를 두 처치집단이나 통제집단에 할당하였다. [3]숙련된 운동수행은 참가자들이 잭 들어올리기나 거울추적 과제에서 범한 오류의 수와 수행속도로 평가하였다. 시행과 시행 사이에서 참가자는 연관된 심상(즉, 과제), 무관한 심상(즉, 환경장면)을 떠올리거나 아무런 심상도 떠올리지 않았다. 집단 간 차이를 검증하기 위하여 변량분석을 실시하였다. [4]다섯 심상 회기를 마친 후에, 연관 심상 집단의 참가자는 다른 두 집단의 참가자보다 유의하게 적은 수의 오류를 범하였다. [5]후속연구의 방향으로 속도를 강조하는 과제와 정교한 운동협응을 강조하는 과제에서의 심상의 평가를 제안하였다.

① 펠루소(2000)는 문장 1에서 문제를 제기하였다. 여러분에게는 문제가 무엇인지 그다지 명확하지 않을지도 모르겠으나, 주제(운동수행에 대한 심상의 효과)는 명확하다. 반면에 심상 연구문헌을 알고 있는 독자에게는 문제가 명확하겠다. 여러분의 연구영역에 들어있는 저널 논문을 읽는 이면의 생각은 그 영역을 이해하고 그 영역에 관하여 어느 정도 전문성을 얻으려는 것이다.
② 문장 2는 참가자에 관한 정보를 제시하고 있다.
③ 문장 3 이후의 두 문장이 연구방법론에 관한 정보를 제시하고 있다.
④ 문장 4는 실험 결과를 보여주고 있다.
⑤ 문장 5는 결론이나 함의 대신에 후속 연구의 방향을 제시하고 있다.

의 동사 시제 글상자를 참조하라. 초록의 각 단면을 순서대로 살펴보도록 하자.

실행하기

초록의 동사 시제

초록의 동사 시제를 선택하는 것이 혼란스럽게 보일지도 모르겠다. 다행스럽게도 **APA 출판지침**(APA, 2020, p. 74)은 이 물음을 다음과 같이 직접적으로 언급하고 있다. "여러분이 행한 것을 기술하고 있는 초록의 대부분에서 과거시제를 사용하라. 결론과 함의/응용을 위해서만 현재시제를 사용하라."

문제

여러분의 문제 또는 물음의 요체를 포착하는 문장으로 시작하라. 이 문장을 작성하는 것이 도전적인 까닭은 이제 여러분이 주제에 관하여 꽤나 많은 것을 알고 있기 때문이다. 그 정보를 단일 문장으로 응축시키는 작업은 상당한 종합능력을 요구한다. 논문의 독자는 전형적으로 전문지식을 가지고 있다는 사실을 명심하라. 즉, 이미 주제에 익숙하기 때문에 여러분의 문장이 주제에 관한 모든 배경과 선행연구결과를 나열할 필요가 없다. 다른 수강생이 그 문장을 읽고 문제를 이해할 수 있을 때까지 다듬어라.

참가자

연구에서 참가자를 규정하는 문장은 꽤나 간단해야 한다. APA 출판지침(APA, 2020, p. 74)은 참가자의 "적절한" 자질만을 명시하라고 천명한다. 앞 문장에서 핵심 단어는 "적절한"이다. 만일 참가자가 대학생 전집에 속해 있다면, "대학생 연령"이나 "대학생"이라고 기술하는 것이 적절하겠다. 대학생이 아닌 전집에 속해 있다면, 그 사실이 해당 자질이 된다. 여러분의 연구가 남녀 혼성 참가자를 수반하는 것이 적절하지 않다면, 단일 성의 표본을 사용하는 것이 적절하다. 마찬가지로 여러 인종이 뒤섞인 표본을 연구하였거나 단일 인종 표본을 연구하였다는 사실은 아마도 중요하지 않겠지만, 단일 인종 집단에서 선택한 표본을 사용하는 것이 적절할 가능성이 높다. 표본크기가 독자에게 유용한 정보일 수 있지만, 그 수치에 초점을 맞추지 말라. 간단하게 하나의 문장에 포함시켜라(예컨대, "28명의 심리학개론 수강생 표본").

방법론

여러분에게는 이 문장의 작성이 도전적일는지도 모르겠다. 특히 실험의 방법론이 복잡할 때 그렇다. APA 출판지침(APA, 2020, p. 38)이 언급한 바와 같이, 지면이 제한되어 있기 때문에 방법의 흥미롭거나 핵심적인 측면만을 다루라. 따라서 한 문장에 방법 절의 모든 요소를 전달하려고 시도해서는 안 된다. 여러분의 참가자가 무엇을 하였는지를 독자가 이해할 수 있는 결정적인 세부사항만을 포함시켜라.

결과

APA 출판지침(APA, 2020, p. 74)은 초록에 기본 결과만을 포함시킬 것을 요구한다. 만일 복잡한 실험을 수행하였다면, 방법론에서와 마찬가지로 결과를 한 문장으로 작성하는 것이 도전적일 수 있다. 이 경우에도 핵심에 초점을 맞추어야 한다. 여러분 실험에서 무엇이 핵심 결과인가? 이 문장에서 유의도 수준이나 효과크기를 제외하고는 실제 통계치가 필요하지 않다. 친구나 동료에게 요약하고 있는 것처럼 결과를 제시하는데 집중하라.

결론과 함의/응용

이 문장에서는 여러분의 실험에서 기억하기를 바라는 메시지를 전달하는 데 집중해야 한다. 여러분이 실험에서 찾아낸 것의 의미나 함의는 무엇인가? 만일 실험이 복잡하였다면, 여러 개의 중요한 메시지가 있겠지만, 그 정보를 단일 문장으로 응축시킬 수 있도록 선택하라. 필자는 함의/응용보다는 결론을 강조하는 것을 선호한다(물론 담당교수는 상이한 선호도를 가지고 있을 수 있다). 따라서 필자는 여러분에게 이 문장에서 가장 중요한 결론에 초점을 맞추라고 조언한다. 그 결론은 여러분이 구체적인 문제나 물음 또는 가설을 기술하였던 서론 말미의 내용과 가장 직접적으로 관련된 것일 가능성이 크다. 앞부분에서 과거시제를 사용했던 것과는 대조적으로 이 문장에서는 현재시제를 사용한다는 사실을 명심하라.

종합

다섯 문장의 작성을 마무리한 후에는 그것들을 하나로 결합하여 자연스럽게 진행되는지를 보아야 한다. 초록이 반드시 서론처럼 물 흐르듯 진행되어야 하는 것은 아니지만, 거칠거나 삐걱거리는 전개가 있다면 부드럽게 다듬어야 한다. 다른 수강생에게 초록을 교환하여 읽어볼 것을 제안하라. 다른 사람이 여러분의 글에서 문제점을 집어내는 것이 더 용이하기 십상이다. 반드시 초록의 단어 수가 담당교수의 지침을 벗어나지 않도록 하라. (워드프로세서마다 글의 단어 수나 글자 수를 알려주는 기능을 가지고 있다.)

결과

불행하게도 초록을 작성하는 경우와는 달리, 결과의 작성에 대하여 명확하게 진술한 일련의 지침은 존재하지 않는다. APA 출판지침(APA,

2020, pp. 86-89)에서 결과 절의 기술은 초록의 해당 기술보다 훨씬 더 보편적이다. 예컨대, "수집한 데이터 그리고 뒤따르는 진술과 연관된 데이터에 대해서 수행한 분석 결과를 요약하라"(APA, 2020, p. 86)는 진술은 구체적인 지침이나 단계별 지시사항을 아무것도 제공해주지 않는다.

일반적으로 말해서, 여러분은 결과 절에 네 가지 유형의 통계정보를 제시할 수 있다. 물론 모든 경우에 이 모든 정보가 적합한 것은 아닐 수도 있다. 후속 하위절에서 이러한 네 가지 유형의 정보 그리고 각 유형에 대해서 여러분이 글로 작성하는 것을 살펴본다. 다음 문단을 읽으면서 여러분은 연구보고서를 작성하는 데 필수적인 기본 통계학 개념을 보게 된다. 여러분은 기초통계학 강의에서 이 개념들을 접해보았거나 접하게 될 것이다. 이 책에서는 용어 설명 절에 이 용어들을 정의와 함께 제시하였다.

APA 출판지침(APA, 2020)은 통계치를 소수점 이하로 보고하는 방식에 관하여 비교적 상세한 지침을 제공하고 있다. 일반적으로 대부분의 수치에서 소수점 두 자리까지 사용해야 한다(APA, 2020, p. 180). 이러한 일반 지침의 예외는 ***p*값**[probability value 또는 우연확률(probability of chance)]을 보고할 때이다. APA 출판지침(APA, 2020)은 *p*값을 소수점 두 자리나 세 자리까지 보고해야 한다고 규정하고 있다. *p*값을 보고할 때의 유의사항을 보려면, 실행하기 : 통계분석 패키지는 멍청하다 글상자를 참조하라.

실행하기

통계분석 패키지는 멍청하다

어떤 통계분석 패키지는 통계적 확률로 .000의 *p*값을 내놓는다. 이 수치를 보게 되면, 통계학 강의에서 배운 내용을 기억해내고는(만일 그러한 강의를 수강하였다면 말이다) **우연확률**(probability of chance)은 결코 0이 될 수 없음을 인식해야 한다. 아무리 작다고 하더라도 그 효과가 우연에 의한 것일 확률은 항상 있다. 프린트아웃에서 .000의 값을 보면, 여러분은 p<.001이라고 보고해야 한다.

기술통계

수강하였던 강의에서 배웠겠지만, **기술통계**(descriptive statistics)는 데이터 집합을 기술하는 수치이다. 가장 보편적으로 접하는 유형의 두 가지 기술통계는 집중경향 측정치와 변산 측정치이다.

집중경향 **집중경향**(central tendency) 측정치는 점수 집합의 "평균적인" 점수를 알려준다. 가장 보편적으로 사용하는 집중경향 측정치는 **평균**(mean)이며, 점수 집합의 산술평균으로 기호로는 $\bar{X}$로 표기한다(전집의 경우에는 μ). 여러분에게 안도의 한숨을 내쉬게 해줄지도 모르는 조언을 보려면, 실행하기 : 어떻게 $\bar{X}$를 표현하는가? 글상자를 참고하라.

실행하기

어떻게 $\bar{X}$를 표현하는가?

워드프로세서에서 기호 $\bar{X}$를 표현하고자 시도해본 적이 있다면, 여러분은 이것이 뒷골을 당기는 골칫거리임을 알고 있을 것이다. APA 스타일(APA, 2020, p. 184)이 통계 결과에서 평균을 보고할 때 괄호에서든 표에서든 M의 사용을 허용하고 있다는 사실을 알면 여러분도 즐거울 것이다. 만일 본문에서 이 용어를 사용한다면, 그저 "평균"이라는 단어를 입력하라(APA, 2020, p. 187)

다른 두 집중경향 측정치는 **중앙값**(median, 순위가 정중앙인 값)과 **최빈값**(mode, 빈도가 가장 높은 값)이다. 평균은 집단에서 전형적인(평균적인) 값에 관한 아이디어를 제공한다. 여러분은 결과 절에서 일반적으로 통계적 비교와 관련된 집단 평균을 보고하게 된다. 만일 세 개 이하의 평균을 가지고 있다면, 그것들을 본문에 포함시킬 수 있다(APA, 2020, p. 181). 예컨대, "남아의 평균 점수는 12.4이고, 여아의 평균 점수는 12.5이었다."라고 적거나 "(남아 *M*=12.4; 여아 *M*=12.5)"와 같이 괄호 속에 집어넣는다. 제시할 평균이 많다면, 그것들을 표나 그림으로 제시하는 것(이 장 뒷부분에서 다룬다)을 고려해보아야 한다.

만일 여러분이 **편포된 데이터**(skewed data)를 가지고 있다면, 즉 대부분의 점수가 분포의 중앙이 아니라 어느 한쪽 끝에 몰려 있다면, 평균은 적절한 집중경향 측정치가 아니다. (편포된 데이터의 원인인) 극단적인 점수는 평균을 위나 아래로 끌어당기기 때문에, 평균적인 점수에 대해 부정확한 추정치를 제시한다. 그러한 경우에는 평균 대신에 중앙값(*Mdn*)을 보고할 수도 있다.

변산성 집중경향 측정치는 점수 집합에 관하여 절반의 이야기만을 들려준다. 분포에서 점수들이 퍼져 있는 정도, 즉 **변산성**(variability)을 아는 것도 중요하다. 예컨대, 여러분이 시험에서 학급 평균보다 5점 높은 점수를 받았다는 사실을 알게 된다면 아마도 기쁠 것이다. 그렇지만 그 점수가 실제로 얼마나 높은 것인지는 학급 점수의 변산성에 달려 있다. 만일 점수의 변산성이 꽤나 크다면, 여러분의 점수는 겨우 평균 위에 있을지도 모른다. 그렇지만 만일 데이터의 변산성이 거의 없다면, 여러분의 점수는 90퍼센타일 이상에 위치할 수도 있다.

점수 표본에서 가장 보편적으로 사용하는 변산성 측정치는 **표준편차**(standard deviation)이며, 기호로는 ***s***(전집의 경우에는 σ)로 나타낸다. 저자는 전형적으로 평균과 함께 표준편차를 제시하는데, 이러한 제시는 독자에게 평균 그리고 평균 간 차이에 관한 맥락을 더 많이 제공한다. 보고서에서 표준편차를 제시하는 것에 관한 정보를 보려면, 실행하기 : 표준편차 기호 글상자를 참조하라.

실행하기

표준편차 기호

평균에서와 마찬가지로, APA 스타일(APA, 2020, p. 185)은 보고서에서 표준편차의 대안적 기호로 ***SD***의 사용을 허용하고 있다. 본문에서 표준편차를 언급하는 것은 드문 일이지만, 만일 여러분이 그렇게 하게 된다면, "표준편차"라고 표현하라.

본문에서 표준편차는 일반적으로 평균과 함께 제시한다. 예컨대, 다음과 같이 쓸 수 있다. "남아의 평균 점수는 12.4(*SD*=1.24)이고, 여아의 평균 점수는 12.5(*SD*=1.32)이다." 데이터의 수많은 평균을 나타내기 위하여 표를 사용한다면, 그 표에 표준편차도 포함시키게 된다(표 4.1 참조).

상관 신장과 체중 또는 연령과 수입과 같이 두 가지 수치변인 간 (선형) 관계의 정도를 평가하기 위해서는 ***r***이라는 기호로 나타내는 **피어슨 적률 상관**(Pearson product-moment correlation)을 사용한다. 비선형적이거나, 셋 이상의 변인을 수반하거나, 아니면 하나의 이분변인(dichotomous variable)을 가지고 있는 관계를 측정하는 다른 상관 통계치들도 존재하지만(Spatz, 2019), 여기서는 피어슨 상관에 초점을 맞춘다. 이것이 가장 보편적으로 사용하는 것이기 때문이다. 모든 통계학 교재가 상관을 기술통계로 부르는 것에 동의하는 것은 아니지만, 상관은 아무튼 변인들 간의 관계를 기술하고 있다.

평균에서와 마찬가지로, 상관계수를 다음과 같이 두 가지 방식으로 보고할 수 있다. 보고할 상관이 많을 때는 표로 보고하거나, 아니면 적은 수의 상관을 가지고 있을 때는 본문에서 보고한다. 본문 속에서는 상관을 다음과 같은 방식으로 기술한다.

> 학생들의 신장과 체중 간의 상관은 유의하였다, $r(24) = .68$, $p < .001$.

통계 기호들(r, p 등)을 이탤릭체로 표현하며 문장에서 단어처럼 각 성분을 띄어쓰기한다. **자유도**(degree of freedom, 괄호 안의 수치)는 점수 쌍의 수에서 2를 뺀 값이라는 사실도 명심하라.

추론통계

심리학자들이 참가자 표본에게 실험을 실시하지만, 그 참가자에게만 관심이 있는 것은 아니다. 즉, 표본의 결과를 더 큰 전집에 적용하고자 한다. 따라서 **추론통계**(inferential statistics)를 사용하여 표본 데이터의 유의도를 검증하고는 표본을 넘어서 전집에 대한 결정을 내린다(추론을 한다). 다행스럽게도 APA 출판지침(APA, 2020)은 추론통계 결과에 관하여 글을 쓸 때 포함시켜야 하는 정보에 관한 명시적 조언을 다음과 같이 제공하고 있다.

> 추론통계 검증(예컨대, t, F, 그리고 카이제곱 검증 등)에서는 검증통계치의 크기나 값, 자유도, 얻은 값만큼 극단적이거나 더 극단적인 값을 얻은 확률(정확한 p값), 그리고 효과의 크기와 방향을 포함하라(APA, 2020, p. 88).

여러분의 실험보고서에서 데이터를 분석하는 데 다양한 추론통계 검증을 사용할 수 있다. 여기서는 논의의 목적상, 앞의 인용문에서 나열한 세 가지 검증에 초점을 맞추도록 하자. 이것들 외의 통계검증을 사용한다면, 구체적인 결과를 제시하는 방식에 관한 정보를 위해서 APA 출판지침(APA, 2020)을 참고하라.

***t* 검증** ***t* 검증**(t test)은 두 표본이 종속변인에서 차이가 있는지를 결정하기 위하여 단일 독립변인에서의 두 평균을 비교한다. 미로를 달리는

두 집단의 쥐를 비교하는데, 미로를 달리기에 앞서 7마리의 한 집단은 암페타민을 주사 받았고 6마리의 통제집단은 암페타민을 주사 받지 않았다. 통계결과를 다루기 위해서는(Spatz, 2019의 데이터임) 다음과 같이 쓸 수 있다.

> 암페타민을 주사 받은 쥐(M=39.71, SD=8.54)는 주사 받지 않은 쥐(M=57.33, SD=12.63)보다 짧은 시간에 미로를 달렸다, t(11)=2.99, p=.012.

이 문장은 APA 출판지침(APA, 2020, p. 88)이 나열한 모든 요소를 포함하고 있음에 주목하라. t 검증의 값은 2.99이었으며, 자유도는 11이었다(7+6−2). 2.99 또는 그 이상의 t값을 얻을 정확한 확률은 .012이다(실행하기 : p값 글상자에서 중요한 지적사항을 참고하라). 암페타민을 주사 받은 쥐가 그렇지 않은 쥐보다 미로를 빠르게 달린다는 사실을 나타내는 문장은 효과의 방향을 보여주고 있다.

실행하기

p값

SPSS와 같은 통계분석 패키지를 사용하여 데이터를 분석하였을 때에만 (p=.012와 같이) 정확한 확률을 진술할 수 있다. 컴퓨터 패키지가 정확한 확률을 알려주기 때문이다. 수작업으로 통계치를 계산하였다면, 표를 가지고 그 확률을 추정해야만 한다(아마도 통계학 강의에서 해보았을 것이다). 여러분은 이러한 차이를 저널 논문에서 볼 수 있다. 오래된 논문은 p<.05와 같은 확률 진술을 하였을 가능성이 더 높은 반면에, 최근 논문은 p=.012와 같이 정확한 확률을 보여줄 가능성이 높다.

***F* 검증** ***F* 검증**(F test)은 **변량분석**(analysis of variance, ANOVA)으로 더 잘 알려져 있다. 영국 통계학자인 로날드 피셔 경(Sir Ronald Fisher)이

1920년대에 ANOVA를 개발하였다. 1930년대에 스네데커(Snedecor)가 피셔를 기리기 위하여 *F* 검증이라고 명명하였다(Kirk, 1968, p. 39). 여기서는 ANOVA의 두 가지 기본 유형을 다룬다.

일원 변량분석 **일원 변량분석**(one-way ANOVA)은 (단일 독립변인에서) 셋 이상의 표본 평균을 비교하여 평균들 간에 차이가 있는지를 알아봄으로써 *t* 검증을 확장한 것이다. 상이한 용량의 암페타민이 쥐의 미로 수행에 미치는 효과를 비교하였는데, 한 집단은 5mg, 두 번째 집단은 10mg, 그리고 세 번째 집단은 15mg을 주사 받았다고 상상해보라(각 집단에는 4마리의 쥐가 있었다). 다음 문단은 통계결과를 제시하는 한 가지 방법을 보여준다(Spatz, 2019의 데이터이다).

> 일원 변량분석은 쥐가 미로에서 범한 오류의 수가 용량에 따라 다름을 보여주었다, $F(2, 9)=11.26$, $p=.0035$. 투키 사후검증은 5mg의 암페타민을 주사 받은 쥐($M=2.25$)가 10mg을 주사 받은 쥐($M=7.25$)와 15mg을 주사 받은 쥐($M=6.75$)보다 더 적은 수의 오류를 범하였음을 보여주었다(각각 $p=.005$, $p=.009$). 10mg과 15mg을 주사 받은 쥐 간에는 오류 수에서 차이가 없었다($p=.90$).

이 문단은 통계결과에 대해 APA 출판지침(APA, 2020, p. 88)이 제시한 모든 요소를 포함하고 있다. *F* 검증 값은 11.26이고, 자유도는 2(3집단−1)와 9(12마리−3집단)이었다. 11.26 이상의 *F*값을 얻을 정확한 확률은 .0035이었다(소수점 이하에 관한 APA 지침에 따라서 <.01 또는 <.004라고 보고할 수도 있다). 저용량(5mg의 암페타민)의 쥐가 고용량(10mg 또는 15mg)의 쥐보다 미로에서 오류를 덜 나타냈음을 지적하는 문장은 효과의 방향을 보여주고 있다. 독립변인에 세 수준(5mg, 10mg, 15mg)이 있기 때문에, **투키 사후검증**(Tukey post hoc test)에서는 세 가

지 평균 간 비교가 가능하였다(5 대 10, 5 대 15, 10 대 15). 이 검증은 사후검증의 한 유형이며, *F* 검증이 유의할 때 비교할 평균이 셋 이상이기 때문에 필요하다. 독립변인의 수준이 많을수록, 평균 간 비교의 수가 많아지게 되며, 결과 기술은 더 길어지게 된다(그 근거를 보려면 실행하기 : 결과 절은 얼마나 길어야 하는가? 글상자를 참조하라). 예컨대, 독립변인의 수준이 넷이면(A-D), 6가지, 즉 A 대 B, A 대 C, A 대 D, B 대 C, B 대 D, C 대 D를 비교할 수 있다.

실행하기

결과 절은 얼마나 길어야 하는가?

여러분은 일원 변량분석 결과의 설명이 세 문장이며 한 문장의 *t* 검증 설명보다 두 배 이상 길다는 사실을 알아차렸을지 모르겠다. 변량분석 결과보다 *t* 검증 결과를 해독하는 것이 더 용이하다. *t* 검증에서 유의한 결과는 두 평균이 다르다는 사실을 알려주기 때문에, 어느 집단이 더 우수한지를 알아보기 위하여 평균을 살펴보기만 하면 된다. 그렇지만 일변 변량분석에서 유의성은 셋 이상의 평균들 사이 어디엔가 유의한 차이가 있음을 알려줄 뿐이다. 정확하게 어디에 유의성이 자리하고 있는지 알려면, 앞에서 언급한 투키 검증과 같은 **사후검증**(post hoc test)을 실시하여야 한다.

요인 변량분석 **요인 변량분석**(factorial ANOVA)은 둘 이상의 독립변인에서 평균들 간에 유의한 차이가 존재하는지를 알아보기 위하여 집단 평균을 비교한다. *t* 검증과 일원 변량분석에서의 차이와 달리, 각 독립변인이 가지고 있는 수준의 수와는 관계가 없다. 둘 이상의 독립변인을 가지고 있는 한, 요인 변량분석이 필요하다. 가장 단순한 요인 변량분석이 **2×2 요인설계**(2×2 factorial design)이며, 두 개의 독립변인(숫자가 두 개다)이 있으며, 각 독립변인은 두 수준(각 숫자가 2이다)을 가지고 있음을 의미한다. 독립변인이 두 개이지만, 이러한 요인 변량분석을 통해서 여러분은 두 개의 개별적인 *t* 검증이나 일원 변량분석을 실시할 때보다 두 배 이상의 많은 정보를 얻게 된다. 각 독립변인에 대한 결과에 덧붙여서, 두 독립변인의 동시적 효과에 관한 정보도 얻는다. 여러분도 상상할 수 있듯이, 요인 변량분석은 더 많은 통계정보를 제공하기 때문에, 그러한 분석을 실시할 때 결과의 설명도 길어지게 된다. 반드시 모든 결과를 포함하도록 하라. 유의하지 않다거나 여러분의 관심사가 아니라고 해서 어떤 결과를 무시해서는 안 된다(APA, 2020, p. 86).

여러분이 쥐에게 저용량이나 고용량의 암페타민을 투여하고 단순한 미로와 복잡한 미로에서의 수행을 검증하는 실험을 수행하였다고 상상해보라. 독립변인 하나는 암페타민 용량(두 수준 : 5mg 또는 10mg)이며, 다른 하나는 미로의 유형(두 수준 : 단순 또는 복잡)이다. 각 독립변인의 독자적 효과가 **주효과**(main effect)이다. 독립변인의 동시 효과가 **상호작용**(interaction)이다. 종속변인은 미로 수행이며, 쥐가 미로에서 내린 올바른 결정의 비율로 측정하였다. 여러분이 이 실험에서 얻은 결과를 다루는 한 가지 방법은 다음과 같다(Spatz, 2019의 결과).

> 올바른 결정의 백분율을 검증한 이원 변량분석은 용량(M_5=34.0%, M_{10}=38.5%)의 주효과[F(1, 16)=0.36, p=.56] 그리고 미로 복잡성($M_{단순}$=42.0%, $M_{복잡}$=31.5%)의 주효과[F(1, 16)=1.60, p=.22]가 유의하지 않음을 보여주었다. 그렇지만 용량과 미로 복잡성 간의 상호작용은 유의하였다[F(1, 16)=13.41, p=.002]. 집단 평균($M_{5복잡}$=43; $M_{10복잡}$=20; $M_{5단순}$=25; $M_{10단순}$=57)은 고용량의 암페타민을 주사 받은 쥐가 단순 미로에서는 우수한 수행을 나타냈지만 복잡한 미로에서는 저용량의 암페타민을 주사 받은 쥐의 수행이 더 우수하였음을 보여주었다.

앞에서와 마찬가지로, 이 설명도 APA 출판지침(APA, 2020, p. 88)이 규정한 모든 측면의 결과를 다루고 있다. 암페타민 용량의 주효과에서

F 검증 값은 0.36이고, 자유도는 1[두 집단(암페타민 수준) − 1]과 16[20마리 − 4 처치조합(2×2)]이며, 그 *F* 비의 정확한 확률은 .56이었다. 미로 복잡성의 주효과에서 *F* 검증 값은 1.60이고, 자유도는 1[두 집단(암페타민 수준) − 1]과 16[20마리 − 4 처치조합(2×2)]이며, 그 *F* 비의 정확한 확률은 .22이었다. 암페타민 용량과 미로 복잡성 간의 상호작용에서 *F* 검증 값은 13.41이고, 자유도는 1[두 집단(암페타민 수준) − 1]과 16[20마리 − 4 처치조합(2×2)]이며, 그 *F* 비의 정확한 확률은 .002이었다. 세 효과(암페타민 용량의 주효과와 미로 복잡성의 주효과 그리고 두 변인의 상호작용) 중에서, 상호작용만이 유의하였다. 그 효과의 방향은 고용량의 암페타민을 주사 받은 쥐가 단순 미로에서는 우수한 수행을 나타냈지만 복잡한 미로에서는 저용량의 암페타민을 주사 받은 쥐의 수행이 더 우수하였음을 설명하는 문장이 나타내고 있다. 실행하기 : 요인 변량분석 결과 글상자는 여러분에게 요인설계의 결과를 보고할 때 명심해야 할 중요사항을 보여주고 있다.

실행하기

요인 변량분석 결과

요인 변량분석을 실시할 때는 항상 상호작용의 유의성을 우선적으로 확인해보아야 한다. 만일 상호작용이 유의하다면, 그 효과가 주효과를 대체하게 된다. 유의한 상호작용은 한 독립변인의 효과가 다른 독립변인의 수준에 달려있음을 알려주기 때문에, 주효과만을 해석하는 것은 과잉 단순화하는 것이거나 오도하는 것이 된다. 따라서 주효과보다는 상호작용 결과를 보고하는 데 초점을 맞추어야 한다. 상호작용이 유의하지 않을 때에만 일원 변량분석에서 하는 것처럼 둘 이상의 주효과를 해석하고 보고해야 한다.

앞서 언급한 바와 같이, 2×2 요인설계는 가장 단순한 요인설계이다.

요인설계를 보다 복잡하게 만드는 두 가지 방법이 있으며, 어느 것이든 여러분의 결과를 설명할 때 다룰 필요가 있는 내용을 아주 조금만 변경시키게 된다.

첫 번째 설계 변경은 하나 이상의 독립변인에 셋 이상의 집단을 사용하는 것이다. 따라서 앞에서 제시하였던 사례를 가지고 계속해본다면, 암페타민의 세 가지 용량 수준(상, 중, 하)을 사용할 수 있다. 이 경우에는 **3×2 요인설계**(3×2 factorial design)가 된다. 앞서 제시한 요인설계 설명이 시사하는 바와 같이, 3×2는 그 설계가 두 개의 독립변인을 가지고 있지만(두 개의 숫자가 있다), 한 독립변인(암페타민)이 세 개의 수준을 가지고 있으며 다른 독립변인(미로 복잡성)은 두 수준을 가지고 있다. 만일 두 독립변인의 상호작용이 유의하지 않으며 암페타민 효과는 유의하다면, 여러분은 어느 수준의 암페타민이 최고의 미로 수행으로 이끌어갔는지를 설명하기 위하여 (일원 변량분석 절에서 언급하였던 투키 사후검증과 같은) 사후검증 결과를 덧붙일 필요가 있다.

여러분의 결과에 더 많은 정보를 덧붙이게 되는 두 번째 설계 변경은 셋 이상의 독립변인을 수반하는데, 이렇게 되면 주효과의 수가 많아질 뿐만 아니라 상호작용의 수도 더 많아지게 된다. 예컨대, 암페타민 용량과 미로 복잡성에 덧붙여서, 연령(어린 쥐 대 나이 든 쥐)을 세 번째 독립변인으로 포함시킬 수 있다. 만일 암페타민의 두 수준만을 사용한다면, 여러분은 **2×2×2 요인설계**(2×2×2 factorial design)를 갖게 된다(각각 두 수준을 가지고 있는 세 개의 독립변인을 나타내는 세 숫자). 만일 세 개의 독립변인(A, B, C)이 있다면, 세 개의 이원 상호작용(AB, AC, BC)과 하나의 삼원 상호작용(ABC)이 존재한다. 네 번째 독립변인(D)의 첨가는 더욱 다양한 상호작용을 만들어낸다(이원 : AB, AC, AD, BC, BD, CD; 삼원 : ABC, ABD, BCD; 사원 : ABCD). 여러분의 결과 보고서는 모든 주효과와 상호작용을 다룰 필요가 있기 때문에 결과 절은 꽤나 길어지고 많은 내용을 수반할 수 있다. 실행하기 : 독립변인 첨가에 신중을 기하라 글상자를 참조하라.

실행하기

독립변인 첨가에 신중을 기하라

셋 이상의 독립변인을 수반하는 상호작용이 흥미진진한 결과를 제공할 수 있다고 하더라도, 그러한 상호작용은 이원 상호작용보다 해석하고 제시하기가 훨씬 복잡하다. 따라서 실험을 계획할 때는 여러 독립변인을 갖는 설계를 피하는 것이 좋다.

χ^2 검증 **카이제곱 검증**(χ^2 검증)은 빈도 또는 백분율/비율을 비교하는 반면에, t 검증과 변량분석은 점수 집합의 평균을 비교한다. 종속변인에서의 점수를 측정하는 것이 아니라, 단지 참가자들을 남/여, 민주당/공화당/무당층, 또는 고졸/대졸 등과 같은 범주로 분류하게 된다.

통계학자는 두 가지 상이한 목적에 따라 카이제곱 검증을 사용한다(Spatz, 2019). 첫째, 카이제곱 검증이 예컨대, 성별과 정치성향과 같은 두 변인이 상호 간에 독립적인지를 측정하는 **독립성 검증**(test of independence)으로 기능할 수 있다. 만일 변인들이 독립적이라면, 하나를 사용하여 다른 하나를 예측할 수 없다. 반면에 변인들이 관련되었거나 유관적이라면, 하나를 아는 것이 다른 하나를 예측하는 데 도움을 준다.

한 가지 예를 들어보면, 데이터는 성별과 정치성향이 관련될 가능성이 있음을 보여준다. 미국의 여론조사 전문기관인 퓨 리서치 센터의 조사(2016, p. 17)를 보면, 남자는 51% 대 41%로 공화당을 지지하는 반면, 여자는 54% 대 36%로 민주당을 지지하였다. 여러분이 남자 100명과 여자 100명의 정치성향을 조사하였는데, 응답한 사람 중에서 퓨 센터 데이터와 정확하게 일치하는 백분율(남자 : 공화당 지지 51명, 민주당 지지 41명; 여자 : 공화당 지지 36명, 민주당 지지 54명)을 얻었다고 상상해보라. 여러분은 카이제곱 검증을 사용하여 성별과 정치성향이 상호 독립적인지를 알아볼 수 있다.

흥미로운 사실은 현재의 APA 출판지침(APA, 2020)이 본문에서 카이제곱 결과를 기술하는 구체적인 사례를 제시하고 있지 않은 반면에(카이제곱 결과를 표로 제시하는 방법은 APA, 2020, p. 214를 참조), APA 출판지침 제5판(APA, 2001, p. 139)은 제시하고 있었다는 점이다. 다음 문단은 여러분의 결과를 제시하는 방법을 보여주고 있다.

> 결과는 성별과 정치성향이 독립적이지 않음을 보여주었다, χ^2(1, N=182)=4.34, p=.037. 남자는 공화당을 선호할 가능성이 높은 반면에(51% 대 41%), 여자는 민주당을 선호할 가능성이 더 높았다(54% 대 36%).

이 문단은 APA 출판지침(APA, 2020, p. 88)이 규정한 모든 정보를 포함하고 있다. 카이제곱 값은 4.34이며, 자유도가 1이고(모든 2×2 카이제곱에 해당한다), 카이제곱 검증의 정확한 확률이 .037이다. 그리고 두 번째 문장은 결과의 방향을 나타내고 있다.

카이제곱 검증의 두 번째 용도는 실제 빈도를 가설이나 이론이 예측하는 빈도와 비교하는 **적합도 검증**(goodness of fit test)이다. 예컨대, 여러분이 M&M 밀크 초콜릿의 색깔 빈도에 관심이 있다고 해보라. M&M을 먹어본 경험을 통해서 그 색깔에는 파랑, 갈색, 녹색, 주황, 빨강, 그리고 노랑이 있다는 사실을 알고 있다. 여러분은 이러한 여섯 가지 색깔이 M&M 전집에서 동일하게 나타난다는 가설을 세운다. 이 가설을 검증하기 위하여 여러분은 무리를 해서 대용량의 M&M을 구입하고는 색깔별로 수를 센다. 데이터는 여러분의 가설이 틀렸다고 알려줄 가능성이 높다. M&M 전집은 전통적으로 색깔 간에 커다란 차이를 보여왔다(Smith, 2008).

여러분의 카이제곱 검증 결과를 보고하는 데 있어서 좋은 소식은 어떤 유형의 카이제곱 검증을 사용하였는지에 관계없이 그 형식이 동일하다는 점이다. 여러분이 M&M 한 상자를 샀는데, 파랑 18, 갈색 6, 녹색 9, 주황 11, 빨강 5, 그리고 노랑 8개가 들어 있다고 가정해보라(여러분이 수행할 카이제곱 검증의 관찰빈도이다. Spatz, 2019에서 채택한 데이터임). 그 상자에 여섯 가지 색깔의 M&M 57개가 들어 있었다고 전제할 때, 색깔이 동등하게 분포되어 있다면 색깔 당 기대하는 수치는 9.5가 된다(57/6; 카이제곱 검증의 기대빈도이다). 이 데이터에 근거하여 여러분의 결과를 제시하는 방법의 예는 다음과 같다.

> M&M 밀크 초콜릿의 여섯 가지 색깔이 동등하게 분포되었다는 가설은 지지받지 못하였다, $\chi^2(5, N=57)=11.53$, $p=.042$. 여섯 색깔의 빈도는 5(빨강)에서부터 18(파랑)의 범위를 가지고 있었다.

이 문단은 APA 출판지침(APA, 2020, p. 88)이 규정한 정보를 포함하고 있다. 카이제곱 값은 11.53이며, 자유도가 5이고(범주의 수−1), 카이제곱 검증의 정확한 확률이 .042이다. 그리고 두 번째 문장은 어느 정도 결과의 방향을 나타내고 있다.

효과크기 **효과크기**(effect size) 측정치는 추론통계가 보여주는 효과의 강도를 추정할 수 있게 해준다. 연구자들은 여러 가지 상이한 효과크기 측정치를 사용한다. 여기서는 두 가지 측정치에 초점을 맞추고 통계결과 제시에 그 측정치를 포함시키는 방식을 살펴본다. 효과크기 측정치는 근본적으로 기술통계치이지만, 연구자들은 추론통계의 결과를 평가하는 데 이 측정치를 사용한다.

d 연구자들은 두 평균 간 차이의 효과크기를 평가하는 데 ***d***를 사용한다(Spatz, 2019). *d*의 계산은 어렵지 않다. 평균 간 차이를 구해서 표준편차로 나누어주면 되는데(Lakens, 2013), 이 말은 *d*가 표준편차 단위의

측정치임을 의미한다. 코헨(Cohen, 1988)은 .20의 *d*를 작은 효과, .50을 중간크기 효과, 그리고 .80을 큰 효과로 범주화하였다. *d*는 두 평균에 적합하기 때문에, 이 장의 초반부에서 다루었던 *t* 검증 결과에 포함시킬 수 있다.

> 암페타민을 투여한 쥐(M=39.71, SD=8.54)는 투여하지 않은 쥐(M=57.33, SD=12.63)보다 미로를 더 빨리 달렸다, $t(11)$=2.99, p=.012. 효과크기는 컸다, d=1.63.

이 효과크기 결과는 두 평균이 1.63 표준편차만큼 떨어져 있음을 보여준다. 보는 바와 같이 *d*를 보고하는 것은 간단하고도 직접적이다. 더욱 간단한 버전도 가능한데, 여기서는 확률 진술 뒤에 효과크기를 제시하는 것이다(예컨대, p=.012, d=1.63). 이러한 두 번째 제시방법은 독자가 이미 *d*에 친숙하여 별다른 맥락을 필요로 하지 않음을 전제로 한다. 글쓰기 초보자인 여러분에게는 정보를 많이 제시하는 것이 좋은 생각일 터이기에 앞에서 보았던 약간 긴 버전을 사용할 것을 권한다.

η^2(에타 제곱) 연구자들은 **에타 제곱**(η^2)을 사용하여 전체 변량 중에서 특정 변인의 효과에 귀속시킬 수 있는 양을 측정한다(Becker, 1999). 이 효과크기 측정치는 r^2을 확장한 것으로(Lakens, 2013), 통계학 강의에서는 상관에서의 효과크기 측정치로 가르친다. 변량분석에서 각 효과(주효과와 상호작용)의 η^2을 계산할 수 있기 때문에(Wuensch, 2015), 변량분석에서 선호하는 효과크기 측정치이다(Becker, 1999; Lakens, 2013; Wuensch, 2015). 이 장의 앞부분에서 보았던 요인 변량분석 결과에 대해서 여러분은 효과크기에 관한 정보를 다음과 같이 작성할 수 있다.

> 올바른 결정의 백분율을 검증한 이원 변량분석은 용량(M_5=34.0%, M_{10}=38.5%)의 주효과[$F(1, 16)$=0.36, p=.56, η^2=.01] 그리고 미로 복잡성($M_{단순}$=42.0%, $M_{복잡}$=31.5%)의 주효과[F(1,

16)=1.60, p=.22, η^2=.05]가 유의하지 않음을 보여주었다. 그렇지만 용량과 미로 복잡성 간의 상호작용은 유의하였다[F(1, 16)=13.41, p=.002, η^2=.43]. 집단 평균($M_{5복잡}$=43; $M_{10복잡}$=20; $M_{5단순}$=25; $M_{10단순}$=57)은 고용량의 암페타민을 주사 받은 쥐가 단순 미로에서는 우수한 수행을 나타냈지만 복잡한 미로에서는 저용량의 암페타민을 주사 받은 쥐의 수행이 더 우수하였음을 보여주었다.

이 문단은 암페타민 용량은 미로 수행 변산성의 단 1% 그리고 미로 복잡성은 단 5%만을 설명한다는 사실을 보여주고 있다. 그렇지만 상호작용은 미로 수행 변산성의 43%를 설명하고 있으며, 이것은 상당한 효과이다(Cohen, 1988). **유의하지 않은 효과**(nonsignificant effect; $p>.05$)의 효과크기를 보고하는 것은 통계학자들 사이에서 논란거리로 남아있지만, 그 효과의 보고는 독자가 다양한 효과크기에 관한 온전한 정보를 갖게 해준다.

부수적 제시

저자들은 흔히 통계결과를 보충하는 부수적 정보를 제시한다. 그러한 정보는 독자가 통계결과를 보다 잘 이해하고 해석하도록 도와주는 기능을 담당한다. 가장 보편적인 유형의 부수 정보는 표와 그림이다. 표와 그림은 중요하고 널리 사용되고 있기 때문에 APA 출판지침(APA, 2020)은 한 장 전체를 여기에 할애하고 있다(제7장, pp. 195-250).

표 APA 출판지침(APA, 2020, p. 195)은 표를 사용하여 숫자와 (자극과 같은) 텍스트를 행렬표로 나타낼 수 있다고 언급하고 있지만, 결과 절에 나오는 대부분의 표는 수치 데이터를 나타낸다. 보고서를 입력하는 것처럼 표를 입력할 수 있기 때문에(그렇지만 뒤에서 언급하듯이, 표는 별도의 페이지에 들어간다), 일반적으로 그림보다 작성하기가 용이하다.

표의 적절성 여부를 생각할 때 중요한 고려사항은 수치를 본문에 포함시킬 것인지 아니면 표에 포함시킬 것인지를 결정하는 것이다. APA 출판지침(APA, 2020, p. 181)은 저자들에게 3개 이하의 수치의 경우에는 문장을 사용하고, 4개에서 20개까지의 수치의 경우에는 표를 사용하며, 21개 이상의 수치에는 그림을 사용하도록 권장하는 일반 규칙을 제시하고 있다. 이 규칙의 첫 번째 부분은 필자가 앞에서 제시하였던 두 번째 카이제곱 결과를 기술한 문장에서 M&M의 여섯 가지 색깔과 그 빈도를 나열하지 않은 까닭을 설명하고 있다. 만일 전체 빈도 데이터를 제시하고자 하였다면, 표를 구성하였을 것이다. M&M에는 여섯 가지 색깔이 있고 이 숫자는 '4개에서 20개까지'의 지침에 해당하기 때문이다.

일반적으로 데이터를 표로 구성하는 데는 여러 가지 방법이 있기 때문에, 여러분의 데이터를 체제화하는 최선의 방법을 선택해야 한다. 예컨대, M&M 데이터를 제시할 때, 색깔을 알파벳순으로 나열할 것인가, 아니면 오름차순이나 내림차순으로 나열한 것인가? 이것은 어떤 제시가 독자에게 가장 정보적이라고 생각하는지에 근거하여 여러분이 내려야만 하는 결정이다. 원고에 M&M 데이터를 제시하는 한 가지 가능한 방법을 보려면 그림 8.1을 참고하라. 또한 표를 포함시키고 있기 때문에 필자의 결과 기술은 이 장의 앞부분에서 제시한 것과 약간 달라질 수 있다. 결과를 기술하는 한 가지 가능한 방법이 아래에 나와 있다.

> M&M 밀크초콜릿의 여섯 색깔은 동일하게 분포되어 있다는 가설은 지지받지 못하였다, $\chi^2(5, N=57)=11.53$, $p=.042$. 여섯 색깔의 빈도가 표 1에 나와 있다.

표의 형식에 있어서 가장 중요한 요인은 최대한 독자가 데이터를 이해하는 것을 도와주도록 정보를 배열하는 것이다(APA, 2020, p. 181). 그리고 본문과 표 모두에서 정보를 반복해서는 안 된다(**실행하기 : 표는 보충정보를 제공한다** 글상자를 참조하라).

그림 8.1 M&M 데이터를 위한 표의 원고 페이지

M&M's FREQUENCIES 10

Table 1

Frequency of M&M's Colors in a Bag

Color	Frequency	Percentage
Blue	18	31.5
Brown	5	8.8
Green	9	15.8
Orange	11	19.3
Red	6	10.5
Yellow	8	14.0

Note. Data are from a 1.69-ounce bag.

실행하기

표는 보충정보를 제공한다

표 사용을 고려할 때 여러 가지 중요한 APA 스타일 고려사항이 발생한다. 가장 중요한 점은, 표가 본문에 들어있는 정보를 보완해야지 반복해서는 안 된다는 것이다(APA, 2010, p. 130; APA, 2020, p. 196도 참조하라). 다시 말해서, 본문과 표에 동일한 정보를 포함시키지 말라. 카이제곱 결과에 대하여 표를 참조한 서술에서, 필자는 표를 참조하지 않았을 때 포함하였던 정보("여섯 색깔 빈도의 범위는 5에서 18까지였다")를 제외시켰다.

본문에서는 필자가 앞의 문단에서 했던 것처럼, 아라비아숫자를 사용하여(예컨대, 표 1) 표를 참조한다(APA, 2020, p. 197). 원고를 작성할 때는 전형적으로 각각의 표를 별도의 페이지에 작성하고 참고문헌 목록(그리고 만일 있다면 각주 페이지) 뒤에 표를 포함시킨다. 그렇지만 APA 출판지침(APA, 2020, p. 198)은 원고 속에 표를 삽입한다고 언급하고 있다. 어떻게 하느냐는 저널이나 담당교수에 달려 있다. 페이지 상단에 "**표 n**"을 입력하는데, 여기서 n은 표의 번호를 나타낸다. 한 칸 띄고 표를 간략하게 설명하는 제목을 (이탤릭체로) 입력한다. 표 자체는 제목 줄 아래에 나온다. 만일 설명을 하는 주가 있다면, 표 아래에 입력하는데, "주"라는 단어가 선행한다. APA 출판지침(APA, 2020, pp. 203-204)은 세 가지 가능한 유형의 주(일반 주, 상세 주, 그리고 확률 주)를 설명하고 있다. 그림 8.1은 일반 주를 사용하고 있음에 주목하라. APA 출판지침(APA, 2020, pp. 210-224)은 여러분이 표의 형식을 계획할 때 참조하도록 24개의 표 사례를 제공하고 있다. 표의 모든 가능한 성분을 개관하려면, APA 출판지침(APA, 2020, p. 200)의 표 7.1을 참조하라.

그림 APA 출판지침(APA, 2020, p. 195)에 따르면, 그림에는 그래프, 차트, 도면, 사진, 또는 삽화 등이 포함되는데, 기본적으로 텍스트 이외의 묘사이다. 저널 논문을 작성하고 읽어본 필자의 경험에 따르면 그래프가 적어도 모든 그림의 90% 정도를 차지하고 있기에, 이 절에서는 그래프만을 다루기로 한다[만일 여러분이 그래프 이외에 다른 유형의 그림을 포함시킬 필요가 있다면, APA 출판지침(APA, 2020)에서 그 유형의 그림에 관한 정보를 찾아보라].

APA 출판지침(APA, 2020, p. 233)의 그림 설명은 (그림이) "전형적으로 두 개의 정량적 지표 간의 관계 또는 연속적인 정량적 변인(일반적으로 y축에 나타낸다)과 참가자 집단(일반적으로 x축에 나타낸다) 간의 관계를 나타낸다."고 언급하고 있다. 첫 번째에 해당하는 사례(두 개의 정량적 지표)는 독립변인과 종속변인(t 검증이나 일원 변량분석) 또는 둘 이상의 독립변인과 종속변인(요인 변량분석)을 지칭할 가능성이 매우 높다. 두 번째에 해당하는 사례(연속적 변인과 참가자 집단)는 상관 결과를 지칭할 가능성이 매우 높다. 여기서는 주로 첫 번째 유형의 사례를 언급하겠지만, APA 스타일 지침은 여러분이 보고서에 포함시키는 모든 유형의 그림에 적용된다.

이 장 "요인 변량분석" 절의 데이터를 다시 한 번 들여다보자. 그 사례에서 연구자는 암페타민 용량(5mg/10mg)과 미로 복잡도(단순/복잡)의 함수로서 쥐의 정확한 결정을 검증하였다. 암페타민 용량과 미로 복잡도의 주효과는 유의하지 않았지만, 두 변인의 상호작용은 유의하였다는 사실을 회상해보라. 다음은 그 결과의 최종 문장이었다.

> 집단 평균이 보여주는 바와 같이, 암페타민을 고용량으로 투여한 쥐가 단순미로에서는 더 우수한 수행을 보인 반면, 복잡미로에서는 저용량의 암페타민을 투여한 쥐가 더 우수하였다.

독자가 이 문장을 온전히 이해하려면 두 독립변인에 근거한 평균을 살펴보고 그 평균들의 패턴을 시각화하고자 시도해야 한다. 이것은 어려운 과제이기에 그림을 덧붙이는 것이 확실한 이점이 되도록 만들어준다. 표를 사용하여 평균을 나타낼 수 있지만, 독자는 여전히 패턴을 상상해볼 필요가 있게 된다.

데이터를 제시할 때는 늘 그렇듯이, 여러분은 그래프를 어떻게 디자인할 것인지를 선택해야 한다. 상호작용을 그래프로 나타낼 것이기 때문에, 두 개의 축을 가지고 있는 그래프에 세 개의 변인(두 독립변인과 하나의 종속변인)을 나타내게 된다. y축(수직축)에는 종속변인을 그리고 x축(수평축)에는 독립변인 중 하나를 나타내야 하는데, 이것은 두 번째 독립변인을 그래프 내의 다른 요소를 가지고 나타내야만 한다는 사실을 의미한다. 따라서 여러분은 미로 복잡성이나 암페타민 용량을 x축의 독립변인으로 나타내고 다른 독립변인을 그래프의 다른 선으로 나타낼 수 있다. 전형적으로 한 가지 제시방식이 다른 방식보다 더 이치에 맞거나 설명하기 용이하다. 엑셀과 같은 스프레드시트 프로그램을 사용함으로써, 두 그래프를 모두 그려본 다음에 어느 것이 여러분에게 더 적합한지를 결정하기가 상대적으로 용이해졌다. 엑셀을 사용하여 적합한 그래프를 그리는 것은 꽤나 단순한 과정이다. 그래프를 작성하기에 앞서 엑셀 사용법을 충분히 숙지할 것을 여러분에게 강력하게 권장한다. 엑셀의 단계별 지시사항을 따르기만 하면, 짧은 시간에 그림 8.2a와 같은 그래프를 얻게 된다.

엑셀에서 온전한 그림을 작성하였다면, 그 그림을 복사하여 여러분의

그림 8.2a 개략적인 상호작용 그래프를 보여주는 엑셀 표

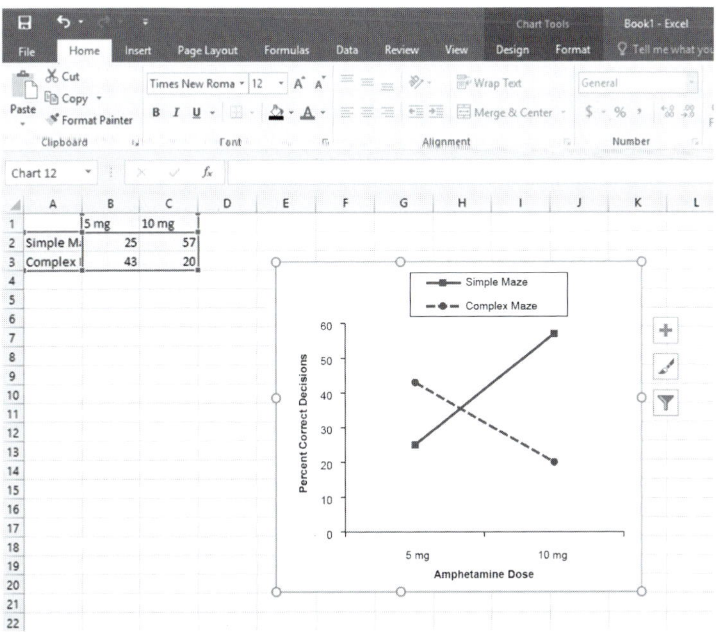

그림 8.2b 그림의 원고 페이지

RUNNING HEAD 15

Figure 1

Percentage of Correct Maze Decisions By Rats as a Function of Maze Complexity and Amphetamine Dose

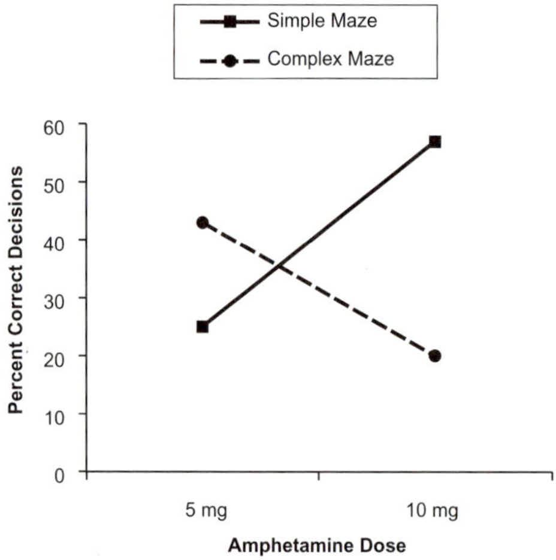

Note. The interaction was significant, $p = .002$.

실험보고서의 한 페이지에 붙여 넣을 수 있다. 표에서와 마찬가지로, 그림에 아라비아숫자를 붙여야 한다(예컨대, 그림 1). APA 출판지침(APA, 2020, p. 43)은 여러분의 원고에서 각각의 그림을 별도의 페이지에 작성하여 표 다음에 뒤따르도록 명시하고 있다(APA, 2020, pp. 225-229). 그림 페이지를 앞서 설명하였던 표 페이지와 동일한 형식으로 작성하라(물론 이 경우에는 "**그림 n**"으로 입력하라). 그림의 모든 가능한 성분의 개관을 보려면, 출판지침(APA, 2020, p. 226)의 그림 7.1을 참조하라. 필자가 기술해온 그림의 최종 버전, 즉 원고에 포함시킬 준비가 끝난 버전이 그림 8.2b에 나와 있다. 그림 8.2b가 확률 주를 사용하고 있음에 주목하라. 상호작용을 그래프로 나타냈기 때문에, 이 결과의 기술은 그에 따라서 변해야 한다. 이 결과를 기술하는 한 가지 가능한 방법은 다음과 같다.

> 올바른 결정의 백분율을 검증한 이원 변량분석은 용량(M_5=34.0%, M_{10}=38.5%)의 주효과[F(1, 16)=0.36, p=.56, η^2=.01] 그리고 미로 복잡성($M_{단순}$=42.0%, $M_{복잡}$=31.5%)의 주효과[F(1, 16)=1.60, p=.22, η^2=.05]가 유의하지 않음을 보여주었다. 그렇지만 용량과 미로 복잡성 간의 상호작용은 유의하였다[F(1, 16)=13.41, p=.002, η^2=.43]. 그림 1에서 보는 바와 같이, 고용량의 암페타민을 주사 받은 쥐가 단순 미로에서는 우수한 수행을 나타냈지만 복잡한 미로에서는 저용량의 암페타민을 주사 받은 쥐의 수행이 더 우수하였음을 보여주었다.

상당한 지면을 할애하여 여러분의 실험결과를 작성하는 방법을 논의한 까닭은 일차적으로 여러 가지 상이한 유형의 통계검증을 다루었으며 표와 그림을 모두 살펴보았기 때문이다. 역설적이게도 이 절이 꽤나 길었음에도 불구하고, 복잡하거나 다양한 통계분석을 실시하지 않은 한에 있어서 실제 결과 절은 보고서에서 가장 짧은 절이 되기 십상이다.

논의

논의 절에서는 결과 그리고 그 결과에 근거한 여러분의 결론을 설명하여야 한다(제4장 "논의" 절을 참조하라). 만일 여러분의 결과가 어떤 이론과 관련이 있거나 현실적인 함의를 가지고 있다면, 그 점을 언급해야 한다(APA, 2020, pp. 89-90). 다시 말해서 이 절에서 여러분 연구의 최종 결론을 지어야 한다. APA 출판지침(APA, 2020)의 논의 절에 관한 지침은 제4판(APA, 1994, p. 19)의 지침만큼 깔끔하지 못하다. 경의를 표할만한 제4판은 논의 절에서 다룰 다음과 같은 세 가지 핵심을 제시하였다.

- 여러분 연구의 공헌 내용
- 처음에 제기한 물음에 대한 여러분 연구의 답변
- 여러분 연구의 결론과 이론적 함의

여러분은 논의 절의 처음 한두 문단에서 첫 번째 핵심을 다루어야 한다. 구체적으로 여러분 연구가 연구문헌에 무엇을 첨가하였는지에 초점을 맞추어야 한다. 연구자들은 자신의 중요한 통계결과를 간략하게 요약함으로써 논의를 시작하기 십상이며, 이렇게 하는 것은 연구에서 찾아낸 새로운 정보를 지적할 수 있게 해준다. APA 출판지침(APA, 2020, p. 89)은 논의 초반부에서 여러분의 연구가설을 지지하거나 지지하지 않는 연구나 이론을 언급하도록 충고하고 있는데, 이것은 여러분 연구가 원래의 문제를 해결하는 데(두 번째 핵심) 어떤 도움을 주었거나 주지 못하였는지를 언급하는 데 도움을 주게 된다. 그렇지만 이미 진술하였던 것을 재진술하지 않도록 조심하라. 여러분의 데이터나 결론이 어떤 제한점을 가지고 있다면, 반드시 여기서 그것을 언급하도록 하라. 여러분 연구의 단점을 둘러대고자 시도하게 되면, 독자는 여러분 보고서 전체를 의심하게 되거나 회의적이 될 수도 있다. 여러분은 꼼꼼하게 변인들에 처치를 가하고 측정하고자 최선의 노력을 기울인 것이다.

논의에서 다루어야 하는 가장 중요한 핵심은 아마도 세 번째 것이겠다. 즉, 전반적 결론은 무엇이며, 연구결과는 연구영역의 이론에 어떤 함의를 갖는가? 이 유형의 정보야말로 진정으로 여러분 연구와 결과의 중요성을 나타내는 것이다. 연구의 목표는 다양한 주제에 관한 지식체계를 구축하려는 것임을 명심하라. 따라서 여러분 연구가 지식체계에 무엇을 첨가하였는지를 언급하는 것이 중요하다. 필자는 이 과정을 벽돌쌓기에 비유한다. 밑바닥의 벽돌은 그 위에 얹을 벽돌의 토대를 형성하며, 그 새로운 벽돌은 그 위에 얹을 더 많은 벽돌의 토대가 된다. 여러분 연구의 선행 토대는 보고서 서론에서 기술한 연구들이다. 여러분 연구가 미래 연구자들에게 제공한 새로운 토대를 적시하여야 한다.

마지막으로 논의에서 후속연구를 위한 영역이나 아이디어를 언급할 수 있다. APA 출판지침(APA, 2020, p. 90)은 여러분 연구에서 유래한 새로운 물음이나 미해결의 물음을 제시할 수 있음을 언급하고 있다. 제4장에서 필자는 이러한 유형의 정보가 연구를 위한 아이디어를 개발하는 데 도움을 준다는 사실을 지적하였다. 논의에 후속연구의 방향을 포함시킬 때는 그 정보가 미래 연구자들에게 아이디어를 제공하거나 아니면 여러분 스스로가 추구할 아이디어를 제공하는 것일 수도 있다. 실제로 해결되지 않은 논제는 연구자를 새로운 연구 아이디어로 이끌어가거나 그 논제를 다룰 연구제안서로 이끌어가기 십상이다. 제6장에서 지적한 바와 같이, 많은 연구자는 프로그램식 연구에 몰입한다. 즉, 자신의 선행연구에 바탕을 두고 동일한 주제영역에서 계속적인 연구를 수행한다.

또한 필자가 제4장에서 지적한 바와 같이, 논의 절이 정확하게 무엇을 포함해야 하는지에 관한 청사진을 제공하기는 어렵다. 이 절은 연구보고서의 다른 절들에 비해 스타일과 내용에서 가변성이 매우 큰 경향이 있기 때문이다. 예컨대, 연구보고서에서 논의 절은 여러분의 아이디어가 근거할 확고한 데이터를 가지고 있지 않은 채 어느 정도 사색을 할 수 있는 유일한 영역이다. 결과의 중요성에 대한 평가는 냉철하고도 과학적인 사실보다는 어느 정도 여러분의 견해에 달려 있게 된다. 그렇지만 어떤 사색이나 견해에 개방적이라고 할지라도, 필자는 근거가 없거나 편향된 견해와 아이디어는 논의에서 설 자리가 없음을 지적하지 않을 수 없다. 여러분은 과학적 연구보고서를 작성하고 있음을 명심해야 한다.

APA 스타일 고려사항

이 책과 APA 출판지침(APA, 2020) 전반을 통해서 여러분은 APA 스타일의 실험보고서를 정확하게 작성하기 위하여 대처해야 할 많은 고려사항 그리고 숙달해야 할 많은 규칙을 접하였다. 필자는 믿음직한 APA 출판지침을 곁에 두지 않고는 APA 스타일의 글을 결코 작성하지 않으면서, 40년 이상이나 APA 스타일의 글을 써왔다! 여러분이 글을 쓸 때 APA 출판지침을 곁에 둘 것을 강력하게 권한다. 학생들은 APA 스타일에 맞는 모든 규칙과 지침을 아는 것이 어렵다고(불가능하다고) 말하기 십상이다. 이러한 진술은 필자도 공감하고 확인할 수 있다. APA 스타일에 익숙해지는 데 수년의 세월이 걸렸으며, 여전히 새로운 측면을 배우거나 APA 스타일에 관한 질문을 던질 수밖에 없는 것도 필자에게는 이례적인 일이 아니다. 필자가 APA 출판지침 제6판(APA, 2010)에서 APA 스타일의 모든 요소를 숙달하였다고 생각하는 순간, APA는 제7판(APA, 2020)을 출판하고 말았던 것이다! 다음 목록은 여러분이 APA 스타일을 보다 잘 이해하고 적용하도록 도움을 줄 수 있겠다.

- 마이크로소프트사가 개발한 APA 스타일 파일이나 APA 스타일 템플레이트를 사용할 수도 있지만, 그 경우에는 그것이 APA 스타일의 가장 최신 버전으로 개정한 것인지를 확인하라.

- 부록 B에서 APA 스타일 교정부호를 살펴보라. 그런 다음에 부록 C로 가서 필자가 필요한 교정을 어떻게 하였는지를 확인하라.
- 부록 D에서 보편적 글쓰기 문제점, 설명, 그리고 해결책 표를 사용하라.
- 반드시 여러분의 글쓰기가 APA 스타일의 수치와 일치하도록 하라(제2장에서 해당 절을 참조하라).
- 제3장에서 문법이 중요하다 절을 다시 보라.
- 표 1.1에서 개정의 일곱 가지 지침에 주의를 기울여라.
- 제5장의 저널 논문 참고문헌 형식에 관한 지침과 제6장의 책 참고문헌 형식에 관한 지침을 따르라.
- 제6장의 APA 인용 스타일 지침을 사용하라(표 6.2 참조).
- 제6장에 나와 있는 바와 같이, 반드시 소제목을 정확한 형식으로 작성하라.
- 제2장의 내용에 근거하여 보고서의 형식을 갖추어라(예컨대, 서체, 상하좌우 여백, 머리제목, 하이픈 사용 등).
- APA 스타일의 요점(제2장) 절과 APA 스타일 고려사항(제5장과 6장 참조) 절 등, 살펴보아야 할 많은 APA 스타일 고려사항이 있다.
- APA 스타일에 관한 질문이 있는데 출판지침(APA, 2020)에서 그 답을 찾을 수 없을 때는 APA 스타일 블로그(http://blog.apastyle.org/)에 접속해보라. 이 사이트는 APA 스타일 질문을 다루고 있는 블로그를 자주 게시한다. 게다가 모든 게시물이 문서화되어 검색가능하기 때문에, 여기서 어려운 질문에 대한 도움을 얻을 수 있기 십상이다.
- 다른 APA 형식에 관한 질문에 대해서는 Purdue OWL 사이트에 접속해보는 것을 잊지 말라(owl.purdue.edu).
- 모든 시도가 실패로 돌아갔다면, APA 스타일에서 도움이 필요한 측면이 무엇이든지 간에 웹 검색을 실시해보라.

보고서 수정하기

APA 스타일이 때로는 숙달하기 어렵지만, 문법과 훌륭한 글쓰기도 확실히 도전거리임에 틀림없다! 이 책 앞부분에서 이 사실을 지적하였지만, 다시 한 번 여러분을 다음과 같이 상기시킬 수밖에 없다. 실험보고서를 정리한 후에, 제출하기에 앞서 꼼꼼하게 읽으면서 철저하게 수정하라. 만일 과거 어느 시점에선가 연구제안서를 작성하는 것으로부터 작업을 시작하였다면, 이 보고서의 작성은 여러 달에 걸쳐 진행되었을 가능성이 높다. 오직 그 이유만으로도 여러분은 작성한 보고서를 면밀하게 살펴보면서 전체적으로 수동/능동태, 어조, 자질 등에서 일관성을 유지하고 있는지 확인해보아야 한다. 또한 연구제안서를 작성한 이후에 APA 스타일에 관하여 새로운 정보를 획득하였을 수도 있기 때문에, 보고서가 APA 스타일에 맞는지를 재차 확인해보아야 한다. 찾아낸 몇몇 문제점을 보고 놀랄는지도 모르며, 제출하기에 앞서 그것을 수정할 수 있어 안도할는지도 모른다.

결론적 생각

이 장은 여러분이 실험연구에 대한 최종 보고서를 작성하는 것을 도와주는 데 초점을 맞추었다. 연구 자체를 수행하는 것이 매우 중요하기는 하지만, 연구자가 결과를 정리하여 보고하지 않는 한에 있어서 어떤 연구도 영향력을 행사할 수 없다. 보고서를 작성하는 방법을 아는 것은 중요할 뿐만 아니라 여러분의 연구와 결과가 응분의 대우를 받을 수 있게 해준다.

글쓰기 과제를 비판적으로 생각하기

다음 학기에 실험 프로젝트 보고서를 작성하는 과제를 수행할 학생을 표적으로 하는 다음 물음에 한 문단 길이의 답을 작성해보라.

과제 1

연구제안서의 내용을 실험보고서에 집어넣을 때 그 제안서의 내용을 수정하고 개정하는 것이 중요한 까닭은 무엇인가?

과제 2

연구보고서에서 우수한 초록을 작성하는 것이 여러분을 비롯한 모든 연구자에게 중요한 까닭은 무엇인가?

과제 3

논문 저자가 결과 절에 표나 그래프와 같은 부수정보를 포함하기 십상인 까닭은 무엇인가?

과제 4

논의 절에서 달성해야 할 세 가지 중요 사항은 무엇인가? 각각의 사항을 온전하게 설명해보라.

과제 5

엑셀을 사용하여 결과를 그래프로 변환하는 방법을 이해하였음을 확인해보는 차원에서, 아래에 제시한 데이터(Spatz, 2019에서 인용)를 사용하여 그래프를 작성해보라. 반드시 APA 형식에 맞도록 그래프를 작성하라.

다음 상황을 생각해보라. 조사한 사람들의 연령(노, 소)에 따른 두 가지 유형의 게임(카드게임, 컴퓨터게임)에 대한 태도를 측정하였다고 상상하라. 평균 태도점수가 아래에 나와 있다(높은 점수가 호의적인 태도를 나타낸다). 상호작용을 그래프로 작성한 다음에, 결과 절에서와 같이 그 효과를 글로 설명해보라.

		요인 A(연령)	
		소	노
요인 B	카드	51	75
(게임 유형)	컴퓨터	78	47

참고문헌

American Psychological Association. (1994). *Publication Manual of the American Psychological Association* (4th ed.).

American Psychological Association. (2001). *Publication Manual of the American Psychological Association* (5th ed.).

American Psychological Association. (2010). *Publication Manual of the American Psychological Association* (6th ed.).

American Psychological Association. (2020). *Publication manual of the American Psychological Association* (7th ed.). https://doi.org/10.1037/0000165-000

Becker, L. A. (1999). *Measure of effect size (Strength of association)*. University of Colorado, Colorado Springs. https://www.ucc.edu/becker/glm_effectsize.html

Blumenthal, A. L. (1991). The intrepid Joseph Jastrow. In G. A. Kimble, M. Wertheimer, & C. L. White (Eds.), *Portraits of pioneers in psychology* (pp. 74-87). American Psychological Association. https://doi.org/10.4324/9781315799568

Cohen, J. (1988). *Statistical power analysis for the behavioral sciences* (2nd ed.). Erlbaum. https://doi.org/10.4324/9780203771587

Kirk, R. E. (1968). *Experimental design: Procedures for the behavioral sciences*. Brooks/Cole.

Lakens, D. (2013). Calculating and reporting effect size to facilitate cumulative science: A practical primer for t-tests and ANOVA. *Frontiers in Psychology, 4*. https://doi.org/10.3389/fpsyg.2013.00863

Peluso, E. A. (2000). Skilled motor performance as a function of type of mental imagery. *Journal of Psychological Inquiry, 5*, 11-14.

Pew Research Center. (2016, September 13). *The parties on the eve of the 2016 election: Two coalitions, moving further apart*. http://assets.pewresearch.org/wp-content/uploads/sites/5/2016/09/09-13-2016-Party-ID-release-final.pdf

Smith, R. A. (2008). A tasty sample(r): Teaching about sampling using M&MS.

In L. T. Benjamin Jr. (Ed.), *Favorite activities for the teaching of psychology* (pp. 8–10). American Psychological Association.

Spatz, C. (2019). *Basic statistics: Tales of distributions* (12th ed.). Outcrop.

Sternberg, R. J. (2003). *The psychologist's companion: A guide to scientific writing for students and researchers* (4th ed.). Cambridge University Press.

Wuensch, K. L. (2015). *Standardized effect size estimation: Why and how?* East Carolina University. http://core.ecu.edu/psyc/wuenschk/StatHelp/effect%20Size%20Estimation.pdf

9

이제 심리학 보고서를 작성하였다. 그다음은?

알고 있습니까?

연구 발표가 수반하는 것은 무엇인가?

어디에서 여러분의 연구를 발표할 수 있는가?

발표를 위한 연구 포스터는 어떻게 만드는가?

어느 저널이 대학생 심리학 연구보고서를 출판해주는가?

출판을 위해 작성한 원고를 어떻게 투고하는가?

편집진의 코멘트와 제안사항을 받은 원고를 어떻게 수정해야 하는가?

"연구자들이 자신의 결과를 서로 공유하고 일반대중과도 공유할 때에만 과학이 진보를 이룰 수 있다."

와이튼(Weiten), 2014, p. 34

이 책의 마지막 장에 도달한 것을 환영합니다! 이상적이라면 여러분이 심리학 논문의 작성을 완료하였거나 … 아니면 논문을 작성한 후에 어떤 가능성이 존재하는지를 찾고 있을 것이다. 이 장의 대부분은 실험을 수행하였으며 결과 보고서 작성을 완료한 학생을 겨냥한 것이지만, 기말보고서나 문헌개관을 작성한 학생에게 가능한 선택지도 기술하고 있다.

대부분의 대학은 교수를 교육뿐만 아니라 연구업적에 근거하여 평가한다. 전형적으로 심리학자에게는 전문가 업적의 일환으로 자신의 글을 출판할 것을 기대한다. 비공식적으로 "출판하라! 그렇지 않으면 사라질 것이다!"(publish or perish)라고 표현하는 이 기대는 대학이나 연구기관에 근무하는 심리학자에게 특히 중요하다. 연구의 출판은 심리학자가 직장을 얻고 유지하며, 교수직에서 승진하고 정년보장을 받는 데 도움을 준다. 이러한 출판 압력이 존재하는 까닭은 무엇인가? 대학과 연구기관은 과학지식에 공헌한다는 데 자부심을 가지며, 출판은 과학지식이 발전하는 전형적인 방법이다. 실제로 과학연구에서의 단계를 나열한 대부분의 목록은 어떤 버전이든 출판을 마지막 단계로 포함하고 있다. 예컨대, 와이튼(Weiten, 2014, p. 34)은 "결과 보고하기"를 다섯 단계 중의 마지막 단계로 기술하였다. 스미스와 데이비스(Smith & Davis, 2013, pp. 4, 7-10)는 11단계 중에서 열 번째 단계에 "결과 공유하기 : 발표와 출판"이라는 이름을 붙였다. APA **출판지침**(APA, 2020)은 저자에게 APA 스타일 정보를 제공할 뿐만 아니라 온라인 출판과 같이 정보를 전파하는 새로운 방법도 제시하고 있다.

만일 여러분이 심리학계의 일원이 될 계획을 가지고 있다면, 이 장의 정보가 특히 중요하다. 연구 발표를 하거나 저널 논문을 출판하는 것이 대학원에 진학하는 데 특히 도움이 된다는 사실을 많은 사람이 강조해왔다(Helms & Rogers, 2015; Landrum & Davis, 2007; Morgan & Korschgen, 2006; Smith, 1985). 심리학자에게 연구 발표는 논문 출판을 향한 중간 단계이기 십상이다. 따라서 연구와 글쓰기 과정의 마지막 단계를 완료하는 것은 온전한 심리학자가 되기 위한 과정이다.

이제 여러분은 수강과목을 위한 보고서를 작성한 후에도 반드시 여러분의 일거리가 마무리된 것이 아니라는 사실을 알게 되었다. 이 장에서는 보고서를 완료하였을 때 여러분에게 열려 있는 선택지들을 탐색한다.

연구결과 발표하기

많은 심리학자는 출판 가능성을 위하여 저널에 논문을 투고하기에 앞서 학술대회에 참석하여 자신의 연구결과를 발표한다. 이러한 방식으로 심리학자들은 동료로부터 자기 연구에 관한 피드백을 받는데, 이 피드백은 저자에게 원고 작성을 마무리하여 투고하기에 앞서 고려해야 할 중차대한 통찰을 제공해줄 수 있다. 덧붙여서, 논문 발표를 자신의 **연구경력서**(vita 또는 curriculum vitae, 이력서의 학문 버전과 같은 것이다)에 포함시킬 수 있으며, 이 경력서는 전문가로서의 명성에 보탬이 된다. 연구경력서를 작성하는 방법에 관하여 더 많은 정보를 보려면, 실행하기 :

실행하기

연구경력서 핵심사항

만일 심리학에서 경력을 쌓을 계획이라면, 여러분은 이 시점에서 자신의 연구경력서 작성을 시작해야 한다. "학부생으로서 연구경력서 작성하기"로 웹사이트를 검색하면 많은 적중이 나타나게 된다. 필자가 찾아낸 처음 10개의 적중 중에서, 네 개가 심리학과에 해당하는 것이었다. 또한 많은 대학의 인력개발원은 모든 전공에서 연구경력서 작성에 관하여 많은 보편적 정보를 제공하고 있다. 학과 교수들도 여러분의 연구경력서에 관하여 기꺼이 조언을 해줄 것이다. 만일 심리학 동아리 회원이라면, 이 주제를 정보교환 회의의 안건으로 상정할 수도 있겠다.

연구경력서 핵심사항 글상자를 참조하라.

여러분이 발표할 수 있는 여러 수준의 학술회의가 있을 수 있다. 그러한 학술회의에서 가장 전형적인 발표는 여러분이 설계하고 수행하였으며 분석하고 해석한 실험에 근거한 연구발표이다. 조금 더 낮은 수준에서는 수강을 위해 작성한 기말보고서나 문헌개관에 근거한 발표를 할 수도 있지만, 이러한 발표기회는 많지 않다.

학내 학술대회

보고서 작성이 필수과제인 교과목에서 여러분의 보고서를 강의시간에 발표해야만 할 수도 있다. 그러한 발표가 좋은 경험이 될 수는 있겠지만, 여러분의 연구경력서에 그 발표를 포함시켜서는 안 된다. 대신에 의무적이지 않은 발표 기회, 즉 발표 신청을 해야만 하는 자발적 발표 기회를 찾아야 한다. 오늘날 많은 대학은 학생들을 위하여 매 학기 또는 매년 연구발표회를 개최한다. 예컨대, 필자가 재직 중인 모라비안대학은 대학생들을 위한 학술 및 창의성 경진대회를 지원하고 있다. 이러한 유형의 대회는 전형적으로 학생들의 연구를 비롯한 창의적 성과를 집중조명한다. 대학에 따라서는 연구논문뿐만 아니라 기말보고서의 발표도 허용한다. 여러분의 대학이 그러한 대회를 지원하고 있는지를 학과 교수에게 문의해보라. 만일 지원하고 있다면, 발표 신청을 고려해보라.

대학생 지역학술대회[1]

1980년대 미국에서는 대학생 심리학 학술대회가 보편적인 행사가 되었

1 우리나라에는 아직 학부생들만을 위한 지역학술대회나 전국학술대회가 별도로 존재하지 않는다. 그렇지만 한국심리학회나 15개 산하학회가 개최하는 연례 학술대회에 그러한 학부생 학술대회가 함께 열리기도 하며, 조만간에 그러한 학술대회가 독자적으로 개최되기를 희망하는 차원에서 원서에서 소개하는 대학생 학술대회 내용을 선택적으로 소개한다.(역주)

으며, 1985년도에 발행한 *APA Monitor*에는 16개의 학술대회가 보고되었다(Carsrud & Palladino, 1985). 교수들로 구성된 조직위원회는 이러한 학술대회를 대학생에게 스트레스를 받지 않는 환경에서 최소의 경비로 자신의 연구결과를 발표하는 기회로 발전시켰다. 이러한 학술대회는 전형적으로 교수들이 발표하는 전문가 학술대회(다음 절에서 기술한다)를 모델로 삼았다. 이러한 학술대회에서의 발표 경험은 학생들에게 연구 수행의 인센티브를 제공하고, 자신의 연구를 다른 학생들과 소통하는 방법을 배우는 데 도움을 주며, 연구경력서에 수록할 수 있는 항목을 제공하고, 직장을 구하거나 대학원에 진학하는 데 상당한 도움을 줄 수 있는 재능을 배우도록 도와준다(Carsrud et al., 1984). 아직 연구를 수행하지 못한 학생들을 위해서, 몇몇 학술대회는 기말보고서나 문헌개관의 발표도 허용한다(이 가능성을 확신할 수 없다면, 학술대회 안내문을 확인해보거나 조직위원회에 이메일을 보내보라).

(여러분의 대학이 학술대회를 주최하지 않은 한) 학술대회가 익숙하지 않은 장소에서 열리기 때문에, 그러한 대학생 학술대회에 참석하는 것은 전문가 학술대회와 유사한 분위기를 경험할 수 있게 해준다. 여러분은 발표를 하고 또래 학생이나 여러분이 알지 못하는 교수로부터 피드백을 받는 경험을 하게 된다. 만일 관심사가 유사한 학우들과 단체로 참석한다면, 학우들과의 여행이 가져다주는 연대감도 즐기게 된다. 이 모든 이유로 필자는 여러분의 연구(또는 다른 글쓰기 프로젝트)를 발표하는 대학생 학술대회에 참석해볼 것을 진심으로 권장한다.

수많은 대학생 심리학 학술대회가 존재하며, 모든 학문분야의 학생들에게도 개방하는 유사한 학술대회도 존재한다.[2] 그러한 학술대회에서

2 원서에서는 필자가 미국의 여러 주에서 개최하는 학부생 심리학 학술대회를 정리하여 표로 제시하고 있으나, 역서에는 적합하지 않다고 판단하여 생략한다. 학술대회는 매년 여러 대학이 돌아가면서 개최하기 때문에, 주관대학이 별도의 홈페이지를 운영하기 십상이다. 그래도 관심이

발표하려면, 사전에 (아마도 온라인으로) 연구 초록을 제출하고 발표자로 선정되어 프로그램에 포함될 때까지 기다려야 한다. 발표 신청을 할 필요가 있기 때문에, 여러분은 사전에 계획을 세워야 한다. 신청마감일이 언제인지를 온라인으로 확인하기 바란다. 대부분의 대학생 학술대회는 학생들을 지원하려는 목적을 가지고 있기 때문에, 발표를 허락하는 비율이 높을 가능성이 크다.

여러분은 대학생 학술대회에 참석하는 비용을 지원받을 수 있을지도 모르겠다. 심리학 동아리, 심리학과, 또는 대학이 이러한 유형의 참가를 지원하기 위한 기금을 별도로 마련해놓고 있을 수 있다. 학생회가 대학생 학술대회 참가경비를 지원하기 위한 기금을 마련하기 위한 모금행사를 주최하기도 한다. 아무튼 대학생 지역학술대회의 참가비는 전형적으로 매우 저렴하기 때문에, 그러한 경비 지원이 가용하지 않다면 자비를 들여서라도 참가를 고려하기 바란다.

전문가 학술대회

미국심리학회(APA)와 일곱 개 지역심리학회가 심리학 연구를 지원한다(표 9.1 참조). 이러한 지역심리학회는 교수와 학생에게 학회 참석과 연구 발표라는 두 가지 기회를 제공한다. 모든 지역학회는 학생 친화적이며 특별히 학생들이 참석하여 연구를 발표하는 세션을 운영하기도 한다.

지역학회는 전형적으로 매년 봄에 학술대회를 개최한다(향후 개최일자를 보려면 각 학회 웹사이트를 확인해보라). 대부분의 경우에 개최 장소는 순환적으로 결정된다. 대학생 학술대회와 마찬가지로, 초록을 제출하고 발표를 허락한다는 통보를 기다려야 한다. 이러한 전문가 학술대회에서의 발표 경쟁률은 대학생 학술대회보다 다소 높기는 하지만,

있는 독자가 있다면, 다음의 주소로 검색해보기 바란다. https://www.cur.org(역주)

표 9.1 미국의 지역심리학회와 전국심리학회 학술대회

학회명	웹사이트	비고
동부심리학회(Eastern Psychological Association, EPA)	https://www.easternpsychological.org	
중서부심리학회(Midwestern Psychological Association, MPA)	http://midwesternpsych.org/	
뉴잉글랜드심리학회(New England Psychological Association, NEPA)	http://www.newenglandpsychological.org/	
로키마운틴심리학회(Rocky Mountain Psychological Association, RMPA)	http://www.rockymountainpsych.com/	
남동부심리학회(Southeastern Psychological Association, SEPA)	http://www.sepaonline.com	
남서부심리학회(Southwestern Psychological Association, SWPA)	http://www.swpsych.org/	
서부심리학회(Western Psychological Association, WPA)	http://westernpsych.org/	
미국심리학회(American Psychological Association, APA)	https://convention.apa.org	
심리과학회(Association for Psychological Science, APS)	https://www.psychologicalscience.org	

주 : 각 학회가 개최하는 학술대회 일정과 장소는 웹사이트에서 확인할 수 있다.

허락받을 가능성은 여전히 높다. 초록 제출 마감시한이 대학생 학술대회의 경우보다 상당히 이르기 때문에, 서너 달 전부터 미리 계획을 세워야만 한다. 교수와 학생의 발표자 비율이 학술대회에 따라서 상당히 가변적이지만, 학생들을 우선적으로 배려하지 않는 것은 명백하다.

두 개의 전국적인 심리학 조직도 교수와 학생의 발표가 주종을 이루는 연차대회(컨벤션이라고 부른다)를 주관한다(표 9.1의 마지막 두 학회 참조). 이 연차대회에서는 교수와 대학원생 발표자의 비율이 훨씬 높다는 사실을 보게 되겠지만, 대학생 발표자를 위한 세션도 여전히 존재한다. APA 연차대회는 전형적으로 8월에 개최한다. 심리과학회(Association for Psychological Science, APS)는 일반적으로 5월에 연차대회를 개최한다. 초록 제출 마감일이 서너 달 전이기 때문에, 이러한 연차대회에서 발표하기를 희망한다면 사전계획이 더욱 필수적이다.

지역학회와 전국학회의 연차대회는 모두 대도시에서 개최하며 대학생 지역학술대회보다 참가비가 훨씬 비싸다. 앞서 언급한 바와 같이, 여러분의 대학은 이러한 연차대회에 참가하는 데 필요한 경비를 제공할 수 있을지도 모른다. 만일 그러한 연차대회에서 여러분의 연구를 발표한다면 단순히 대회에 참석할 때보다 지원을 받을 가능성이 훨씬 높아진다.

발표가 수반하는 것은 무엇인가?

이러한 세 가지 수준의 심리학 학술대회는 발표 스타일에 관하여 여러 가지 선택지를 제시하기 십상이다. 초록을 제출할 때 여러분은 발표 스타일을 선택하여야 한다. 두 가지 가장 보편적인 선택지는 구두 발표와 포스터 발표이다.

구두 발표

전통적인 발표 스타일은 청중 앞 연단에 서서 여러분 연구를 구두로 요약하는 것이다. 이 형식은 강의실 발표와 상당히 유사하다. 즉, 연단이나 교단에 서서 여러분의 연구를 발표하는 것이다. 전형적으로 구두 발표에 할당된 시간은 제한되어있다. 10~15분 정도에 발표를 마쳐야 할

지도 모른다. 여러분도 추측하였겠지만, 발표할 때는 파워포인트(또는 프레지와 같은 보다 최신의 발표용 소프트웨어)를 사용하는 것이 보편적이다.

연구결과를 발표할 때는 최종 연구보고서의 흐름을 따르게 된다. 몇 가지 관련된 배경연구를 개관하면서 주제를 간략하게 소개한다. 그런 다음에 방법론, 결과, 그리고 결론에 관하여 언급한다. 기말보고서 내용을 발표한다면, 주제를 간략하게 소개하고, 관련 연구를 개관하며, 연구에서 도출한 결론을 다룬다.

연구 프로젝트를 발표하든 기말보고서를 발표하든 관계없이, 단순히 원고를 읽어나가기보다는 발표하는 동안 살펴볼 수 있는 메모를 준비할 것을 강력하게 권한다. 만일 누군가 여러분에게 원고를 읽어준다면 얼마나 지루할지를 상상해보라. 여러분은 지루해하는 청중을 경험하고 싶지 않을 것이다. 또한 필자는 청중 앞에서 발표를 연습해보라고 강력하게 권한다. 친절하고 도움을 주는 청중이 최선이다. 학생들이 발표하도록 학술대회에 데리고 갈 때, 필자는 언제나 출발하기 하루나 이틀 전에 모두 만나서 발표 연습을 한다. 이러한 방식으로 학생들은 급우들의 지원을 받는 동시에 급우와 필자로부터 피드백도 받는다.

포스터 발표

필자가 처음 학술대회에 참석하기 시작한 이후에 출현한 새로운 발표 스타일이 포스터 발표이다. 포스터 발표에서는 연구를 기술하는 포스터를 작성하고, 지정된 시간과 장소에 그 포스터를 게시하며, 일정한 시간(일반적으로 60~90분) 동안 그 옆에 서서, 포스터 발표 장소를 어슬렁거리다가 자신의 연구에 관심을 보이는 학회 참석자와 대화를 나누게 된다.

포스터 발표는 구두 발표에 없는 몇 가지 장점을 가지고 있다. 다소 덜 형식적이며, 발표 불안을 감소시켜준다. 발표장소를 가득 메우고 있으면서 여러분의 발표보다는 대화에나 관심이 있을지도 모르는 사람들이 아니라 여러분의 구체적인 연구에 관심이 있는 사람에게 말을 할 수 있다. 동시에 여러분은 재빠르게 대응할 수 있도록 준비되어 있어야 한다. 혹자는 (구두 발표에서처럼) 전체 프로젝트를 요약해주기를 원할 수 있지만, 다른 사람은 여러분의 프로젝트에 관하여 세부적인 질문을 하고자 원할 수 있다.

포스터 준비하기 발표용 포스터를 작성할 때 여러분의 목표는 시각적으로 주의를 끌도록 연구를 요약하는 것이다. 여러분의 프로젝트에 관하여 대화를 나눌 수 있도록 사람들을 포스터로 끌어들이고자 한다. 아래 사진은 모라비언대학생 학술 및 창의성 경진대회에서 필자의 지도학생

Randy Smith

2017년 4월 19일에 모라비언대학에서 개최한 제12회 대학생 학술 및 창의성 경진대회에서 필자의 학생이었던 에릭 모튼이 자신의 연구를 발표하고 있다.

이었던 에릭 모튼이 포스터를 발표하고 있는 장면이다. 포스터가 학술대회에 처음 등장하기 시작하였을 때는 여러 페이지에 걸쳐 큰 서체로 인쇄한 본문과 그래프 등으로 구성하는 경향이 있었다. 오늘날에는 대형 프린터가 포스터 제작에 변혁을 가져왔다. 이제 포스터는 본문과 그래픽이 혼합된 거대한 종이의 형태를 취할 가능성이 높다(그림 9.1 참조). 여러분의 대학은 포스터를 제작하는 데 필요한 자재를 갖춘 그러한 대형 프린터를 가지고 있을 가능성이 높다. 이상적이라면 여러분에게는 재정 부담이 없거나 있더라도 최소화되어야 한다(대학이나 학과가 학생 연구를 지원한다). 만일 여러분의 대학이 그러한 포스터를 제작해줄 능력이 없다면, 대형 문구점에서 포스터를 프린트할 수 있지만, 가격은 상당히 비싸다.

포스터를 제작하려면, 우선 대형 프린터에서 프린트할 수 있도록 파일을 작성해야 한다. 그러한 파일을 작성하는 보편적이면서도 간단한 방법은 파워포인트를 사용하는 것이다. 흥미로운 사실은 발표용 포스터 제작에는 단지 한 장의 파워포인트 슬라이드만을 작성하면 된다는 점이다. 여러분의 대학은 온라인에 그러한 파일을 만드는 일련의 지시사항을 게시해놓고 있으며, 대학 이름, 로고, 그리고 다른 그래픽을 포함하고 있는 표준 형식을 제공하고 있을지도 모르겠다. 대학이 그러한 정보를 제공하고 있는지를 알지 못한다면, 담당교수에게 문의해보라.

그림 9.2는 그러한 파워포인트 슬라이드가 어떤 모습일지에 관한 아이디어를 제공하고 있다. 이것이면 여러분이 작업을 시작하기에 충분할 것이다. 실행하기 : 포스터 정보 글상자는 포스터를 작성하는 부가적 핵심 사항을 제공해준다.

그림 9.1 에릭 모튼의 연구 포스터

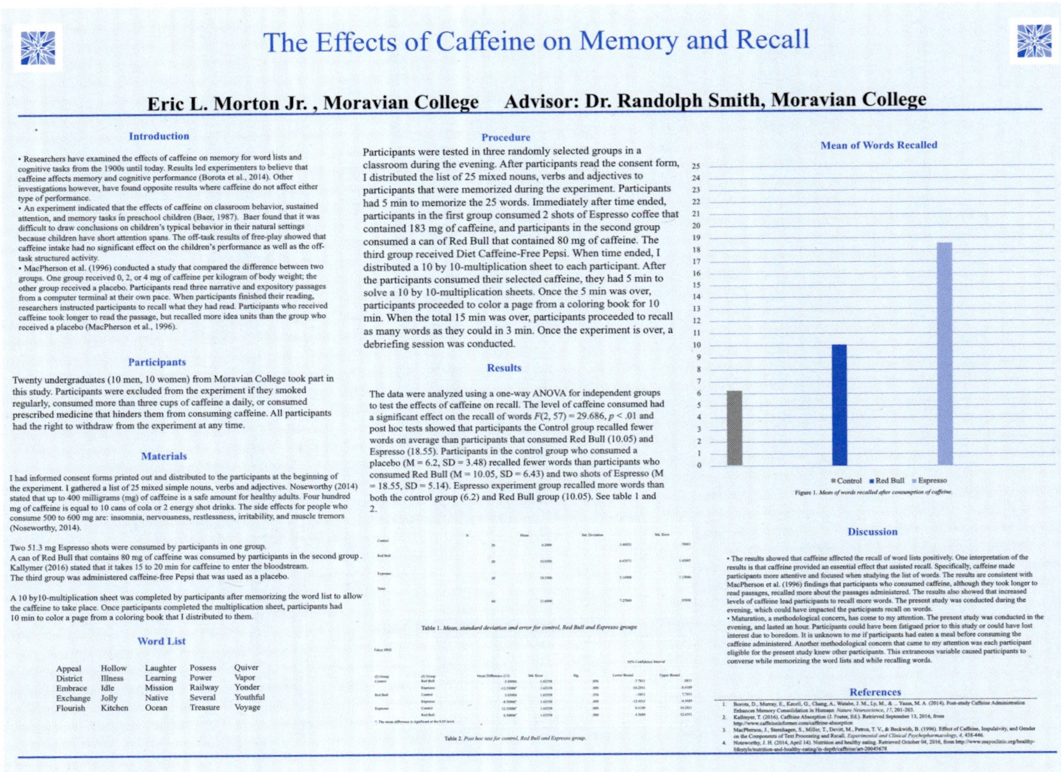

Used with permission of Eric Morton

그림 9.2 파워포인트 포스터 템플레이트의 견본

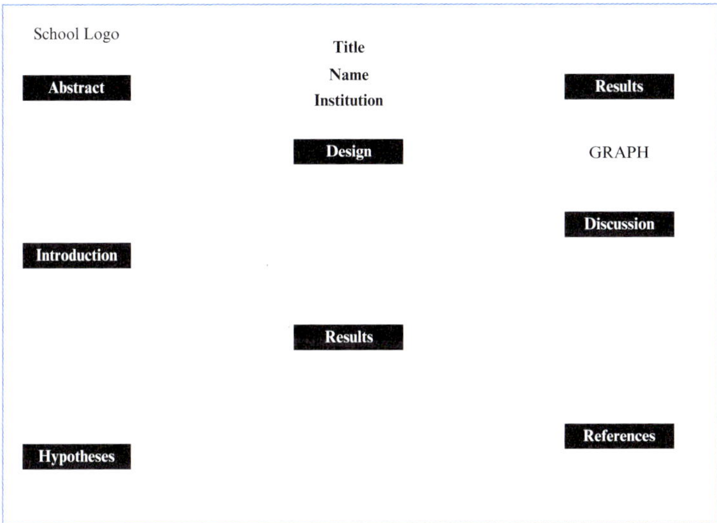

실행하기

포스터 정보

여러분의 대학이 포스터 작성에 관한 정보를 제공하지 않는다고 하더라도, 혼자서 소신껏 작성해야 하는 것은 아니다. 필자는 "파워포인트를 사용하여 포스터 작성하기"로 웹 검색을 실시하여 400만 가지 이상의 적중에 직면하고 말았다! 필자가 사용하는 특정 버전의 파워포인트로 검색을 좁혔을 때조차도 여전히 거의 180만 개의 적중이 남아 있었다. 처음에 직면한 적중의 대부분은 대학의 설명서였으며, 몇몇은 자신의 캠퍼스에만 해당하는 기자재를 언급한 것이었지만(무시할 필요가 있는 세부사항들이다), 여러분이 포스터를 작성하는 데 도움을 줄 단계들이 들어 있었다.

필자의 적중 중 하나는 유튜브 비디오였다. 그것을 클릭하였을 때 여러분이 포스터를 작성하는 데 도움이 될 다른 많은 유튜브 비디오를 발견하였다. "포스터 발표"로 웹을 검색하고 "이미지"를 선택한다면, 여러분은 포스터를 통한 다양한 형태의 연구 발표를 보게 된다. 그 이미지들을 꼼꼼하게 살펴보면, 여러분 자신의 포스터 디자인에 관한 아이디어를 얻을 수 있다.

한 가지 마지막 조언/경고가 남아 있다. "포스터 파워포인트 템플레이트"(poster templates PowerPoint)로 웹을 검색하면, 이미 확정되어 있으며 여러분이 작업할 수 있는 많은 템플레이트를 발견하게 된다. 필자의 경고는 그 템플레이트가 무료인지 아니면 여러분의 포스터를 특정 사업체에서 인쇄할 수밖에 없도록 그 사업체와 링크되어 있는지 여부와 연관된 것이다. 온라인에서 템플레이트를 발견한다면 유심히 살펴보라. 무료로 접속할 수 있는 정보와 도움에 돈을 지불할 필요는 없지 않은가!

연구 출판하기

이 장의 앞부분에서 지적한 바와 같이, 대학생으로 논문을 출판한다는 것은 여러분의 장래에 도움이 될 수 있다. 특히 대학원에 진학할 계획이라면 더욱 그렇다. 따라서 필자는 여러분이 이 책에서 읽었던 논문을 출판한 다른 학생들처럼 출판을 시도할 것을 권장한다(Khersonskaya & Smith, 1998; Peluso, 2000; Posey & Smith, 2003). 여러분의 연구를 출판하는 과정은 여러 단계를 수반한다(Smith, 1998). 논문을 출판하려는 경쟁은 치열할 수 있기 때문에, 여러분이 수행하고 있는 작업이 무엇인지를 정확하게 알고 있는 것이 중요하다.

투고할 저널 선택하기

이 단계가 전체 출판과정에서 가장 중요한 단계 중 하나인 까닭은 잘못 선택한 저널에 원고를 투고하는 것이 적어도 그 저널에 있어서는 거의 죽음의 키스(언뜻 도움이 될 듯도 하지만 종국에는 파국으로 치닫는 것)인 것이 확실하기 때문이다. "모든 저널은 특별한 임무를 가지고 있다. 어떤 저널은 좁은 전문영역에만 해당하는 논문을 출판하며, 다른 저널은 특정 유형의 논문만을 출판한다. 적합한 저널에 원고를 투고(게재신청)하는 것은 바로 여러분의 책임이다"(Smith, 1998, p. 51). 따라서 여러분은 원고를 투고하기에 앞서 철저하게 준비해야 한다(APA, 2020, pp. 373-376). 즉, 여러분의 원고가 게재 승인을 받을 가망성이 있는 저널을 찾아야만 한다. 여러분이 원고를 게재 신청할 때 선택할 수 있는 다음과 같은 두 가지 유형의 저널이 있다.

대학생 저널

대학생 연구를 출판하는 많은 저널이 있다. 필자는 최근 검색에서 대학생 연구 위원회(Council of Undergraduate Research, CUR)가 대학생 연구를 출판하는 240여 개 저널 목록을 제시하고 있음을 발견하였다(https://www.cur.org에 나와 있는 목록을 참조하라). 몇몇 저널은 그 저널을 지원하는 대학에 재학 중인 학생들의 논문만을 출판하지만, 대부분은 다른 대학의 학생에게도 개방되어 있다. 몇몇 저널은 특정 학문분야에만 개방되어 있지만, 많은 저널은 본질적으로 학제적이다. 필자는 CUR 웹사이트에서 심리학으로만 한정하는 10개의 저널을 정리하였다(표 9.2 참조; 각 저널의 현재 웹사이트를 찾아보려면 온라인 검색을 실시하라). 물론 이 숫자가 장차 변할 수 있지만, 적어도 이 목록은 여러분에게 출발점을 제공해준다. 이 저널 대부분은 경험적 연구 논문뿐만 아니라 문헌개관, 기말보고서, 그리고 다른 전공 형식도 출판한다(출판하는 논문 유형에 관한 부가적 세부사항을 보려면 그 저널의 웹사이트를 찾아보라). 이러한 10개의 저널에 덧붙여서, CUR 목록에서 총체적이든(예컨대, *American Journal of Undergraduate Research*) 아니면 부분적이든(예컨대, *Journal of Integrated Social Sciences*) 학제적 저널이기 때문에 심리학 논문도 출판하는 다른 저널도 찾아보라.

대학생 저널에 원고를 투고하는 것이 좋은 점은 그러한 저널이 전문가 저널에 비해 덜 전문화되어 있는 경향이 있다는 점이다. (여기서 "전문가 저널"이라는 용어는 단지 대학생 중심의 저널을 학문과 연구에 방점을 두는 심리학자들이 주로 게재 신청을 하는 저널과 구분하기 위한 것이다. 대학생 저널이 전문적이지 않다는 사실을 지적하는 것은 아니

표 9.2 학부생 심리학 저널

저널명	(경험적 연구에 덧붙여) 출판하는 논문의 유형
Journal of European Psychology Students	문헌개관, 허가된 보고서(진행 중인 보고서)
Journal of Psychological Inquiry	문헌개관, 역사적 논문, 특별호
The Journal of Psychology and Behavioral Sciences	구체적 지침 없음. 심리학의 모든 주제 영역
Journal of Undergraduate Ethnic Minority Psychology	정량적/정성적 경험 연구, 짧은 보고서
Modern Psychological Studies	이론 논문, 문헌개관, 책 서평
Psi Chi Journal of Psychological Research	반복연구 보고서(교수의 논문도 인정함)
Undergraduate Journal of Psychology	문헌개관, 뜨거운 관심거리인 주제
Undergraduate Journal of Psychology at Berkeley	기말보고서, 문헌개관
Undergraduate Research Journal of Psychology at UCLA	문헌개관
Yale Review of Undergraduate Research in Psychology	이론적/문헌개관, 짧은 보고서

주 : 필자가 목록에서 빠뜨린 학부생 저널의 출판사나 편집자에게 심심한 사과를 드린다. 목록을 갱신할 수 있도록 정보를 제공해주기를 바란다.

다.) 만일 대학생 심리학 저널에 원고를 투고한다면, 여러분이 관심을 가지고 있는 심리학 영역의 논문을 그 저널이 출판하지 않을까 걱정할 필요가 없다. 만일 학제적 대학생 저널에 원고를 투고한다면, 여러분이 걱정해야 할 문제는 단지 그 저널이 심리학 논문을 출판하는지 여부일 뿐이다. 예컨대, 여러분의 논문이 심리학사라는 주제를 다루고 있지 않는 한, 원고를 *Armstrong Undergraduate Journal of History*에 투고하는 것은 현명한 일이 못된다. 그 경우에는 원고를 다른 대학생 심리학 저널에 보내는 것이 더 현명하겠다. CUR 목록에 들어 있는 많은 저널은 제목에 "대학생 연구"(undergraduate research)라는 구절을 포함하고 있기 때문에, 그러한 저널이 투고하기에 적절한 출구가 되겠다. 그렇다고 하더라도 여러분은 그 저널 웹사이트에 접속하여 학제적인 것으로 보이는 저널에 심리학 원고도 적절한지를 확인해보아야 한다.

여러분의 원고를 대학생 저널에 투고할 때 생길 수 있는 또 다른 장점은 출판 경쟁이 전문가 저널의 경우만큼 치열하지 않을 수 있다는 점이다. 물론 반드시 그렇다고 확신할 수는 없지만 말이다. 저널들은 수락률(또는 기각률), 즉 저널이 게재를 수락하거나 기각하는 백분율에서 상당한 차이를 보인다. 필자가 *Teaching of Psychology*의 편집장을 맡았을 때, **기각률**(rejection rate)은 75~80%를 넘나들었기 때문에, 네다섯 편의 원고 중에서 단 한 편만을 게재 수락하였다. 필자가 *Psi Chi Journal of Undergraduate Research*의 편집장을 맡았을 때, **수락률**(acceptance rate)은 훨씬 높아서, 대략 50%에 달하였다. 학부생 저널은 학생들의 연구 노력을 지원하기 위해서 존재하는 반면에, 전문가 저널은 최선의 연구만을 출판하기 위해서 존재한다. 따라서 여러분의 원고가 출판 수락을 받을 가능성은 학부생 저널에 투고하였을 때 더 높다.

전문가 저널

전문가 저널의 수는 대학생 심리학 저널보다 압도적으로 많다. APA가 출판하는 저널 목록만도 90개를 상회한다. 심리학 저널을 출판하는 수많은 출판사가 존재하며, 그 수는 APA가 출판하는 저널의 수를 훨씬 능가한다. 따라서 표 9.2에 나열한 대학생 심리학 저널의 목록과 같이, 모든 심리학 저널의 목록을 작성하는 것은 거의 불가능에 가깝다.

대학생 저널과 달리, 전문가 저널은 주제에서 훨씬 전문화되는 경향을 보인다. 만일 그 저널 중 하나에 투고한다면, 여러분 연구의 본질에 근거하여 적절한 저널을 선택하는 것이 매우 중요하다. 특정 저널의 주제에 관한 첫 번째 단서는 그 저널의 이름이다. 대부분의 저널은 주제에 관한 단서를 제공하는 꽤나 구체적인 이름을 가지고 있다. 하나 이상의 적절한 이름의 저널을 발견하였다면, 한두 호의 내용을 살펴보면서 여러분의 원고가 그 저널에 적합한 것으로 보이는지 알아볼 수 있다. 가능성 있는 목록으로 좁힌 후에는 마지막으로 각 저널이 잠재적 저자에게 제공하고 있는 정보를 읽어보아야 한다. 그 정보에는 "투고자 지시사항"이나 이와 유사한 제목이 붙어 있다. 여러분은 인쇄된 저널(만일 여러분의 도서관이 그 저널을 보유하고 있다면 말이다)에서 또는 저널 웹사이트에 접속하여 그 내용을 읽어볼 수 있다. 이 정보는 저널이 출판하는 논문 유형뿐만 아니라 그 저널에 적합한 유형의 원고 조건(예컨대, 분량 제한)에 관한 부가적인 통찰도 제공한다. 예컨대, 여러분이 고려하고 있는 저널이 단일 실험 논문을 출판하는지를 찾아볼 필요가 있다. 많은 저널은 두 개 이상의 실험을 포함한 논문을 선호하기 때문에, 만일 여러분이 단일 실험 논문을 투고한다면 출판 확률은 떨어지게 된다. 복수 실험 논문에 관하여 더 많은 정보를 보려면, APA 출판지침(APA, 2020, pp. 4-5)을 참고하라.

논문을 투고할 적절한 저널을 선택하는 데 있어서 여러분의 지도교수가 좋은 충고를 해줄 가능성이 높다. 교수는 투고와 출판과정을 잘 이해하고 있기 십상이며, 특히 전문영역에서 그렇다. 만일 연구 프로젝트를 지도한 교수가 여러분의 연구 영역을 전공하고 있지 않다면, 그 연구 영역을 전공하고 있는 다른 교수에게 적절한 저널에 관한 자문을 구할 수 있다.

자문을 구할 수 있는 또 다른 중요한 출처는 "Summary Report of Journal Operations"(저널 운용 요약보고서)라는 제목으로 APA가 연례적으로 발행하는 출판물이다(전형적으로는 *American Psychologist*의 7-8월호에 게재한다). 이 보고서는 APA와 그 분과가 발행하는 모든 저널의 목록을 제시하고 투고되고 출판된 논문의 수뿐만 아니라 각 저널의 기각률에 관한 정보를 제공한다. 최근 보고서(APA, 2019)를 보면, 다양한 APA 저널의 기각률은 35%에서 90%에 달하는데(평균 : 72%), 이 결과는 저널들 간에 상당한 차이가 있음을 보여준다. 만일 논문을 투고하려는 저널이 둘 이상이라면, 가장 낮은 기각률을 보이는 저널을 선택하는 것이 현명하겠다.

저자권

논문의 저자권(authorship)을 결정하는 작업은 APA 출판지침이 다루고 있을 만큼 중요한 논제이다. 저자권은 논문의 실제 작성자뿐만 아니라 "연구에 상당한 과학적 공헌을 한 사람"(APA, 2020, p. 24)도 포함한다. 따라서 논문에 여러분의 연구 지도교수도 저자로 포함될 가능성이 크다. 연구가 일차적으로 여러분의 아이디어였으며 지도교수는 연구과정을 통해서 여러분에게 도움을 주었다고 전제할 때, 제1저자로는 여러분의 이름을 그리고 제2저자로는 지도교수의 이름을 사용하게 된다. 만일 다른 학생이나 교수가 연구과정에 관여하였다면, "일차 공헌자의 이름이 처음에 나오고, 후속 이름은 공헌한 순서에 따라서 나오게 된다"(APA, 2020, p. 25).

원고 투고하기

예전에는 저자가 여러 편의 원고 복사본을 우편으로 제출하였다. 오늘날에는 인터넷 투고가 대세이며, 전형적으로 다음과 같은 두 가지 방법 중의 하나를 사용한다. 한 가지 투고방법은 원고와 필요한 문건을 이메일을 통해서 보내는 것이다. 이 접근방법은 표 9.2에 나열한 대학생 저널에서 꽤나 보편적이다. 또 다른 방법은 저널에 투고하는 원고만을 받기 위해서 설치한 웹 포털사이트를 통하는 방법이다. 이 접근방법은 전형적으로 포털사이트에 등록하고 계정을 설치할 것을 요구한다. 그 계정을 사용하여 원고와 필요한 문건을 포털사이트에 업로드할 수 있다(APA, 2020, pp. 381-382).

여러분은 인쇄된 저널이나 웹사이트에서 "투고 지시사항"(또는 이와 유사한 제목)을 찾아보아야 한다. 이 지시사항은 논문 투고에 필요한 모든 정보를 제공한다. 반드시 그 지시사항을 신중하게 읽어보도록 하라. 만일 지시사항을 정확하게 준수하지 않는다면, 여러분은 저널 편집장에게 나쁜 인상을 안겨주는 위험을 초래하게 되며, 심지어는 원고와 함께 반드시 제출해야 하는 정보나 서식을 누락시킬 수도 있다. 그렇게 되면 원고가 기각되고, 여러분은 재투고해야만 한다. 또한 소설가와 같은 방식으로 논문을 투고하지 말라. 소설 원고를 동시에 여러 출판사에 보내는 것은 무방하다. 연구 논문을 가지고 그렇게 하는 것은 허용되지 않는다. 한 번에 한 저널에만 투고하라![3]

논문 투고에서 가장 중요한 기준 중의 하나는 원고를 APA 스타일로 형식을 갖추는 것이다. 이 장과 제8장에서 여러분은 필자가 APA 스타일에 강박적으로 매달리고 있다고 확신하였을지도 모르겠는데, 그렇게 확신하는 것이 반드시 틀렸다고 할 수 없다! 필자가 APA 스타일에 강박적으로 매달리는 까닭은 저널 편집장과 심사위원들도 APA 스타일에 강박적으로 매달리기 십상이기 때문이다. 요구하는 스타일을 준수하지 않는 것은 여러분의 원고를 읽는 사람들(교수, 편집장, 심사위원 등)이 부정적인 인상을 형성하는 빌미를 제공한다. APA 출판지침(APA, 2020)을 경전과 같이 사용할 뿐만 아니라, APA 형식과 관련된 문제를 해결하는 데 도움을 주기 위한 부록 D에 제시한 **보편적 글쓰기 문제점, 설명, 그리고 해결책** 그리고 제8장에 들어있는 글쓰기와 APA 스타일에 관한 자원

3 https://www.apa.org/pubs/authors/new-author-guide.pdf의 p. 2를 참조하라.

표 9.3 APA 스타일로 투고한 논문의 페이지 순서
제목 페이지
초록(p. 2에서 시작)
논문의 본문 – 논문 제목을 보여주는 서론으로 시작한다(p. 3).
서론, 방법, 결과, 그리고 논의 절(서론만 새 페이지에서 시작한다.)
참고문헌(새 페이지에서 시작한다.)
각주(새 페이지에서 시작한다.)
표(각 표를 새 페이지에 제시한다.)
그림(각 그림을 새 페이지에 제시한다.)
부록(각 부록을 새 페이지에서 시작한다.)
(APA, 2020, p. 43)

목록을 사용하는 것을 잊지 말라. 마지막으로 APA **출판지침** 제6판(APA, 2010, pp. 241-243)에 포함된 "논문 투고 체크리스트"와 원고 페이지의 올바른 순서 목록(표 9.3 참조)을 참조하되, 시대에 뒤떨어진 APA 스타일 지침(예컨대, 제목을 12 단어 이하로 제한하는 지침)은 무시하라.

논문을 투고하기에 앞서, APA **출판지침**(APA, 2020, pp. 111-117)의 제4장 **글쓰기 스타일과 문법**을 개관해보는 것도 좋은 생각이다. 또한 2.25절(논문 길이)과 4.4절(간결성과 명료성의 중요성)은 논문 길이에 관하여 특히 중요한 조언을 하고 있다. 저널은 지면이 제한되어 있다. 매년 계약서에서 규정한 페이지 수만큼만 출판할 수 있다. 만일 저자가 지나치게 긴 논문을 투고하면, 편집장과 심사위원들은 논문을 줄이도록 권고하기 십상이다. 편집장은 짧은 논문들을 출판함으로써 보다 많은 저자와 논문을 수용할 수 있다. APA 출판지침(APA, 2020, p. 113)이 천명하는 바와 같이, "여러분의 글에서 말할 필요가 있는 것만 말하라." 경제적으로 표현하면서도 가독성이 높은 논문을 쓴다면, 출판 기회는 증가하게 된다. 논문을 투고할 때 고려해야만 하는 한 가지 부가적인 고려사항을 실행하기 : 익명 투고 글상자에서 살펴보라.

실행하기

익명 투고

논문을 투고할 때 한 가지 가능한 선택지는 차폐 심사(masked review 또는 blind review)를 선택하는 것이다(APA, 2020, pp. 378-379). 이 선택지를 선택한다면 여러분은 투고에 앞서 원고에서 모든 개인 식별 정보를 제거할 필요가 있다. 차폐 심사는 여러분 원고를 심사하는 사람이 누가 저자인지를 알지 못한다는 사실을 의미한다. 몇몇 연구(Peters & Ceci, 1982)는 심사위원들이 명성이 떨어지는 기관(대학이나 연구소 등)의 저자가 투고한 원고에 더 가혹한 평가를 내리기도 한다는 사실을 보여주었다. 그러한 편향은 학생 저자에게도 확대될 가능성이 있기 때문에 차폐 원고를 투고하는 것은 나쁜 생각이 아니며, 여러분이 심사과정에 대해서 불안감을 덜 느끼게 해준다는 점에서 특히 그렇다.

공정하게 말하면 모든 저자가 차폐 심사를 편향 잠재성에 대한 해답이라고 믿지는 않는다. "지금까지 차폐 심사가 편향을 시정하는 데 효과적이라는 증거는 거의 없다. 비록 그러한 편향이 존재한다고 믿고는 있지만 말이다"(Newcombe & Bouton, 2009, p. 64).

논문 투고 후의 과정

구체적인 절차는 저널마다 다를 수 있지만, 심사과정은 전반적으로 유사하다. 편집장은 여러분 원고를 훑어보면서 저널에 적합한지 그리고 투고 지침을 정확하게 따랐는지 확인해볼 것이라고 예상할 수 있다. 원고가 장애물을 모두 제거하였다고 전제할 때, 편집장은 여러분의 연구영역에 해박한 심리학자(일반적으로 3명)에게 원고를 보낸다. 이들은 원고를 읽고는 편집장에게 출판할 가치가 있는지에 관한 심사 의견서를 보낸다. 편집장은 심사위원의 평가를 고려하여 여러분 원고의 출판에 관한 운명을 결정하고는 그 결정을 여러분에게 통보한다.

여러분은 심사를 받는 과정에서 인내심을 유지하는 것이 중요하다. APA 출판지침(APA, 2020, p. 379)에 따르면, 심사기간은 변할 수 있지만, 일반적으로 2~3개월이 걸린다. 3개월이 지난 후에도 편집장으로부터 아무런 통보를 받지 못하였다면, 편집장에게 심사의 진척에 관하여 문의할 수 있다.

불행하게도 심사과정은 일반적으로 저자가 기대하는 것보다 더 오래 걸린다. 이 과정은 여러 사람, 즉 편집장과 심사위원들에 달려 있다. 대부분은 전형적으로 대학교수이기 때문에, 원고를 심사하는 것과 아울러 강의, 학과업무, 대학업무, 그리고 가족에 대한 책임 등으로 곡예를 부리듯 시간을 쪼개서 쓸 수밖에 없다. 좋은 소식은 학부생 저널(표 9.2 참조)의 편집장들은 일반적으로 심사과정을 다른 저널들보다 더 신속하게 진행시키고자 애를 쓴다는 점이다. 그렇더라도 그 과정은 시간이 걸린다. 심사에 얼마나 시간이 걸렸는지 정확하게 추적하는 방법으로 두고 날짜를 기록해두라. 아마도 여러분에게는 실제로 걸린 시간보다 더 오랜 시간이 지난 것처럼 느껴질 것이다. 3개월(또는 편집장이 알려주었을 수도 있는 시간표)이 지날 때까지는 여러분의 원고를 가지고 편집장을 들볶으려는 충동을 억제하라.

편집위원회의 피드백

투고한 후 어느 시점이 되면, 여러분은 편집장으로부터 피드백을 받게 되는데, 이메일로 투고하였다면 이메일로 피드백을 받는다. 편집장의 편지는 다음 세 가지 결정 중의 하나를 포함하고 있을 가능성이 높다.

수락(게재 가)

만일 이 통보서를 받는다면, 여러분은 축하할 일이 생긴 것이다! 여러분의 원고는 출판과정에 들어선다. 편집장이 원고에 몇 가지 사소한 수정을 요구할 수도 있지만, 아무튼 언젠가는 출판된다. 그렇지만 첫 번째 투고한 원고에 대해서 이러한 결정은 드문 일이다. 따라서 여러분이 받은 통보서가 이것이 아니더라도 놀라거나 실망하지 말라. 오래된 데이터이기는 하지만, 아이크혼과 반덴보스(Eichorn & VandenBos, 1985)는 첫 번째 투고의 수락률은 2%가 되지 않는다고 보고한 바 있다. 이 수치가 다소 오래된 것이기는 하지만, 첫 번째 투고의 수락(게재 가)은 지극히 이례적인 일이다.

기각(게재 불가)

만일 기각 통보서를 받는다면, 이 결정은 일반적으로 동일한 저널에 수정 원고를 재투고해서는 안 된다는 사실을 의미한다. 이 결정은 다음과 같은 여러 가지 원인 중 하나에 근거한 것일 수 있다. (a) 원고가 저널이 다루는 영역에 들어맞지 않는다. (b) 원고에 결함이 있으며, 편집장은 그 결함을 해결할 수 있다고 생각하지 않는다. (c) 편집장은 원고가 해당 분야에 아무런 공헌을 하지 않는다고 생각한다(APA, 2020, pp. 380-381). 이 결정은 물론 매우 실망스러운 것이지만, 편집장과 심사위원들은 여러분에게 원고를 보강하여 다른 저널에 투고하는 데 도움을 줄 수 있는 피드백을 제공하기도 한다. 필자는 앞에서 하나의 원고를 여러 저널에 동시에 투고하면 안 된다고 언급하였지만, 기각된 원고를 수정하여 다른 저널에 투고하는 것은 허용된다.

수정하여 재투고를 허용하는 기각

이 결정은 양면성을 띠고 있다. 한편으로는 편집장이 여러분 원고의 출판을 기각하였다. 다른 한편으로는 편집장과 심사위원들이 원고에서 가능성을 보았기 때문에 자신들의 피드백에 근거하여 여러분이 원고를 수정한 후 재투고할 수 있겠다고 믿고 있다. 좋은 소식은 수정 원고의 수락률(20~40%)은 최초 투고 때보다 훨씬 높다는 점이며(Eichorn & VandenBos, 1985), 대학생 저널에서는 아마도 더 높을 것이다(Smith, 1998). 그렇지만 수정 원고의 게재 결정 여부는 압도적으로 여러분이 어떻게 수정하느냐에 달려 있다. 스미스(Smith, 1998)가 지적한 바와 같이, 애초의 원고보다 우수한 수정 원고를 투고하며, 편집장과 심사위원들의 실질적인 핵심 지적사항을 신중하고 다루고, 편집장과 심사위원들의 제안을 받아들이지 않은 이유를 제시하는 것이 중요하다.

개선된 원고를 투고하기 결정통보서와 함께 여러분은 편집장과 심사위원들의 지적사항과 제안이 담긴 긴 목록을 받을 가능성이 높다. 예컨대, 피스키와 포그(Fiske & Fogg, 1990)는 원고당 평균 8.6개의 지적사항이 있음을 발견하였다(153편의 원고에 대한 402개의 평가에 근거한 것이다). 또한 이 지적사항들은 중복된 것이 아니기 십상이어서, 고려해야만 하는 상당한 지적사항과 제안이 있다는 사실도 발견하였다.

이러한 지적사항과 제안을 읽으면서 화를 내지 않는 것이 중요하다. 지적사항을 여러분이나 아이디어 또는 글쓰기에 대한 개인적 비판으로 받아들이기 쉽다. 그렇지만 지적사항을 파괴적인 비판이 아니라 건설적인 것으로 받아들여야 한다. 편집장과 심사위원들은 여러분을 돕고자 애쓰는 것이지 해를 끼치려는 것이 아니다. 대학생 저널과 전문가 저널의 편집장을 역임하는 동안 필자는 저자에게 "저자께서 최선의 논문을 쓰는 데 도움을 주고자 합니다."라는 표현을 즐겨 사용하였다. 누구나 글쓰기와 소통에 도움을 줄 수 있으므로, 지적사항을 비난이 아니라 유용한 것으로 받아들여라.

모든 지적사항과 제안에 대처하는 것은 여러분이 가능하다면 연구 지도교수와 함께 감내해야 할 과제이다. 일반적으로 교수는 훨씬 많은 출판 경험을 겪어왔으며 권고사항을 부정적인 방식보다는 긍정적으로 해석하는 것을 도와줄 수 있다. 또한 지적사항과 제안을 개정 원고에서 다룰 필요가 있는 것과 무시할 수도 있는 것이라는 두 범주로 분류하는 것도 도와줄 수 있다.

중요한 지적사항에 대처하기 이상적이라면 몇몇 지적사항과 제안은 어째서 멍청하게도 처음부터 그런 생각을 하지 못하였는지 의아하게 만들 것이다. 이러한 유형의 권고사항은 여러분이 어떻게 변경하면 원고를 개선할 수 있는지를 쉽게 알아볼 수 있게 해준다. 몇몇 아이디어는 구현이 간단하다. 다른 것은 아마도 시간이 필요할 것이다. 따라서 여러분이 동의하는 지적사항과 제안조차도 원고에 포함시키는 데는 어느 정도 시간이 필요하다.

다른 지적사항은 이해하기가 더 어려울 수 있다. 여러분에게는 명명백백한 것처럼 보이는 문구를 심사위원이 명확하게 수정하도록 요구할지도 모른다. 여러분은 방법론과 관련된 모든 정보를 포함시켰다고 생각하는데도 불구하고 편집장은 방법론의 세부사항을 요구할지도 모른다. 여러분은 자신의 연구와 원고에 상당히 많은 시간을 투자하였기 때문에 둘 모두에 매우 익숙하다는 사실을 명심하라. 지도교수조차도 여러분의 작업에 비교적 친숙하다. 두 사람에게는 명백한 것처럼 보이는 것이 다른 사람에게는 더 많은 정보가 필요할 수 있다. 여러분 분야에 정통한 사람이 설명이나 해명을 요구한다면, 다른 독자들도 유사한 물음을 가질 가능성이 크다.

편집위원회 제안을 "무시하기" 여러분이 동의하지 않는 지적사항과 제안을 받는 것은 지극히 보편적인 일이다. 심지어는 상이한 심사위원으로부터 상반된 제안을 받기도 한다. 따라서 여러분(그리고 지도교수)은 원고를 수정할 때 편집위원회의 몇몇 제안을 따르지 않기로 결정할 수 있다. 지도교수는 여러분이 본질적으로 따를 수밖에 없는 필수적인 변경의 제안과 단순 제안에 불과한 지적사항을 구분하는 것을 도와줄 수 있다. 예컨대, 편집장이나 심사위원이 APA 형식에서의 오류를 지적한다면, 그것을 수정하는 것은 필수적이다. 반면에 "…을 고려하였는지 궁금합니다."와 같은 지적사항은 여러분이 원고에 첨가하거나 변경하는 것을 생각해보면 좋겠다는 지적일 가능성이 더 크다.

이 절의 제목에서 "무시하기"라는 단어에 사용한 따옴표에 주목하기 바란다. 편집장과 심사위원들이 여러분 원고에 제기한 논제를 무조건적으로 걷어차 버리는 것은 좋은 생각이 아니다. 첫째, 누군가 여러분 원고에 대해 제시한 권고사항을 무시하거나 기각해버리려면 그에 합당한 이유가 있어야만 한다. 둘째, 여러분은 그 이유를 명확하고도 설득력 있게 전달할 필요가 있다. 그렇게 하기 위해서는 편집장에게 수정 원고와 함께 커버레터(일종의 자기소개서)를 작성하여 편집장에게 보내야 한다(APA, 2020, pp. 382-383). 이 편지에는 편집장과 심사위원들이 제기한 아이디어에 대해서 여러분이 수정한 세부사항이 들어 있어야 한다. 수정 원고에서 변경된 것을 언급한 후에는 여러분이 수정하지 않은 심사위원의 제안을 언급해야 한다. 수정하지 않은 충분한 이유를 가지고 있어야 하는 지점이 바로 이곳이다. 만일 편지가 여러분의 입장을 잘 반영하고 있다면, 심사위원은 여러분이 문제점을 고려하였지만 수정하지 않기로 결정하였으며 그 결정에는 충분한 이유가 있음을 인식할 수 있다. 편집장과 심사위원도 사람이다. 만일 여러분이 아무 이유도 설명하지 않은 채 그들의 생각을 무시해버린다면 그들도 기분이 좋지 않을 것인데, 여러분은 편집장과 심사위원들을 즐겁게 만들고 싶지 않겠는가! 만일 제안을 무시하기에 충분한 이유를 제시할 수 없다면, 제안한 대로 수정하라.

수정 원고 투고하기

일반적으로 수정 원고를 투고할 때는 최초 원고를 투고할 때 사용하였던 것과 동일한 과정(이메일이나 포털사이트)을 사용하게 된다. 커버레터의 도입 문단에서는 편집장에게 여러분이 처음 원고의 개정 버전을 투고한다는 사실을 알려야 한다(처음에 투고하였을 때 투고 번호를 받았을 수도 있다. 만일 그렇다면 그 번호를 포함시켜라). 앞 절에서 상세하게 제시한 바와 같이, 커버레터에서는 원고를 개선하기 위하여 무엇을 어떻게 변경하였는지를 지적해야 한다.

일단 수정 원고를 투고한 후에는 편집장으로부터 소식을 들을 때까지 기다리는 시간으로 되돌아가게 된다. 보장할 수는 없지만, 수정 원고의 심사과정은 시간이 적게 걸리기 십상이다. 편집장과 심사위원들이 우선적으로 여러분이 수정한 내용을 들여다볼 것이기 때문이다.

수락(게재 승인) 통보를 받은 후의 과정

이상적이라면 여러분은 결국 편집장으로부터 수락통보를 받을 것이다. 앞서 언급한 바와 같이, 최종 버전을 보내기에 앞서 원고에서 몇 가지 사소한 교정을 할 가능성이 있다. 이에 덧붙여 수락받은 원고에 대해서 수행해야 할 다른 과제가 있을 수도 있는데, 그 내용은 저널마다 다를 수 있다. 예컨대, 최종 원고와 함께 저작권 양도, 연구윤리, 정보노출동의서, 인용허가 등과 같은 문제를 다루는 서식을 작성해야 할 수도 있다(APA, 2020, pp. 382-390). 아니면 최초의 원고를 투고할 때 이러한 서식을 함께 제출하였을 수도 있다.

원고를 출판하려면, 일반적으로 저작권에 관한 법적 서류에 서명해야 한다(APA, 2020, pp. 392-393). 즉, 저널이 연구를 유포하고 제3자의 재사용을 제어할 수 있도록 논문에 관한 권한을 그 저널에 양도해야 한다. 또한 여러분이 그 논문의 저자이며 각 저자가 저자 순서에 동의하였음을 확인해주는 저자권 증명서에 서명할 수도 있다.

원고를 투고할 때, 여러분은 연구 수행에 있어서 윤리기준을 준수하였음을 입증하는 서식의 제출을 요구받았을 수 있다. 정보노출동의서는 일반적으로 여러분에게 있을 수도 있는 이해충돌이나 재정계약에 관하여 묻는다. 여러분은 애초에 원고를 투고할 때 그러한 서식에 서명하였을 수 있다. 대학생 저자인 여러분에게는 이해충돌이나 재정계약이 있을 가능성이 별로 없다. 예컨대, 제약회사가 자신의 제품에 관한 연구를 수행하도록 여러분에게 대가를 지불하였을 가능성은 없을 것이다.

만일 여러분이 다른 출처에 들어 있는 그림과 표, 데이터, 검사나 척도 문항, 긴 인용문 등과 같은 것을 사용하였다면 인용허가서가 필요하다(APA, 2020, pp. 384-391). 그러한 항목들을 여러분 논문에 포함시켜도 좋다는 허가를 받는 것은 여러분의 책임이다. 출판사와 저자가 그 항목들의 저작권을 가지고 있기 때문이다.

필요한 모든 서류를 제출하면, 편집장으로부터 확인서를 받을 가능성이 높다. 또한 편집장은 출판 일정과 관련된 시간표도 제공한다. 어떤 저널은 저자에게 **페이지 조판 교정쇄**(page proof), 즉 출판 준비가 끝난 논문 버전을 보내 최종 확인을 한다. 그 교정쇄는 출판에 앞서 여러분 원고의 오류를 잡아내는 마지막 기회를 제공한다(APA, 2020, pp. 390-392). 일반적으로는 사소한 수정으로 제한된다. 논문의 어떤 절을 새로 쓴다거나 표현을 상당히 변경하는 시점이 아니다. 변경은 어떤 것이든지 논문에 필수적인 것이어야 한다.

마지막으로 어느 시점엔가 논문이 출판될 것이다. 온라인으로 출판되거나 인쇄된 저널로 출판된다. 어떤 저널은 인쇄된 저널이 나오기에 앞서 온라인 버전을 출판하기도 한다. 인쇄된 저널의 경우에는 일반적으로 여러분의 논문이 포함된 호를 무료로 받게 된다. 이때야말로 성공적인 작업을 자축할 수 있는 시점이다. 여러분의 논문을 복사하여 공저자, 지도교수, 친구, 그리고 가족에게 나누어주도록 하라(아니면 여러분 방의 벽에도 붙여놓으라). 친구와 가족은 논문을 이해하지 못할 수 있지만, 여러분 덕에 행복하고 여러분의 성과를 자랑스럽게 생각할 것이다. 여러분이 속한 학과는 학과 구성원이 출판한 논문 복사본을 진열하는 장소를 가지고 있을 수도 있다. 만일 가용하다면 그것도 활용해야 한다. 이제 여러분은 논문을 출판한 저자가 된 것이다. 축하해마지 않는다!

과거 필자의 지도학생이었던 에이미는 출판 경험을 필자와 다음과 같이 공유하였다.

> 저는 여러 해 전에 필라델피아 접골의학대학에서 아트 프리먼 교수가 가르친 강의를 수강하였습니다. 교수님은 제가 과제로 작성한 보고서를 정말 좋아하셨으며, 실제로 자신이 편집하는 책에 한 장으로 포함시킬 것을 요청하였지요. 저의 글쓰기 재능이 대부분의 저자가 인지행동치료에서 전국적으로 인정받는 전문가들인 책에 저의 글을 출판할 수 있게 해주었습니다. (에이미 위트-브라우더, 1988년 OBU 석사; 전문상담사, 타우어 헬스 시스템, 함브르크, 펜실베이니아)

필자에게는 에이미의 이야기에서 두 가지가 눈에 들어온다. 첫째, 에이미는 그녀 분야의 전문가들이 집필한 장들로 구성된 책에서 한 장을 출판할 수 있었다. 이것은 대단한 성과이다. 둘째, 그녀는 자신의 성과를 글쓰기 재능 덕분이라고 생각하였다. 여러분은 훌륭한 글쓰기의 중요성을 결코 과소평가해서는 안 된다. 필자는 이 사실을 이 책의 첫 번째 장에서부터 줄곧 강조해왔다.

결론적 생각

이 장은 연구과정의 클라이맥스, 즉 여러분의 결과와 글을 다른 사람과 공유하는 과정을 다루었다. 이 단계를 거침으로써 여러분은 진정한 심리학 전문가가 되는 발걸음을 내딛는 것이다. 이 단계를 거칠 것이라고 예상하는 학생은 거의 없겠지만, 필자는 여러분에게 심각하게 고려해볼 것을 강력하게 권고한다. 만일 여러분이 심리학을 평생의 직업으로 추구할 계획이라면 특히 그렇다.

이 책의 마지막 장에 와있기에, 필자는 여러분에게 가장 핵심적인 조언을 하고자 한다. **글쓰기 연습을 계속하라.** 자전거 타는 법은 결코 망각하지 않는다는 말을 들었을 것이며, 실제로 신경과학에 근거하여 과학적으로 지지받는 생각이기도 하다(Communications Team, 2009). 불행하게도 글쓰기는 자전거 타기와 같지 않으며, 오히려 운동하는 것과 더 많이 닮았다. 글을 계속해서 쓰지 않더라도 글 쓰는 법을 완전히 망각하지는 않겠지만, 수업을 위해서나 출판을 위한 보고서를 작성함으로써 얻을 수 있는 이득을 상실하게 된다. 필자는 여러분에게 글쓰기 재능을 갈고닦을 것을 강력하게 권장한다. 글쓰기 연습을 계속하라. 연구결과는 반복적인 연습이 훌륭한 글쓰기로 이끌어간다는 사실을 계속해서 보여주었다(예컨대, Johnstone et al., 2002). 여러분도 글쓰기가 습관적인 것이 됨에 따라서 점점 더 쉬워진다는 사실을 알게 될 것이다. 앞으로의 글쓰기에 최선을 다하기를 바란다!

글쓰기 과제를 비판적으로 생각하기

대학원 진학에 관심을 있으며 처음으로 연구 과목을 수강하려는 학생을 표적으로 삼은 다음 물음에 대해 한두 문단의 답을 작성해보라.

과제 1

여러분이 수행한 연구 프로젝트를 발표하거나 출판하고자 시도하는 것이 중요한 까닭은 무엇인가?

과제 2

여러분의 연구결과를 포스터로 발표하는 것과 구두로 발표하는 것의 장단점은 무엇인가?

과제 3

저널에 여러분의 연구를 출판하고자 작업할 때 고려해야 하는 세 가지 가장 중요한 사항은 무엇이라고 생각하는가? 각 고려사항의 중요성을 정당화시켜보라.

과제 4

여러분이 실험을 수행하여 데이터를 분석하고 연구보고서를 작성하였는데, 저널에 출판하고 싶다고 상상해보라. 표 9.2에서 대학생 저널 하나를 선택하고 그 웹사이트에 접속해보라. 여러분의 원고를 투고하기 위해서 밟아야 하는 모든 단계의 목록을 작성해보라.

참고문헌

American Psychological Association. (2010). *Publication Manual of the American Psychological Association* (6th ed.).

American Psychological Association. (2019). Summary report of journal operations, 2018. *American Psychologist, 74*(5), 615-616. http://dx.doi.org/10.1037/amp0000508

American Psychological Association. (2020). *Publication manual of the American Psychological Association* (7th ed.). https://doi.org/10.1037/0000165-000

Carsrud, A. L., Palladino, J. J., Tanke, E. D., Aubrecht, L., & Huber, R. J. (1984). Undergraduate psychology research conferences: Goals, policies, and procedures. *Teaching of Psychology, 11*(3), 141-145. https://doi.org/10.1177/009862838401100304

Communication Teams, University of Aberdeen. (2009, July 17). *Scientists discover why we never forget how to ride a bicycle.* https://www.abdn.ac.uk/news/3275/

Eichorn, D. H., & VandenBos, G. R. (1985). Dissemination of scientific and professional knowledge: Journal publication within the APA. *American Psychologist, 40*(12), 1309-1316. https://doi.org/10.1037/0003-066x.40.12.1309

Fiske, D. W., & Fogg, L. (1990). But the reviewers are making different criticisms of my paper! Diversity and uniqueness in reviewer comments. *American Psychologist, 45*(5), 591-598. https://doi.org/10.1037.0003-066x.45.5.591

Helms, J. L., & Rogers, D. T. (2015). *Majoring in psychology: Achieving your educational and career goals* (2nd ed.). Wiley Blackwell.

Johnstone, K. M., Ashbaugh, H., & Warfield, T. D. (2002). Effects of repeated practice and contextual-writing experiences on college students' writing skills. *Journal of Educational Psychology, 94*(2), 305-315. https://doi.org/10.1037/0022-0663.94.2.305

Khersonskaya, M. Y., & Smith, R. A. (1998). Cross-cultural differences in perception of physical attractiveness. *Psi Chi Journal of Undergraduate Research, 3*(1), 39-42. https://doi.org/10.24839/1089-4136.jn3.1.39

Landrum, R. E., & Davis, S. F. (2007). *The psychology major: Career options and strategies for success* (3rd ed.). Pearson Prentice Hall.

Morgan, B. L., & Korschgen, A. J. (2006). *Majoring in psych? Career options for psychology undergraduates* (3rd ed.). Pearson Education.

Newcombs, N. S., & Bouton, M. E. (2009). Masked reviews are not fairer reviews. *Perspectives on Psychological Science, 4*(1), 62-64. https://doi.org/10.1111/j.1745-6923.2009.01102.x

Peluso, E. A. (2000). Skilled motor performance as a function of type of mental imagery. *Journal of Psychological Inquiry, 5*, 11-14.

Peters, D. P., & Ceci, S. J. (1982). Peer-review practices of psychological journals: The fate of published articles, submitted again. *Behavioral and Brain Sciences, 5*(2), 187-195. https://doi.org/10.1017/s0140525x00011183

Posey, E., & Smith, R. A. (2003). The self-serving bias in children. *Psi Chi Journal of Undergraduate Research, 8*(4), 153-156. https://doi.org/10.24839/1089-4136.jn8.4.153

Smith, R. A. (1985). Advising beginning psychology majors for graduate school. *Teaching of Psychology, 12*(4), 194-198. https://10.1207/s15328023top1204_2

Smith, R. A. (1998). Another perspective on publishing: Keeping the editor happy. *Psi Chi Journal of Undergraduate Research, 3*(2), 51-55. https://doi.org/10.24839/1089-4236.jn3.2.51

Smith, R. A., & Davis, S. F. (2013). *The psychologist as detective: An introduction to conducting research in psychology* (6th ed.). Pearson.

Weiten, W. (2014). *Psychology: Themes and variations* (briefer version, 9th ed.). Wadsworth Cengage Learning.

부록 A : 대학생 저널 논문 견본[1]

주 : 유지니오 펠루소(Eugenio A. Peluso)는 이 논문을 2000년에 *Journal of Psychological Inquiry*에 발표하였는데, 그 당시 그는 크레이튼대학교 학부생이었다.

Skilled Motor Performance as a Function of Types of Mental Imagery

Eugenio A. Peluso

Creighton University

This study examined the effects of mental imagery on skilled motor performance. Participants, 48 volunteers from introductory psychology classes, were assigned to either of two treatment groups or to a control group. Skilled motor performance was assessed by the number of errors and the speed with which participants performed pick-up jacks and mirror tracing tasks. Between trials, participants engaged in either relevant imagery (i.e., the tasks), irrelevant imagery (i.e., scenic environments), or no imagery. Analysis of variance was used to test for differences between groups. Following five imagery sessions, participants in the relevant imagery group committed significantly fewer errors than those in the other groups. Directions for further research include an assessment of imagery for tasks emphasizing speed versus fine motor coordination.

The use of mental imagery shifts focus from an external to an internal emphasis, allowing individuals to reevaluate and redefine their goals. Jones and Stuth (1997) reported that mental imagery enhances performance, regulates arousal levels, stimulates cognitive and affective tactics, and eases the rehabilitation process in injured athletes. By influencing the training and goals of athletes, mental imagery revolutionized the scope of athletic performance and competition.

Sports and cognitive psychologists are developing techniques to maximize athletes' potential. Lejeune, Decker, and Sanchez (1994) examined 40 novice table tennis players and found that "imagining oneself successfully completing a sports skill in the absence of the actual movement or activity increases the probability of improving one's sport performance" (p. 627). Additionally, McKenzie and Howe (1997) demonstrated that participants placed in a 15-week mental imagery training program were more consistent and recorded higher scores in dart throwing than individuals who were not in the imagery condition. DeFrancesco and Burke (1997) surveyed 115 female and male professional tennis players and found that their most common strategies during play were imagery and visualization. By using these strategies, athletes were able to construct a preparatory routine, relax during points, and focus on personal goals.

Mental imagery is not a magical cure for poor performance. Rather, it simply opens new avenues to concentration, mental control, and confidence. Concentration is an integral element in the scheme of mental imagery. There are several definitions for concentration, but many sport psychologists agree that concentration is "the ability to focus on the relevant cues in one's environment and to maintain that focus for the duration of that athletic contest" (Weinberg, 1988, p. 59). More importantly, the cues used in concentration help to promote successful mental imagery. During an event, many players will try to cue themselves in order to facilitate efficient behavior. For instance, tennis players may cue themselves by talking through a point, "racquet back, hit it hard, follow through, and anticipate the next shot." Positive and efficient thoughts in the imagery process are essential in order to reap the benefits of mental imagery. Individuals may often "leave their body" in order to understand what they are trying to do. Reportedly, Chris Evert, a well-known tennis player, described just such an experience while engaged in imagery. She said,

> I see myself hitting crisp deep shots from the baseline and coming into the net if I get a weak return. This helps me prepare mentally for a match and I felt like I had already played the match even before I walked onto the court (Weinberg, 1988, p. 99).

Many athletes believe that mental imagery involves only one sense, vision, but this conclusion is incorrect. Along with the visual sense, mental imagery encompasses one's auditory, tactile, and kinesthetic senses, and these cues act in concert to influences one's emotional condition. First, people use their visual sense to follow a tennis ball or to identify a goal in hockey. Second, they use their tactile sense to familiarize themselves with the feel of the tennis racquet or the hockey stick. Third, they use their kinesthetic sense to keep their balance on the court or in the rink. Fourth, participants use their auditory sense to listen to the tennis ball hitting the strings or a hockey puck collide off the stick. These sounds may assist a player's timing in setting up the next shot in a ten-

Mark E. Ware from Creighton University was the faculty sponsor for this research project.

Journal of Psychological Inquiry, 2000, Vol. 5, 11-14

---

1 펠루소(Eugenio A. Peluso)의 논문은 이 책의 여기저기에서 반복적으로 예로 들고 설명하고 있으며 이 책을 읽는 독자라면 충분히 읽어낼 수 있다고 판단하여 굳이 번역하지 않았다. 독자들께서 도전거리 삼아 꼼꼼하게 읽어가면서 이해하기를 희망한다. 혹 이해가 되지 않는 부분이 있는데 도움을 청할 곳이 마땅치 않다면, 역자에게 문의해주기 바란다(hjshin@pusan.ac.kr).(역주)

nis match or assist a save by the goalie in a hockey game. Finally, one's emotional state can facilitate mental imagery. By recreating prior experiences of anger, anxiety, frustration, or joy, athletes can control or regulate these emotions during competition (Weinberg, 1988).

Mental imagery is more than relaxation. Mental imagery consists of constructing a mental routine. Research by Beauchamp, Halliwell, Fournier, and Koestner (1996) found that novice golfers who implemented a pre-putt mental routine were more accurate than golfers who simply hit the ball. As a former tennis athlete, I recall that my tennis coach often removed me from the court and advised me to visualize my play. I would replay every shot, point, and objective.

A growing body of evidence supports the conclusion that mental imagery can enhance performance. As Shane Murphy, director of the sports science institute of the U.S. Olympic team, stated, "Ultimately it is going to come down to what's between the ears" (Allman, 1992, p. 50). The present study sought to extend the results of previous mental imagery research to other skilled motor tasks using nonprofessionals. Additionally, this study sought to differentiate the effects of the types of imagery. I hypothesized that individuals who applied relevant mental imagery would commit fewer errors and perform more quickly while playing jacks or tracing a star viewed in a mirror than individuals who simply relaxed with irrelevant imagery or individuals who simply read about mental imagery techniques.

Method

Participants

Participants were 48 traditional college-age student volunteers (38 women, 10 men) from introductory psychology classes. About 80% were Euro-Americans; the remainder were Asian-Americans and African-Americans. Conditions for participation followed APA ethical standards; students were told the general nature of the study and were given an opportunity to withdraw from the study at any time without the loss of extra credit points. To maintain confidentiality, names of the participants were not placed on the data sheets.

Materials

Participants were tested using a set of jacks, consisting of six rubber jacks and one rubber ball, and a standard mirror tracing apparatus from the Lafayette Manufacturing Co., as well as a six-pointed star. The star was inscribed with parallel lines that were .5 cm apart. A conventional stopwatch was used to time participants' performance to the nearest second.

Procedure

Participants were randomly assigned to one of three groups: a relevant imagery and relaxation group, an irrelevant imagery and relaxation group, or a no imagery and relaxation control group. Between trials for the relevant imagery group, participants mentally rehearsed either the task of dropping the ball and picking up the jacks or drawing between the lines of the star while looking at the mirror. The inclusion of two motor tasks helped evaluate the degree of generalization of findings. Between trials in the other two groups, participants either engaged in irrelevant imagery or they read printed passages describing mental imagery. Thus, the first independent variable, treatment, used an independent groups design.

A within subjects design was used for the other independent variable, trials. All of the participants in each treatment group performed the jacks and mirror tracing tasks, counterbalanced for order. Participants performed a pretest on both the jacks and the mirror tracing tasks and performed four practice trials before the subsequent posttest evaluation. Thus, I used a 3 x 2 design with repeated measures on the second variable.

The experimenter instructed the participants on how to play jacks or perform mirror tracing. Using their dominant hands, participants were instructed to drop a rubber ball, fingers pointing toward the table, pick up one jack from the table, and catch the ball after one bounce. Participants were then asked to pick up two jacks, following the same process, until they were able to pick up all six jacks at one time. For the mirror tracing task, the experimenter instructed the participants to begin at the top of the star and draw a line between the parallel lines completely around the star while looking at the mirror.

Participants were assessed for the number of errors and the speed involved in completing each task. For the jacks task, errors consisted of failing to catch the rubber ball after the bounce or picking up the wrong number of jacks. For the mirror task, an error consisted of crossing either boundary of the star.

Participants in the relevant imagery group were instructed to visualize themselves performing the jacks or the mirror tracing task before they attempted the first practice trial. They were told to construct a mental routine (i.e., drop the ball, pick up a jack, catch the ball, or look in the mirror, start at the top of the star, draw only between the lines), and to repeat the mental routine for 1 min. Participants repeated the procedure before each practice trial and before the posttest.

In the irrelevant imagery condition, participants were instructed to close their eyes, breathe deeply, and imagine a beach scene and then a mountain top scene for 1 min. They repeated this procedure before each trial.

Participants in the control group read selected passages from a book explaining the techniques of mental imagery, but they did not engage in imagery practice. The passages used in this study were taken from Weinberg's (1988) mental imagery book. Each reading session was 1 min in length. The participants read a different passage before each trial.

Results

The results of a one-way ANOVA on pretest jacks errors revealed no significant differences among treatment groups, $F(2, 45) = 2.25$, $p = .12$. The results of a two-factor ANOVA (Treatment x Trials) revealed an overall difference among treatment groups, $F(2, 45) = 7.12$, $p = .002$, and between trials, $F(1, 45) = 17.99$, $p = .0004$, but there was no significant interaction. Statistically significant differences existed among treatment groups for jacks errors on the posttest performance, $F(2, 45) = 9.79$, $p = .0003$. There were significant improvements in performance from pretest to posttest for both the relevant and the irrelevant imagery conditions, $t(15) = 6.91$, $p = .0004$ and $t(15) = 2.18$, $p = .045$, respectively. Although both groups showed improvement, the relevant imagery group had significantly fewer errors than the irrelevant imagery group at posttesting. Figure 1 illustrates these results.

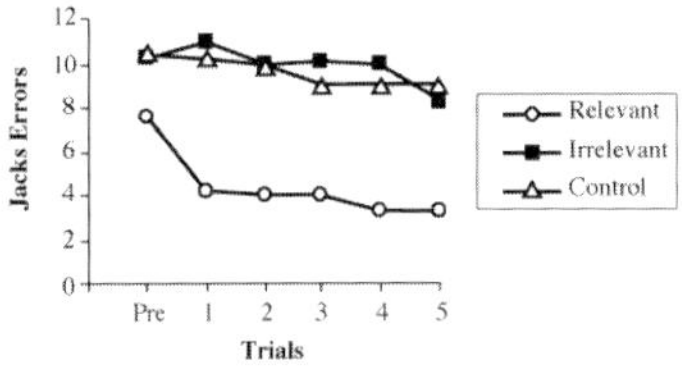

Figure 1. Jacks errors from pretest to posttest for the relevant, irrelevant, and control groups

The results of a one-way ANOVA on pretest star errors revealed no significant differences among treatment groups, $F(2, 45) = 1.32$, $p = .28$. The results of a two-factor ANOVA (Treatment x Trials) revealed an overall difference among treatment groups, $F(2, 45) = 3.68$, $p = .033$, and between trials, $F(1, 45) = 20.04$, $p < .0004$, but there was no significant interaction. Statistically significant differences existed among treatment groups for star errors on posttest performance, $F(2, 45) = 8.10$, $p = .001$. There were significant improvements in performance from pretest to posttest for the relevant imagery, irrelevant imagery, and control groups, $t(15) = 2.66$, $p = .018$, $t(15) = 2.25$, $p = .040$, and $t(15) = 2.84$, $p = .012$, respectively. Although all groups showed significant improvement, the relevant imagery group had fewer errors than the other two groups at posttesting. Figure 2 illustrates these results.

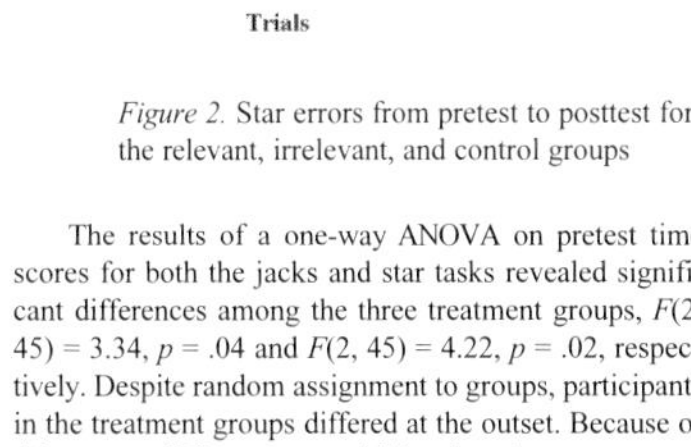

Figure 2. Star errors from pretest to posttest for the relevant, irrelevant, and control groups

The results of a one-way ANOVA on pretest time scores for both the jacks and star tasks revealed significant differences among the three treatment groups, $F(2, 45) = 3.34$, $p = .04$ and $F(2, 45) = 4.22$, $p = .02$, respectively. Despite random assignment to groups, participants in the treatment groups differed at the outset. Because of this pretest difference, no additional analyses were performed on the time data.

Discussion

The results supported the hypothesis that individuals who used relevant mental imagery committed fewer errors while playing jacks and while looking in a mirror to trace a star than individuals who relaxed with irrelevant imagery or simply read about imagery techniques. These findings were consistent with a similar study using

40 novice table tennis players (Lejeune et al., 1994), which indicated that imagining oneself completing a sports skill in the absence of the actual movement increased the probability of improving one's performance. These results were also consistent with a 15-week mental imagery program measuring dart throwing accuracy and consistency that found significant improvement for individuals who implemented relevant imagery techniques (McKenzie & Howe, 1997).

One explanation for findings in the present study may be, as DeFrancesco and Burke (1997) reported, that by using imagery and visualization, athletes were able to construct a preparatory routine, relax, and focus on personal goals. Another explanation may be Allman's (1992) contention that mental imagery is simply not relaxation. Rather, in order for athletes to attain the full benefits of mental imagery, they must construct a mental routine.

One limitation in this study was the presence of significant differences in speed among treatment groups on the pretest trial for the jacks and mirror tracing tasks, despite random assignment of participants. Replication of this study should reveal no such differences. That limitation was not crucial to this study because, in many sports, the most important activity (e.g., shooting a free throw or putting a golf ball) is the accuracy of the task, not its speed. Consider as well that baseball players are evaluated in terms of whether they hit the ball rather than how fast they swing.

Future research should examine sports or motor tasks that place a high priority on the speed of the task (e.g., short and long distance running, speed skating, and skiing). Future research should also investigate the use of relevant mental imagery on different kinds of athletic tasks. In one group of athletic tasks (e.g., field goal kicking, free throw shooting, and bowling) spectators can see the primary goal. In another group of athletic tasks (e.g., blocking schemes for interior linemen in football and set offensive and defensive formations in basketball), spectators may not notice the primary goal.

The use of relevant mental imagery in athletic performance may open the door to individuals' full potential. By implementing the techniques of mental imagery, an average athlete may become good, and a good athlete may become great.

References

Allman, W. F. (1992, August 3). The mental edge: Key to peak performance in sports and life. *U.S. News & World Report, 113*(5), 50-57.

Beauchamp, P. H., Halliwell, W. R., Fournier, J. F., & Koestner, R. (1996). Effects of cognitive-behavioral psychological training on the motivation, preparation, and putting performance of novice golfers. *Sport Psychologist, 10,* 157-170.

DeFrancesco, C., & Burke, K. L. (1997). Performance enhancement strategies used in a professional tennis tournament. *International Journal of Sport Psychology, 28,* 185-195.

Jones, L., & Stuth, G. (1997). The uses of mental imagery in athletics: An overview. *Applied and Preventative Psychology, 6,* 101-115.

Lejeune, M., Decker, C., & Sanchez, X. (1994). Mental rehearsal in table tennis performance. *Perceptual and Motor Skills, 79,* 627-641.

McKenzie, A. D., & Howe, B. L. (1997). The effects of imagery on self-efficacy for a motor skill. *International Journal of Sport Psychology, 28,* 196-210.

Weinberg, R, S. (1988). *The mental advantage: Developing your psychological skills in tennis.* Champaign, IL: Leisure Press.

부록 B : APA 스타일 표기법(7th ed.)을 덧붙인 대학생 저널 논문 견본

주 : APA 스타일은 APA 출판지침의 개정판이 나올 때마다 진화한다. *Journal of Psychological Inquiry*는 2000년에 펠루소의 논문을 출판하였는데, 이 사실은 펠루소가 1994년에 발행된 출판지침 제4판을 사용하여 원고를 작성하였음을 의미하며, 현재는 제7판이 나와 있다. 이 논문 버전에 대한 지적사항은 펠루소나 저널의 오류를 나타내는 것이 아니다. 단지 이 논문을 가장 최신 버전의 APA 스타일(APA, 2020; 부록 C 참조)에 맞추어 갱신하는 데 필요한 변경일 뿐이다.

초록에서는 능동태로 표현한다(APA, 2020, pp. 73-74). 초록에는 세 개의 수동 표현이 있으며, 논문 전반에 있는 수동표현을 표시하였다. 수동태를 피하는 조언을 보려면 제3장을 참조하고, 수정한 결과를 보려면 부록 C를 참조하라.

분사형 복합어가 명사를 수식할 때는 하이픈으로 연결한다(APA, 2020, p. 163).

Skilled Motor Performance as a Function of Types of Mental Imagery

Eugenio A. Peluso

Creighton University

This study examined the effects of mental imagery on skilled motor performance. Participants, 48 volunteers from introductory psychology classes, were assigned to either of two treatment groups or to a control group. Skilled motor performance was assessed by the number of errors and the speed with which participants performed pick-up jacks and mirror tracing tasks. Between trials, participants engaged in either relevant imagery (i.e., the tasks), irrelevant imagery (i.e., scenic environments), or no imagery. Analysis of variance was used to test for differences between groups. Following five imagery sessions, participants in the relevant imagery group committed significantly fewer errors than those in the other groups. Directions for further research include an assessment of imagery for tasks emphasizing speed versus fine motor coordination.

The use of mental imagery shifts focus from an external to an internal emphasis, allowing individuals to reevaluate and redefine their goals. Jones and Stuth (1997) reported that mental imagery enhances performance, regulates arousal levels, stimulates cognitive and affective tactics, and eases the rehabilitation process in injured athletes. By influencing the training and goals of athletes, mental imagery revolutionized the scope of athletic performance and competition.

Sports and cognitive psychologists are developing techniques to maximize athletes' potential. Lejeune, Decker, and Sanchez (1994) examined 40 novice table tennis players and found that "imagining oneself successfully completing a sports skill in the absence of the actual movement or activity increases the probability of improving one's sport performance" (p. 627). Additionally, McKenzie and Howe (1997) demonstrated that participants placed in a 15-week mental imagery training program were more consistent and recorded higher scores in dart throwing than individuals who were not in the imagery condition. DeFrancesco and Burke (1997) surveyed 115 female and male professional tennis players and found that their most common strategies during play were imagery and visualization. By using these strategies, athletes were able to construct a preparatory routine, relax during points, and focus on personal goals.

Mental imagery is not a magical cure for poor performance. Rather, it simply opens new avenues to concentration, mental control, and confidence. Concentration is an integral element in the scheme of mental imagery. There are several definitions for concentration, but many sport psychologists agree that concentration is "the ability to focus on the relevant cues in one's environment and to maintain that focus for the duration of that athletic contest" (Weinberg, 1988, p. 59). More importantly, the cues used in concentration help to promote successful mental imagery. During an event, many players will try to cue themselves in order to facilitate efficient behavior. For instance, tennis players may cue themselves by talking through a point, "racquet back, hit it hard, follow through, and anticipate the next shot." Positive and efficient thoughts in the imagery process are essential in order to reap the benefits of mental imagery. Individuals may often "leave their body" in order to understand what they are trying to do. Reportedly, Chris Evert, a well-known tennis player, described just such an experience while engaged in imagery. She said,

> I see myself hitting crisp deep shots from the baseline and coming into the net if I get a weak return. This helps me prepare mentally for a match and I felt like I had already played the match even before I walked onto the court (Weinberg, 1988, p. 99).

Many athletes believe that mental imagery involves only one sense, vision, but this conclusion is incorrect. Along with the visual sense, mental imagery encompasses one's auditory, tactile, and kinesthetic senses, and these cues act in concert to influences one's emotional condition. First, people use their visual sense to follow a tennis ball or to identify a goal in hockey. Second, they use their tactile sense to familiarize themselves with the feel of the tennis racquet or the hockey stick. Third, they use their kinesthetic sense to keep their balance on the court or in the rink. Fourth, participants use their auditory sense to listen to the tennis ball hitting the strings or a hockey puck collide off the stick. These sounds may assist a player's timing in setting up the next shot in a ten-

Mark E. Ware from Creighton University was the faculty sponsor for this research project.

Journal of Psychological Inquiry, 2000, Vol. 5, 11-14

불명확한 참조물을 피하라(APA, 2020, p. 112). 설명을 보려면 제2장을 참조하라.

초록에 통계적 유의도 수준을 포함시켜라(APA, 2020, p. 74).

이 논문은 전통적인 APA 스타일의 저자 주를 포함하지 않았다. 저자 주에 관한 세부 사항을 보려면 제5장을 참조하고 저자 고려사항을 보려면 제4장을 참조하라.

문헌 개관에서는 수동태를 사용한다(APA, 2020, pp. 117-118).

셋 이상의 저자를 인용할 때는 첫 번째 저자 이름 뒤에 et al.을 붙인다(APA, 2020, p. 266; 제6장도 참조).

사물이나 동물에 인간의 특성을 부여하는 의인화를 피하라(APA, 2020, p. 117).

쉼표를 사용하여 접속사로 연결한 두 개의 독립 절을 분리하라(APA, 2020, p. 155).

대부분의 접두사를 하이픈으로 연결하지 말라. 그러한 접두사 목록을 보려면, APA 지침의 표 6.2를 참조하라(APA, 2020, p. 164).

이 수동태 사용이 허용되는 까닭은 행위자가 아니라 별 도형과 선분에 강조점이 있지 때문이다(APA, 2020, p. 118).

형용사+명사구가 수식하는 명사에 선행할 때는 하이픈으로 연결하라(APA, 2020, p. 163).

et al.을 사용하라(APA, 2020, p. 266; 제6장도 참조).

nis match or assist a save by the goalie in a hockey game. Finally, one's emotional state can facilitate mental imagery. By recreating prior experiences of anger, anxiety, frustration, or joy, athletes can control or regulate these emotions during competition (Weinberg, 1988).

Mental imagery is more than relaxation. Mental imagery consists of constructing a mental routine. Research by Beauchamp, Halliwell, Fournier, and Koestner (1996) found that novice golfers who implemented a pre-putt mental routine were more accurate than golfers who simply hit the ball. As a former tennis athlete, I recall that my tennis coach often removed me from the court and advised me to visualize my play. I would replay every shot, point, and objective.

A growing body of evidence supports the conclusion that mental imagery can enhance performance. As Shane Murphy, director of the sports science institute of the U.S. Olympic team, stated, "Ultimately it is going to come down to what's between the ears" (Allman, 1992, p. 50). The present study sought to extend the results of previous mental imagery research to other skilled motor tasks using nonprofessionals. Additionally, this study sought to differentiate the effects of the types of imagery. I hypothesized that individuals who applied relevant mental imagery would commit fewer errors and perform more quickly while playing jacks or tracing a star viewed in a mirror than individuals who simply relaxed with irrelevant imagery or individuals who simply read about mental imagery techniques.

의인화를 피하라(APA, 2020, p. 117).

Method

Participants

Participants were 48 traditional college-age student volunteers (38 women, 10 men) from introductory psychology classes. About 80% were Euro-Americans; the remainder were Asian-Americans and African-Americans. Conditions for participation followed APA ethical standards; students were told the general nature of the study and were given an opportunity to withdraw from the study at any time without the loss of extra credit points. To maintain confidentiality, names of the participants were not placed on the data sheets.

Materials

하이픈으로 연결하라(APA, 2020, pp. 162-163).

Participants were te[...]st-ing of six rubber jacks and one rubber ball, and a standard mirror tracing apparatus from the Lafayette Manufacturing Co., as well as a six-pointed star. The star was inscribed with parallel lines that were .5 cm apart. A conventional stopwatch was used to time participants' performance to the nearest second.

Procedure

Participants were randomly assigned to one of three groups: a relevant imagery and relaxation group, an irrelevant imagery and relaxation group, or a no imagery and relaxation control group. Between trials for the relevant imagery group, participants mentally rehearsed either the task of dropping the ball and picking up the jacks or drawing between the lines of the star while looking at the mirror. The inclusion of two motor tasks helped evaluate the degree of generalization of findings. Between trials in the other two groups, participants either engaged in irrelevant imagery or they read printed passages describing mental imagery. Thus, the first independent variable, treatment, used an independent groups design.

A within subjects design was used for the other independent variable, trials. All of the participants in each treatment group performed the jacks and mirror tracing tasks, counterbalanced for order. Participants performed a pretest on both the jacks and the mirror tracing tasks and performed four practice trials before the subsequent posttest evaluation. Thus, I used a 3 x 2 design with repeated measures on the second variable.

The experimenter instructed the participants on how to play jacks or perform mirror tracing. Using their dominant hands, participants were instructed to drop a rubber ball, fingers pointing toward the table, pick up one jack from the table, and catch the ball after one bounce. Participants were then asked to pick up two jacks, following the same process, until they were able to pick up all six jacks at one time. For the mirror tracing task, the experimenter instructed the participants to begin at the top of the star and draw a line between the parallel lines completely around the star while looking at the mirror.

Participants were assessed for the number of errors and the speed involved in completing each task. For the jacks task, errors consisted of failing to catch the rubber ball after the bounce or picking up the wrong number of jacks. For the mirror task, an error consisted of crossing either boundary of the star.

Participants in the relevant imagery group were instructed to visualize themselves performing the jacks or the mirror tracing task before they attempted the first practice trial. They were told to construct a mental routine (i.e., drop the ball, pick up a jack, catch the ball, or

도구의 모델 번호를 제시하라(APA, 2020, p. 85).

가능한 한 능동태로 표현하라(APA, 2020, p. 118). 초점을 행위의 대상이나 수용자에게 맞출 때에는 수동태 사용이 가능하다(APA, 2020, p. 118). 수동태 방지에 대한 조언을 보려면, 제3장을 참조하라.

여러분 자신을 제3자로 지칭하지 말라(APA, 2020, p. 120). 이 문단 뒷부분의 또 다른 사례를 참조하라.

민족 집단과 인종 집단의 현재 용어를 사용하라. 하이픈으로 연결하지 말라(APA, 2020, pp. 142-145; 제2장도 참조).

모든 통계 결과에 대해서 효과크기 측정치를 제시하라(APA, 2020, p. 89). 확률 진술(p = .nn)이 있을 때마다 효과크기 측정치가 뒤따라야 한다. 결과 절에서 효과크기가 필요한 통계 결과가 15개 있다.

복합 서술어의 두 부분 사이에 쉼표를 사용하지 말라(APA, 2020, p. 156).

유의하지 않은 결과에 관한 정보를 포함시켜라(APA, 2020, p. 86).

look in the mirror, start at the top of the star, draw only between the lines, and to repeat the mental routine for 1 min. Participants repeated the procedure before each practice trial and before the posttest.

In the irrelevant imagery condition, participants were instructed to close their eyes, breathe deeply, and imagine a beach scene and then a mountain top scene for 1 min. They repeated this procedure before each trial.

Participants in the control group read selected passages from a book explaining the techniques of mental imagery, but they did not engage in imagery practice. The passages used in this study were taken from Weinberg's (1988) mental imagery book. Each reading session was 1 min in length. The participants read a different passage before each trial.

Results

The results of a one-way ANOVA on pretest jacks errors revealed no significant differences among treatment groups, $F(2, 45) = 2.25$, $p = .12$. The results of a two-factor ANOVA (Treatment x Trials) revealed an overall difference among treatment groups, $F(2, 45) = 7.12$, $p = .002$, and between trials, $F(1, 45) = 17.99$, $p = .0004$, but there was no significant interaction. Statistically significant differences existed among treatment groups for jacks errors on the posttest performance, $F(2, 45) = 9.79$, $p = .0003$. There were significant improvements in performance from pretest to posttest for both the relevant and the irrelevant imagery conditions, $t(15) = 6.91$, $p = .0004$ and $t(15) = 2.18$, $p = .045$, respectively. Although both groups showed improvement, the relevant imagery group had significantly fewer errors than the irrelevant imagery group at posttesting. Figure 1 illustrates these results.

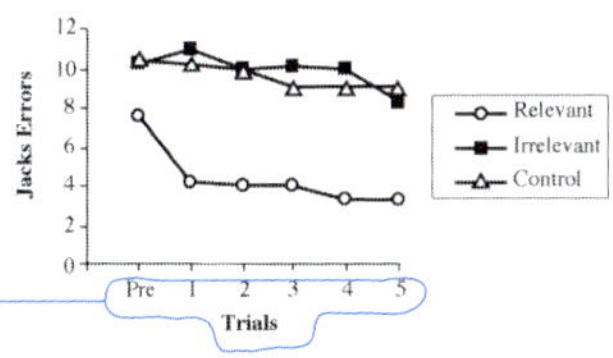

Figure 1. Jacks errors from pretest to posttest for the relevant, irrelevant, and control groups

The results of a one-way ANOVA on pretest star errors revealed no significant differences among treatment groups, $F(2, 45) = 1.32$, $p = .28$. The results of a two-factor ANOVA (Treatment x Trials) revealed an overall difference among treatment groups, $F(2, 45) = 3.68$, $p = .033$, and between trials, $F(1, 45) = 20.04$, $p < .0004$, but there was no significant interaction. Statistically significant differences existed among treatment groups for star errors on posttest performance, $F(2, 45) = 8.10$, $p = .001$. There were significant improvements in performance from pretest to posttest for the relevant imagery, irrelevant imagery, and control groups, $t(15) = 2.66$, $p = .018$, $t(15) = 2.25$, $p = .040$, and $t(15) = 2.84$, $p = .012$, respectively. Although all groups showed significant improvement, the relevant imagery group had fewer errors than the other two groups at posttesting. Figure 2 illustrates these results.

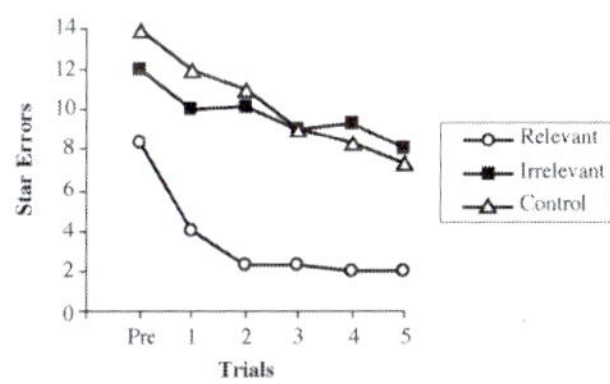

Figure 2. Star errors from pretest to posttest for the relevant, irrelevant, and control groups

The results of a one-way ANOVA on pretest time scores for both the jacks and star tasks revealed significant differences among the three treatment groups, $F(2, 45) = 3.34$, $p = .04$ and $F(2, 45) = 4.22$, $p = .02$, respectively. Despite random assignment to groups, participants in the treatment groups differed at the outset. Because of this pretest difference, no additional analyses were performed on the time data.

Discussion

The results supported the hypothesis that individuals who used relevant mental imagery committed fewer errors while playing jacks and while looking in a mirror to trace a star than individuals who relaxed with irrelevant imagery or simply read about imagery techniques. These findings were consistent with a similar study using

원고에서 그래프를 작성할 때는 산스 세리프 서체를 사용하라(APA, 2020, p. 227). 출판된 논문은 원고에서 사용한 서체와는 (이 경우에서처럼) 다른 서체를 그래프에 사용하기도 한다. 그림 작성에 관한 지시사항을 보려면 제8장을 참조하라.

소수점 둘째 또는 셋째 자리까지 반올림한 정확한 p값을 보고하라(APA, 2020, p. 180). 따라서 이어지는 0은 필요하지 않다.

DOI가 있는 저널 논문에 대해서는 DOI를 제시하라. 만일 DOI가 없다면, 가능하다면 그 논문의 URL을 제시하라(APA, 2020, p. 294).

만일 있다면 잡지 기사의 URL을 제시하라(APA, 2020, p. 320).

40 novice table tennis players (Lejeune et al., 1994), which indicated that imagining oneself completing a sports skill in the absence of the actual movement increased the probability of improving one's performance. These results were also consistent with a 15-week mental imagery program measuring dart throwing accuracy and consistency that found significant improvement for individuals who implemented relevant imagery techniques (McKenzie & Howe, 1997).

One explanation for findings in the present study may be, as DeFrancesco and Burke (1997) reported, that by using imagery and visualization, athletes were able to construct a preparatory routine, relax, and focus on personal goals. Another explanation may be Allman's (1992) contention that mental imagery is simply not relaxation. Rather, in order for athletes to attain the full benefits of mental imagery, they must construct a mental routine.

One limitation in this study was the presence of significant differences in speed among treatment groups on the pretest trial for the jacks and mirror tracing tasks, despite random assignment of participants. Replication of this study should reveal no such differences. That limitation was not crucial to this study because, in many sports, the most important activity (e.g., shooting a free throw or putting a golf ball) is the accuracy of the task, not its speed. Consider as well that baseball players are evaluated in terms of whether they hit the ball rather than how fast they swing.

Future research should examine sports or motor tasks that place a high priority on the speed of the task (e.g., short and long distance running, speed skating, and skiing). Future research should also investigate the use of relevant mental imagery on different kinds of athletic tasks. In one group of athletic tasks (e.g., field goal kicking, free throw shooting, and bowling) spectators can see the primary goal. In another group of athletic tasks (e.g., blocking schemes for interior linemen in football and set offensive and defensive formations in basketball), spectators may not notice the primary goal.

The use of relevant mental imagery in athletic performance may open the door to individuals' full potential. By implementing the techniques of mental imagery, an average athlete may become good, and a good athlete may become great.

References

Allman, W. F. (1992, August 3). The mental edge: Key to peak performance in sports and life. *U.S. News & World Report, 113*(5), 50-57.

Beauchamp, P. H., Halliwell, W. R., Fournier, J. F., & Koestner, R. (1996). Effects of cognitive-behavioral psychological training on the motivation, preparation, and putting performance of novice golfers. *Sport Psychologist, 10*, 157-170.

DeFrancesco, C., & Burke, K. L. (1997). Performance enhancement strategies used in a professional tennis tournament. *International Journal of Sport Psychology, 28*, 185-195.

Jones, L., & Stuth, G. (1997). The uses of mental imagery in athletics: An overview. *Applied and Preventative Psychology, 6*, 101-115.

Lejeune, M., Decker, C., & Sanchez, X. (1994). Mental rehearsal in table tennis performance. *Perceptual and Motor Skills, 79*, 627-641.

McKenzie, A. D., & Howe, B. L. (1997). The effects of imagery on self-efficacy for a motor skill. *International Journal of Sport Psychology, 28*, 196-210.

Weinberg, R, S. (1988). *The mental advantage: Developing your psychological skills in tennis.* Champaign, IL Leisure Press.

만일 저널이 호의 번호를 가지고 있다면, (괄호 속에) 호의 번호를 포함시켜라(APA; 2020, p. 294). 호의 번호나 괄호를 이탤릭체로 제시하지 말라.

만일 있다면, 책의 DOI를 제시하라(APA, 2020, p. 321).

출판사의 위치를 포함시키지 말라(APA, 2020, p. 295).

참고문헌 : American Psychological Association. (2020). *Publication manual of the American Psychological Association* (7th ed.). https://doi.org/10.1037/0000165-000

부록 C : 원고 형식의 대학생 논문 견본

주 : 펠루소(2000)의 이 원고 버전은 부록 A에 나와 있는 논문을 현재 버전의 APA 스타일(APA, 2020)로 갱신한 것이다. 여러분은 부록 B에 나와 있는 APA 스타일의 차이들을 살펴봄으로써 이 원고 버전에서의 수정 내용이 어떻게 APA 스타일 문제를 해결하였는지를 볼 수 있다. 원 데이터가 가용하지 않기 때문에 통계결과에서 실제 효과크기를 계산할 수 없었다. 실제 수치 대신에, 각각의 "n"이 수치를 대신하였다.

MENTAL IMAGERY AND MOTOR PERFORMANCE 1

Skilled Motor Performance as a Function of Types of Mental Imagery

Eugenio A. Peluso

Department of Psychology, Creighton University

실제 논문은 하나의 주만을 가지고 있었지만, 여기서는 네 가지 유형의 주를 모두 포함시켰다. 세 개의 주는 만일 존재하였다면 어떤 모습일까를 보여주고 있다.

Author Note

(First paragraph provides ORCID identification number if the author has one.)

(Second paragraph provides any change in institutional affiliation subsequent to the study, if applicable.)

Mark E. Ware from Creighton University was the faculty sponsor for this research project.

(Contact information for the author would typically appear in this paragraph of the author note.)

Abstract

This study examined the effects of mental imagery on skilled motor performance. Participants, 48 volunteers from introductory psychology classes, performed in either of two treatment groups or a control group. I assessed skilled motor performance by the number of errors and the speed with which participants performed pick-up jacks and mirror-tracing tasks. Between trials, participants engaged in either relevant imagery (i.e., the tasks), irrelevant imagery (i.e., scenic environments), or no imagery. I used analysis of variance to test for differences between groups. Following five imagery sessions, participants in the relevant imagery group committed significantly fewer errors (all $ps < .05$) than participants in the other groups. Directions for further research include an assessment of imagery for tasks emphasizing speed versus fine motor coordination.

Keywords: mental imagery, motor performance, sport psychology

모든 페이지의 상하좌우 여백은 1인치여야 한다.

Skilled Motor Performance as a Function of Types of Mental Imagery

The use of mental imagery shifts focus from an external to an internal emphasis, allowing individuals to reevaluate and redefine their goals. Jones and Stuth (1997) reported that mental imagery enhanced performance, regulated arousal levels, stimulated cognitive and affective tactics, and eased the rehabilitation process in injured athletes. By influencing the training and goals of athletes, mental imagery revolutionized the scope of athletic performance and competition.

Sports and cognitive psychologists are developing techniques to maximize athletes' potential. Lejeune et al. (1994) examined 40 novice table tennis players and found that "imagining oneself successfully completing a sports skill in the absence of the actual movement or activity increases the probability of improving one's sport performance" (p. 627). Additionally, McKenzie and Howe (1997) demonstrated that participants placed in a 15-week mental imagery training program were more consistent and recorded higher scores in dart throwing than individuals who were not in the imagery condition. DeFrancesco and Burke (1997) surveyed 115 female and male professional tennis players and found that their most common strategies during play were imagery and visualization. By using these strategies, athletes were able to construct a preparatory routine, relax during points, and focus on personal goals.

Mental imagery is not a magical cure for poor performance. Rather, it simply opens new avenues to concentration, mental control, and confidence. Concentration is an integral element in the scheme of mental imagery. There are several definitions for concentration, but many sport psychologists agree that concentration is "the ability to focus on the relevant cues in one's environment and to maintain that focus for the duration of that athletic contest" (Weinberg,

1988, p. 59). More importantly, the cues used in concentration help to promote successful mental imagery. During an event, many players will try to cue themselves in order to facilitate efficient behavior. For instance, tennis players may cue themselves by talking through a point, "racquet back, hit it hard, follow through, and anticipate the next shot." Positive and efficient thoughts in the imagery process are essential in order to reap the benefits of mental imagery. Individuals may often "leave their body" in order to understand what they are trying to do. Reportedly, Chris Evert, a well-known tennis player, described just such an experience while engaged in imagery. She said,

> I see myself hitting crisp deep shots from the baseline and coming into the net if I get a weak return. This helps me prepare mentally for a match and I felt like I had already played the match even before I walked onto the court (Weinberg, 1988, p. 99).

Many athletes believe that mental imagery involves only one sense, vision, but this conclusion is incorrect. Along with the visual sense, mental imagery encompasses one's auditory, tactile, and kinesthetic senses, and these cues act in concert to influences one's emotional condition. First, people use their visual sense to follow a tennis ball or to identify a goal in hockey. Second, they use their tactile sense to familiarize themselves with the feel of the tennis racquet or the hockey stick. Third, they use their kinesthetic sense to keep their balance on the court or in the rink. Fourth, participants use their auditory sense to listen to the tennis ball hitting the strings or a hockey puck collide off the stick. These sounds may assist a player's timing in setting up the next shot in a tennis match or assist a save by the goalie in a hockey game. Finally, one's emotional state can facilitate mental imagery. By recreating prior experiences of anger, anxiety, frustration, or joy, athletes can control or regulate these emotions during competition (Weinberg, 1988).

Mental imagery is more than relaxation. Mental imagery consists of constructing a mental routine. Research by Beauchamp et al. (1996) found that novice golfers who implemented a preputt mental routine were more accurate than golfers who simply hit the ball. As a former tennis athlete, I recall that my tennis coach often removed me from the court and advised me to visualize my play. I would replay every shot, point, and objective.

A growing body of evidence supports the conclusion that mental imagery can enhance performance. As Shane Murphy, director of the sports science institute of the U.S. Olympic team, stated, "Ultimately it is going to come down to what's between the ears" (Allman, 1992, p. 50). I sought to extend the results of previous mental imagery research to other skilled motor tasks using nonprofessionals. An additional goal for this study was to differentiate the effects of the types of imagery. I hypothesized that individuals who applied relevant mental imagery would commit fewer errors and perform more quickly while playing jacks or tracing a star viewed in a mirror than individuals who simply relaxed with irrelevant imagery or individuals who simply read about mental imagery techniques.

Method

Participants

Participants were 48 traditional college-age student volunteers (38 women, 10 men) from introductory psychology classes. About 80% were European Americans; the remainder were Asian Americans and African Americans. Conditions for participation followed APA ethical standards; I informed students about the general nature of the study and gave them an opportunity to withdraw from the study at any time without the loss of extra credit points. To maintain confidentiality, participants did not place their names on the data sheets.

Materials

To test the participants, I used a set of jacks, consisting of six rubber jacks and one rubber ball, and a standard mirror-tracing apparatus from the Lafayette Manufacturing Co. (Model 31010), as well as a six-pointed star. The star was inscribed with parallel lines that were .5 cm apart. I timed participants' performance to the nearest second with a conventional stopwatch.

Procedure

I randomly assigned participants to one of three groups: a relevant imagery and relaxation group, an irrelevant imagery and relaxation group, or a no imagery and relaxation control group. Between trials for the relevant imagery group, participants mentally rehearsed either the task of dropping the ball and picking up the jacks or drawing between the lines of the star while looking at the mirror. The inclusion of two motor tasks helped evaluate the degree of generalization of findings. Between trials in the other two groups, participants either engaged in irrelevant imagery, or they read printed passages describing mental imagery. Thus, the first independent variable, treatment, used an independent-groups design.

The other independent variable, trials, used a within-subjects design. All of the participants in each treatment group performed the jacks and mirror-tracing tasks, counterbalanced for order. Participants performed a pretest on both the jacks and the mirror-tracing tasks and performed four practice trials before the subsequent posttest evaluation. Thus, I used a 3 x 2 design with repeated measures on the second variable.

I instructed the participants on how to play jacks or perform mirror tracing. Using their dominant hands, participants dropped a rubber ball, fingers pointing toward the table, picked up one jack from the table, and caught the ball after one bounce. I then had participants pick up two jacks, following the same process, until they were able to pick up all six jacks at one time.

For the mirror-tracing task, I instructed the participants to begin at the top of the star and draw a line between the parallel lines completely around the star while looking at the mirror.

Participants' assessments were the number of errors and the speed involved in completing each task. For the jacks task, errors consisted of failing to catch the rubber ball after the bounce or picking up the wrong number of jacks. For the mirror task, an error consisted of crossing either boundary of the star.

I instructed participants in the relevant imagery group to visualize themselves performing the jacks or the mirror-tracing task before they attempted the first practice trial. I told them to construct a mental routine (i.e., drop the ball, pick up a jack, catch the ball, or look in the mirror, start at the top of the star, draw only between the lines) and to repeat the mental routine for 1 min. Participants repeated the procedure before each practice trial and before the posttest.

In the irrelevant imagery condition, I instructed participants to close their eyes, breathe deeply, and imagine a beach scene and then a mountain top scene for 1 min. They repeated this procedure before each trial.

Participants in the control group read selected passages from a book explaining the techniques of mental imagery, but they did not engage in imagery practice. The passages used in this study came from Weinberg's (1988) mental imagery book. Each reading session was 1 min in length. The participants read a different passage before each trial.

Results

The results of a one-way ANOVA on pretest jacks errors revealed no significant differences among treatment groups, $F(2, 45) = 2.25$, $p = .12$, $\eta^2 = .nn$. The results of a two-factor ANOVA (Treatment x Trials) revealed an overall difference among treatment groups, $F(2, 45) = 7.12$, $p = .002$, $\eta^2 = .nn$, and between trials, $F(1, 45) = 17.99$, $p = .0004$, $\eta^2 = .nn$, but there was no significant interaction ($p > .05$). Statistically significant differences existed among treatment groups for jacks errors on the posttest performance, $F(2, 45) = 9.79$, $p = .0003$, $\eta^2 = .nn$. There were significant improvements in performance from pretest to posttest for both the relevant and the irrelevant imagery conditions, $t(15) = 6.91$, $p = .0004$, $d =$ n.nn and $t(15) = 2.18$, $p = .045$, $d =$ n.nn, respectively. Although both groups showed improvement, the relevant imagery group had significantly fewer errors than the irrelevant imagery group at posttesting. Figure 1 illustrates these results.

The results of a one-way ANOVA on pretest star errors revealed no significant differences among treatment groups, $F(2, 45) = 1.32$, $p = .28$, $\eta^2 = .nn$. The results of a two-factor ANOVA (Treatment x Trials) revealed an overall difference among treatment groups, $F(2, 45) = 3.68$, $p = .033$, $\eta^2 = .nn$, and between trials, $F(1, 45) = 20.04$, $p < .0004$, $\eta^2 = .nn$, but there was no significant interaction ($p > .05$). Statistically significant differences existed among treatment groups for star errors on posttest performance, $F(2,45) = 8.10$, $p = .001$, $\eta^2 =$ .nn. There were significant improvements in performance from pretest to posttest for the relevant imagery, irrelevant imagery, and control groups, $t(15) = 2.66$, $p = .018$, $d =$ n.nn, $t(15) = 2.25$, $p = .04$, $d =$ n.nn, and $t(15) = 2.84$, $p = .012$, $d =$ n.nn, respectively. Although all groups showed significant improvement, the relevant imagery group had fewer errors than the other two groups at posttesting. Figure 2 illustrates these results.

The results of a one-way ANOVA on pretest time scores for both the jacks and star tasks revealed significant differences among the three treatment groups, $F(2, 45) = 3.34$, $p = .04$, $\eta^2 = .nn$ and $F(2, 45) = 4.22$, $p = .02$, $\eta^2 = .nn$, respectively. Despite random assignment to groups, participants in the treatment groups differed at the outset. Because of this pretest difference, I performed no additional analyses on the time data.

Discussion

The results supported the hypothesis that individuals who used relevant mental imagery committed fewer errors while playing jacks and while looking in a mirror to trace a star than individuals who relaxed with irrelevant imagery or simply read about imagery techniques. These findings were consistent with a similar study using 40 novice table tennis players (Lejeune et al., 1994), which indicated that imagining oneself completing a sports skill in the absence of the actual movement increased the probability of improving one's performance. These results were also consistent with a 15-week mental imagery program measuring dart throwing accuracy and consistency that found significant improvement for individuals who implemented relevant imagery techniques (McKenzie & Howe, 1997).

One explanation for findings in the present study may be, as DeFrancesco and Burke (1997) reported, that by using imagery and visualization, athletes were able to construct a preparatory routine, relax, and focus on personal goals. Another explanation may be Allman's (1992) contention that mental imagery is simply not relaxation. Rather, in order for athletes to attain the full benefits of mental imagery, they must construct a mental routine.

One limitation in this study was the presence of significant differences in speed among treatment groups on the pretest trial for the jacks and mirror-tracing tasks, despite random assignment of participants. Replication of this study should reveal no such differences. That limitation was not crucial to this study because, in many sports, the most important activity (e.g., shooting a free throw or putting a golf ball) is the accuracy of the task, not its speed. Consider as well that baseball players are evaluated in terms of whether they hit the ball rather than how fast they swing.

Future research should examine sports or motor tasks that place a high priority on the speed of the task (e.g., short and long distance running, speed skating, and skiing). Future research should also investigate the use of relevant mental imagery on different kinds of athletic tasks. In one group of athletic tasks (e.g., field goal kicking, free throw shooting, and bowling), spectators can see the primary goal. In another group of athletic tasks (e.g., blocking schemes for interior linemen in football and set offensive and defensive formations in basketball), spectators may not notice the primary goal.

The use of relevant mental imagery in athletic performance may open the door to individuals' full potential. By implementing the techniques of mental imagery, an average athlete may become good, and a good athlete may become great.

References

Allman, W. F. (1992, August 3). The mental edge: Key to peak performance in sports and life. *U.S. News & World Report, 113*(5), 50–57.

Beauchamp, P. H., Halliwell, W. R., Fournier, J. F., & Koestner, R. (1996). Effects of cognitive-behavioral psychological training on the motivation, preparation, and putting performance of novice golfers. *Sport Psychologist, 10*(2), 157–170. https://doi.org/10.1123/tsp.10.2.157

DeFrancesco, C., & Burke, K. L. (1997). Performance enhancement strategies used in a professional tennis tournament. *International Journal of Sport Psychology, 28*(2), 185–195.

Jones, L., & Stuth, G. (1997). The uses of mental imagery in athletics: An overview. *Applied and Preventative Psychology, 6*(2), 101–115. https://doi.org/10.1016/s0962-1849(05)80016-2

Lejeune, M., Decker, C., & Sanchez, X. (1994). Mental rehearsal in table tennis performance. *Perceptual and Motor Skills, 79*(1, Pt. 2), 627–641. https://doi.org/10.2466/pms.1994.79.1.627

McKenzie, A. D., & Howe, B. L. (1997). The effects of imagery on self-efficacy for a motor skill. *International Journal of Sport Psychology, 28*(2), 196–210.

Weinberg, R, S. (1988). *The mental advantage: Developing your psychological skills in tennis.* Leisure Press.

Figure 1

Jacks Errors From Pretest to Posttest for the Relevant, Irrelevant, and Control Groups

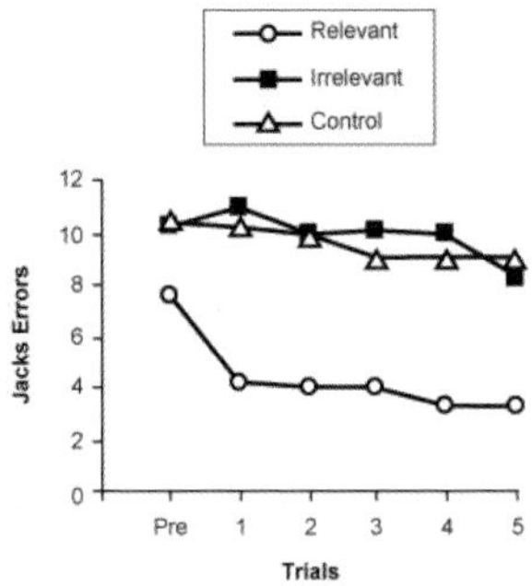

MENTAL IMAGERY AND MOTOR PERFORMANCE 13

Figure 2

Star Errors From Pretest to Posttest for the Relevant, Irrelevant, and Control Groups

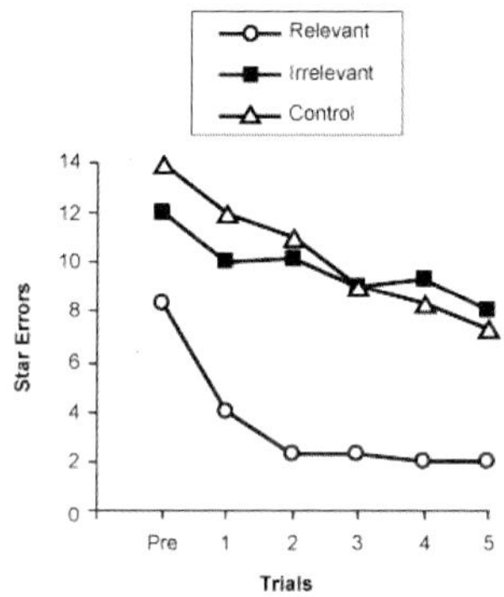

참고문헌 : American Psychological Association. (2020). *Publication manual of the American Psychological Association* (7th ed.). https://doi.org/10.1037/0000165-000

부록 D : 보편적 글쓰기 문제점, 설명, 그리고 해결책[1]

A. APA 스타일 : 보편적 글쓰기 문제점, 설명, 그리고 해결책 (대학생 보고서에서 글쓰기 문제점에 대해 필자가 사용하는 전형적인 교정부호)

필자의 교정부호	설명/해결책
anthro (anthropomorphism; 의인화)	동물이나 무생물을 마치 인간의 특성을 가진 것처럼 기술하지 말라(APA, 2020, p. 117). "실험 자체가 무엇을 시범보이고자 시도하거나, 원치 않는 변인을 제어하거나, 아니면 결과를 해석할 수 없으며, 표나 그림 자체도 무엇인가를 스스로 비교할 수 없다(그렇지만 이것들이 무엇인가를 보여주거나 나타낼 수는 있다"(APA, 2010, p. 69).
awk(awkward; 어색함)	어색한 글표현을 피하라. 명확하고 간결한 글쓰기를 시도하라(APA, 2020, pp. 113-114).
bias(편향)	연령, 장애, 성별, 연구집단의 기술, 인종이나 종족, 성적 지향성, 사회경제적 지위, 또는 상호교차성(이러한 요인의 조합)에 근거한 편향된 언어 사용을 피하라. 그 설명과 가용한 용어를 보려면 APA 출판지침(2020, pp. 131-149)을 참조하라.
cf(cross-reference; 상호참조)	본문과 참고문헌에서 이름이 다르면 오류이다. 인용에서 저자의 이름과 연도는 참고문헌 목록의 항목과 정확하게 일치해야 한다(APA, 2020, p. 257)
font size(서체 크기)	본문 어디에서든 서체 크기를 변경하지 말라. APA는 사용하는 구체적인 서체에 따라 10-12 포인트 서체로 규정하고 있다(APA, 2020, p. 44).
font style (서체 스타일)	본문 어디에서는 서체 스타일을 변경하지 말라. APA는 몇 가지 서체로 규정하고 있다(APA, 2020, p. 44).
informal 또는 colloq (일상적 대화 표현)	보고서에는 일상 표현이나 대화형식의 표현을 피하라(APA, 2020, p. 116).
INC 또는 inc (불완전 표현)	미완성의 문장을 피하라. 온전한 문장에는 주부와 술부가 필요하다.

다음 페이지에 계속 •••

1 부록 D도 영어로 작성한 심리학 논문이나 보고서에 해당하는 내용이어서, 한국어 논문에는 전혀 적용할 수 없는 내용들이 들어 있다. 독자께서는 필요한 내용만을 선택적으로 참고하기 바란다.(역주)

필자의 교정부호	설명/해결책
indef(참조물)	대명사의 참조물을 확실하게 하라(APA, 2020, p. 112).
itals(이탤릭체)	저널과 책 제목, 핵심 용어나 구절, 통계기호, 그리고 저널 권 번호에는 이탤릭체를 사용하라(언제 이탤릭체를 사용하고 사용하지 않는지에 대한 전체 목록을 보려면 APA, 2020, pp. 170-172 참조).
lc(소문자)	책과 저널의 제목에서 부수적 단어(세 문자 이하의 단어) 그리고 실험에서 조건이나 집단의 이름에는 소문자를 사용하라(모든 대문자 사용규칙을 보려면 APA, 2020, pp. 165-169를 참조).
M/F(남성/여성)	APA 스타일에서, 연령 범위가 아동과 성인을 포함하지 않는 한, "female"과 "male"은 명사가 아니라 형용사이다(APA, 2020, p. 139). 따라서 "female"(여성)이 아니라 "female participants"(여성 참가자)라고 표현하는 것이 옳다.
# mis(mismatch; 불일치)	동일한 사람/사람들이나 주어/동사에 단수와 복수 대용어 사용을 피하라. 여러분은 "he/she"와 같이 어색한 표현의 사용을 피하고자 애를 쓰기 십상인데, APA 스타일은 이것을 허용하지 않는다(APA, 2020, p. 140). 이 문제를 피하기 위해서는 "they"와 같은 복수 대용어를 사용할 수 있다(APA, 2020, p. 121). 예외: APA 스타일은 대명사로 "they"를 사용하는 어떤 사람이나 성별을 알지 못하거나 연관성이 없는 개인에게는 단수 대명사로 "they"의 사용을 허용한다(APA, 2020, pp. 120-121).
#(빈칸)	빈칸이 필요한 곳에서 빈칸을 생략하지 말라[예컨대, 통계결과(APA, 2020, pp. 187-188), 참고문헌(APA, 2020, pp. 316-352), 구두점(APA, 2020, p. 154)].
opinion 또는 editorializing (사적 견해)	여러분의 작업에 영향을 미친 정보(아이디어, 이론, 연구 등) 그리고 상식이 아닌 정보의 출처를 인용하라(APA, 2020, p. 253). 논의 절에서는 함의나 응용에 관한 사변적 추측의 여지가 있다고 하더라도, 개인적 견해나 논평과 같은 코멘트를 피하라(APA, 2020, pp. 89-90).
p.? 또는 p.# (직접 인용문 페이지)	직접 인용문에 대해서는 인용에 페이지 번호를 제시하라(APA, 2020, p. 270).

필자의 교정부호	설명/해결책
PV(수동태)	이 표시는 수동태를 나타낸다. APA 스타일에서는 가능한 능동태를 사용하라. 행위자가 아니라 대상이나 행위의 수용자에 초점을 맞출 때라면 수동태가 허용된다(APA, 2020, p. 118). APA 스타일은 일인칭 대명사의 사용을 허용하고 있으며(APA, 2020, p. 116), 이것이 수동태를 피하는 데 도움을 줄 수 있다. 특히 방법 절을 작성할 때 그렇다.
proved(증명)	연구를 기술할 때 "prove"(증명하다)라는 단어의 사용을 피하라. 이것은 (APA 스타일이 아니라) 통계학에 근거한 것인데, 통계는 오직 확률적 진술만을 할 수 있다(우연 확률은 결코 0.0000이 아니라는 사실을 명심하라).
ref?(참고문헌?)	표절을 피하려면, 모든 출처에서 얻은 모든 정보(심지어 아이디어조차도)를 반드시 인용과 참고문헌에 포함시켜라(APA, 2020, pp. 254-256). 출처로부터 그대로 인용하기보다는 다른 말로 바꾸어 표현하도록 시도하라(APA, 2020, pp. 269-270). 인용문을 사용할 때는 반드시 그 인용문에 대해서 APA 스타일을 사용하라(APA, 2020, pp. 270-278).
secondary (이차 인용)	가능한 한 이차 인용을 피하라. 이차 인용이란 출처의 저자가 또 다른 사람의 아이디어나 연구를 언급한 것을 말한다(APA, 2020, p. 258). 가능하다면 일차 출처(원래의 내용이나 출처)를 읽어라. 절판이 되었거나 여러분이 이해하지 못하는 언어를 사용하였기에 일차 출처가 가용하지 않을 때에만, 이차 출처의 사용이 허용된다.
temporal(시간 관계)	APA 스타일에서 "while"은 항상 그리고 "since"는 일반적으로 시간과 관련된 단어이다(APA, 2020, p. 123). "while"은 동시 발생을 지칭하며, "since"는 무엇인가 발생한 후에 시간 경과를 지칭한다. APA 스타일에서는 의미가 모호하지 않을 때에만 "because"의 의미로 "since"의 사용이 허용된다.
that/which	한정적 관계절에는 "that"를 그리고 연속적 관계절에서는 "which"를 사용하라(APA, 2020, pp. 122-123). 한정적 관계절은 한 문장의 의미에 필요하며, 쉼표로 분리하지 않는다. 연속적 관계절은 정보를 덧붙이기는 하지만, 문장 의미에 필요한 것은 아니다(쉼표로 분리한다).

다음 페이지에 계속 • • •

필자의 교정부호	설명/해결책
transpose(오타)	단순한 문자 위치 변경(역전된 순서) 때문에 많은 오자가 발생한다. 워드프로세서의 맞춤법 검사 기능을 사용하여 오자를 탐지하라.
?(불명확)	내용이 불명확하다. 명료한 글쓰기를 추구하라(APA, 2020, pp. 113-114).
wd 또는 wd choice (단어 선택)	글을 쓸 때(그리고 나중에 교정볼 때), 각 단어가 여러분이 의도하는 것을 정확하게 의미하는지를 반드시 확인하라(APA, 2020, p. 113).

B 다른 중요 사항

여러분이 인용하는 선행연구의 모든 측면을 언급하는 데는 **과거시제**를 사용하라(APA, 2020, pp. 117-118). 연구자들은 과거에 연구를 수행하였기 때문에 여러분은 과거시제를 사용해야만 한다.

***

어떤 연구자가 사용하였던 **검사**나 **질문지**의 이름을 언급한다면, 그 도구의 참고문헌을 제시하여야 한다(APA, 2020, pp. 340-341). 구체적 이름(예컨대, WAIS)이 아니라 보편적 이름(예컨대, 지능검사)으로 지칭한다면, 참고문헌이 필요하지 않다. 이차 출처는 가능한 한 사용하지 않아야 하지만(APA, 2020, p. 253), 연구자들이 사용하였던 검사를 인용하는 것은 이차 인용이 허용되는 사례이다. 예컨대, 다음과 같이 표현할 수 있다. "연구자들은 웩슬러 성인용 지능검사(WAIS)를 사용하였다(Smith & Jones, 2008에서 인용)."

***

모든 참고문헌에 대한 본문에서의 **인용**을 제시해야 하며, 본문에서 언급하는 모든 연구/논문에 대해서 **참고문헌**을 제시하여야 한다(APA, 2020, p. 257). 인용과 참고문헌은 **일치**하여야 한다. 저자의 순서가 매우 중요한 까닭은 그 논문에서 각 저자의 상대적 공헌도를 반영하기 때문이다(APA, 2020, p. 25). 만일 저자 중간 이름의 첫 글자가 논문에 나와 있다면, 참고문헌에 그것도 포함시켜라(APA, 2020, p. 286).

***

연구보고서의 작성은 정보적이어야지 문체가 화려하거나 호들갑스러워서는 안 된다. 여러분은 단지 독자에게 기본 정보를 전달하고자 시도하고 있는 것이다. **간결성**과 **명료성**을 추구하라. 다시 말해서 가능한 한 구체적이고 직접적이며 간략하게 글을 작성하라(APA, 2020, pp. 111-117). 많은 대학생 보고서에서 자주 보는 사례는 다음과 같다.

"스미스와 존스(1984)에 의한 연구에서 보면, 연구자들은 …."
(이 구성은 간접적이며 필요 이상의 어구를 사용하고 있다.)

"스미스와 존스(1984)는 … 발견하였다."(이 구성이 훨씬 더 직접적이고 간결하다.)

***

군더더기를 피하라(APA, 2020, pp. 114-115). 예컨대, "whether (or not); their (own)"에서 괄호 안의 단어는 일반적으로 군더더기이다.

***

APA 출판지침의 "여러분의 글쓰기를 개선시키는 전략" 절(APA, 2020, pp. 125-127)을 읽고 그 전략을 구현하라.

***

AFFECT 대 EFFECT

이 단어들은 서로 혼동하기 십상이다. 아마도 둘 다 명사일 수도 동사일 수도 있기 때문일 것이다. 그렇지만 거의 모든 경우에 여러분은 아마도 "affect"를 동사로 그리고 "effect"를 명사로 사용할 것이다.

"affect"를 명사로 사용할 때는 "emotion"(정서)과 유사어이다.

"effect"를 동사로 사용할 때는 "to bring about"(야기하다)를 의미한다.

참고문헌 : American Psychological Association. (2010). *Publication manual of the American Psychological Association* (6th ed.).

American Psychological Association. (2020). *Publication manual of the American Psychological Association* (7th ed.). https://doi.org/10.1037/0000165-000

용어해설

각주(footnote) : (본문에 들어갈 만큼 중요하지는 않으면서) 본문의 내용을 뒷받침하거나 설명하는 메모로 일반적으로 각 페이지 하단에 제시한다. APA 스타일에서는 부가적인 내용이나 저작권 허가에 사용한다.

결과 절(result section) : APA 스타일 연구보고서에서 세 번째 핵심 절. 실험 결과와 관련된 통계정보를 포함한다.

고지된 동의(informed consent) : 연구 참가자가 연구내용과 실험참가에 영향을 미칠 수 있는 요인들에 대한 설명을 들은 후에 실험에 참가할 의향이 있음을 나타내는 서면 동의.

과거시제(past tense) : 어떤 행위가 이미 발생하였음을 나타내는 동사 시제. 전형적으로 선행연구의 결과를 기술하는 데 사용한다.

관계대명사(relative pronoun) : 절이나 구를 명사에 연결시키는 대명사. 그 절이나 구는 명사를 기술하거나 수식한다.

교정(proofreading) : 보고서를 작성한 후에 문법, 철자법, 구두점 등에서의 오류를 찾아내기 위해 읽어보는 것.

그림(figure) : 통계결과를 그래프로 제시하는 것.

기각률(rejection rate) : 투고한 원고가 출판을 기각당하는 백분율.

기말보고서(term paper) : 학생이 수강 과제로 작성하는 보고서. 일반적으로 제한된 연구영역의 여러 연구를 요약한다. 문헌개관이라고 칭하기도 한다.

기술어 검색(descriptor search) : PsycINFO Thesaurus에 들어있는 단어나 용어를 DE Subjects 검색 필드에 입력하여 수행하는 서지정보 검색. 가장 정밀한 서지정보 검색을 가능하게 해준다.

기술통계(descriptive statistics) : 데이터를 요약하고 기술하는 데 사용하는 통계.

논의 절(Discussion section) : APA 스타일 연구보고서의 네 번째 핵심 절. 흔히 실험 결과를 요약하고, 그 결과를 선행연구의 결과와 대비시키며, 실험의 결론을 도출한다.

논지(thesis) : 보고서, 논문, 또 다른 유형의 글쓰기에서 핵심이나 주제.

능동태(active voice) : 동사가 문장의 주어가 수행하는 행위를 나타내는 동사 구성법. APA 스타일이 선호하는 형식이다.

도구/재료/검사도구/측정 하위절(Apparatus/Materials/Testing instruments/Measures subsection) : 전형적으로 방법 절에서 두 번째 하위절이다. 실험자가 연구에서 사용한 장비(도구), 자극(재료), 표준검사(검사도구), 또는 실험자가 고안한 도구(측정) 등을 기술한다.

도서관 상호대출(interlibrary loan) : 한 도서관이 다른 도서관으로부터 자료 또는 자료의 복사본을 주고받는 시스템.

독립변인(independent variable) : 실험에서 실험자가 직접 처치를 가하여 행동에 미치는 효과를 알아보려는 자극.

독립성 검증(test of independence) : 두 변인이 상호 독립적인지를 알아보는 카이제곱 검증 버전.

독창적 연구(original study) : 새로운 주제에서 새로운 연구물음을 던지는 연구.

디지털 객체 식별자(DOI 또는 doi) : 저널 논문과 같은 특정 내용을 확인하는 데 사용하는 독특한 문자/숫자 배열. 많은 URL과 달리 영구적이며 변하지 않는다.

레코드(record) : 온라인 데이터베이스를 검색하여 획득한 출처에 관한 온전한 서지정보와 요약정보.

링크된 풀 텍스트(linked full text) : 링크를 클릭함으로써 저널 논문의 전문(全文)이 가용함을 의미한다.

머리제목(running head) : 원고 각 페이지 좌상귀에 인쇄된 축소판 논문 제목. 출판을 위해 투고하는 원고에 필수적이다. 대학생 논문에서는 필수적이지 않을 수도 있다.

메타분석(meta-analysis) : 여러 연구의 결과를 요약하여 그 결과들의 전체적인 모습을 더 선명하게 보여주는 통계방법.

문헌개관(literature review) : 특정 주제 영역과 연관된 선행연구의 요약. 서론 절에서는 전형적으로 보고할 실험으로 이끌어간다.

박사학위논문(dissertation) : 박사학위 수여의 필수조건으로 작성한 논문. 심리학에서는 대부분이 실험연구에 관한 것이다.

반복연구(replication study) : 선행연구과 동일하게 수행하는 연구. 선행결과를 확증(반복)하고자 한다.

방법 절(Method section) : APA 스타일 연구보고서의 두 번째 핵심 절. 수행한 연구에 관한 상세한 정보를 포함한다.

변량분석(analysis of variance; ANOVA) : (a) 셋 이상 표본의 평균 또는 (b) 두 개 이상의 독립변인의 평균을 비교하는 데 사용하는 추론통계 검증.

변산성(variability) : 점수들이 평균을 중심으로 분포되어있는 정도.

보충재료(supplemental material) : 온라인에서 가용한 논문과 연관된 보조재료. APA 스타일에서는 다운로드할 만큼 유용하거나 인쇄로는 용이하게 제시할 수 없는 재료에 사용한다.

부록(appendix) : 저널 논문이나 보고서 말미에 제시하는 보충 자료. APA 스타일에서는 간단하며 쉽게 인쇄할 수 있는 자료에 대해서 사용한다.

부울 연산자(Boolean operators) : 서지정보 검색을 확대하거나 축소하기 위하여 검색용어를 연결하는 단어. AND, OR, NOT 등.

비교문화 연구(cross-cultural research) : 상이한 문화에 속한 참가자들을 대상으로 실시하는 연구. 결과가 다른 문화에 걸쳐 일치하는지 알아보고자 한다.

사후검증(post hoc test) : F 검증 결과가 유의할 때 수행하는 평균들 간의 통계적 비교.

산업조직심리학(industrial/organizational psychology) : 기업체 상황에서 심리학 연구와 이론의 응용에 초점을 맞춘 심리학 분야.

상호작용(interaction) : 요인설계에서 종속변인에 둘 이상의 독립변인이 동시에 미치는 효과.

서론 절(introduction section) : 논문의 서론으로, APA 스타일 연구보고서의 첫 번째 핵심 절이다. 전형적으로 연관된 연구와 가설의 개관을 포함한다.

서체(font) : 명조체, 바탕체 등과 같이 특정한 스타일의 활자체. 워드프로세스마다 풀다운 메뉴를 통해서 다양한 서체를 제공한다.

수동태(passive voice) : 능동태 문장에서 목적어가 되는 명사(또는 명사구)가 문장의 주어가 되는 문장 구성. APA 스타일에서는 선호하지 않는다.

수락율(acceptance rate) : 투고한 논문 원고가 출판 허락을 받는 백분율.

수정하기/개정하기(editing/revising) : 보고서를 작성한 후에 더 우수한 보고서를 만들기 위한 재작업. 명료성, 핵심사항, 소통, 간결성 등과 같은 요소에 초점을 맞춘다.

시카고 스타일(Chicago style) : 1900년대 초기에 미국 시카고대학교가 개발한 글쓰기 스타일. 인문학과 몇몇 사회과학에서 사용한다(투라비언 스타일Turabian style이라고도 부른다).

실험협조자(confederate) : 연구 참가자로 등장하지만 실제로는 실험자를 위해서 행동하는 사람. 실험 중에 실제 연구 참가자에게 영향을 미치고자 시도하기 십상이다.

에타 제곱(eta square, η^2) : 전체 변량 중에서 처치효과에 의한 비율을 측정하는 데 사용하는 효과크기 측정치.

연구경력서(vita, curriculum vitae) : 개인의 학력과 연구 성과의 상세한 목록. 이력서의 학문영역 버전.

연속적 관계절(nonrestrictive clause) : 단어를 수식하는 형용사로 기능한 절. 문장의 의미에 필수적이지 않다(그 절을 생략해도 의미가 변하지 않는다. 쉼표로 분리한다.

연속적 페이지 매기기(continuous pagination) : 한 해의 첫 호를 1페이지로 시작하고 1년 동안 뒤따르는 호의 페이지를 계속 이어서 붙이는 저널의 페이지 번호 붙이기 시스템.

옥스퍼드 쉼표(Oxford comma) : 셋 이상의 항목 목록에서, 마지막에서 두 번째 항목 다음에 나오는 쉼표로 "그리고"(and)나 "또는"(or) 바로 앞에 위치한다.

요인 변량분석(factorial ANOVA) : 둘 이상의 독립변인을 사용하는 실험설계에서 사용하는 변량분석 버전.

유의하지 않은 효과(nonsignificant effect) : 둘 이상의 집단 간에 존재하는 차이가 작으며 우연에 의한 것일 가능성이 높다.

이차 출처(secondary source) : 또 다른 출처에서 연구나 내용을 요약한 저널 논문이나 책과 같은 출처.

인용(citation) : 저자가 그 출판물의 정보를 사용하였음을 본문에서 표기하는 것. 저자의 이름과 출판일자(일반적으로 연도)를 포함한다.

일차 출처(primary source) : 원 연구나 내용을 보고하는 저널 논문이나 책과 같은 출처.

일원 변량분석(one-way ANOVA) : 하나의 독립변인에서 셋 이상의 표본 평균을 비교하는 변량분석 버전.

자유도(degree of freedom) : 통계치 계산에서 자유롭게 변하는 값들의 수. 추론통계에서 우연 확률을 결정하기 위하여 사용한다.

저널(journal) : 과학 논문을 포함하고 있는 학문적 출판물. 일반적으로 과학실험의 결과를 보고한다.

저널 호(journal issue) : 사전에 결정된 일정에 따라 발행하는 학문적 저널의 단일 출판물. 예컨대, 분기별로 발행하는 저널은 매년 4개의 호를 갖게 된다.

저자 정보(author information) : 논문 저자의 이름과 소속기관, 이메일 주소와 같은 접촉 정보를 포함한다.

적중(hit) : 서지정보 검색에서 기준에 들어맞는 출처.

적합도 검증(goodness of fit test) : 실제 관찰 빈도를 가설이나 이론이 예측하는 빈도와 비교하는 카이제곱 검증 버전.

전자문헌 검색(electronic literature search; **온라인 검색**online search) : 온라인 데이터베이스(예컨대, PsycINFO)를 통해 관련 출판물을 검색하는 과정.

참고문헌(reference) : 저널 논문이나 보고서에서 인용한 출처의 온전한 서지정보 레코드.

참고문헌 목록(reference list) : 보고서에서 인용한 모든 출처에 대한 온전한 서지정보의 종합적 목록.

전치사구(prepositional phrase) : 전치사와 명사, 대명사, 또는 명사로 사용하는 단어를 포함하고 있는 일단의 단어. 이것은 구이기 때문에, 독자적인 문장으로 존재할 수 없다.

절차 하위절(procedure subsection) : 전형적으로 방법 절의 세 번째 하위절이다. 실험 중에 실험자와 참가자가 행한 것을 단계별로 기술한다.

제목(title) : 논문을 기술하는 이름. 논문의 핵심 아이디어를 요약한다(APA 스타일에서 길이 제한은 없으나, 간결해야 한다).

제목 검색(title search) : 검색 상자에 단어를 입력하여 저널이나 책의 타이틀 필드에 대한 서지정보 검색.

조작적 정의(operational definition) : 변인을 그 변인 상태를 유발하는 데 필요한 행위의 측면에서 정의하는 것(예컨대, 갈증=3시간 음료수 박탈).

종속변인(dependent variable) : 실험자가 독립변인의 효과를 알아보기 위하여 측정하는 행동.

종속절(subordinate clause) : 종속접속사나 관계대명사로 시작하는 절. 온전한 생각을 표현하지 못하기 때문에, 하나의 문장으로 독자적으로 존재하지 못한다.

주석(annotation) : 인용한 출처에 관한 메모. 출처에 관한 요약 정보와 평가를 포함할 수 있다.

주석 서지목록(annotated bibliography) : 각 출처에 포함된 정보에 관한 간략한 기술과 함께 작성한 참고문헌 목록.

주효과(main effect) : 요인설계에서 종속변인에 대한 단일 독립변인의 통계적 효과.

중앙값(median) : 점수 분포에서 정확하게 중앙에 위치하는 점수.

집중경향치(central tendency) : 데이터 집합을 기술하는 데 사용하는 점수. 전형적이거나 대표적인 점수이다.

참가자/피험자 하위절(participants/subjects subsection) : 전형적으로 방법 절의 첫 번째 하위절이다. 연구에 참가한 참가자나 피험자를 기술한다.

초록(abstract) : 논문 첫 페이지에 인쇄된 그 논문의 간략한 요약.

최빈값(mode) : 점수 분포에서 빈도가 가장 많은 점수.

최소 위험(minimal risk) : 연구 참가자에게 적용되는 연방정부 용어로, 연구에 참가함으로써 일상생활에서나 신체검사에서 처하는 위험보다 더 큰 위험에 직면해서는 안 된다는 의미이다.

추론통계(inferential statistics) : 표본에 관한 결론을 도출하는 데 사용하는 통계. 독립변인이 종속변인에 유의한 효과를 나타내는지를 결정하는 데 사용한다.

카이제곱 검증(χ^2) : 관찰빈도를 기대빈도와 비교함으로써 빈도나 백분율/비율을 비교하는 통계검증.

통계학(statistics) : 데이터 분석을 수반하는 수학의 한 분야.

통계적 유의성(statistical significance) : 둘 이상의 집단에서 우연히 발생할 가능성이 희박한 차이.

투키 사후검증(Tukey post hoc test) : 셋 이상의 집단에서 유의한 F 검증 결과가 나왔을 때 사용하는 사후검증의 한 가지 유형. 오류율을 증폭시키지 않으면서 모든 평균 쌍 간의 비교를 할 수 있게 해준다.

퍼듀 온라인 글쓰기 랩(OWL) : 글쓰기와 교육 재료를 담고 있는 온라인 자원. 글쓰기 일반에 관한 정보에 덧붙여, 특정 학문분야의 글쓰기 스타일(예컨대, APA 스타일) 정보도 포함하고 있다.

페이지 조판 교정쇄(page proof) : 출판 준비가 끝난 저널 논문(또는 책의 장)의 견본. 저자는 출판에 앞서 오류를 수정할 수 있다.

편중 데이터(skewed data) : 대부분의 점수가 분포의 중앙이 아니라 좌우 어느 한쪽으로 치우친 점수 분포.

평균(mean) : 점수집합의 산술평균. 점수 표본에서는 $\bar{X}$ 그리고 전집에서는 μ라는 기호로 표현한다.

표(table) : 논문이나 보고서에서 기술통계치(때로는 본문)의 배열을 보여주는 차트.

표절(plagiarism) : 다른 사람의 아이디어, 정보, 표현을 그 사람의 허락도 없이 사용하는 것.

표준편차(standard deviation) : 변산성 측정치. 변량의 평방근. 점수 표본에서는 s로, 전집에서는 σ라는 기호로 나타낸다.

프로그램식 연구(programmatic research) : 동일한 협의적 주제에 초점을 맞춘 일련의 실험연구.

프리텍스트 검색(free-text search) : 검색 상자에 어떤 단어를 입력함으로써 수행하는 모든 레코드 필드의 서지 검색.

피어슨 적률 상관(Pearson product-moment correlation) : 선형 상관 측정치. 두 변인 간 관계의 정도.

한정적 관계절(restrictive clause) : 단어를 수식하는 형용사로 기능하는 절. 문장 의미에 필수적이다. 쉼표로 구분하지 않는다.

호마다 페이지 새로 매기기(repagination by issue) : 매 호를 1페이지부터 시작하는 저널의 페이지 매기기 시스템.

확장 반복연구(replication-with-extension study) : 선행연구의 결과를 확증(반복)하고

자 하지만, 상이한 실험상황, 상이한 조건, 또는 상이한 참가자 전집에서 수행하는 반복연구.

효과크기(effect size) : 실험 처치 또는 독립변인 효과의 크기.

APA 스타일(APA Style) : 심리학 논문 작성에 대해서 APA(미국심리학회)가 규정하는 스타일. 글쓰기 스타일과 형식 모두를 다루고 있다.

APA 윤리강령(APA ethics code) : 과학자로서, 교육자로서, 그리고 전문가로서의 역할을 담당하는 심리학자의 품행 규칙을 규정한 일련의 기준.

APA 출판지침(APA Publication Manual) : APA 스타일 글쓰기에 대한 공식적 안내서. APA(미국심리학회)가 발행한다.

d : 두 평균 간의 차이에 대해서 사용하는 효과크기 측정치.

DOI(또는 doi) : (디지털 객체 식별자 참조).

et al. : "그리고 나머지"를 나타내는 라틴어 약자. 저자들의 이름을 특정 유형의 본문에서나 괄호 속에 인용할 때, 그 이름 대신에 사용한다.

***F* 검증(*F* test)** : (a) 셋 이상의 표본의 평균 또는 (b) 둘 이상의 독립변인에서 나오는 평균들을 비교하는 데 사용하는 추론통계 검증.

IRB(Institutional Review Board) : 연구제안서를 읽어보고 그 연구가 윤리적으로 허용될 수 있는지를 결정하는 대학을 비롯한 연구기관의 위원회.

M : 평균 기호. $\bar{X}$나 μ를 대신하며, APA 스타일로 작성한 보고서에서 허용된다.

MLA 스타일(MLA style) : Modern Language Association(MLA)이 개발한 글쓰기 스타일. 문학과 인문학에서 사용한다.

***p*값(*p* value)** : 일반적으로 확률 값. 보다 구체적으로는 통계결과가 우연히 발생할 확률.

Psi Chi : 심리학에서 전국 규모의 아너 소사이어티(honor society, 우등생 단체).

PsycINFO : 심리학을 비롯한 사회과학과 관련된 저널 논문, 책, 박사학위논문 등을 정리한 온라인 데이터베이스.

PsycINFO 레코드(PsycINFO record) : PsycINFO 검색을 통해 획득한 출처에 관한 온전한 서지정보와 요약정보.

PsycINFO Thesaurus : 데이터베이스 내용과 관련된 기술어 용어의 목록을 제공하는 PsycINFO의 자원.

r : 피어슨 적률 상관계수의 기호.

s : 점수 표본의 표준편차를 나타내는 기호.

SD : 표준편차 기호. *s*나 σ의 대용품으로 APA 스타일로 작성한 보고서에서 허용된다.

t 검증(*t* test) : 두 표본의 평균을 비교하는 데 사용하는 추론통계 검증.

2×2 요인 설계(2×2 factorial design) : 두 개의 독립변인 각각이 두 개의 수준이나 집단을 가지고 있는 실험설계.

2×2×2 요인 설계(2×2×2 factorial design) : 세 개의 독립변인 각각이 두 개의 수준이나 집단을 가지고 있는 실험설계.

3×2 요인 설계(3×2 factorial design) : 두 개의 독립변인 중에서 하나는 세 개의 수준이나 집단을 가지고 있으며 다른 하나는 두 개의 수준이나 집단을 가지고 있는 실험설계.

참고문헌

Alcott, A. B. (1872). *Concord days*. Roberts Brothers.

Alley, M. (1987). *The craft of scientific writing*. Prentice-Hall.

American Psychiatric Association. (2013). *Diagnostic and statistical manual of mental disorders: DSM-5* (5th ed.). https://doi.org/10.1176/appi.books.9780890425596

American Psychological Association. (1994). *Publication Manual of the American Psychological Association* (4th ed.).

American Psychological Association. (2001). *Publication Manual of the American Psychological Association* (5th ed.).

American Psychological Association. (2002). Ethical principles of psychologists and code of conduct. *American Psychologist, 57*(12), 1060-1073. https://doi.org/10.1037/0003-066x.57.12.1060

American Psychological Association. (2010). *Publication Manual of the American Psychological Association* (6th ed.).

American Psychological Association. (2019). Summary report of journal operations, 2018. *American Psychologist, 74*(5), 615-616. http://dx.doi.org/10.1037/amp0000508

American Psychological Association. (2020). *Publication manual of the American Psychological Association* (7th ed.). https://doi.org/10.1037/0000165-000

Aronson, E., & Carlsmith, J. M. (1968). Experimentation in social psychology. In G. Lindzey & E. Aronson (Eds.), *The handbook of social psychology* (2nd ed., Vol. 2, pp. 1-79). Addison-Wesley.

Becker, L. A. (1999). *Measure of effect size (Strength of association)*. University of Colorado, Colorado Springs. https://www.ucc.edu/becker/glm_effectsize.html

Beins, B. C. (2008). Why we believe: Fostering critical thought and scientific literacy in research methods. In D. S. Dunn, J. S. Halonen, & R. A. Smith

(Eds.), *Teaching critical thinking in psychology: A handbook of best practices* (pp. 199–210). Wiley-Blackwell. https://doi.org/10.1002/9781444305173.ch17

Bellquist, J. E. (1993). *A guide to grammar and usage for psychology and related fields.* Lawrence Erlbaum Associates. https://doi.org/10.4324/9781315806655

Bem, D. J. (1995). Writing a review article for *Psychological Bulletin*. *Psychological Bulletin, 118*(2), 172–177. https://doi.org/10.1037/0033-2909.118.2.172

Bennett, C., & Blissett, J. (2014). Measuring hunger and satiety in primary school children: Validation of a new picture rating scale. *Appetite, 78*, 40–48. https://doi.org/10.1016/j.appet.2014.03.011

Bentley, M., Peerenboom, C. A., Hodge, F. W., Passano, E. B., Warren, H. C., & Washburn, M. F. (1929). Instructions in regard to preparation of manuscript. *Psychological Bulletin, 26*(2), 57–63. https://doi.org/10.1037/h0071478

Bjork, D. W. (1997). *B. F. Skinner: A life*. American Psychological Association. https://doi.org/10.1037/10130-000

Blumenthal, A. L. (1991). The intrepid Joseph Jastrow. In G. A. Kimble, M. Wertheimer, & C. L. White (Eds.), *Portraits of pioneers in psychology* (pp. 74–87). American Psychological Association. https://doi.org/10.4324/9781315799568

Brewer, C. L., Hopkins, J. R., Kimble, G. A., Matlin, M. W., McCann, L. I., McNeil, O. V., Nodine, B. F., Quinn, V. N., & Saundra. (1993) Curriculum. In T. V. McGovern (Ed.), *Handbook for enhancing undergraduate education in psychology* (pp. 161–182). American Psychological Association. https://doi.org/10.1037/10126-000

Bruner, K. F. (1942). Of psychological writing: Being some valedictory remarks on style. *Journal of Abnormal and Social Psychology, 37*(1), 52–70. https://doi.org/10.1037/h0062165

Calkins, L. M. (1994). *The art of teaching writing* (2nd ed.). Heinemann.

Carlston, D. (2010). Social cognition. In R. F. Baumeister & E. J. Finkel (Eds.), *Advanced social psychology: The state of the science* (pp. 63–99). Oxford University Press.

Carsrud, A. L., & Palladino, J. J. (1985). Of data and informed opinion: A reply to Furedy and McRae. *Teaching of Psychology, 12*(4), 221–222. https://doi.org/10.1207/s15328203top1204_11

Carsrud, A. L., Palladino, J. J., Tanke, E. D., Aubrecht, L., & Huber, R. J. (1984). Undergraduate psychology research conferences: Goals, policies, and procedures. *Teaching of Psychology, 11*(3), 141–145. https://doi.

org/10.1177/009862838401100304

Cash, T. F. (2009). Caveats in the proficient production of an APA-Style research manuscript for publication. *Body Image*, *6*(1), 1-6. https://doi.org/10.1016/j.bodyim.2008.10.003

Cathey, C. (2007). Power of peer review: An online collaborative learning assignment in social psychology. *Teaching of Psychology*, *34*(2), 97-99. https://doi.org/10.1177/009862830703400205

Chen, S. C. (1937). Social modification of the activity of ants in nest-building. *Physiological Zoology*, *10*(4), 420-436. https://doi.org/10.1086/physzool.10.4.30151428

Christiansen, M. (1990). The importance of revision in writing composition. *Education Digest*, *56*(2), 70-72.

Cingel, D. P., & Sundar, S. S. (2012). Texting, techspeak, and tweens: The relationship between text messaging and English grammar skills. *New Media & Society*, *14*(8), 1304-1320. https://doi.org/10.1177/1461144481242927

Cohen, J. (1988). *Statistical power analysis for the behavioral sciences* (2nd ed.). Erlbaum. https://doi.org/10.4324/9780203771587

Communication Teams, University of Aberdeen. (2009, July 17). *Scientists discover why we never forget how to ride a bicycle*. https://www.abdn.ac.uk/news/3275/

Cunningham, M. R. (1986). Measuring the physical in physical attractiveness: Quasi-experiments on the sociobiology of female facial beauty. *Journal of Personality and Social Psychology*, *50*(5), 925-935. https://doi.org/10.1037/0022-3514.50.5.925

Cunningham, M. R., Barbee, A. P., & Pike, C. L. (1990). what do women want? Facialmetric assessment of multiple motives in the perception of male facial physical attractiveness. *Journal of Personality and Social Psychology*, *59*(1), 61-72, https://doi.org/10.1037/0022-3514.59.1.61

Cunningham, M. R., Roberts, A. R., Barbee, A. P., Druen, P. B., & Wu, C. -W. (1995). "Their ideas of beauty are, on the whole, the same as ours": Consistency and variability in the cross-cultural perception of female physical attractiveness. *Journal of Personality and Social Psychology*, *68*(2), 261-279. https://doi.org/10.1037/0022-3514.68.2.261

Data is or data are? (2012, July 8). *The Guardian*. https://www.theguardian.com/news/datablog/2010/jul/16/data-plural-singular

Davis, S. F. (2010, April). Conduct a personal writing habits inventory. In R. A. Smith (Chair), *How to publish your manuscript* [Symposium]. Southwestern

Psychological Association 56th Annual Meeting, Dallas, TX, United States.

Davis, S. F., & Smith, R. A. (2005). *An introduction to statistics and research methods: Becoming a psychological detective*. Pearson Prentice Hall.

Drabick, D. A. G., Weisberg, R., Paul, L., & Bubier, J. L. (2007). Keeping it short and sweet: Brief, ungraded writing assignments facilitate learning. *Teaching of Psychology, 34*(3), 172–176. https://doi.org/10.1080/00986280701498558

Dunn, D. S. (2013). *Research methods for social psychology* (2nd ed.). Wiley.

Dunn, D. S., Brewer, C. L., Cautin, R. L., Gurung, R. A. R., Keith K. D., McGregor, L. N., Nida, S. A., Puccio, P., & Voigt, M. J. (2010). The undergraduate psychology curriculum: Call for a core. In D. F. Halpern (Ed.), *Undergraduate education in psychology: A blueprint for the future of the discipline* (pp. 47–61). American Psychological Association. https://doi.org/10.1037/12063-003

Eagly, A. H., Ashmore, R. D., Makhijani, M. G., & Longo, L. C. (1991). What is beautiful is good, but ...: A meta-analytic review of research on the physical attractiveness stereotype. *Psychological Bulletin, 110*(1), 109–128. https://doi.org/10.1037//0033.2909.110.1.109

Eichorn, D. H., & VandenBos, G. R. (1985). Dissemination of scientific and professional knowledge: Journal publication with the APA. *American Psychologist, 40*(12), 1309–1316. https://doi.org/10.1037/0003-066x.40.12.1309

Farris, C., & Smith, R. (1992). Writing-intensive courses: Tools for curricular change. In S. H. McLeod & M. Soven (Eds.), *Writing across the curriculum: A guide to developing programs* (pp. 52–62). Sage.

Feinman, S., & Gill, G. W. (1978). Sex differences in physical attractiveness preferences. *Journal of Social Psychology, 105*(1), 43–52. https://doi.org/10.1080/00224545.1978.9924089

Fernberger, S. W. (1932). The American Psychological Association: A historical summary, 1892–1930. *Psychological Bulletin, 29*(1), 1–89. https://doi.org/10.1037/h0075733

Fiske, D. W., & Fogg, L. (1990). But the reviewers are making different criticisms of my paper! Diversity and uniqueness in reviewer comments. *American Psychologist, 45*(5), 591–598. https://doi.org/10.1037.0003-066x.45.5.591

Flower, L., Hayes, J. R., Carey, L., Schriver, K., & Stratman, J. (1986). Detection, disgnosis, and the strategies of revision. *College Composition and Communication, 37*(1), 16–55. https://doi.org/10.2307/357381

Garrett, N., Bridgewater, M., & Feinstein, B. (2017). How student performance in first-year composition predicts retention and overall student success. In T. Ruecker, D. Sheperd, H. Estrem, & B. Brunk-Chavez (Eds.), *Retention, persistence, and writing programs* (pp. 93-113). Utah State University Press. https://doi.org/10.7330/9781607326021.c006

Gitter, A. G., Lomranz, J., Saxe, L., & Bar-Tal, Y. (1983). Perceptions of female physique characteristics by American and Israeli students. *Journal of Social Psychology, 121*(1), 7-13. https://doi.org/10.1080/00224545.1983.9924460

Godden, D. R., & Baddeley, A. D. (1975). Context-dependent memory in two natural environments: On land and underwater. *British Journal of Psychology, 66*(3), 325-331. https://doi.org/10.1111/j.2044-8295.1975.tb01468.x

Haaga, D. A. F. (1993). Peer review of term papers in graduate psychology courses. *Teaching of Psychology, 20*(1), 28-32. https://doi.org/10.1207/s15328023top2001_5

Harner, J. L. (2000). *On compiling an annotated bibliography* (2nd ed.). Modern Language Association of America.

Helms, J. L., & Rogers, D. T. (2015). *Majoring in psychology: Achieving your educational and career goals* (2nd ed.). Wiley Blackwell.

Hofer, B. K. (2002). Personal epistemology as a psychological and educational construct: An introduction. In B. K. Hofer & P. R. Pintrich (Eds.), *Personal epistemology: The psychology of beliefs about knowledge and knowing* (pp. 3-14). Lawrence Erlbaum Associates.

Hurford, J. R. (1994). *Grammar: A student's guide*. Cambridge University Press.

Johnstone, K. M., Ashbaugh, H., & Warfield, T. D. (2002). Effects of repeated practice and contextual-writing experiences on college students' writing skills. *Journal of Educational Psychology, 94*(2), 305-315. https://doi.org/10.1037/0022-0663.94.2.305

Kay, A. (2011, May 30). What employers want: 5 more skills to cultivate. *USA Today*. https://usatoday30.usatoday.com/money/jobcenter/workplace/kay/2011-05-30-skills-employers-want-part-ii_N.htm

Keith, K. D. & Beins, B. C. (2017). *The Worth expert guide to scientific literacy: Thinking like a psychological scientist*. Worth Publishers.

Kennette, L. N., & Frank, N. M. (2013). The value of peer feedback opportunities for students in writing intensive classes. *Psychology Teaching Review, 19*(2), 106-11. https://files.eric.ed.gov/fulltext/EJ1149732.pdf

Khersonskaya, M. Y., & Smith, R. A. (1998). Cross-cultural differences in perception of physical attractiveness. *Psi Chi Journal of Undergraduate Research,*

3(1), 39–42. https://doi.org/10.24839/1089-4136.jn3.1.39

Kirk, R. E. (1968). *Experimental design: Procedures for the behavioral sciences.* Brooks/Cole.

Kobrin, J. L., Patterson, B. F., Shaw, E. J., Mattern, K. D., & Barbuti, S. M. (2008). *Validity of the SAT for predicting first-year college grade point average* (College Board Research Report No. 2008-5). College Board. https://www.researchgate.net/publication/267954770

Kubista, A. (2010, September 15). *What is the point?* Walden University Writing Center. https://waldenwritingcenter.blogspot.com/2010/09/what-is-point.html

Lakens, D. (2013). Calculating and reporting effect size to facilitate cumulative science: A practical primer for *t*-tests and ANOVA. *Frontiers in Psychology, 4.* https://doi.org/10.3389/fpsyg.2013.00863

Landrum, R. E., & Davis, S. F. (2007). *The psychology major: Career options and strategies for success* (3rd ed.). Pearson Prentice Hall.

Langlois, J. H., Ritter, J. M., Roggman, L. A., & Vaughn, L. S. (1991). Facial diversity and infant preferences for attractive faces. *Developmental Psychology, 27*(1), 79–84. https://doi.org/10.1037//0012-1649.27.1.79

MacPherson, J., Sternhagen, S., Miller, T., Devitt, M., Petros, T. V., & Backwith, B. (1996). Effect of caffeine, impulsivity, and gender on the components of text processing and recall. *Experimental and Clinical Psychopharmacology, 4*(4), 438–444. https://doi.org/10.1037/1064-1297.4.4.438

Madigan, R., Johnson, S., & Linton, P. (1995). The language of psychology: APA Style as epistemology. *American Psychologist, 50*(6), 428–436. https://doi.org/10.1037/0003-066x.50.6.428

Mahrer, K. D. (2004). Proofreading your own writing? Forget it! *The Leading Edge, 23*(11), 1130–1131. https://doi.org/10.1190/1.1825945

Markow, D., & Pieters, A. (2011). *The Metlife survey of the American teachers: Preparing students for college and careers. A survey of teachers, students, parents, and Fortune 1000 executives.* Metlife. https://files.eric.ed.gov/fulltext/ED519278.pdf

McLeod, S. H. (1992). Writing across the curriculum. In S. H. McLeod & M. Soven (Eds.), *Writing across the curriculum: A guide to developing programs* (pp. 1–8). Sage.

Modern Language Association of America. (2016). *MLA handbook* (8th ed.).

Morgan, B. L., & Korschgen, A. J. (2006). *Majoring in psych? Career options for psychology undergraduates* (3rd ed.). Pearson Education.

Morton, E. (2016). *The effects of caffeine on memory and recall* [Unpublished manuscript]. Department of Psychology, Moravian College.

National Center for Education Statistics. (2012). *The nation's report card: Writing 2011* (NCES 2012-470). Institute of Education Sciences, U.S. Department of Education. https://nces.ed.gov/nationsreportcard/pdf/main2011/2012470.pdf

National Commission on Writing for America's Families, Schools, and Colleges. (2004). *Writing: A ticket to work ... Or a ticket out. A survey of business leaders.* College Entrance Examination Board. https://www.nwp.org/cs/public/print/resource/2540

Nevid, J. S., Pastva, A., & McClelland, N. (2012). Writing-to-learn assignments in introductory psychology: Is there a learning benefit? *Teaching of Psychology, 39*(4), 272-275. https://doi.org/10.1177/0098628312456622

Newcombs, N. S., & Bouton, M. E. (2009). Masked reviews are not fairer reviews. *Perspectives on Psychological Science, 4*(1), 62-64. https://doi.org/10.1111/j.1745-6923.2009.01102.x

Nichol, M. (2011). How to avoid bias in your writing. *Daily Writing Tips.* https://www.dailywritingtips.com/how-to-avoid-bias-in-your-writing/

Norcross, J. C., Hailstorks, R., Aiken, L. S., Pfund, R. A., Stamm, K. E., & Christidis, P. (2016). Undergraduate study in psychology: Curriculum and assessment. *American Psychologist, 71*(2), 89-101. https://doi.org/10.1037/a0040095

Ondrusek, A. L. (2012). What the research reveals about graduate students' writing skills: A literature review. *Journal of Education for Library and Information Science, 53*(3), 176-188.

Orcher, L. T. (2014). *Conducting research: Social and behavioral science methods* (2nd ed.). Pyrczak. https://doi.org/10.4324/9781315266626

Peluso, E. A. (2000). Skilled motor performance as a function of type of mental imagery. *Journal of Psychological Inquiry, 5*, 11-14.

Perlman, B., & McCann, L. I. (2005). Undergraduate research experiences in psychology: A national study of courses and curricula. *Teaching of Psychology, 32*(1), 5-14. https://doi.org/10.1207/s15328023top3201_2

Perrett, D. I., May, K. A., & Yoshikawa, S. (1994). Facial shape and judgments of female attractiveness. *Nature, 368*(6468), 239-242. https://doi.org/10.1038/368239a0

Peters, D. P., & Ceci, S. J. (1982). Peer-review practices of psychological journals: The fate of published articles, submitted again. *Behavioral and Brain Sciences, 5*(2), 187-195. https://doi.org/10.1017/s0140525x00011183

Pew Research Center. (2016, September 13). *The parties on the eve of the 2016 election: Two coalitions, moving further apart.* http://assets.pewresearch.org/wp-content/uploads/sites/5/2016/09/09-13-2016-Party-ID-release-final.pdf

Posey, E., & Smith, R. A. (2003). The self-serving bias in children. *Psi Chi Journal of Undergraduate Research, 8*(4), 153-156. https://doi.org/10.24839/1089-4136.jn8.4.153

Purcell, K., Buchanan, J., & Friedrich, L. (2013). *The impact of digital tools on student writing and how writing is taught in schools* (National Writing Project/Pew Research Center). https://www.nwp.org/afnews/PIP_NWP_Writing_and_Tech.pdf

Robinson, E. S., & Brown, M. A. (1926). Effect of serial position upon memorization. *American Journal of Psychology, 37*(4), 538-552. https://doi.org/10.2037/1414914

Rundus, D. (1971). Analysis of rehearsal processes in free recall. *Journal of Experimental Psychology, 89*(1), 63-77. https://doi.org/10.1037/h0031185

Saville, B. K., Zinn, T. E., Lawrence, N. K., Barron, K. E., & Andre, J. (2008). Teaching critical thinking in statistics and research methods. In D. S. Dunn, J. S. Halonen, & R. A. Smith (Eds.), *Teaching critical thinking in psychology: A handbook of best practices* (pp. 149-160). Wiley-Blackwell. https://doi.org/10.1002/9781444305173.ch13

Sego, A. S., & Stuart, A. E. (2016). Learning to read empirical articles in General Psychology. *Teaching of Psychology, 43*(1), 38-42. https://doi.org/10.1177/0098628315620875

Sigal, M., J., & Pettit, M. (2012). Information overload, professionalization, and the origins of the Publication Manual of the American Psychological Association. *Review of General Psychology, 16*(4), 357-363. https://doi.org/10.1037/a0028531

Sinclair, C. (2010). *Grammar: A friendly approach* (2nd ed.). Open University Press/MaGraw-Hill.

Singular "they." (2020, October 22). *APA Style.* https://apastyle.apa.org/style-grammar-guidelines/grammar/singular-they

Smith, A. P., Maben, A., & Brockman, P. (1994). Effects of evening meals and caffeine on cognitive performance, mood and cardiovascular functioning. *Appetite, 22*(1), 57-65. https://doi.org/10.1006/appe.1994.1005

Smith, R. A. (1985). Advising beginning psychology majors for graduate school. *Teaching of Psychology, 12*(4), 194-198. https://10.1207/s15328023top1204_2

Smith, R. A. (1998). Another perspective on publishing: Keeping the editor happy. *Psi Chi Journal of Undergraduate Research, 3*(2), 51-55. https://doi.org/10.24839/1089-4236.jn3.2.51

Smith, R. A. (2008). A tasty sample(r): Teaching about sampling using M&MS. In L. T. Benjamin Jr. (Ed.), *Favorite activities for the teaching of psychology* (pp. 8-10). American Psychological Association.

Smith, R. A., & Davis, S. F. (2013). *The psychologist as detective: An introduction to conducting research in psychology* (6th ed.). Pearson.

Sternberg, R. J. (2003). *The psychologist's companion: A guide to scientific writing for students and researchers* (4th ed.). Cambridge University Press.

Stroop, J. R. (1935). Studies of interference in serial verbal reactions. *Journal of Experimental Psychology, 18*(6), 643-663. https://doi.org/10.1037/h0054651

Strunk, W., Jr., & White, E. B. (2000). *The elements of style* (4th ed.). Pearson Education.

Swensen, D. (2011, November 9). Writing when you're sick, tired, or just hate the world. *Surlymuse*. http://surlymuse.com/writing_when_youre_sick_tired_or_just_hate_the_world/

Thakerar, J. N., & Iwawaki, S. (1979). Cross-cultural comparisons in interpersonal attraction of females toward males. *Journal of Social Psychology, 108*(1), 121-122. https://doi.org/10.1080/00224545.1979.9711969

Turabian, K. L. (with Booth, W. C., Colomb, G. G., Williams, J. M., & University of Chicago Press Editorial Staff). (2013). *A manual for writers of research papers, theses, and dissertations: Chicago style for students and researchers* (8th ed.). University of Chicago Press.

Turabian, K. L. (2018). *A Manual for writers of research papers, theses, and dissertations* (9th ed.; revised by W. C. Booth, G. C. Colomb, J. M. Williams, J. Bizup, W. T. Fitzgerald, & University of Chicago Press Editorial Staff). University of Chicago Press.

University of Chicago Press. (2017). *The Chicago manual of style* (17th ed.). https://doi.org/10.7208/cmos17

University of Warwick. (2014, September 9). Students take note: Evidence that leaving essays to the last minute ruins your grades. *ScienceDaily*. www.sciencedaily.com/releases/2014/09/140909144542.htm

Victor, D. (2018, February 9). Oxford comma dispute is settled as Maine drivers get $5 million. *The New York Times*. https://www.nytimes.com

Wadsworth, J., Halfman, A. H., & Upton, T. (2002). Strategies to improve the writing of graduate students. *Rehabilitation Education*, *16*(3), 295–305.

Walsh, B. (2015, April 7). Grammar geekery with Bill Walsh. *The Washington Post*. https://live.washingtonpost.com/grammar-geekery-with-bill-walsh-20150407.html

Weiten, W. (2014). *Psychology: Themes and variations* (briefer version, 9th ed.). Wadsworth Cengage Learning.

Whitley, B. E., Jr., & Frieze, I. H. (1985). Children's causal attributions for success and failure in achievement settings: A meta-analysis. *Journal of Educational Psychology*, *77*(5), 608–616. https://doi.org/10.1037/0022-0663.77.5.608

Wuensch, K. L. (2015). *Standardized effect size estimation: Why and how?* East Carolina University, http://core.ecu.edu/psyc/wuenschk/StatHelp/effect%20Size%20Estimation.pdf

York University. (n.d.). *SPARK: Student papers & academic research kit*. Retrieved from https://spark.library.yorku.ca/

Zajonc, R. B. (1965). Social facilitation. *Science*, *149*(3681), 269–274. https://doi.org/10.1126/science.149.3681.269

Zajonc, R. B., Heingartner, A., & Herman, E. M. (1969). Social enhancement and impairment of performance in the cockroach. *Journal of Personality and Social Psychology*, *13*(2), 83–92. https://doi.org/10.1037/h0028063

찾아보기

저자 소개

Ruth E. Louie

랜돌프 A. 스미스(Randolph A. Smith)

모라비안대학(미국 펜실베이니아 주의 사립 단과대학)의 심리학 겸임교수이다. 예전에 그는 와시타뱁티스트대학교(아칸소 주의 사립 단과대학), 케네소주립대학교(조지아 주에 최근 설립된 주립대학교), 그리고 라마대학교(텍사스 주의 주립대학교)에서 학생들을 가르치고 학과장도 역임하였다. 그의 전문적 활동은 교수법과 학습 영역에 초점을 맞추고 있다. 여러 책과 논문을 집필하였으며 교수법, 비판적 사고, 사회심리학을 교수법에 응용하기, 그리고 교수법의 평가 등 다양한 측면을 다루는 수많은 발표를 하였다.

스미스의 저서로는 *Challenging Your Preconceptions: Thinking Critically About Psychology*(선입견에 맞서다: 심리학을 비판적으로 생각하기, 2002), *The Psychologist as Detective: An Introduction to Conducting Research in Psychology*[탐정으로서의 심리학자: 심리학에서의 연구수행, 2013, 스티브 데이비스(Steve Davis)와 공저], 그리고 *An Introduction to Statistics and Research Methods: Becoming a Psychological Detective*[통계와 연구방법 입문: 심리학 탐정이 되는 방법, 2005, 스티브 데이비스(Steve Davis)와 공저] 등이 있다. 그는 *Society for the Teaching of Psychology*(심리학교수법학회)가 발행하는 저널 *Teaching of Psychology*의 편집장 직을 12년 동안 맡은 후에 *Psi Chi Journal of Undergraduate Research*의 편집장으로 봉사하였다. 이에 덧붙여서 그는 웨인 와이튼(Wayne Weiten)의 심리학개론서를 위한 종합적인 강의 자료를 개발하였다.

스미스는 2006년에 미국심리학재단의 찰스 브루어 심리학 교육자 상 그리고 조지아 주 유니버시티 시스템(USG; 미국 조지아 주의 26개 고등교육기관을 포함하고 있는 정부관련기관)의 교수법과 학습 분야 업적상을 모두 수상하였다. 미국심리학회(APA) 평생회원이며, 심리과학회의 펠로우로 활약하고 있다.